ANGELSÄCH⟨...⟩

GRAMMATIK

VON

EDUARD SIEVERS.

DRITTE AUFLAGE.

HALLE.
MAX NIEMEYER.
1898.

ISBN 978-0-666-56467-2
PIBN 11045621

1 MONTH OF
FREE
READING

at

www.ForgottenBooks.com

By purchasing this book you are eligible for one month membership to ForgottenBooks.com, giving you unlimited access to our entire collection of over 1,000,000 titles via our web site and mobile apps.

To claim your free month visit:

www.forgottenbooks.com/free1045621

SAMMLUNG

KURZER GRAMMATIKEN

GERMANISCHER DIALEKTE.

HERAUSGEGEBEN

VON

WILHELM BRAUNE.

III. ANGELSÄCHSISCHE GRAMMATIK.

HALLE.

MAX NIEMEYER.

1898.

Aus dem vorwort zur zweiten auflage.

Die früheren angelsächsischen grammatiken haben sich im wesentlichen die sprache der poetischen texte zum vorwurf genommen, damit aber ein sehr ungünstiges object gewählt. Denn in den durchgängig jüngeren handschriften gerade dieser, anderen zeiten und oft auch verschiedenen dialekten entstammenden denkmäler geht altes und junges durcheinander und stehen gelegentlich formen der verschiedensten dialekte neben einander. Nach den bahnbrechen arbeiten von Henry Sweet (welcher insbesondere in der einleitung zu seiner ausgabe der Cura pastoralis zuerst die eigentümlichkeiten des älteren westsächsischen kennen gelehrt, und weiterhin in dem aufsatze 'Dialects and Prehistoric Forms of English' das augenmerk auf die ältesten denkmäler gelenkt und eine kurze charakteristik der hauptdialekte geliefert hatte) war es klar, dass eine neue darstellung der angelsächsischen grammatik sich im wesentlichen auf die sprache derjenigen älteren und jüngeren prosadenkmäler stützen müsse, von welchen sich annehmen liess, dass sie einen mehr oder weniger einheitlichen dialekt darstellen. Auf dieser grundlage ruht denn auch vornehmlich der gegenwärtige abriss. Im vordergrunde steht überall die beschreibung des westsächsischen; daneben ist versucht worden, auch die hauptsächlichsten abweichungen der

übrigen dialekte in aller kürze anzugeben. Im übrigen will
die darstellung historisch sein, d. h. es ist der versuch gemacht
worden, älteres und jüngeres etwas strenger zu scheiden, als
dies bisher in Deutschland wenigstens zu geschehen pflegte.
In dieser richtung wird meine arbeit auch in der vorliegenden
zweiten ausgabe noch ganz besonders der ergänzung und be-
richtigung bedürfen. Doch möchte ich einem möglichen ein-
wand gleich hier vorbeugen. Die angabe, dass ein laut oder
eine form 'älter' oder 'später' sei, soll zunächst nur auf das
relative alter von laut- und formpaaren, oder das überwiegende
auftreten der einen oder anderen form in den älteren oder
jüngeren denkmälern hinweisen, ohne vereinzeltes vorkommen
der 'späteren' formen in älteren texten und umgekehrt ausdrücklich in abrede zu stellen. Bei dem gegenwärtigen stande
unserer kenntnis des ags. war es nicht möglich genauer zu
verfahren. Für die bestimmung der absoluten chronologie der
ags. laute und formen bleibt ja fast noch alles zu tun übrig,
und bei der geringen zahl der mitarbeiter auf diesem felde
ist kaum zu hoffen, dass die nächste zukunft bereits eine
strengeren historischen anforderungen entsprechende gesammt-
darstellung der geschichte des angelsächsischen gestatten
werde.

Unter diesen umständen habe ich es für ratsam gehalten,
dieser neuen auflage einstweilen einzuverleiben, was mir als
gesichertes material zu gebote stand. Abgesehen von einer
reihe von specialarbeiten, welche das literaturverzeichnis am
schlusse nachweist, habe ich dabei vorwiegend wieder aus
eigenen sammlungen schöpfen müssen. Ein teil derselben, mit
den entsprechenden zahlenbelegen, ist in Paul und Braune's
Beiträgen IX, 197 ff. veröffentlicht. Seitdem ist die nachsamm-
lung ununterbrochen weitergeführt, namentlich auch auf inzwischen neu veröffentlichte texte erstreckt worden. Dass sich
dabei nicht mehr all zu viel des bedeutenderen ergeben hat,
hoffe ich als eine bürgschaft dafür auffassen zu dürfen, dass

nun wenigstens die wesentlichsten sprachlichen erscheinungen des angelsächsischen in genügendem umfang beobachtet und zur darstellung gebracht worden sind. Auf eine erschöpfende vorführung aller einzelheiten habe ich natürlich jetzt ebensowenig ausgehen können wie bei der ersten auflage. Die beleglisten für die einzelnen erscheinungen hätte ich selbst ohne mühe erheblich erweitern können, hätte sich dies mit der ganzen anlage dieses grundrisses vertragen. Grössere lücken wird man aber trotz dieser beschränkung, wie ich hoffe, nur auf zwei gebieten antreffen, die ich mit rücksicht auf die verheissenen arbeiten anderer nicht von neuem im zusammenhang durchgearbeitet habe. Die bereits im vorwort zur ersten ausgabe angekündigte darstellung des northumbrischen von Albert S. Cook, dem trefflichen bearbeiter der englischen ausgabe dieses werkchens[1]), ist zwar inzwischen der vollendung nahe geführt, aber doch noch nicht ganz zum abschluss gebracht worden, und das erscheinen von Sweet's grammatik zu den ältesten texten wird nun leider von Sweet selbst (Oldest English Texts V f.) in ganz unsichere und unbestimmte ferne gerückt. ...

---

[1]) An Old English Grammar, by E. S., translated and edited by A. S. Cook, Boston 1885. [2. ed. 1887].

Tübingen, 15. Mai 1886.   E. Sievers.

Von dem was teilnehmende leser und liebe freunde, darunter vor allen A. Pogatscher und K. Luick, mir bereits früher für die erwartete neubearbeitung beigesteuert hatten, ist mit herzlichem danke verwertet worden was in den rahmen der gegenwärtigen ausgabe zu passen schien. Meinem freunde Luick bin ich ausserdem noch für eine anzahl wertvoller winke und anregungen aufs lebhafteste verpflichtet, die er mir bei der durchsicht der correcturbogen eben dieser ausgabe zur verfügung gestellt hat.

Leipzig-Gohlis, 8. juni 1898.   **E. Sievers.**

Inhalt.

---

§§

Einleitung.

§ 1. Unter angelsächsisch (ags.) verstehen wir die sprache der germanischen bewohner Englands von ihren anfängen bis gegen mitte oder ende des 11. jahrhunderts. Von da ab wird die sprache, welche sich durch allmähliche zerstörung der alten flexionsformen und aufnahme französischer elemente von der sprache der früheren periode unterscheidet, englisch genannt.

Anm. 1. Die ags. schriftsteller nennen ihre sprache stets *englisc*, die lateiner gebrauchen meist *lingua saxonica*. Die ausdrücke *Ongulseaxan*, lat. *Anglosaxones* etc. haben ursprünglich nur politische geltung. Man wendet daher jetzt oft historisch correcter die bezeichnung altenglisch (ae.) statt angelsächsisch an; doch dürfte aus gründen der deutlichkeit immer noch der hergebrachte name 'angelsächsisch' zweckmässiger sein, da 'altenglisch' früher ausschliesslich als name für die auf das 'angelsächsische' folgende sprachperiode angewant wurde und noch jetzt von einigen so gebraucht wird.

Anm. 2. Das ende der ags. periode lässt sich nur annähernd bestimmen. Auch im 12. jahrhundert hat man noch ags. handschriften abgeschrieben und sich also des ags. mindestens noch als einer gelehrten literatursprache bedient. Aus gewissen spuren ist jedoch zu schliessen, dass bereits vor 1050 die volkssprache manche der lautlichen und flexivischen eigentümlichkeiten eingebüsst hatte, welche das ags. von dem englischen unterscheiden (z. b. den unterschied zwischen dativ und accusativ).

Seiner stellung nach bildet das angelsächsische einen zweig des sog. westgermanischen, d. h. derjenigen älteren spracheinheit, aus welcher später das angelsächsische, friesische, altsächsische, fränkische und oberdeutsche hervorgegangen sind. Seinen nächsten verwanten hat es im friesischen, demnächst im altsächsischen.

§ 2. Das ags. lässt bereits in seinen ältesten quellen dialektische unterschiede erkennen. Die hauptdialekte sind der northumbrische im norden, der binnenländische oder mercische im innern, der sächsische im süden und der kentische im äussersten südosten.

Sprachgeschichtlich bilden northumbrisch und mercisch zusammen die gruppe der anglischen dialekte. Das sächsische ist im wesentlichen teile seines gebiets (Wessex) am typischesten ausgebildet, und man pflegt deshalb das west-sächsische als den hauptrepräsentanten der mundarten sächsischen stammes hinzustellen. Die sprache des dritten eingewanderten volksstammes, der Jüten, ist in der literatur nur durch das kentische vertreten, sodass also der stammes-scheidung der Angelsachsen in Angeln, Sachsen und Jüten in der grammatik die dreiteilung: anglisch, sächsisch, kentisch parallel geht.

Anm. 1. Eine gesammtausgabe der für die sprachgeschichte besonders wichtigen vorälfredischen denkmäler ist veranstaltet von H. Sweet, Oldest English Texts, London 1885. Die ags. urkunden sind gesammelt von J. M. Kemble, Codex diplomaticus aevi saxonici, London 1839—48 (neu bearbeitet von W. de Gray Birch, Cartularium Saxonicum, London 1883 ff.), die ältesten auch bei Sweet a. a. o. Eine ausführliche biblio-graphie enthält R. Wülker, Grundriss zur geschichte der ags. litteratur, Leipzig 1885.

Anm. 2. Die hauptdenkmäler des northumbrischen sind ausser einigen runeninschriften (G. Stephens, The Old Northern Runic Monu-ments I, 405 ff. H. Sweet, Oldest English Texts 124 ff. W. Vietor, Die north. runensteine, Marburg 1895) eine interlinearversion der evangelien im sog. Durham Book (auch Lindisfarne Gospels), am besten herausgegeben von W. W. Skeat, The Gospel according to St. Matthew etc. in Anglo-Saxon and Northumbrian Versions, Cambridge 1887—78, und eine ebensolche übersetzung des Rituals von Durham (herausg. von J. Stevenson, Rituale ecclesiae Dunelmensis, London 1840, für die Surtees Society; dazu eine collation von Skeat, Transactions of the Philol. Soc. 1877—79, London 1879, App. I, 49 ff.).

Anm. 3. Für mercisch gilt die umarbeitung der northumbrischen glosse zum Matthaeus (R¹) in dem sog. Rushworth Manuscript; doch scheint der dialekt nicht rein zu sein, sondern einzelne sächsische formen zu enthalten. In den drei übrigen evangelien stimmt die glosse (R²) auch dialektisch genauer zu der northumbrischen glosse des Durhambooks (das ganze gedruckt bei Skeat a. a. o.). Dem sprachlichen charakter nach gehört dem binnenlande ohne zweifel auch die überaus wichtige interlinearversion des Psalters in der Cottonschen hs. Vespasian A. I an, welche eine zeit lang für kentisch gehalten wurde (her. von J. Stevenson, Anglo-Saxon and

Early English Psalter, London 1843—47 für die Surtees Society, und
correcter bei Sweet, Oldest English Texts 183 ff.). Nur in wesentlich
westsächs. umschrift ist die übersetzung von Beda's Kirchengeschichte
(neu her. v. Th. Miller, The Old English Version of Bede's Eccl. History
of the English People, London 1890 ff.), die ebenfalls dem nordanglischen,
vielleicht mercischen gebiet entstammt. Kleinere merc. stücke sind neuerdings von A. Napier, Anglia X, 131 ff. (ein leben des hl. Chad) und J. Zupitza,
ZfdA. XXXIII, 47 (glossen) herausgegeben worden.

Anm. 4. Für das kentische können neben einigen alten urkunden
(bei Sweet, Oldest English Texts) einstweilen nur eine metrische übersetzung des 50. psalms und eines hymnus sowie eine sammlung von
glossen, sämmtlich in der hs. Vespasian D. VI des Britischen museums
mit einiger sicherheit in anspruch genommen werden (die beiden ersten
stücke her. in Anglosaxonica quae primus edidit Fr. Dietrich, Marburg 1855,
ungenau bei Grein, Bibliothek der ags. Poesie II, 276 ff. 290 f., vgl. ZfdA.
XV, 465 f., die glossen von J. Zupitza, ZfdA. XXI, 1 ff. XXII, 223 ff., und
bei Wright-Wülker, Anglo-Saxon and Old English Vocabularies I, 55 ff.).
Nicht rein kentisch, sondern mindestens mit mercischen formen durchsetzt
sind die Epinaler glossen aus dem anfang des 8. jahrhunderts nebst
den nahe verwanten Corpusglossen und Erfurter glossen, welche
die wichtigsten quellen für die kenntnis des ältesten ags. sind (The Epinal
Glossary . . . ed. by H. Sweet, London 1884 mit photolithographischem
facsimile der ganzen hs.; alle drei glossare bei Sweet, Oldest English
Texts 1 ff., die Corpusglossen auch bei Wright-Wülker I, 1 ff.).

Anm. 5. Unter den alten quellen des westsächsischen stehen
einige in gleichzeitigen handschriften bewahrte werke Ælfred's des Grossen
voran: die übersetzung der Cura pastoralis Gregor's des Grossen (her.
von H. Sweet, King Alfred's West-Saxon Version of Gregory's Pastoral
Care, London 1871) und der chronik des Orosius (nach der Lauderdale-hs.
her. von H. Sweet, King Alfred's Orosius, London 1883). Demnächst ist
die älteste handschrift (Parker Ms.) der Sachsenchronik anzuführen
(ältester teil bis 891; hauptausgaben die von B. Thorpe, The Anglo-Saxon
Chronicles, London 1861, und von J. Earle, Two of the Saxon Chronicles,
Oxford 1865, neu bearb. von Ch. Plummer, ebd. 1892). Als quellen für
das spätere westsächsische dürfen insbesondere die zahlreichen, z. t. noch
unpublicierten werke des abtes Ælfric (um 1000) gelten. Wegen der
correcten dialektüberlieferung sind namentlich seine predigten wichtig
(her. von B. Thorpe, The Homilies of Ælfric, London 1844—46, für die
Ælfric Society; Ælfrics lat. grammatik in ags. sprache neu herausg. von
J. Zupitza, Berlin 1880).

Als strengwestsächsisch ist im folgenden bezeichnet, was sich
als gemeinsames eigentum der sprache Ælfreds und Ælfrics nach aus-
scheidung der besonderheiten der einzelnen schreiber feststellen lässt.

Anm. 6. Die poetischen denkmäler des angelsächsischen sind
gesammelt von C. W. M. Grein, Bibliothek der ags. Poesie, Cassel und
Göttingen 1857—64; neu bearbeitet von R. P. Wülker, bd. I—III, 1, Cassel
1881 ff. Sie entstammen zum grösseren teile dem anglischen gebiete (vgl.

Beitr. X, 464 ff.), liegen aber fast alle nur in südenglischen abschriften vor. Die handschriften gehören meist erst dem 10.—11. jahrhundert an, und zeigen demgemäss fast durchgängig keinen reinen dialekt, sondern ein gemisch der verschiedenartigsten formen. Nicht nur sind vielfach anglische formen aus den originalen stehen geblieben, sondern es wechseln auch ältere und jüngere formen derselben mundart mit einander ab. Für grammatische zwecke sind also diese texte nur mit grösster vorsicht zu benutzen. Hie und da erlaubt das metrum noch, die ursprünglichen sprachformen der originale annähernd sicher zu bestimmen (Beitr. X, 209 ff. 451 ff.).

§ 3. Die hauptkennzeichen des westsächs. sind die vertretung des germ. *ǣ* durch *ǣ* (§ 57. 150, 1), die genaue scheidung zwischen *ea* und *eo* (§ 150, 3); der frühzeitige verlust des lautes *œ* (§ 27); die verdrängung der endung *-u, -o* der 1. sg. ind. praes. durch *-e* (§ 355). Altwests. ist *ie*, später *i, y* als umlaut von *ea, eo* (§ 41. 150, 2). Das northumbrische liebt es, auslautende *n* zu unterdrücken (§ 188, 2) und *we* in *wœ, weo* in *wo* zu verwandeln (§ 156). Die flexionen sind frühzeitig zerrüttet; bemerkenswert ist die häufige bildung der 3. sg. und des ganzen pl. ind. praes. auf *-s* statt *-ð* (§ 357). Das älteste kennzeichen des kentischen ist die auflösung von *ȝ* in *i* (§ 214, 2); jünger ist der eintritt von *e* für *y* (§ 154).

Schrift und aussprache.

§ 4. Das alphabet der ags. handschriften ist die specielle gestalt des lateinischen alphabets, welche dasselbe in England empfangen hat. Besonders abweichend sind in demselben die buchstaben *f, g, r, s*. Neu hinzugekommen sind *ð, þ* und ein zeichen für *w*, die beiden letzteren dem runenalphabet (anm. 3) entlehnt.

In England hat man für den druck ags. texte oft eigene, die handschriftlichen formen nachbildende typen benutzt; jetzt aber pflegt man durchgehends die gewöhnlichen lateinischen typen zu verwenden, nur mit hinzufügung der zeichen *ð* und *þ*, und bisweilen der ags. form *ȝ* statt *g*, deren auch wir uns im folgenden bedienen werden.

Anm. 1. Erst am oder nach dem ende der ags. periode beginnt in den handschriften eine unterscheidung der zeichen *ȝ* und *g* je nach der aussprache als spirans oder media (vgl. § 211 ff.). Die eigentlich ags. handschriften kennen nur die form *ȝ*, welche als solche natürlich keinen schluss auf die aussprache erlaubt, zumal sie auch in den in England geschriebenen

lateinischen hss. als regelrechter vertreter des lat. *g* erscheint, von dem das
ags. ȝ eben nur eine graphische nebenform ist. Trotzdem dürfte es sich nicht
empfehlen, das ȝ der ags. handschriften bei der transcription durch *g* zu
ersetzen, um nicht den schein zu erwecken, als sei später zu dem alten
zeichen *g* das neue zeichen ȝ zum ausdruck spirantischer aussprache hinzugekommen, während tatsächlich neben dem alten zeichen ȝ später die form *g*
zur ausdrücklichen hervorhebung der aussprache als media eingeführt ist.

Anm. 2. Abkürzungen sind in den ags. handschriften nicht sehr
häufig. Sie werden meist durch ‾ oder ˘ bezeichnet. ‾ über vocalen bedeutet *m*, z. b. *frō = from*; über consonanten *er*, wie in *æft̄*, *fæst̄n*,
of̄ = æfter, *fæstern*, *ofer*; dagegen ˘ *or* in *f̆*, *f̆e*, *bef̃an* etc. = *for*, *fore*,
beforan; aber *đoñ*, *hwoñ* stehen für *đonne*, *hwonne*. Ein *þ* mit durch-
kreuztem schaft bedeutet *þæt*. Aus der lat. schrift sind aufgenommen 7
für *ond*, *and* und, und *l* wellenförmig durchstrichen für *ođđe* oder. Seltener
begegnen geradezu lateinische wörter, wie *dñs* (= *dominus*) oder *rex* für
ags. *dryhten*, *cyninȝ*.

Anm. 3. Vor der einführung des lat. alphabets besassen die Angel-
sachsen bereits eine runenschrift. Das alphabet derselben ist eine er-
weiterung des alten germ. runenalphabets von 24 zeichen (s. besonders
L. F. A. Wimmer, Die runenschrift, übers. von F. Holthausen, Berlin 1887).
Die wenigen in runischer schrift erhaltenen denkmäler s. bei G. Stephens,
The Old Northern Runic Monuments, Köbenhavn 1866, I, 361 ff. Sweet, Oldest
English Texts s. 124 ff. (vgl. auch § 2, anm. 2). Hervorzuheben sind daraus
die inschriften des kreuzes von Ruthwell in Northumberland (auch bei
Zupitza, Altengl. übungsbuch), des kreuzes von Bewcastle in Cumberland
(Stephens I, 398 ff.) und die des runenkästchens von Clermont (Stephens
I, 470 ff.)

§ 5. Als grundlage für die aussprache dieser zeichen
muss die traditionelle aussprache des lateinischen dienen, wie
sie sich etwa vom 7. jahrh. ab in England festgesetzt hatte;
nicht unwahrscheinlich ist, dass dabei keltische (irische) eigentümlichkeiten in betracht zu ziehen sind. In zweifelhaften
fällen dienen schwankungen der orthographie, insbesondere
aber lautwandlungen und grammatische vorgänge in der ags.
sprache selbst als anhaltspunkte für die bestimmung der aussprache, die übrigens nicht zu allen zeiten und allerorts die
nämliche gewesen sein wird.

Im folgenden wird bei der übersicht der einzelnen laute
angegeben werden, was sich etwa über die genauere aussprache der einzelnen zeichen ermitteln lässt, insbesondere wo
diese von der bei uns herschenden aussprache der lateinischen
buchstaben abweicht.

· Lautlehre.

—————

I. Abschnitt.
Die vocale.

Capitel I. **Allgemeines.**

§ 6. Zum ausdruck der ags. vocallaute dienen die sechs
einfachen zeichen *a, e, i, o, u, y,* die ligatur *œ* und die gruppen
oe, ea (ia), eo, io und *ie* (selten *au, ai, ei, oi, ui* und in den
ältesten quellen *eu, iu*), die letzteren ausser *oe, oi, ui* (und
selten *eo,* § 27, anm.) mit diphthongischer geltung.

> Anm. 1. Für *œ* schreiben alte hss. auch oft getrennt *ae* oder auch
> *ę*; für das *œ* des druckes haben dieselben stets *oe.* Beide unterschiede sind
> rein graphischer natur und haben mit der aussprache nichts zu schaffen. —
> Für *ei,* das fast nur in fremdwörtern erscheint, setzen späte hss. auch *eʒ(e),*
> wie *sceʒð, Sweʒ(e)n* für *sceið, Swein.* — Ganz selten ist auch *au,* in fremd-
> wörtern wie *cawl* kohl, *laurtréow* lorbeerbaum, *clauster* kloster; ferner
> vielleicht in *auht* etwas, *nauht* nichts, *saul* seele, für und neben *á(w)uht,*
> *ná(w)uht,* § 344 ff., *sá(w)ul,* § 174, 3. — *ai, oi, ui* sind seltene, namentlich
> north. nebenformen der schreibung für *œ, œ, y,* wie in *cnaiht, fraiʒna*
> § 155, 3, *Coinréd* für *Cœnréd* npr., *suinniʒ* für *synniʒ* sündig.
>
> Anm. 2. Andere diphthonge als die erwähnten hat das ags. nicht.
> Alle übrigen vocalgruppen sind also stets, *ei* meist, in zwei getrennte
> vocale aufzulösen: *aidlian = á-idlian, aurnen = á-urnen, aytan = á-ýtan,*
> *beirnan = be-irnan, ʒeywed = ʒe-ýwed, ʒeunnan = ʒe-unnah* u. s. w.; *iu*
> ist meist = *ju,* s. § 74. 157.

§ 7. Ihrer articulation nach sind *a, o, u* gutturale, *œ,*
e, i, œ, y aber **palatale** vocale (s. verf. Phonetik ⁴ 92 ff.). Die
diphthonge beginnen alle mit einem palatalen laut.

> Anm. Von den palatalen vocalen gehören *œ* = westg. *a,* § 49, *œ́*
> = westg. *á,* § 57, 2, *e* = westg. *e,* § 53, ferner *i, í* und die anfangslaute
> der diphthonge *ea, eo, io* bereits der ältesten vorhistorischen schicht des

ags. an. Dagegen sind *œ* als *i*-umlaut von *á*, § 90, *é* als *i*-umlaut von *a*, *ǫ* vor nasalen, § 89, 2, und von *o*, § 93, 1, *é* als *i*-umlaut von *ó*, § 94, sowie *œ*, *œ́* und festes *y*, *ý*, § 27. 32 f., erst durch den *i*-umlaut urspr. gutturaler vocale in einer etwas späteren, wenn auch gleichfalls noch vorhistorischen periode des ags. entstanden. Es empfiehlt sich, diese beiden gruppen als primäre und secundäre palatalvocale zu unterscheiden. Das *e* als umlaut von *œ*, § 89, 1, und die *ie*, *íe* resp. unfesten *i*, *í*; *y*, *ý* als umlaute von *ea*, *eo*, *io* resp. *éa*, *éo*, *ío*, § 97 ff., nehmen eine mittelstellung ein, insofern sie umlaute primärer palatalvocale sind.

Quantität.

§ 8. Diese sämmtlichen vocallaute, auch die diphthonge, kommen sowol kurz als lang vor. Die länge wird (am häufigsten in den ältesten hss. und wiederum in einsilbigen wörtern) bisweilen durch doppelschreibung der einfachen vocalzeichen (doch wol ausser *y*) angedeutet: *aa*, *breer*, *miin*, *doom*, *huus*; die ligaturen und diphthonge aber werden nicht verdoppelt. Später dient zum ausdruck der länge ein acut auf dem vocalzeichen oder der gruppe, *á*, *brér*, *mín*, *dóm*, *hús*, *mýs*, *sǽ*, *óeðel* oder *oéðel*, *éac* oder *eác*, *tréowe* oder *treówe* u. s. w., aber auch dieses zeichen wird nur sporadisch und ohne feste regel angewant. Im folgenden bedienen wir uns durchgehends der handschriftlichen bezeichnungsweise durch den acut, schreiben also

a œ e i o œ u y
á ǽ é í ó ǿ ú ý

und ebenso bei den diphthongen mit acut auf dem ersten gliede

ea eo ie io
éa éo íe ío.

A n m. 1. In Deutschland ist es nach dem vorgang von J. Grimm bisher üblich gewesen, statt des handschriftlichen acut über einfachen vocalen den circumflex zu setzen: *â*, *brêr*, *mîn*, *dôm*, *hûs*, *mŷs* etc.; kurzes und langes *œ́* und *œ* unterschied man früher meist als *ä* und *œ*, *ö* und *œ*, doch ist man neuerdings fast allgemein zu *œ* und *œ́*, *œ* und *œ́* übergegangen. Die langen diphthonge bezeichnete Grimm als *eá*, *eó*, *ié*, wofür man seit einiger zeit *eâ*, *eô*, *iê* oder *êa*, *êo*, *ie* eingeführt hat.

A n m. 2. In den langen diphthongen bezeichnet der acut nicht länge des ersten gliedes, sondern verlangsamte aussprache des ganzen diphthongen, s. § 34.

A n m. 3. Ausnahmsweise ist im folgenden der circumflex gebraucht, um zweisilbige verbindungen wie *ê-a*, *î-a* von den diphthongen *éa*, *ia* zu scheiden, also *Persêas*, *Indèas*, north. *wrîa* u. dgl. Ueber ˉ als längezeichen bei secundärer dehnung s. § 124, anm. 4.

Anm. 4. Als tonzeichen gebrauchen wir statt des acut einen erhöhten punkt hinter dem vocal der haupttonsilbe, und statt des gravis zur bezeichnung des nebentons einen doppelpunkt, z. b. *o·ndʒit,* oder genauer *o·ndʒi:t,* aber *onʒi·tan* u. dgl.

§ 9. Für die ursprünglich langen vocale gewisser ableitungs- und endsilben lässt sich bewahrung der länge für das ags. kaum mehr nachweisen; alle vocale von ableitungsund endsilben haben im allgemeinen bereits für kurz zu gelten.

Anm. In älteren schriften findet man das *-e* des instr. sing. nach dem vorgang von J. Grimm fälschlich als *-ê* bezeichnet. — Jetzt setzt man z. t. als lang an die endung *-ere,* wie in *bócére,* § 248, 1, und das *i* der schwachen verba II. klasse, wie *sealfian,* § 411 ff.

Capitel II. Uebersicht über die westsächsischen vocale.

I. Die vocale der betonten silben.

1. Einfache vocale.

a.

§ 10. Das kurze *a* hat ziemlich eingeschränkte geltung. Es fehlt mehr oder weniger regelmässig vor nasalen, § 65 ff.; ebenso wird es in allen geschlossenen silben vermieden. Ausnahmen sind selten: *habban, nabban* § 415 f., *crabba* krabbe, *hnappian* einschlafen (selten *hnæppian*), *lappa* lappen (neben seltenerem *læppa*), *appla* pl. zu *æppel* apfel, *ðaccian* streicheln, *mattuc* hacke, *ʒaffetunʒ* hohn, *assa* esel, *asse(n)* eselin, *cassuc, hassuc* binse, riedgras, *asce, axe* asche, *flasce, flaxe* flasche, *masce, maxe* masche, *wascan, waxan* waschen, *wrastlian, wraxlian* ringen, *brastlian* krachen, *sahtlian* versöhnen, die lat. fremdwörter *abbud* abt, *arc* arche, *carcern* kerker, *sacc* sack, *trahtian* betrachten etc., ferner dial. *marʒen,* u. a. Auch in offener silbe ist das erscheinen des *a* zum teile von den einflüssen folgender vocale abhängig, s. § 50.

Anm. Ueber die *a* vor *l* in geschlossener silbe, wie in *ald, fallan* s. § 80. 158, 2.

§ 11. Das kurze *a* geht regelmässig auf ein germ. got. *a* zurück, s. § 49 ff., auf *o* wol nur in *marʒen,* § 10.

§ 12. Langes *á* erscheint häufig, vor allen consonanten sowol in offener wie geschlossener silbe: *hátan* heissen, *ʒást*

geist, *bán* knochen, dat. pl. *bánum* etc.; in fremdworten wie
sácerd, cálend, mágister aus lat. *sacerdos, calendae, magister,*
§ 50, anm. 2.

§ 13. Das *á* entspricht gewöhnlich einem germ. got. *ai,*
§ 62, seltener, namentlich vor *w,* einem germ. *œ́,* got. *ê,* § 57, 2, a.

æ.

§ 14. Kurzes *œ* ist ein für das ags. charakteristischer
vocallaut; seine aussprache scheint die des neuengl. kurzen *a*
in *man, hat* gewesen zu sein. Er erscheint hauptsächlich in
geschlossenen silben: *dœʒ* tag, *fœt* fass, *sœt* sass; in offener
silbe meist nur, wo dieselbe erst im ags. offen geworden ist,
wie in *œcer* acker, got. *akrs,* st. *akra-; fœʒer* schön (neben
fœ́ʒer), got. *fagrs,* st. *faʒra-;* oder vor ursprünglichem (*œ*), *e*
der endung, wie gen. *dœʒes,* dat. *dœʒe* zu nom. acc. *dœʒ.*

§ 15. Das kurze *œ* ist gewöhnlich vertreter eines germ.
got. *a,* § 49; es fehlt daher vor nasalen, § 65, vor *w,* § 73,
vor silbenauslautendem *h,* § 82, vor *r* + consonant, § 79, und
ws. *l* + consonant, § 80.

Anm. Bisweilen wird *œ* für zu erwartendes *e* geschrieben, s. § 89,
anm. 5.

§ 16. Langes *œ́* scheint im allgemeinen die aussprache
des deutschen langen *ä* gehabt zu haben. Es erscheint ziemlich
häufig, ohne durch bestimmte einflüsse eingeschränkt zu sein.

§ 17. Das *œ́* hat verschiedenen ursprung. Es ist entweder 1) *i*-umlaut eines ags. *á* = got. germ. *ai,* wie in *lœ́ran,*
got. *laisjan* lehren, zu ags. *lár* lehre; *stœ́nen* steinen, zu *stán*
stein, § 90; oder 2) hervorgegangen aus germ. *œ́,* got. *ê,* wie in
bœ́ron trugen, *mœ́ʒ* verwanter, got. *bêrun, mêgs,* § 57, 2, oder
3) hervorgegangen aus lat. *ā,* wie in *strœ́t* strasse, § 57, 1;
oder endlich 4) gedehnt aus kurzem *œ,* wie in *sœ́de* für *sœʒde*
sagte, u. ä., s. § 214, 3.

e.

§ 18. Kurzes *e* ist einer der häufigsten laute des ags.
Was seine aussprache anlangt, so scheinen (wie z. b. im

mittelhochdeutschen) verschiedene laute unter dem einen
zeichen begriffen zu werden, mindestens ein offener und ein
geschlossener, doch lässt sich dieser unterschied nicht mehr
mit völliger sicherheit für alle zeiten nachweisen.

§ 19. Der verschiedene klang der *e* hieng zweifellos mit
dem verschiedenen ursprung derselben zusammen. Das *e* ist
nämlich entweder

1) altes *e*, d. h. es entspricht einem germ. ahd. alts. *ë*,
got. *i*, wie in *stelan* stehlen, ahd. alts. *stëlan*, got. *stilan*, § 53;
oder es ist

2) umlauts-*e*, und zwar entweder a) *i*-umlaut von *a*
oder genauer von *œ*, wie in *settan* setzen, got. *satjan*, § 89, 1,
oder b) *i*-umlaut von *ǫ* aus *a* vor nasalen, wie in *cennan*,
got. *kannjan*, § 89, 4, oder c) *i*-umlaut von *o*, wie in *exen* zu
oxa ochse, § 93, 1.

Welches von diesen *e* den offenen und welches den geschlossenen klang gehabt hat, lässt sich nicht sicher aus-
machen; doch ist wahrscheinlich, dass abweichend vom hoch-
deutschen das umlauts-*e* im allgemeinen das offenere war und
dass auch innerhalb desselben vielleicht noch unterschiede der
aussprache je nach dem ursprung bestanden, vgl. § 89, anm. 5.

Zur bezeichnung des alten *e* verwenden wir, wo nötig,
im anschluss an die von J. Grimm eingeführte bezeichnung
desselben im deutschen, das zeichen *ë*, während das umlauts-*e*
unbezeichnet bleibt.

Anm. Einige gelehrte, wie Holtzmann und Sweet, lassen das alte
ë unbezeichnet und geben das umlauts-*e* durch *ǫ* wieder. Dies hat an
sich manche vorteile, ist aber deswegen weniger zu empfehlen, weil die
hss. der älteren zeit oft *ǫ* für *œ* schreiben, § 6, anm. 1.

§ 20. Altes *ë* fehlt nach § 45, 2. 69 vor *m* und nasal-
verbindungen; ebenso wird sein vorkommen, wie das des
umlauts-*e*, eingeschränkt durch die näheren bestimmungen
über die wirkungen des *w*, § 73, die diphthongierung nach
palatalen, § 74 ff., die brechungen, § 77 ff., und die *u*- und
o/a-umlaute, § 101 ff.

§ 21. Langes *é*, ein ziemlich häufiger laut, ist mehr-
fachen ursprungs. Es entspricht nämlich 1) selten germ. got. *é*,

ahd. *ea, ia,* wie in *hér* hier, § 58; 2) ist es *i*-umlaut von *ó,*
§ 94; 3) unbekannten ursprungs im praet. gewisser redupli-
cierender verba, § 395, A. Ausser diesen regelmässigen vertretungen erscheint *é* auch noch gelegentlich 4) als *i*-umlaut
von *éa,* § 97. 99, und 5) als variante für *ǽ,* § 57, anm. 2.
150, 1. 151.

1.

§ 22. Man muss im ws. zweierlei *i*-laute unterscheiden.
Der eine hatte offenbar einen reineren *i*-klang, und wird
daher bis in späte zeit stets und in allen dialekten nur durch
i bezeichnet; erst in sehr jungen denkmälern tritt dafür auch
y auf. Der andere *i*-laut, ursprünglich aus einem diphthongen
ie, io hervorgegangen, ist in der aussprache früher dem *y*
ähnlich geworden, daher denn auch seine bezeichnung viel
früher zwischen *i* und *y* und den älteren *ie, io* schwankt (vgl.
§ 97 ff.). Diese bestimmungen gelten gleichmässig für die
kürze wie für die länge.

Wir wollen die beiden laute als f e s t e s und u n f e s t e s *i*
unterscheiden.

A n m. In der hs. H der Cura past. erscheint öfter allerdings auch
ie für sonst festes *i, í.*

§ 23. F e s t e s k u r z e s *i* entspricht 1) gewöhnlich einem
germ. *i,* gleichviel ob dies gleich indogerm. *i* oder erst germ.
entwickelung eines indog. *e* ist (§ 45. 54); 2) ist es speciell
ags. entwickelung eines germ. *ë,* wie in *niman* § 69. U n f e s t e s
k u r z e s *i* dagegen ist regelmässig jüngere umgestaltung eines
alten *ie,* seltener *io,* vgl. § 97 ff. 105. 107, 4 ff.

§ 24. F e s t e s l a n g e s *í* ist entweder 1) vertreter eines
germ. *í,* § 59, oder 2) aus germ. *i* durch consonantausfall, durch
contraction u. s. w. entstanden, s. § 186. 214, 3. 4. U n f e s t e s
l a n g e s *í* dagegen ist umformung eines älteren *ie,* § 97 ff.

A n m. Für auslautendes langes *í* setzen die hss. (doch kaum die
ältesten) öfter *iӡ*: *biӡ* (auch in compositis wie *biӡspel* beispiel, *biӡӡenӡa*
cultor), *hiӡ, siӡ* für *bí* bei, *hí* sie, *sí* sei, etc.; so auch *iӡӡe* für *íӡe* wie in
wiӡӡend kämpfer, für *wíӡend, iӡӡe* von *íӡ* insel, für *íӡe* u. dgl. (selten
vor anderen vocalen wie *iӡӡað, iӡӡoð* insel).

o.

§ 25. Kurzes *o* in stammsilben ist zweierlei ursprungs und dem entsprechend zweierlei klanges:

1) g e s c h l o s s e n e s *o*, got. *u*, wie in ʒod gott, *boda* bote, etc., § 55. Dies *o* fehlt nach § 70 vor nasalen.

2) o f f e n e s *o*, entsprechend einem germ. got. *a* vor nasalen, und häufig mit *a* wechselnd, wie in *monn* und *mann* mann, *hona* und *hana* hahn, § 65.

An m. Die hss. unterscheiden die beiden *o*-laute nicht; nach dem muster der altnord. hss. drückt Sweet das offene *o* (für grammatische zwecke sehr empfehlenswert) durch ϱ aus, also *mϱnn, hϱna* gegen ʒod, *boda* etc.

§ 26. Ueber den klang des l a n g e n *ó* lässt sich nichts ganz bestimmtes ermitteln; es ist glaublich, dass auch das lange *ó* ursprünglich eine zwiefache aussprache, geschlossen und offen, gehabt habe, entsprechend seinem zwiefachen ursprung. Es ist nämlich 1) gleich germ. got. *ô*, wie in ʒód gut, § 60, und dann wahrscheinlich von anfang an geschlossen, oder 2) gleich germ. *ê* vor nasalen, wie in *mónad* monat, § 68, oder 3) gedehnt aus ϱn = germ. got. *an*, wie in ʒós gans, § 186; für 2. und 3. lässt sich offene aussprache als ursprünglich voraussetzen, aber für die durch denkmäler belegte zeit nicht mehr erweisen.

An m. Langes *ó* erscheint in lehnwörtern als vertreter des nord. *au*: *óra* öre, *landcóp* landkauf, *lahcóp* rechtskauf, *róda* der rote, zu altnord. *aurar, -kaup, raude*; doch finden sich auf münzen auch schreibungen wie *Oudʒrim, Asʒout, Oustman* im engeren anschluss an die nordische orthographie.

œ.

§ 27. Die beiden laute *œ* und *ǽ*, welche in den ältesten nichtws. texten und namentlich im Ps. und north. noch reichlich vertreten sind, fehlen dem ws. bereits in seinen ältesten denkmälern bis auf wenige vereinzelte *ǽ*, s. § 94, anm.; als ersatz für beide laute ist *e, é* eingetreten.

An m. Selten wird *eo* für *oe* = *œ* gesetzt, *meodren-, feo, beoc* urk. für *mædren, fǽ, bǽc*.

u.

§ 28. Eine verschiedene aussprache der *u* (offen und geschlossen) lässt sich für das ags. im einzelnen nicht erweisen, wenn auch verschiedene gründe für die annahme dieser doppelheit sprechen.

§ 29. Kurzes *u* erscheint unbeschränkt vor allen consonanten. Es entspricht 1) westg. *u,* § 56; 2) bisweilen, namentlich, vor nasalen, westg. *o,* wie in *ʒuma* mann, § 70; 3) entsteht es öfter aus *io* (*i*) und *eo* in den gruppen *wio* und *weo,* § 71 f.

§ 30. Langes *ú* hat abermals zwiefachen ursprung Gewöhnlich ist es 1) gleich germ. *û,* wie in *hús* haus, § 61; 2) entsteht es durch ausfall eines nasals aus *un,* wie in *múð* mund, § 186 (vgl. auch § 214, 3, anm. 8).

y.

§ 31. Das zeichen *y* drückt in den älteren ws. denkmälern und in den nichtws. dialekten stets ursprünglich einen dem deutschen *ü* ähnlichen laut, den *i*-umlaut von *u,* aus. Wir wollen dies *y* als das feste bezeichnen. Daneben erscheint im späteren ws. ein unfestes *y* wechselnd mit *i,* worüber § 22 zu vergleichen ist.

Anm. Erst ziemlich spät tritt *i* für festes *y* auf; am frühesten in der verbindung *ci* für *cy,* wie in *cininʒ, cinn* (oder *kininʒ, kinn* § 207, anm. 2), *scildiʒ* schuldig; auch vor palatalen, wie *hiʒe* sinn, *hicʒean* denken, *bicʒean* kaufen, *dihtiʒ* tüchtig, *ʒenihtsum* reichlich, *driʒe* trocken, und vor *n,* *l* + palatal, wie *ðincean* denken, *hinʒrian* hungern, *spincʒe* schwamm, *æsprinʒ* quelle, *filiʒan* folgen, *æbiliʒð* zorn, u. dgl. — Auch unfestes *y* erscheint selten vor palatalen; man findet neben den alten *hieʒ* heu, *lieʒ* flamme, *smiec* rauch, *āflieʒan* vertreiben, *bieʒan* beugen, *tieʒan* binden, fast nur *hiʒ, liʒ, smic, āfliʒan, biʒan, tiʒan;* ebenso fast nur *niht, miht,* § 98, anm.; doch öfter *cyʒan, ycan* neben *cieʒan, iecan* und *ciʒan, ican.* Umgekehrt tritt frühzeitig *mycel* statt *micel* gross, auf, wahrscheinlich durch anlehnung an *lytel,*

§ 32. Die etymologischen entsprechungen des kurzen *y* sind: 1) Festes *y* ist *i*-umlaut von *u,* § 95; 2) unfestes *y* steht für (erhaltenes oder vorauszusetzendes) *ie,* § 97 ff., oder *io,* § 105. 107.

§ 33. Langes *ý* erscheint 1) fest a) als regelrechter *i*-umlaut von *ú,* § 96; b) als dehnung von *y* nach ausfall von consonanten, wie in *ýst,* § 186, 2, *-hýdiʒ* § 214, 3; — 2) unfest als jüngere nebenform von *ie,* dem *i*-umlaut von *éa* und *éo,* § 97 ff.

Anm. Zum unfesten *ý* gehören auch wol die spätws. *ý* in *sý* sei, *hý* sie, *ðrý* drei, für *sie*, *hie*, *ðrie* (dagegen stets *bí*, *biʒ*, weil kein *bie existierte).

2. Diphthonge.

§ 34. Sämmtliche diphthonge des ags., *ea, eo, io, ie,* sind, sowohl als kürzen wie als längen, fallende diphthonge, d. h. der erste der beiden laute ist stärker zu betonen. Der unterschied der quantität ruht in der verlangsamten aussprache des ganzen diphthongen, d. h. es ist nicht etwa langes *éa* als *êa* oder *eâ* zu fassen.

Anm. In späterer zeit findet, wie die entwickelung im englischen anzeigt, mehrfach eine verschiebung des accentes statt, der art dass *e·a*, *e·o* durch *jea*, *jeo* hindurch (vgl. § 212, anm. 2) zu *ja·*, *jo·* werden. Für die ältere zeit lässt sich jedoch eine derartige verschiebung nicht wahrscheinlich machen.

ea und eo.

§ 35. Der unterschied der aussprache von *ea* und *eo* liegt vermutlich weniger in dem zweiten teile des diphthongen (dem *a* und *o*), als in dem anfangslaute. Für *ea* wird in sehr alten quellen öfters *œo*, *œa* (letzteres auch später wieder) geschrieben, während *eo* in den älteren hss. mit *io* wechselt (näheres s. § 38). Hieraus ist zu schliessen, dass das *ea* mit einem offenen, *œ*-ähnlichen, das *eo* dagegen mit einem geschlossenen *e*-laute begann.

Anm. 1. In späten texten werden *ea* und *œ* öfter verwechselt, vermutlich weil für *ea* monophthongische aussprache als *œ* einzutreten begonnen hatte. Ueber *éaw* für *ǽw* s. § 112, anm. 2. 118, anm. 2.

Anm. 2. In späteren texten steht bisweilen! *ie*, *ýe* für *éa*: *lies* los, *bien* bohne, *wýel* knecht.

ea.

§ 36. Kurzes *ea* hat verschiedenartigen ursprung. Es ist nämlich 1) sog. brechung von *a* vor gewissen consonanten, wie in *earm, eall, eahta,* § 79. 80. 82; oder 2) *u*-umlaut von *a*, wie in *ealu,* § 103; oder 3) entstanden aus palatal + *œ*, wie in *ʒeaf, ceaf, sceal,* § 74 ff.

§ 37. Langes *éa* ist 1) gewöhnlich vertreter eines germ. *au,* wie in *béam, éac,* § 63; 2) durch contraction von *a* mit andern vocalen entstanden, wie in *sléan, éa,* § 111; oder 3) aus palatal + *ǽ* hervorgegangen, wie in *ʒéafon, ʒéar,* § 74 ff., seltener aus palatal + *á* aus altem *ai*, wie *ʒéasne, scéan, scéadan* neben *ʒǽsne, scán, scádan,* § 76.

eo, io.

§ 38. Die beiden zeichengruppen *eo* und *io* kommen in den älteren denkmälern häufig neben einander vor; später wird *io* seltener, um schliesslich ganz zu verschwinden. Langes *éo* ist zunächst die entsprechung eines älteren *eu*, langes *ío* die eines älteren *iu*; ähnlich ist kurzes *eo* ursprünglich aus älterem *ë*, kurzes *io* dagegen aus älterem *i* hervorgegangen; doch ist diese unterscheidung selbst in den ältesten ws. quellen nicht mehr ganz durchgeführt. Im allgemeinen lässt sich nur sagen, dass *eo* für *io* aus *i* ziemlich häufig, dagegen *io* für *eo* aus *ë* seltenere (resp. kentische) schreibung ist. Im folgenden sollen aus praktischen gründen *eo* und *io* soweit tunlich je nach ihrem etymologischen werte unterschieden werden.

Anm. 1. Ueber *ea* und *a* für *eo, io* in minderbetonten silben s. § 43, 2, a.

Anm. 2. Selten und spät steht auch *yo : cýo, cnyowu* gl. — Ueber *eu, iu* in den ältesten texten s. § 64, anm.

§ 39. Was ihren ursprung anlangt, so sind **kurzes** *eo, io* 1) brechungen eines alten *ë* bez. *i* vor gewissen consonanten, wie in *eorðe, liornian (leornian),* s. § 79 ff.; 2) *u*- und *o*-umlaute derselben *ë* bez. *i*, wie in *eofor, frioðu (freoðu),* § 104 f. 107; oder 3) entstanden aus palatal + *o, u,* wie in *ʒeoc, ʒeonʒ,* § 74. 76.

§ 40. **Langes** *éo, ío* entspricht 1) gewöhnlich germ. *eu,* got. *iu,* wie in *béodan* § 64, *stíoran* § 100, 2; oder es entsteht 2) aus palatal + *ó* in *ʒéomor,* § 74; oder 3) durch contraction von *e, i* mit anderen vocalen, wie in *séon (síon)* sehen, *ðéon (ðíon)* gedeihen, aus **sehan, *þihan,* vgl. § 113 f.

ie.

§ 41. Die diphthonge *ie* und *íe* gehören zu den besonderen eigentümlichkeiten des älteren westsächsischen; an ihre stelle treten frühzeitig unfestes *i, í* und dann definitiv *y, ý,* welche letzteren ihrerseits für das spätere westsächsisch charakteristisch sind (vgl. § 22. 31).

§ 42. Kurzes *ie* ist 1) *i*-umlaut von *ea* und *eo*, wie in *eald — ieldu, weorpan — wierpð*, § 97 ff.; oder 2) seltnere form des *u*- und *o*-umlautes von *i*, wie in *siendun, ðiessum*, § 105, anm. 5; oder 3) ist es entstanden aus palatal + *e*, wie in *ʒiefan, ʒielpan*, § 74 ff. — Langes *ie* ist dagegen *i*-umlaut 1) des *éa*, wie in *héah — híehst*, § 99, oder 2) des *éo*, wie in *céosan — cíesð*, § 100, 1, b.

Anm. 1. Ueber *ʒie, ʒien(a), ʒiet(a)* s. § 74, anm., über unumgelautetes *io, eo* neben *ie* § 100. 159, 4. — Im Boeth. wird auch für *ie*, wo es *i*-umlaut von *ea* oder durch diphthongierung entstanden ist, *eo* geschrieben: *eormða, eoldran, héoran, néotan, ʒéot* für *iermða, ieldran, hieran, nieten, ʒiet*.

II. Die vocale der minderbetonten und unbetonten silben.

1. Vocale der stammsilben minderbetonter wörter.

§ 43. Hierher fallen insbesondere die stammsilben der schlussglieder von compositis, sofern diese wörter nicht mehr deutlich als zusammengesetzt empfunden werden; ferner gewisse pro- oder enklitische wörtchen, die im zusammenhange der rede ebenfalls eines stärkeren tones entbehren.

Dieser mangel an stärkerem accent hat öfter umgestaltend auf den vocalismus auch der stammsilben solcher wörter eingewirkt. Die wichtigsten fälle dieser art sind:

1) Verkürzung ursprünglicher länge, besonders in den zahlreichen compositis auf *-lic*, wie *fullic* voll, *ryhtlic* gerecht, *woroldlic* weltlich, gegenüber *ʒelíc* gleich (mit ton auf der endsilbe).

Anm. 1. Die kürze des *i* wird bereits für die ältesten denkmäler durch die flexion erwiesen, nom. sg. f. und nom. acc. pl. n. *fullicu*, § 294; ferner durch die weitere schwächung zu *e*, § 43, 3. In der poesie werden jedoch die flectierten formen ausser denen auf *-u* gewöhnlich als längen gebraucht.

2) Veränderung der vocalqualität; namentlich werden a) *eo, io* bisweilen zu *ea* und weiter zu *a*: *sciptearo, ifiʒtearo* und *sciptara, ifiʒtara* neben *teoru* teer; *wælhréaw* grausam, neben älterem *wælhréow*; *andwlata* antlitz, neben älterem *ondwliota*. — b) *ea* zu *a*, wie in häufigem *o·nwald* neben *ʒewea·ld* gewalt, *tó·ward* zukünftig, *i·nneward* inwendig, *ie·rfeward* erbe (kaum strengws., Beda) neben *tó·weard* etc. ferner zu *o*, wie in *twie·fold, hláford* etc., § 51.

Anm. 2. Zu a) gehoren vermutlich auch Ps. *eam*, north. *am* bin, § 427, 1, neben ws. *eom*, und Ps. *earun*, north. *aron* für unbelegtes **eorun*.

3) **Schwächung** voller vocale, namentlich zu *e*: a) schwächung ursprünglicher kürze besonders in den zahlreichen compositis mit *œrn* haus, und *-weard*, wie *hordern* schatzhaus, *berern* (noch weiter verkürzt *beren*, *bern*) scheuer (aus **bere-œrn*), *béodern* speisezimmer, oder *andwerd* gegenwärtig, *tówerd* zukünftig, *forðwerd* vorwärts, etc.; — b) schwächung ursprünglicher länge findet sich oft, schon in alten texten, wie Cura past., in den flectierten formen der composita auf *-lic* (§ 43, 1) mit gutturalem vocal, namentlich *a, o*, in der endung, wie *misleca, mislecan, mislecum, mislecor* comp., *mislecost* superl. Spät erscheinen diese formen einigemale mit *u*, wie *néodlucor, atelucost*.

Anm. 3. Formen wie *hordern* begegnen schon in der alten sprache; dagegen sind die bildungen auf *-werd* jünger, indem sich die ältere sprache entweder des vollen *-weard* oder der formen *-ward*, *-word* bedient, § 43, 2, b. 51.

Anm. 4. Besonders weitgehende veränderungen zeigen die endsilben einer reihe von compositis, welche frühe aufgehört haben als solche empfunden zu werden. So stehen z. b. *fréols* freiheit, *hláford* herr, für **frí-hals*, **hláf-weard*; ferner *sulunʒ, swulunʒ* und *furlonʒ*, ein ackermass, für **sulh-lanʒ*, **furhlanʒ*. Langes *á* aus germ. *ai* liegt zu grunde den endsilben von *éorod* reiterei, aus **eoh-rád; béot* prahlerei, aus **bi-hát; eofot, -ut* schuld, aus **ef-hát* (vgl. *ebhát* Ep. Erf. = *eobot* Corp.), *eofolsian* lästern (north. *ebalsia, ebolsia, eofolsia*), aus **ef-hálsian*; ferner *óret* kampf (nebst *óretta* kämpfer, *órettan* kämpfen), aus **or-hát; ónettan* anreizen, aus **onhátjan*, und *fullest* neben *fylst* hülfe, nebst *fullestan* (einmal *fullǽstan* Beow.) und *fylstan* helfen, aus **ful-lást* (ahd. *fol-leist*); germ. *œ*, urags. *œ* bez. *á* in *hiered* familie, angl. *hiorod*, aus **hiw-rǽd; áwer, náwer* etc. irgend-, nirgendwo, aus *(n)á-hwǽr*; ferner in *ʒeatwe* rüstung, *frœtwe* schmuck, neben *ʒetǽwe*. Ags. *ý* aus umlaut von *ú* in *œfest, œfst* neid, eifer (Ps. *efest*, north. *œfest, œfist*) aus **œf-ýst*, und *ofost, ofst* eifer (*obst* Ep. Corp., *obust* Erf., north. *œfest, œfist*) aus **of-ýst* (dazu *efstan* eilen, eifern, Ps. *œfest(i)an*, north. *œfistia*). Urspr. langes *i* ist geschwunden in den pronomina *hwelc, swelc, œlc, ilca* § 339. 342. 317, vgl. got. *hwileiks, swaleiks*. Langes *ó* ist verkürzt in *oroð, oruð* atem, später *orð* (dazu *oreðian, orðian* atmen) aus **or-óð* für **uz-anþ-*, § 186; langes *ú* in *fracoð* elend, aus **fra-cúð*, vgl. *unforcúð*. Aus *éa* entstanden ist das *u* von *fultum* schutz, *fultumian* schützen (noch *fultéam* Erf., und öfter *fulteman* in älteren texten), aus *éo* das *u, o* von north. *látuw, láruw, -ow*, Ps. *ládtow* = ws. *láttéow, láréow*, § 250, anm. 3, aus *ládðéow*, **lár-ðéow*, nach Kluge auch das *o* von *wiobud, wéofod* altar, Ps. *wibed*, north. *wiʒbed*, § 222, anm. 1, aus *wih-béod (nach andern aus *wih-bed) etc. — Vgl. hierzu Sweet, Angl. III, 151 ff. Kluge, Zs. für vergl. sprachf. XXVI, 72 ff. Beitr. VIII, 527 ff.

2. Die vocale der ableitungs- und endsilben.

§ 44. Die zahl der hier auftretenden vocale ist einmal beschränkt durch den weitgehenden mangel von längen (§ 9), sodann durch das fehlen der diphthonge. Es erscheinen also nur *a, œ, e, i, o, u*, und von diesen begegnen *œ* und *i*, abgesehen von ableitungssilben wie *-iȝ, -ihte, -isc, -nis*, wieder nur in den ältesten denkmälern; später werden sie gleichmässig durch *e* ersetzt. Ueber gelegentliches schwanken der laute *a, o, u* gibt die formenlehre im einzelnen auskunft; nur sei im allgemeinen bemerkt, dass *u* meist älter als *o*, dieses älter als *a* ist.

Anm. 1. Bezüglich der unterscheidung der *e* verschiedenen ursprungs (aus *œ* und *i*) kommen für die flexionslehre insbesondere in betracht formen wie *árae* gen. dat. acc. sg. und nom. acc. pl. f., § 252, *tunȝae* nom. sg. f., § 276, *ȝódnae* acc. sg. m. § 293, *saldae* 1. 3. sg. praet. § 354, *dómae* dat. sg. m. § 238, *ȝódae* nom. pl. m. § 293, *ȝibaen* part. praet. § 366, *restaendi* part. praes. § 363, *dómaes* gen. sg. § 238, *suilcae* adv. § 315; aber *meri*, *ryȝi* nom. acc. sg. m. § 262, *ríci* desgl. § 246, *nimis*, *-id* 2. 3. sg. ind. § 357 f., *neridae* sw. praet. § 401, *-id* part. praet. § 402 etc.

Anm. 2. Für geschwächtes *e* erscheint in jüngeren hss. nicht selten *y* geschrieben: *hǽlynd, fœdyr, belocyn, wintrys, bityr* für *hǽlend, fœder, belocen, wintres, biter* etc.

Capitel III. Verhältnis des ags. vocalismus zu dem der verwanten sprachen.

A) Das germanische und westgermanische vocalsystem.

§ 45. Das vocalsystem des angelsächsischen ist eine umbildung eines den entsprechenden systemen aller germanischen sprachen zu grunde liegenden gemeinsamen vocalsystems, das, zwar in keiner der einzelsprachen vollkommen treu erhalten, doch auf dem wege der vergleichung sich mit sicherheit reconstruieren lässt.

Dieses system bestand aus folgenden lauten:

kurze vocale:	a		e, i^2	i^1		$[o^2]$		o^1, u
lange vocale:	$[\bar{a}]$	æ		$\bar{e}$	$\bar{\imath}$		$\bar{o}$	$\bar{u}$

diphthonge:
$$\begin{cases} ai & — \\ au & eu. \end{cases}$$

Hierzu sind folgende bemerkungen zu machen:

1) Der unterschied zwischen i^2 und i^1 ist zunächst nur aus etymologischen gründen statuiert, indem wir mit i^1 dasjenige i bezeichnen, welches bereits in der indogerm. grundsprache vorhanden war (altes oder primäres i), mit i^2 dagegen dasjenige i, welches erst im germanischen aus einem älteren e sich entwickelt hat (germanisches oder secundäres i, s. unter 2). Vielleicht hat auch einmal ein unterschied der aussprache bestanden.

2) e und i^2 sind etymologisch gleichwertig. Das e der indogerm. grundsprache wurde nämlich im germ. regelmässig zu i a) wenn nasal + consonant unmittelbar darauf folgte, b) wenn die nächste silbe ein i oder j enthielt. Dieser unterschied ist in allen germ. einzelsprachen ausser dem got. (welches alle e in i verwandelt hat) mehr oder weniger treu erhalten. Auf a) beruhen z. b. solche unterschiede wie ags. alts. *helpan* helfen, und *bindan* binden, ahd. *helfan*, *bintan* (gegen got. *hilpan*, *bindan*), auf b) dagegen solche wie ags. *helpan* inf. und *hilpð* 3. sg. ind. praes., alts. *helpan* und *hilpid*, ahd. *helfan* und *hilfit*.

Anm. 1. Diese regel gilt nur für die e der betonten silben; in unbetonten silben scheint das e durchgängig zu i geworden zu sein.

3) Ebenso sind o^1 und u gleichwertig, d. h. das o^1 ist eine umbildung aus älterem u. Diese umbildung trat ein, wenn in der folgenden silbe ein a (o^2, s. unter 4) enthalten war und das u nicht a) durch nasal + consonant, oder b) durch dazwischenliegendes i, j geschützt war. So heisst es z. b. noch ahd. *gibuntan*, alt. *gibundan*, ags. *ʒebunden* gebunden, aber ahd. *giholfan*, alts. *giholpan*, ags. *ʒeholpen* geholfen, nach a), hingegen wiederum nach b) alts. *huggian*, ahd. *hucken*, ags. (mit i-umlaut, § 95) *hycʒan*, nicht *hoggian* etc. Das got. hat hier wieder gleichmässig u, *bundans*, *hulpans*, *hugjan*.

2*

4) Mit [o²] ist vermutungsweise ein offener o-laut bezeichnet worden, der, einem o der verwanten aussergermanischen sprachen entsprechend, auch einmal im germ. vorhanden gewesen sein muss. Soweit wir aber sehen können, ist dieser laut mindestens in allen betonten silben bereits im germ. zu a geworden, vgl. beispiele wie got. *ahtau*, ahd. alts. *ahto*, ags. *eahta* (§ 82) mit gr. ὀκτώ, lat. *octo* u. dergl. Dass er dagegen in unbetonten silben noch im urags. vorhanden gewesen sei, wie einige annehmen, ist sehr unwahrscheinlich.

Anm. 2. Sicher stand urags. ein (offener) o-laut in allen endungen in denen noch im ags. ein nasal folgte, z. b. im inf. wie *bindan*, der 1.—3. pl. wie *bindađ* aus **bindanþ*; dies ergibt sich auch aus den einwirkungen auf die vocale vorausgehender silben (o/a-umlaut, s. unten § 106 ff.). Aber dieses ρ kann sehr wol erst wieder secundär aus a entstanden sein (s. § 65). Zweifelhaft ist es dagegen, ob contractionen wie die in § 114 besprochenen zu der annahme nötigen, dass auch sonst in unbetonter silbe noch das alte o² erhalten gewesen sei.

5) Reines ā existierte im germ. nicht mehr, da die indogerm. ā bereits zu ō geworden waren (vgl. z. b. lat. *fräter* mit got. *brōþar*, ags. *brōđor*, alts. *brōđar*, ahd. *brōder*, *bruoder* etc.). Dagegen sind secundär einige ā durch dehnung bei ausfall eines nasals vor h entstanden, so in got. *þâhta*, alts. *thâhta*, ahd. *dâhta* dachte, für **þaꭓhta*, zu got. *þagkjan* etc.; vgl. die belege § 67. Da aber diesen ā im ags. stets ó entspricht, der eintritt von o statt a im ags. aber an die nachbarschaft eines nasals gebunden ist, so muss man schliessen, dass jene ā im germ. noch n a s a l i e r t gewesen sind.

Anm. 3. Dass die in ähnlicher weise aus *iꭓh*, *uꭓh* entstandenen germ. *ĭh*, *ūh* (vgl. § 186) nasalvocale gehabt haben, lässt sich zwar vermuten, aber nicht durch directe kriterien erweisen.

6) Mit ǣ und ē sind die beiden laute gemeint, welche zwar im got. (und kentisch-northumbrischen) gleichmässig durch ê ausgedrückt, doch altn. alts. als â und ê, ahd. als â und ê (ea, ia), westsächs. ǽ und é unterschieden werden; vgl. z. b. got. *mêl* zeit, *hêr* hier, mit altn. alts. ahd. *mâl*, ws. *mǽl*, und altn. alts. ws. *hêr*, ahd. *hêr*, *hear*, *hiar* etc. (kent.-angl. *mél*, *hér*, § 150, 1).

7) Neben eu hat einst auch ein diphthong ei bestanden; doch ist dieser bereits im germ. selbst durch ii hindurch (vgl.

§ 45, 2, b) zu *ī* geworden, und dadurch mit vorgerm. *ī* zusammengefallen.

8) Es wechselten die gruppen *i* + vocal und *j* + vocal so, dass erstere nach langer, letztere nach kurzer wurzelsilbe stand (für die stellung nach ableitungssilben lässt sich eine bestimmte regel nicht geben); also z. b. stamm *rīkia-* reich, aber *badja-* bett. Nach derselben regel hat sich indog. *ej* + vocal in *i* + vocal und *j* + vocal gespalten; z. b. in praesensstämmen wie *dōmia-*, *nazja-* (aus *dōmejo-*, *nazejo-*) in got. *dōmjan, nasjan*, 2. pers. *dōmeis* aus *dōmiis*, aber *nasjis*.

§ 46. Zwischen dem germanischen und dem ags. system liegt das gemeinsame vocalsystem des westgermanischen in der mitte, daher vielmehr dieses zum nächsten ausgangspunkt der vergleichung gemacht werden muss. Dasselbe stimmt aber in allem wesentlichen mit dem germ. überein; nur ist das germ. *ǣ*, § 45, 6, durchgehends oder doch mindestens in bestimmten fällen zu *ā* geworden (Beitr. VIII, 88) und *eu* vor folgendem *i* oder *j* (vgl. § 45, 3, b und § 45, 7) zu *iu* weiterentwickelt (also z. b. *beudan* bieten, *steurō* steuer, aber 2. sg. *biudis* du bietest, *stiurjan* steuern, u. ä.

B) Die entsprechungen der westgermanischen vocale im westsächsischen.

§ 47. Die umgestaltung, welche die germ. vocale im ags. erfahren haben, sind wesentlich zweifacher art. Entweder vollzieht sich die wandlung des vocals unabhängig von seiner umgebung, oder letztere übt einen bestimmenden einfluss aus. Zur ersten art der übergänge gehört z. b. die wandlung des germ. *ai* in *á*, wie in *hátan* heissen, zu got. *haitan*, oder die des germ. *au* zu *éa*, wie in *léan* lohn, zu got. *laun*; zu der zweiten erscheinungen wie die verschiedenen umlaute und brechungen, veränderungen von vocalen durch nasale, palatale, u. dergl.

In der folgenden übersicht sollen nun zwar sämmtliche veränderungen, denen ein germ. vocal im ags. unterliegt, gleich bei der besprechung dieses vocales angeführt, doch nur die

von der umgebung des vocals unabhängigen wandlungen aus-
führlicher besprochen werden, indem wir über die einflüsse der
nachbarlaute zusammenhängend berichten.

§ 48. Ausser dieser unterscheidung ist noch zu beachten,
dass die entwickelung der vocale in den betonten (stamm)silben
eine andere ist, als in den schwächer betonten mittel- und
endsilben. Wir behandeln deswegen die vocale dieser silben
wieder getrennt.

I. Die vocale der stammsilben.

1. Allgemeine übersicht der entsprechungen.

a.

§ 49. In ursprünglich geschlossener silbe wird das
kurze *a* normaler weise zu *œ*, wo nicht besondere umstände
es verhindern: *dœʒ* tag, *brœc* brach, *sœt* sass, *wœs* war, *hœft*
gefangen, zu got. *dags, brak, sat* u. s. w. Dies *œ* bleibt auch
da, wo die ursprünglich geschlossene silbe durch secundäre
lautentwickelung im ags. offen wird, wie in *nœʒl* nagel, *hrœfn*
rabe (mit silbenbildendem *l, n*) oder bei entwickelung eines
secundären *e*, wie in *œcer* acker, *fœʒer* schön, *mœʒen* kraft,
zu got. *akrs, fagrs* etc., st. *akra-, faʒra-, maʒna-*.

Anm. 1. Ausser den § 10 aufgeführten ausnahmen sind noch zu
beachten das enklitische *ac, ah* aber, und *was, nas* war (nicht), neben
gewöhnlichem *wœs, nœs*. Auch im zweiten glied von compositis bleibt
öfter *a*, wie in *herepaÐ* heerstrasse, *stÐfat* reise u. dgl.

Anm. 2. Durch anlehnung an mehrsilbige flexionsformen mit regelrechtem *a* behalten die imperative der starken verba VI. ablautsreihe das
a meist bei: *far, sac, scaf* etc., § 369.

§ 50. In ursprünglich offener silbe erscheint das
germ. *a* teils als *a*, teils als *œ*:

1) *a* steht regelmässig, wenn die folgesilbe einen der
gutturalen vocale *a, o, u* enthält. So lautet zu *dœʒ* der nom.
pl. *daʒas*, gen. *daʒa*, dat. *daʒum*, zu *fœt* der nom. acc. pl. *fatu*,
gen. *fata*, dat. *fatum*; zu *hwœt* dat. sg. m. n. *hwatum*, der
schwache nom. sg. m. *hwata*. Aus dem verbum vgl. flexionen
wie *faran* (§ 392), 2. 3. sg. *fœrest, fœreÐ*, pl. *faraÐ* u. ä.; ferner

wörter wie *atol* schrecklich, *nacod* nackt, *sadol* sattel, etc.
(doch s. auch § 103).

Anm. 1. Den *a, o, u* der endsilben gleich stehen 1) das aus *o* ent-
standene *i* in der zweiten klasse der schwachen verba, also *macian* machen,
laðian einladen (vgl. § 414, anm. 2) wie praes. sg. 3. *macað, laðað,* praet.
macode, laðode etc.; — 2) die ebenfalls aus urspr. gutturalen vocalen ge-
schwächten *e* mancher mittelsilben, auf welche noch ein gutturaler vocal
folgt oder folgte; vgl. z. b. wörter wie *staðelian* befestigen (zu *staðol*),
hacele mantel, *adela* kot, *hafela* (neben *hafola*) haupt, *ʒaderian* (poet.
auch *ʒæderian*) sammeln, *ʒedafenian* geziemen, *hafenian* halten, *faʒ(e)nian*
sich freuen, *war(e)nian* sich hüten, *adesa* beil (vgl. auch § 129).

Anm. 2. Dagegen geht *a* in *æ* über in einer reihe von wörtern, in
denen auf den ursprünglich gutturalen vocal der mittelsilbe *(u,* seltener *a)*
ein *i* folgt oder folgte (Kluge), also *ʒædelinʒ* verwanter (alts. *gaduling*),
æðelinʒ edler, aus **aþulinʒ* (altn. *ŏðlingr*), *lætemest* der späteste, aus **latu-
mist* (vgl. § 314); *æt-, tó-ʒædere* zusammen, aus **ʒaduri* (neben *ʒaderian*
aus **ʒadurōjan,* anm. 1), *sæterndæʒ* sonnabend, zu *Saturni dies; æx* axt,
für *æces* Ps. (doch north. *acas*), aus **acusi,* vgl. got. *aqizi* und ahd. *achus*;
auch wol *hæleð* held (urspr. plur. **haluþiz,* vgl. altn. *hǫlðr* und § 133, b.
281, 1) und vielleicht *hælfter* halfter, aus **haluftri,* und *hærfest* herbst,
aus **harubist* (vgl. *helustr* Ep. schlupfwinkel, später *heolstor*); ferner *æðele*
adj. edel, aus **aþali* (alts. *adali*), *mæʒden* jungfrau, aus **maʒadin* (ahd.
magatin).

Ausgenommen von dieser regel sind die infinitive und participia
praesentis der starken verba VI. ablautsreihe, wie *farenne* aus **farannjai,*
-onnjai, und *farende* aus **farandi, *farondi.*

Anm. 3. Der übergang des *a* in *æ* in den in anm. 2 angegebenen
wörtern ist jünger als in den sonstigen fällen (§ 49. 50, 2); er ist erst nach
der periode der palatalisierung anlautender gutturale (§ 206, 1) eingetreten,
daher denn auch in *ʒædelinʒ, -ʒædere* die diphthongierung fehlt (§ 75,
anm. 1). Wahrscheinlich ist die ganze erscheinung als ein besonderer umlaut aufzufassen, s. § 89, 3. 100, anm. 4.

2) Vor ursprünglichem, d. h. nicht aus *a, o, u* geschwächtem *e* (in den ältesten texten *æ,* § 44, anm. 1) scheint der
regel nach *æ* zu stehen: *dæʒ* tag, *fæt* fass, gen. *dæʒes, fætes,*
dat. *dæʒe, fæte* u. s. w., § 240. Doch herscht hier grosses schwanken; adjectiva wie *hwæt* haben z. b. gen. *hwates,* instr. *hwate,*
nom. acc. pl. *hwate,* § 294; feminina wie *sacu* gen. dat. acc. *sæce*
und *sace,* § 253. Ebenso schwanken die partt. praet. der starken verba, wie *hlæden* und *hladen, ʒræfen* und *ʒrafen, slæʒen*
und *slaʒen,* zu *hladan* laden, *ʒrafan* graben, *sléan* schlagen,
§ 392, während die optt. praes. dieser verba wieder regelmässig
a haben, *fare, ʒrafe* etc.

Anm. 4. Auch vor ursprünglichem *i, j* war im urags. *a* zu *œ* geworden, dies *œ* ist aber dann weiterhin durch den *i*-umlaut verändert worden, § 88 ff.

Anm. 5. In lat. lehnwörtern wird *a* in offener silbe öfter gedehnt: *sácerd* priester, *cálend* kalenden, *mágister* meister; danach ist auch wol *pálendse* pfalz, *tálenta* talent, u. dgl. anzusetzen.

§ 51. Altes *a* wird zu *o* (nicht *ǫ*) in den proklitischen praepositionen *of* ab, *on* an, *ot* bei, gegenüber den betonten adverbien *æf-, ǫn (an), æt*; ferner bisweilen in nebentoniger stellung im zweiten gliede von compositis, besonders wenn ein labial vorausgeht: *twiefold* zweifach, *Grímbold, Óswold* npr., *ǫndsworu* antwort, *hláford* herr (für *hláfword*; so im Ps. auch *tóword* zukünftig, *erfeword* erbe); auch *herepoð* neben *-pað* § 49, anm. 1.

Anm. Die form *ot* ist im ws. fast ganz durch *æt* verdrängt; eine seltene (meist kent.?) nebenform ist *at*. — In einigen texten schwankt auch unbetontes *on* nach *an* hin, vgl. darüber wie über einige ähnliche fälle § 65, anm. 2.

§ 52. Die veränderungen, welche ursprüngliches *a* ausser diesen vertretungen erfährt sind folgende:

1) vor **n a s a l e n** wird es zu *ǫ*, § 64; dessen *i*-umlaut ist *e*, § 89, 4; durch ausfall des nasals vor stimmloser spirans wird *ǫ* zu *ó*, § 66; dessen *i*-umlaut ist *é (œ́)*, § 94.

2) es erfährt **b r e c h u n g** zu *ea* vor *r*- und *l*-verbindungen und vor *h*, § 79 ff.; der *i*-umlaut dieses *ea* ist *ie, i, y*, § 97 f.

3) es wird zu *ea* durch vorausgehenden palatal, § 74 ff.; *i*-umlaut ist auch hier wieder *ie, i, y*, § 97 f.

4) es erfährt *u*-umlaut zu *ea*, § 103.

5) es wird zu *éa* durch contraction mit folgendem *u*, § 111.

6) es wird durch *i*-umlaut zu *e*, § 89, soweit nicht andere formen dieses umlauts in 1—5 angegeben sind.

ë.

§ 53. Westgerm. *ë* bleibt oft erhalten, *helan* verhehlen, *beran* tragen, *helm* helm, *helpan* helfen, *wefan* weben, *sprecan* sprechen, *cweðan* sprechen, zu alts. ahd. *helan, beran, helm* etc.

Eingeschränkt wird das alte *ë*:

1) durch den übergang in *i* vor nasalen, § 69.

2) durch die brechung in *eo* vor *r*- und *l*-verbindungen und vor *h*, s. § 79 ff.; der *i*-umlaut dieses *eo* ist dann *ie, i, y*, s. § 100.

3) durch den *u*-umlaut zu *eo*, § 104.

4) durch den übergang in *ie* nach palatalen, § 74 ff.

5) durch dehnung zu *é* bei consonantausfall, § 214, 3.

6) durch contraction mit dunkleren vocalen, wodurch *éo, ío* entsteht, § 113.

7) durch übergang von *weo* in *wo* und *wu*, § 72.

i.

§ 54. Westgerm. *i* bleibt oft: a) indog. *i*, wie in *bite* biss, *wlite* gesicht, *witan* wissen, praet. *wisse*; ferner in der 2. sg. ind. und dem pl. und opt. praet. der starken verba erster ablautsreihe, wie *stiʒe*, pl. *stiʒun*, opt. *stiʒe*, pl. *stiʒen*, § 382; b) germ. *i* aus *ë*, *α*) vor nasal + consonant, wie in den verbis *bindan* binden etc., § 386, *blind* blind u. a., *β*) vor ursprünglich folgendem *i, j* häufig in der 2. 3. sing. ind. praes. starker verba der dritten, vierten und fünften ablautsreihe, wie *hilpð, bireð, iteð*; ferner in *biddan* bitten, *sittan* sitzen, *licʒan* liegen, *ðicʒan* nehmen, § 391, 3, und sonst oft.

Das *i* wird eingeschränkt

1) durch die brechung zu *io* (*eo, ie, y*) vor *r*- und *l*-verbindungen und vor *h*, § 79 ff.; der *i*-umlaut dieser laute ist *ie* (*i, y*), § 100.

2) durch den *u*- und *o/a*umlaut zu *io* (*eo, ie, y*), § 105. 107, 3 ff.

3) durch den übergang von *wio* zu *wu*, § 71.

4) durch dehnung zu *í* bei consonantausfall, § 186. 214, 3.

5) durch contraction mit dunkleren vocalen, § 114.

Anm. Lat. *i* erscheint als *e* in dem lehnwort *peru* birne; ebenso lat. *ĭ* in *seʒn* aus *sĭgnum*.

o.

§ 55. Westgerm. *o* bleibt in der regel nach, *boda* bote, *ʒod* gott, *ʒold* gold, *oxa* ochse, *word* wort; sehr häufig im part.

praet. starker verba der zweiten, dritten und vierten ablautsreihe, § 384 ff., etc.

In einigen wörtern steht, zumal in der nachbarschaft von
labialen, statt des zu erwartenden *o* ein *u*, z. b. *full* voll, *wulf*
wolf, *wulle* wolle, *fuʒol* vogel, *bucca* bock, *cnucian* stossen,
ufan oben, *ufor* höher hinauf, *ufera* der obere, *lufu* liebe, *lufian*
lieben, *spura* (neben *spora*) sporn, *spurnan* neben *spornan*
spornen, *murnan* trauen, *murcnian* murren, *furðor* weiter,
furðum doch.

Ausserdem wird das gebiet des westgerm. *o* noch regelmässig eingeschränkt

1) durch den übergang in *u* vor nasalen, § 70; der *i*-um-
laut dieses *u* ist *y*, § 95.

2) durch *i*-umlaut zu (*œ*), *e*, § 93.

Anm. Ueber ð, ō in *broden* für *broʒden* s. § 214, 3, anm. 8. — Lat.
ð erscheint gedehnt in *scól* aus *schola.*

u.

§ 56. Westgerm. *u* erscheint häufig unverändert, *burʒ*
stadt, *lust* lust, *sunu* sohn, *hund* hund etc.; sehr oft in praeteritalformen starker verba der zweiten und dritten ablautsreihe, § 384 ff., etc. Uebergang in *o* in *or-* zu got. *us-*, ahd.
ur-, wie in *orsorʒ* sorglos, *orðonc* klugheit.

Anm. 1. Für sächs. kent. *ðurh* durch, steht mercisch (Ps.) *ðorh*,
north. *ðerh.* — Statt der negierenden vorsilbe *un-* wird in späten hss. nicht
selten *on-* geschrieben, und umgekehrt bisweilen *un-* für *on-* ent-, wie
unbindan entbinden.

Anm. 2. Lat. *u* erscheint als *o* in *copor* kupfer, *box* buchsbaum.

Sonstige einschränkungen des *u* sind:

1) der *i*-umlaut zu *y*, § 95.

2) die dehnung zu *ú* bei consonantausfall, § 186. (214, 3,
anm. 8); dessen *i*-umlaut ist *ý*, § 96.

3) der übergang in *io, eo* nach palatalen, § 74; der *i*-um-
laut davon ist *ie* (*i, y*), § 100.

ā.

§ 57. Westgerm. *ā* ist dreifachen ursprungs:

1) altes *ā*, nur in fremdwörtern, wie lat. *strāta, nāpus*
(rübe), wird ws. zu *ǣ: strǣt, nǣp* (Ep. *nǣp*, Corp. *nép*).

Anm. 1. Zweifelhaften ursprungs ist das *á* in *ʒán* gehen, welches auffälligerweise vor nasalen unverändert bleibt (§ 68).

2) Westgerm. *ā* aus germ. *ǣ*, got. *ê* (§ 45, 6) wird ws. in der regel zu *ǽ*: *rǽd* rat, *rǽdan* raten, *slǽpan* schlafen, *swǽs* eigen, *ǽðm* atem, *ǽfen* abend; ferner sehr oft im praet. pl. der starken verba vierter und fünfter ablautsreihe, § 390 f.

Anm. 2. In *híered*, *híred* familie (angl. *híorod*, ahd. *hîrât*), *dǽʒred* morgenröte (ahd. *tagarôd*), den adverbien (*n*)*áwer*, (*n*)*ówer* (n)irgendwo (aus *áhwǽr*, *óhwǽr* etc., § 321, anm. 2) ist vermutlich der vocal der schluss-silbe als kurz anzusetzen (§ 43, anm. 4). Dagegen scheinen die namen auf -*réd*, wie *Ælfréd*, langes *é* zu haben; vgl. auch frauennamen auf -*fléd* neben -*flǽd*, wie *Éanfléd*, -*flǽd*. Danach nehmen einige forscher an, dass germ. *ǽ* in nebentoniger stellung regelmässig zu *é* werde, schreiben also auch *híréd*, *dǽʒréd*, *áwér* etc. — In betonter silbe findet sich jedenfalls nur vereinzelt und nicht echt-ws. *é* für *ǽ*, *rédan*, *slépan* etc.

Gleichlautend mit diesem *ǽ* ist im ws. sein *i*-umlaut, § 91; dagegen wird der umfang des *ǽ* eingeschränkt in folgenden fällen:

a) vor *w* bleibt *á* erhalten in *sáwe* 2. sg. ind. *sáwan* pl. ind., *sáwe*, *sáwen* conj. praet. von *séon* sehen (got. *sêhvum* etc., alt. *sâwi*, *sâwun* etc.), *ʒetáwe* rüstung, *táwian* bereiten (zu got. *têwa* ordnung; daneben vermutlich auch *ʒetǽwe*, *tǽwian*), und dem fremdwort *páwa* pfau. Dagegen scheint in den verbis *bláwan*, *sáwan* etc. § 62, und vielleicht einigen andern, vielmehr *á* für *ai* zu stehen.

Anm. 3. Sonst steht ws. *á* noch in offener silbe vor gutturalem vocal in den praeteritis *láʒon*, *ðáʒon*, *wáʒon* neben *lǽʒon*, *ðǽʒon*, *wǽʒon* von *licʒ(e)an*, *ðicʒ(e)an*, *weʒan*; im pl. *máʒas* neben *mǽʒas* und dem fem. *máʒe* neben *mǽʒe* zu *mǽʒ* verwanter; ferner in *hráca* speichel, schleim; in *slápan* und ableitungen neben *slǽpan* schlafen, in *swár* neber *swǽr* schwer, *tráʒ* träge, *tál* neben *tǽl* verleumdung, *lácnian* neben *lǽcnian* heilen (zu *lǽce* arzt, mit *i*-umlaut), in *ácumba* werg (selten *ǽcumba*) neben zahlreichen anderen compositis mit *ǽ*-, und vielleicht einigen andern fällen (Kluge, Angl., anz. V, 82).

Der *i*-umlaut dieses *á* ist regelrecht *ǽ*: *lǽwan* verraten, (got. *lêwjan*), *ǽltǽwe* vollkommen (zu got. *têwa*).

b) vor nasalen geht das westg. *ā* in *ó* über, s. § 68; der *i*-umlaut ist *ǽ*, *é*, § 94.

c) nach vorausgehendem palatal wird es zu *éa*, § 74. 76, 2.

d) ein *éa* statt *ǽ* erscheint auch in *néah* nahe, got. *nêƕ*; hier ist das *éa* vermutlich brechung (§ 82).

3) Nasaliertes germ. *ā* aus *aʋ*, § 45, 5, wird zu *ó*, § 67; sein *i*-umlaut ist *ǽ*, *é*, § 94.

ē.

§ 58. Das westgerm. *ē* bleibt im ws. unversehrt, *hér* hier, *cén* kien, *méd* lohn, *léf* gebrechlich, *Wéland* n. pr.; hierher gehören auch die *é* der reduplicierten praeterita wie *hét*, *slép*, § 395, A.

Anm. 1. Dem ahd. *zêri*, *ziari* adj. entspricht ags. *tír* ruhm, herrlichkeit (vgl. alts. *tír*, altn. *tírr*), dem ahd. *wiara* ags. *wír* geflecht. — Neben *Crécas* Griechen, erscheint unerklärtes *Créacas*.

Anm. 2. Lat. geschlossenes *ē* erscheint in alten lehnwörtern als *í*: *síde* seide, *cípe* zwiebel, *pín* pein, und mit verkürzung als *i*, wie in *sicor* sicher, *dinor* denar, etc. In jüngeren lehnwörtern steht ags. *é* bez. verkürztes *e* wie in *créda* credo, *béte* rübe, bez. *fĕnix* phönix u. ä.

ī.

§ 59. Altes *ī* erscheint fast durchgehends unverändert, *hwíl* zeit, *mín* mein, *ðín* dein, *sín* sein, *wíf* weib, *ríce* reich; vgl. ferner die starken verba der ersten ablautsreihe, § 382.

Einschränkungen erfährt das *i* nur durch contraction mit folgendem vocal, § 114, und gelegentliche verkürzung und brechung, § 84.

ō.

§ 60. Westgerm. *ō* bleibt im allgemeinen, *bóc* buch, *ʒód* gut, *fór* fuhr, *slóʒ* schlug u. s. w. Sein *i*-umlaut ist *ǽ*, *é*, § 94.

Anm. Auslautendes *wō* erscheint als *ú* in *hú* wie, *tú* zwei (§ 324, 2); ebenso einfaches *ō* in *bú* beide, *cú* kuh, gegen *tó* zu.

ū.

§ 61. Dem westgerm. *ū* entspricht regelmässig ws. *ú*, *hús* haus, *tún* stadt, *brúcan* brauchen, *lúcan* schliessen, auch wo das got. *au* vor vocal hat, *búan* bauen, *trúwian* trauen, vgl. got. *bauan*, *trauan*.

Der *i*-umlaut des *ú* ist festes *ý*, § 96.

ai.

§ 62. Westgerm. *ai* wird zu *á*: *áð* eid, *stán* stein, *hát* heiss, *sár* wunde, *hátan* heissen, *wát* weiss; die 1. 3. sg. praet. der verba erster ablautsreihe, wie *stáʒ*, § 382, etc.

Der *i*-umlaut des *á* ist *ǽ*, § 90.

Anm. Vereinzelte abweichungen sind: *ó* immer, je, nebst zusammensetzungen (*ówiht, ówðer* etc., § 346 ff.) neben *á*, got. *áiw*, ahd. *eo*; und *wéa* leid, übel (zu ahd. *wêwo*?) Sonst wird *ai(w)* regelmässig zu *á(w)*: *snáw* schnee, *sláw* träge, *sáwol* seele, vgl. ferner die verba *bláwan*, *cnáwan, máwan, sáwan, wáwan* § 396, d (zu got. *sai(j)an, waian*, vgl. § 57, 2, a). — Ganz vereinzelt begegnet einmal *sóriȝ* für *sáriȝ* Cura past. 227, 8 H (schreibfehler).

au.

§ 63. Der regelmässige vertreter von westg. *au* ist ws. *éa: éac* auch, *·éaca* vermehrung, *béaȝ* ring, *héafod* haupt, *ȝeléafa* glaube etc., die 1. 3. sg. praet. der verba zweiter ablautsreihe, wie *céas*, § 384 f.; auch vor folgendem *w* (wo im got. *ggw*, altn. *gg(v)* eintritt), *ȝléaw* klug, *héawan* hauen, *hnéaw* geizig (vgl. got. *glaggwus*, altn. *hǫggva, hnǫggr*).

Der *i*-umlaut des *éa* ist *ie* (*i, ý*), § 99, als sog. palatalumlaut erscheint spätws. *é*, § 108, 2. 109.

eu (iu).

§ 64. Westg. *eu* erscheint regelmässig als *éo: béod* tisch, *déop* tief, *déor* tier, *ðéod* volk, *léof* lieb, *séoc* krank: ferner die praesentia der verba zweiter ablautsreihe, wie *céosan* etc., § 384; auch vor *w* (wo got. *iggw*, altn. *ygg(v)* eintritt), *hréowan* reuen, *tréow* glaube (altn. *hryggva, tryggr* treu etc.). Nur ausnahmsweise steht dafür *ío*, s. § 38.

Anm. Nur die ältesten denkmäler bieten noch bisweilen den diphthong *eu, stéupfædær, tréulésnis* u. dgl. Sonst erstreckt sich die neigung, *eu* in *eo* zu wandeln, sogar auf fremdwörter, wie *Déosdedit*, *Léowðerius* für *Deusdedit, Leutherius*

Der *i*-umlaut des germ. *eu* (bez. des daraus entwickelten westgerm. *iu*, § 46) ist *ie* (*i, ý*), daneben in besonderen fällen altws. *ío*, später *éo*, § 100, 2.

2. Uebersicht über die speciellen beeinflussungen betonter vocale durch nachbarlaute.

a) Einfluss der nasale.

§ 65. Germ. *a* wird vor nasalen schon in vorhistorischer zeit ags. zu offenem *ǫ*, § 25, 2. Da das alphabet für die drei

laute *a*, *ǫ*, *o* nur die beiden zeichen *a* und *o* zur verfügung
hat, so schwankt die bezeichnuug des *ǫ* sehr. Die allerältesten
quellen, wie Ep., schreiben stets *a*, *mann* mann, *brand* brand,
land land, *hand* hand, *nama* name, *camb* kamm, *ӡanӡan* gehen;
im 9. jahrh. überwiegt *o*, *mon*, *brond*, *lond*, *hond*, *noma*, *lomb*,
ӡonӡan (ausnahmslos so im Ps. und north., doch vgl. § 386,
anm. 3), dann nimmt das *a* wieder zu, um allmählich zur
alleinherschaft zu gelangen.

Anm. 1. Dieser übergang in *ǫ* ist älter als die metathese von *r*
§ 179; daher die praett. *orn*, *born* aus **ronn*, **bronn*, § 386.

Anm. 2. Eine sonderstellung nehmen ein die acc. *ðone* den, *hwone*
wen, instr. *ðon*, *hwon* § 333. 341, die adverbia *ðonne* dann, *hwonne* wann
mit durchgehendem *o*, welches wol als geschlossenes *o* zu betrachten ist.
Auch die präposition *on* (nicht das betonte adverb, welches sich der allgemeinen regel anschliesst) lautet nur selten *an*, am häufigsten noch in
der composition. In sehr alten quellen findet sich sehr selten *ðanne*, dagegen sind in der späteren sprache *þænne* und *hwænne* ganz geläufig.
Ebenso gebraucht die spätere sprache statt *ðone*, *hwone* sehr häufig *ðane*,
hwane und *ðæne*, *hwæne*, die vielleicht als analogiebildungungen zu den
dativen *ðám*, *hwám* und *ðǽm*, *hwǽm* anzusehen und demgemäss mit *á*, *ǽ*
zu schreiben sind (für das kent. vgl. jedoch § 51). Dem alten *moniӡ*
maniӡ manch, entspricht spätws. in der regel *mæniӡ* (*meniӡ*).

§ 66. Diese *ǫ* erscheinen regelmässig verlängert zu *ó* bei
ausfall des nasals vor stimmloser spirans (§ 186): *ӡós* gans,
hós schaar, *ós-* gott, *sóð* wahr, *tóð* zahn, *óðer* ander, *sófte* adv.
sanft, für **ӡǫns*, **hǫns* u. s. w., vgl. got. *hansa*, *anþar*, ahd.
gans, *sanfto* etc.

§ 67. Ebenso entspricht dem germ. nasalierten *ā* aus *aʋ*
(§ 45, 5) in got. *fāhan* fangen, *hāhan* hangen, *brāhta* brachte,
þāhta dachte, *þāhô* ton, *-wāhs* tadelhaft, ahd. *āhta* verfolgung,
zāhi zähe, stets *ó*: *fón*, *hón*, *bróhte*, *ðóhte*, *ðó* (Ep. *thóhæ*),
wóh, *óht*, *tóh*.

§ 68. Auch westgerm. *ā* aus germ. *ǣ*, § 45, 6. 46, wird
vor nasalen zu *ó*: dem got. *mêna* mond, *mênôþs* monat, *nêmun*
sie nahmen, *qêmun* sie kamen, entsprechen *móna*, *mónað*,
nómun, *cwómun*; denselben· ursprung haben noch die *ó* in
sóna bald, *spón* spahn, *ӡedón* getan, *bróm* reisig, *wóm*, *wóma*
lärm, *óm* rost, *ӡeomor* jammer (§ 74).

Anm. 1. Neben altem *sóm-* halb, zu gr. *ἡμί* (wie in *sómcucu* halb
lebendig u. a.) erscheint später gewöhnlich *sám-* (das ˙vielleicht auf ver-

kürzung schliessen lässt). Ferner heisst es stets *benǽman* berauben, *nied-*, *nȳdnǽme* räuberisch. Diesen formen liegen vielleicht diphthongische nebenformen mit *ai* zu grunde. Dagegen sind die bes. spätws. formen *námon*, *cwámon* für *nómon*, *c(w)ómon* als neubildungen zu betrachten (s. § 390, anm. 2).

Anm. 2. Hierher gehören, mit *i*-umlaut nach § 94, auch *cwén* frau, got. *qêns*, *wén* hoffnung, got. *wêns*, *ʒecwéme* bequem, ahd. *biquámi*, *ʒeséman* versöhnen, *ʒetéme* passend, ahd. *gizámi* etc., vgl. die ausserws. formen *cwǽn*, *wǽn*, *ʒecwǽme* u. s. w. Man darf also in den ags. *é* nicht directe reste des germ. *œ* erblicken.

· § 69. Westgerm. *ë* wird vor altem *m* zu *i* in *niman* nehmen, ahd. *nëman*, dagegen bleibt es vor *n*: *cwene* frau (ahd. *quëna*), *denu* tal, north. *henu* ecce (vgl. auch fremdwörter wie *senoð* synode, *senep* senf) und vor *mn* aus *fn*, wie in *emn*, *stemn* aus *efn*, *stefn*, § 193, 2. Vor nasal + consonant geht auch das *e* von alten fremdwörtern in *i* über, *ʒim* edelstein, *mint* minze, *pinsian* erwägen, aus lat. *gemma*, *mentha*, *pensare*.

§ 70. Westgerm. *o* vor nasalen wird zu *u*, *cuman* kommen, *ʒenumen* genommen, *-numa* empfänger, *wunian* wohnen, *ðunor* donner, ahd. *coman*, *ginoman*, *-nomo*, *wonên*, *donar*; ebenso das *o* alter fremdwörter, *munuc*, *munt*, *pund*, *cumpæder* aus lat. *monachus*, *montem*, *pondus*, *compater*; mit nachfolgendem *i*-umlaut *mynet*, *mynster* aus lat. *moneta*, *monasterium*. Ausnahmsweise steht *font* (*fant*) gleich lat. *fontem*.

Anm. (Zu § 69 und 70). Nach § 45, 2. 3 haben die regeln dieser beiden §§ bei einheimischen wörtern nur anwendung auf einfachen nasal.

b) Die einflüsse des *w*.

§ 71. Die gruppe *wiu*, *wio*, aus germ. *wi* durch brechung (§ 79 ff.) oder durch *u*- und *o/a*-umlaut (§ 105) entstanden, wird gewöhnlich zu *wu*; daneben aber bestehen hie und da auch noch die älteren formen mit dem diphthong *io* (*eo*, § 38), ja selbst solche mit einfachem *i*: *wuton* wolan, *wudu* holz, *wuduwe* witwe, *swutol* hell, klar, *wucu* woche, *c(w)ucu* lebendig, *wuht* ding (auch in *náwuht*, *náuht* nichts), *betwuh*, *betwux* zwischen, neben *wiodu* (selten und alt), *widuwe*, *weoduwe*, *sweotol*, *wicu*, *weocu*, *cwicu*, *cwic*, *betwih* etc.

Anm. 1. Selten und spät erscheint hier *wo*, *wolcréad* für *wiolocréad*; geläufiger ist in den späteren ws. texten die schreibung *wy*, wie *wyduwe*, *swytol*, *betwyh*.

Anm. 2. Bei hinzutretendem *i*-umlaut geht *io* nach *w* ws. wie alle übrigen *io* in *ie* etc. über: *wierðe* wert, *wiersa* schlimmer, *wierresta* der schlimmste etc.

§ 72. Die gruppe *weo* aus germ. *wë* (brechung oder *u*-umlaut, § 79 ff. 104) bleibt im allgemeinen unverändert; doch heisst es neben dialektischem (bes. kent. und merc.) *weorold* welt, strengws. stets *worold*; ebenso schwanken *weorðig* und *worðig* strasse, und seltener spätws. einige andere, wie *worc*, *worpan*, *ʒeswosterna*, *swotol* neben gewöhnlichem *weorc*, *weorpan*, *ʒesweostor*, *sweotol*. Ausserdem tritt vielfach im späteren ws. hier ein *u* an stelle des *eo*: *swurd*, *wurðan*, *wurðian*, *swuster* statt *sweord* schwert, *weorðan* werden, *weorðian* schätzen, *sweoster* schwester, noch später auch *y*, *swyrd* etc.

Anm. Umgekehrt wird spät nicht selten *wur* für *wyr* geschrieben, *wurmas*, *wurd-*, *wurt-*, *wurste* für *wyrmas*, *wyrd-*, *wyrt-*, *wyrste* (= altws. *wierste*); ganz ausnahmsweise *weor* für *wyr*, *wur*, wie in *weormum*, *ymbhweorft*, *Geoweorþa* für *wyrmum*, *ymbhwyrft*, lat. *Jugurtha*.

§ 73. 1) Die gruppe *aw* bleibt vor vocalen lautgesetzlich unverändert: *awul* ahle, *clawu* klaue, part. *ʒesawen* gesehen, u. ä. Wo daneben *éa* auftritt, wie in *féawe* wenige (got. *fawai*), *cléa* klaue, ist dies aus formen eingeschleppt, in denen das alte *aw-* aus irgend einem grunde zu *au* geworden war (vgl. unten 2).

Anm. 1. Der umlaut des *aw* vor vocalen ist zunächst *ew*: *strewede* streute, *cleweða* das jucken, *ewe* mutterschaf (dazu vermutlich auch das part. *ʒesewen* gesehen, neben *ʒesawen*); jüngere texte haben dafür auch *eo*, wie *eowu*, *streowede* u. ä. (doch nicht *ʒeseowen*). In einigen wörtern, wie *méowle* mädchen (got. *mawilô*), *éowde* heerde, in denen ein mittelvocal synkopiert ist (§ 193 ff.), scheint langes *éo* eingetreten zu sein.

2) Die gruppe *ëw* vor vocalen wird regelrecht zu *eow*; im silbenschluss wird sie dagegen über *eu* zu *éo*: *cneowes*, *treowes*, *ðeowes* etc., gen. sg. von *cnéo* knie, *tréo* baum, *ðéo* diener (§ 137), ahd. *knëwes* etc.

Anm. 2. Aus dem nebeneinander von formen wie *cnéo — cneowes* ergeben sich durch gegenseitige beeinflussung auch solche wie *cnéow* mit herübernahme des *w* aus den mehrsilbigen, und solche wie *cnéowes* mit herübernahme des langen *éo* aus den einsilbigen formen (Beitr. X, 489 ff.).

3) Ursprüngliches *iw* vor vocalen bleibt teils unverändert, teils erscheint es als *iow* (*eow*, § 38): *ðriwa* dreimal, *spiwe*, *spiweða* das speien, part. praet. *āspiwen* gespien, *āsiwen* geseiht, *niwol* abschüssig, neben weniger streng ws. formen wie *niowol* (*neowol*), *āseowen* u. ä.

Anm. 3. Formen mit *ie*, *i* wie *ni(e)we* neu (got. *niujis*), *hi(e)w* gestalt (got. *hiwi*) u. ä. gehen nicht auf altes *iw*, sondern auf älteres *iuw* zurück, das durch westgerm. gemination (§ 227) entstanden war. Solche wie *siowian* nähen, *spiowian* speien, haben dagegen ihre *io* (*eo*) wol von formen mit urspr. *iw* vor vocalen entlehnt.

c) Diphthongierung durch palatale.

§ 74. Der palatale halbvocal *j* (§ 175) verbindet sich anlautend mit den vocalen *a* (*œ*) und *o* zu ȝ*ea*, ȝ*eo* (ȝ*io*): ȝ*éa* ja, ȝ*éar* jahr, ȝ*ioc*, ȝ*eoc* joch, ȝ*éomor* jammer; so auch im pronomen ȝ*eon* jener, § 338, 4, und seinen ableitungen, wie ȝ*eond* durch, *beȝeondan* jenseit, north. *beȝeanda* (für *jan-*, *jǫn-*, § 65; daneben altws. ȝ*iend*, ȝ*ind*, kent. ȝ*end*, north. ȝ*ind*, *beȝienda* mit *i*-umlaut). Die gruppe *ju* bleibt ziemlich oft unverändert, *iú* ehemals, *iunȝ*, ȝ*unȝ* jung, *iuȝuð*, ȝ*uȝuð* jugend, vgl. got. *ju*, *juggs*: doch tritt gewöhnlich ȝ*eo*, ȝ*io* dafür ein: ȝ*éo*, ȝ*eonȝ*, ȝ*ionȝ*, ȝ*eoȝuð*, ȝ*ioȝuð*.

Anm. 1. Sehr selten findet sich auch *io* unverändert, wie in *ioc*. — Unklar ist der ursprung des *ie* in ȝ*iet*, ȝ*ieta* (ȝ*ýt*, ȝ*ýta*) noch, und ȝ*ien*, ȝ*iena* noch, neben gewöhnlicherem ȝ*én*, ȝ*éna*. Sicher altes *j* liegt vor im pron. pers. ȝ*é* neben seltenem ȝ*ie* § 332.

Anm. 2. Ueber formen wie ȝ*ér* statt ȝ*éar* s. § 109.

§ 75. Eine ähnliche wirkung üben die palatalen ȝ′, *c*′ und *sc*′ aus, indem sie die primären palatalvocale *œ*, *ǽ* (= germ. *ǣ* § 57, 2) und *ë* in *ea* (bei *i*-umlaut *ie*), *éa* (bei *i*-umlaut *ie*) und *ie* verwandeln. Beispiele:

1) *œ—ea*: ȝ*eaf* gab, *-ȝeat* erwarb, ȝ*eat* tor, ȝ*eatwe* rüstung; *ceaf* spreu, *ceaflas* kinnladen, *ceaster* burg; *sceall* soll, *sceaft* schaft, *sceatt* schatz, münze, *sceabb* aussatz, *scear* 3. sg. praet. schnitt, für *ȝæf, *ȝæt, *cæster, *scœl, vgl. got. *gaf, gat, skal*, lat. *castra*; mit *i*-umlaut (§ 98) ȝ*iest*, ȝ*ist*, ȝ*yst* gast, *ciefes* kebse, *ciele* kühle, *scieppan* schöpfen, *cietel* kessel, aus *ȝeasti-, *ceafis, *sceappjan, *ceatil für *ȝœsti-, *cœfis, *scœppjan, *cœtil, vgl. got. *gasts, skapjan*.

2) *œ—éa*: ʒéafon gaben, -ʒéaton erwarben, ʒéaʒlas gaumen, *scéap* schaf, *scéaron* schnitten, für **ʒǽfon, *ʒǽton, *scǽron*, vgl. got. *gêbum, gêtum*; mit *i*-umlaut *cíese, cýsc* käse, für **céasi* aus **cǽsi* aus lat. *cāscus*.

3) *ë—ie (i, y)*: ʒiefan geben, ʒiefu gabe, -ʒietan bekommen, ʒield opfer, ʒieldan bezahlen, ʒiellan gellen, ʒielp prahlerei, ʒielpan prahlen, ʒied spruch, *scieran* schneiden, *scield* schild, daneben *ʒifan, ʒyfan, gildan, ʒyldan* etc.

Anm. 1. Das *œ* bleibt in *ʒædelinʒ* verwanter, *æt-, tóʒædere* zusammen (§ 50, anm. 2), und in einigen spät aufgenommenen fremdwörtern, wie *cœppe* kappe, *cœfester* halfter, aus lat. *cappa, capistrum*; ferner natürlich in fällen wie *ʒærs, cœrse* für *ʒræs* etc., § 179. — Formen wie *ʒœst, scœd* schatten, *scœr, scœron* etc. (für *ʒiest, scead, scear, scéaron*), die sich in den poet. hss. finden, sind der ws. prosa fremd. Auf neubildung beruht der imp. *scœf* (neben *scaf*) für regelmässiges *sceaf*, § 369.

Anm. 2. In ungefähr demselben umfange wie überhaupt *e* für *ie* erscheint, findet sich auch hier *e* in formen wie *ʒeldan, ʒelp, sceran* u. dgl., doch können diese *e* nicht als strengws. betrachtet werden. Doch heisst es auch strengws. stets *sceððan*, § 392, 4 (selten in der poesie *scyððan*) und ausnahmsweise (bei Ælfric regelmässig) *ʒesthús* mit *e* (vgl. engl. *guest* mit *g*). Diese letztere form ist wol aus dem nordischen entlehnt.

Anm. 3. Wo die diphthongierung von *e* durch palatal mit brechung (§ 79 ff.) concurriert, geht die letztere vor; es heisst also z. b. *ceorfan* spalten, *ceorl* mann, *ʒeorn* begierig, *sceorfan* schürfen, nicht **cierfan* etc.; ebenso meist concurrierender *u-, o/a*-umlaut (§ 101 ff.): *ʒeolo* gelb, *ʒeoloca* eidotter, *ceole* kehle, *ceorian* klagen; doch heisst es strengws. stets *ʒiefu* gabe, nach massgabe der casus obliqui wie gen. dat. acc. sg. *ʒiefe*; in weniger streng ws. texten begegnet auch nom. *ʒeofu*.

§ 76. 1) Alle anderen vocale bleiben nach ʒ und *c* un-verändert, sowol die gutturalen *a, ǫ, o, u*, wie in ʒalan singen, *calan* frieren, ʒonʒan gehen, *comp, camp* kampf, ʒást geist, *cásere* kaiser, ʒod gott, ʒód gut, *corn* korn, ʒuma mann, *cuman* kommen, ʒúð kampf, *cúð* bekannt, als auch die daraus erst durch *i*-umlaut entstandenen secundären palatalvocale *œ, e, ć, y, ý* (§ 7, anm.) wie in ʒœst neben ʒást geist, ʒœd mangel, ʒœlsa luxus, *cœʒ* schlüssel (zu § 90), *cemes* hemd, *cemban* kämmen, *cempa* kämpfer, *cennan* erzeugen, *Cent* Kent, -ʒenʒa -geher (zu § 89, 4), *cellendre* coriander, *céne* kühn, *célan* kühlen, *cépan* halten, ʒés gänse (zu § 93 f.), *cyme* ankunft, *cynn* geschlecht, *cyssan* küssen, *cyst* wahl, ʒylden golden, *cýðan* verkündigen (zu § 95 f.).

Anm. 1. Ausnahmsweise steht mehrfach in der poesie ʒéasne neben ʒǽsne, ʒésne unfruchtbar (ahd. *geisini*).

2) Für *sca, sco* wird dagegen häufig auch *scea, sceo* geschrieben, *sceacan, scéoc, sceacen* schütteln (§ 392) und *scacan scóc, scacen*; *scádan* und *scéadan* scheiden, *scamu, scomu* und *sceamu, sccomu* scham, *scop* und *sceop* dichter, *scóh* und *scéoh* schuh. Dieser wechsel ist aber sehr unregelmässig, sowol was die schreibung der einzelnen wörter, als was den schreibgebrauch der einzelnen denkmäler betrifft.

scu bleibt in der regel unversehrt, *scua* schatten, *scucca* verführer, *scúfan* schieben, *sculdor* schulter, *scúr* schauer; erst spät finden sich einzelne *sceu*, wie *sceucca, scéufan* und etwas öfter *eo*, wie *sceocca, scéofan, scéor*. — *scy* bleibt stets unverändert, *scyld* schuld, *scyndan* eilen, *scyte* schuss etc.

Anm. 2. Häufig ist *sceo* für *scu* selbst schon in älteren denkmälern in *sceolan* sollen, neben *sculan* (§ 423), pl. *sceolun* neben *sculun*; auch das praet. *sceolde* für *scolde* begegnet auffallend oft.

Anm. 3. *e* als umlaut von *o* (§ 89, 4) bleibt regelrecht unverändert in *scenc* becher, *scencean* einschenken, erfährt dagegen strengsws. fast stets diphthongierung in *sciendan* (*scindan*, *scyndan*) schänden; ebenso *é* als umlaut von *ó* (§ 94) in *ʒescý* schuhwerk (für *ʒescie*, Ps. north. *ʒescǽ*).

Anm. 4. Auch im wortinnern wird bisweilen in jüngeren texten ein *e* zwischen *sc* und *a, o* eingeschoben, wie *mennescea* mensch, *éʒiptiscean, ebréisceon* npr., u. dgl.

Anm. 5 (zu § 75 — 76). Die erscheinungen von § 76, 2 dürfen wegen ihrer unregelmässigkeit nicht ohne weiteres mit den im ws. consequent durchgeführten erscheinungen von § 75 (und 74) gleichgestellt werden. Es ist möglich, dass im ersten falle wenigstens teilweise das *e* nur graphisch eingeschoben ist, um anzudeuten, dass *sc* wie das deutsche *sch* zu sprechen sei. Eine ähnliche erklärung wird zwar von einigen gelehrten auch für die *ea, ie* von § 75 gegeben, nämlich dass sie nur gesetzt seien um palatale aussprache der *ʒ, c, sc* anzuzeigen (vgl. § 206) und dass das *ea* demnach nur eine compendiöse schreibung für *eæ* sei. Doch scheint diese meinung nicht haltbar zu sein gegenüber der tatsache, dass die *ea* und *ie* von § 74--75 in der weiterentwicklung der sprache genau wie die sonstigen, sicher diphthongischen *ea* und *ie* behandelt werden, dh. namentlich den sog. palatalumlaut von *ea, éa* in *e, é* erleiden (§ 108 f.) bez. den übergang des *ie, ie* zu unfestem *i, y*; *i, ý* mitmachen (§ 41). Man wird demnach die *ea* (*eo*) *ie* von § 74—75 für echte diphthonge ansehen müssen.

d) Die brechungen.

§ 77. Unter **brechung** verstand J. Grimm allgemein den übergang eines kurzen *e* in *eo* und den eines kurzen *a* in *ea*. Hier sollen genauer nur diejenigen von diesen übergängen damit bezeichnet werden, welche lediglich durch den einfluss nachfolgender consonanten bedingt sind (über *ea, eo* als *u*- und *o/a*-umlaute s. § 108 ff., über *ea, eo* aus palatal + *a, o, u* s. § 74 ff.).

§ 78. Die brechung ist älter als die diphthongierung durch palatale (§ 75, anm. 3) und älter als der *u*-umlaut, da sie z. b. in den Epinaler glossen bereits durchgeführt ist, welche vom *u*-umlaut erst einzelne spuren aufweisen. Dass sie auch älter ist als der *i*-umlaut, wird dadurch wahrscheinlich gemacht, dass sich zu den gebrochenen *ea, eo* regelrechte *i*-umlaute *ie, i, y* finden (§ 97 ff.).

Die westsächs. formen der brechung sind folgende:

1) Vor *r* + consonant.

§ 79. 1) Westgerm. *ë* wird vor *r* + consonant zu *eo*, germ. *a* in gleicher stellung zu *ea*: *steorra* stern, *heorte* herz, *eorðe* erde, *weorpan* werfen = got. (*stairnô*), *hairtô, airþa, wairpan*, alts. *sterro, herta, ertha, werpan* etc.; ws. *earm* arm, *wearp* warf, *wearð* ward = got. *arms, warp, warþ*.

Anm. 1. Die brechung bleibt auch wenn der zweite consonant ausfällt, *feorh* leben, *ðweorh* quer, *mearh* ross, gen. *féores, ðwéores, méares* (über die dehnung s. § 218).

Anm. 2. Dagegen unterbleibt die brechung in *bërstan* bersten, *ðërscan* dreschen, *fërsc* frisch, *ʒærs* gras, *bærst* barst, *ærn* haus, *hærn* welle, *ærnan* sprengen, laufen lassen, *bærnan* verbrennen caus., weil hier die gruppe *r* + consonant erst durch metathesis entstanden ist, § 179. Unklar ist der grund des unterbleibens der brechung in *hærfest* herbst (doch vgl. § 50, anm. 2) und *brerd* rand (wenn im letzteren falle nicht *i*-umlaut von *o* vorliegt, § 93). Ueber *arn* (*orn*), *barn* (*born*) s. § 65, anm. 1. 386, anm. 2. Dagegen heisst es trotz der metathese *beornan* (*byrnan*) brennen, und *iernan* (*yrnan*) laufen, = got. *brinnan, rinnan* (zu 2).

Anm. 3. Endlich unterbleibt die brechung auch in fremdwörtern, wie *arce*- neben *ærce*- erz-, z. b. in *arcebiscop* erzbischof, *martrian* martern, und später gewöhnlich in *arc* arche, *carcern* kerker, woneben jedoch in der älteren sprache meist *earc, cearcern* steht.

2) Westgerm. *i* wurde ebenfalls zu *io* (jünger *eo*) gebrochen; da aber westg. *i* vor *r* + cons. fast nur da erscheint,

wo früher *i*, *j* darauf folgte (§ 45, 2), so ist das *io* (*eo*) im ws. umgelautet, *hierde* (got. *hairdeis*) etc., s. § 100, doch auch oben anm. 2.

2) Vor *l* + consonant.

§ 80. Westgerm. *a* wird vor *l* + consonant meist zu *ea*, doch erscheint daneben oft, namentlich in den älteren quellen, auch *a*: *feallan* fallen, *eald* alt, *healp* half, neben *fallan*, *ald*, *halp* (genauer vielleicht *fāllan*, *āld*, *hālp* nach § 124, 3 nebst anm. 3) = got. *fallan* u. s. w.

Anm. 1. Ueber formen wie *Wealh* — *Wéales* Welscher s. § 79, anm. 1; über den *i*-umlaut § 98 f.

Anm. 2. Vor *ll* tritt brechung nur ein, wenn dasselbe germanisch ist, wie in *feallan* fallen, *eall* all, *weallan* wallen, mit *i*-umlaut *fiell*, *fyll* fall u. s. w. (§ 98). Vor dem *ll* aus germ. *lj* (§ 227) erscheint dagegen stets *e*, d. h. der *i*-umlaut des unveränderten *a*: *hell* hölle, *tellan* sagen; ausgenommen in einigen texten (*siellan*), *syllan* (north. *sealla*) übergeben (für **sealljan*), zu got. *saljan* (doch stets nur *sellan* in der Cura past.).

Anm. 3. In einigen wörtern fehlt die brechung regelmässig auch später, so *balca* balken, *dalc* spange, *fald* hürde. Da rür dieses letztere wort in den ältesten texten die formen *falud*, *falæd* begegnen, so ist nicht unwahrscheinlich, dass auch in den übrigen wörtern dieser art ein vocal nach dem *l* synkopiert ist (vgl. auch *Ælfréd* und ähnliche namen, *hælfter* § 50, anm. 2.).

Anm. 4. Brechung tritt nicht ein in späten lehnwörtern wie *pæll* pallium.

§ 81. Westgerm. *ë* erfährt brechung zu *eo* regelmässig nur vor *lc*, *lh*: *meolcan* melken, *āseolcan* erschlaffen, *heolca* reif (?), *seolh* gen. *séoles* seehund, *eolh* elch, *sceolh* schielend (schwach *scéola*), *féolan* befehlen (aus **feolhan*, s. § 218); ferner in *heolfor* cruor, und dialektisch in *seolf* selbst (so z. b. stets Ps.) neben *sielf*, *sylf*, vgl. auch *siellic*, *syllic* seltsam, neben *sellic* und unverändertem *self* (letzteres in der Cura past. ausschliesslich gebraucht). Sonst bleibt *e* vor *l* + consonant erhalten: *swellan* schwellen, *helm* helm, *helpan* helfen, *sweltan* sterben u. s. w.

Anm. 1. Ob die *eo* im reduplicierten praet. wie *weoll*, *heold* etc., § 396, als brechungsdiphthonge oder als alte lange diphthonge anzusehen sind, ist ungewiss.

Anm. 2. Auch in *ʒeolo* gelb, gen. *ʒeolowes* etc., stamm **ʒelwa-*, ist vielleicht brechung, vor *lw*, anzunehmen; doch könnte auch *u*-umlaut vor-

liegen, wie sicher in den abgeleiteten *ʒeol(o)ca* dotter, und *heolstor* schlupfwinkel (*helustr* Ep.), § 104.

3) Brechung vor *h*.

§ 82.   Germ. *a* wird vor *h* + consonant (darunter auch
x = *hs*, § 221, 2) und vor silbenschliessendem *h* zu *ea*, desgl.
germ. *ǣ* zu *éa* gebrochen: *ʒeneahhe* reichlich, *eahta* acht,
meahte konnte, *meaht* macht, *neaht* nacht (über *miht, niht* s.
§ 98, anm.), *feax* haar, *weaxan* wachsen, auch *hliehhan,*
hlyhhan lachen (mit *i*-umlaut, § 98), vgl. got. *ahtau*, *mahta,*
mahts, nahts, fahs, wahsjan, hlahjan; ws. *ʒefeah, seah* sg. praet.
zu *ʒeféon* freuen, *séon* sehen, § 391, 2; ferner *néah* nahe zu
got. *nêƕ(a)*.

Anm.   Ohne brechung erscheint gewöhnlich das fremdwort *trahtian*
betrachten, nebst seinen ableitungen.

§ 83.   Germ. *ë* wurde ursprünglich unter denselben bedingungen zu einem *eo* gebrochen, das altws. mit *io* wechselt.
Doch sind nur wenige wörter mit durchgehendem *eo, io* erhalten: *feoh, fioh* vieh, *eoh* pferd, *pleoh* gefahr, imp. *gefeoh,*
seoh § 367. 391, 2, *feohtan* fechten, auch öfters altws. *Peohtas*
Picten (angl. *Pehtas*).   In andern wörtern findet sich nur vereinzelt und kaum echt ws. altes *eo, io*, z. b. *seox* sechs, *reoht*
recht, *cneoht* knabe (knecht); gewöhnlich tritt hier sog.
palatalumlaut ein, s. § 108, 1.

§ 84.   1) Ebenso wird germ. *i* zunächst zu altws. *io,*
gemeinws. *eo* gebrochen, *tiohhian, teohhian* anordnen, *teoh*
reihenfolge, *meox* mist (got. *maihstus*), so auch gelegentlich,
aber kaum echt ws., in eigennamen wie *Wioht* insel Wight,
Wiohthún, Wiohtʒár etc.   Daneben erscheinen aber vielfach
formen mit *i, y* (für älteres *ie*, § 23), wie *wrixl* wechsel,
mixen miste, *Wiht* Wight, *wiht* ding, *gesihð, gesyhð* gesicht,
sihð, syhð sieht, u. ä., die teils auf *i*-umlaut, § 100, teils auf
sog. palatalumlaute, § 108, zurückzuführen sind.

2)   Germ. *ī* wird in einigen fällen zu *éo* (nicht *ío*) gebrochen: *léoht* leicht (north. *lĕht*, got. *leihts*), *betwéoh* zwischen
(dazu *wéobud, wéofod* alter, für *wéohb-*, angl. *wíbed*, § 222,
anm. 1); vgl. die gemeinws. impp. *léoh, téoh, ðéoh, wréoh* (zu
den verba contracta *léon* u. s. w., § 383), für die altws. belege

fehlen. Anderwärts begegnet altws. auch *io*, wie in *Wiohstán* npr., und nach *w* in *betwuh* zwischen (vgl. got. *tweihnai* zwei), *fulwuht* taufe, ein *u*, das auf verkürztes *io* hinweist (§ 71).

Anm. 1. Vor *x* aus *sc* (§ 209) steht brechung in *betweox* zwischen, neben *betwix*, § 329.

Anm. 2 (zu § 82—84). Auch vor zwischenvocaligem *h* ist vermutlich vocalbrechung eingetreten. Wenigstens erklären sich unter dieser voraussetzung am einfachsten contractionsformen wie *sléan* schlagen, § 111, 2, *néar* näher, § 112, für *sleahan, *néahur* aus *slahan, *nœhur*, und namentlich solche wie *síon* neben *séon* sehen, § 113, 2 und *téon* neben *tíon* zeihen, § 114, 3, für *síohan* neben *seohan* aus *sehan* (§ 83) und *téohan* neben *tíohan* aus *tíhan* (§ 84, 2).

e) Die umlaute.

§ 85. Mit umlaut bezeichnet man in der germanischen grammatik diejenigen veränderungen eines betonten vocals, welche durch einen vocal oder halbvocal (*j, w*) der folgesilbe hervorgerufen werden. Je nach dem umlauterzeugenden laute unterscheidet man daher *a-, i-, u-*umlaut u. s. w.

Ueber den sog. palatalumlaut s. § 108 f.

§ 86. Die veränderungen des grundvocals durch den umlaut sind im ags. verschiedene. Sie bestehen entweder in einer partiellen assimilation des grundvocals an den folgelaut, oder in der erweiterung des grundvocals zu einem diphthongen. Das erstere ist der fall bei dem *i*-umlaut, vgl. z. b. *here* heer, älter *heri*, aus *hari*, das letztere beim *u*- und *o*-umlaut, wie in *ealu* bier, aus *alu*, oder *eofur* eber, aus *ebur*.

Anm. Die letztere art des umlauts fasste J. Grimm als eine unterart der brechung auf; jedoch erscheint es ratsamer, den namen 'brechung' nur in der § 77 angegebenen beschränkteren bedeutung zu verwenden, und (mit Holtzmann) neben dem *i*-umlaut auch von einem *u*- (und *o/a-*) umlaut zu reden.

§ 87. Was das relative alter der verschiedenen umlaute anlangt, so ist der *i*-umlaut der älteste. Er ist jünger, als die brechung, aber älter als der *u*-umlaut, da er in denkmälern bereits durchgeführt erscheint, welche den *u*-umlaut erst in geringen spuren aufweisen (§ 78).

1) Der *i*-umlaut.

§ 88. Ursache des *i*-umlauts ist ein ursprünglich der tonsilbe folgendes *ĭ* oder *j*. Hierbei ist es gleichgültig, ob das *ĭ* bereits indogermanisch vorhanden war oder ob es erst eine germanische umbildung von älterem *e* bez. *ei* ist (§ 45, 2. 7).

Im laufe der weiteren sprachentwickelung sind die umlauterzeugenden laute entweder unkenntlich geworden (durch schwächung zu *e*, § 44) oder ganz verloren gegangen (vgl. § 177). In den meisten fällen lassen sich daher die ursachen des umlauts nur durch vergleichung der verwanten sprachen feststellen, welche in der erhaltung des *i*, *j* auf älterer stufe stehen als das ags.

§ 89. Das alte **kurze** *a* hatte sich bereits vor dém eintritt des *i*-umlauts in *æ* und *ǫ* gespalten (vgl. § 49 ff. 65), und zu diesen beiden lauten konnte sich unter besondern umständen in einheimischen wie in fremden wörtern auch noch die form *a* gesellen. Danach ist auch die behandlung des umlauts verschieden.

1) Der *i*-umlaut des **kurzen** *æ* vor ursprünglich einfachem consonanten ist normaler weise ein *e* (Holtzmann-Sweet's *ę*, § 19, anm.): *heriʒan* loben, *neriʒan* retten, *here* heer, *tellan* zählen, *settan* setzen, *weccan* wecken, *lecʒan* legen, = got. *haʒjan, nasjan, harjis, *taljan, satjan, wakjan, lagjan* u. s. w.

Anm. 1. Neben *e* erscheint sporadisch ein *æ* namentlich in *sæcʒan* sagen, neben *secʒan, wræcc(e)a* verbannter, neben *wrecc(e)a*, und *æl-* neben *el-* zu got. *aljis* anderer, z. b. in *ælðíodiʒ, elðíodiʒ* fremdländisch; fest ist dies *æ* namentlich in *stæpe* schritt, und einigen wörtern denen man trotz ags. geminata ursprünglich einfachen consonanten zuschreibt: *stæppan* gehen, *ʒemæcc(e)a* genosse, *sæcc* streit, *wæcce* wache, *wæccende* wachend, *næs* vorgebirge, *pæðđan* gehen, *scæðđiʒ* schädlich, *stæðđan* festigen, *mæcʒ* mann, etc.

2) Der *i*-umlaut des **kurzen** *æ* vor consonantgruppen ist normaler weise *æ*: *æsc* esche, *líʒræsc* blitz, *dwæscan* ersticken; *æspe* espe; *fæstan* anheften, *-hlæstan* belasten, *mæstan* mästen; *hæftan* heften, *ræfsan* tadeln, *æfnan* ausführen, *stæfnan* leiten; *næʒlan* nageln, *bræʒden* listig; *fæðman* umarmen, u. ä.

Anm. 2. Feste ausnahmen mit *e* sind hier *eft* wieder, *rest* ruhe, *restan* ruhen; *eʒle* beschwerlich, *eʒlan* quälen, *esne* diener, *stefn, stemn* stamm. Neben *æ* findet sich *e* gelegentlich auch in *efnan, stefnan*.

3) Der umlaut des ausnahmsweise statt *æ* vorauszusetzenden *a* ist *æ*: so deutlich in fremdwörtern wie *læden* latein, *cæfester* halfter, *mæ̃ester* meister, aus lat. *latinum, capistrum, magister*, etc.; bei einheimischem material z. b. oft bei analogischer ausgleichung zwischen *a* und *æ*, wie etwa in der 2. 3. sg. *færes, -eð* fährst, fährt, aus urags. **faris, -iþ* (statt urags. **færis, -iþ*) nach *faru, farað* etc. (§ 371, anm.), oder in wörtern wie *ræced* haus, *hæleð* held, *hæccle* mantel, aus urags. **rakid, *haliþ, *hakila* (statt urags. **rækid* etc.) nach den parallelformen **rakud, *haluþ, *hakula* mit suffixablaut (vgl. § 127 f.).

Anm. 3. Hierher gehören vermutlich auch die *æ* von § 50, anm. 2, vgl. auch § 100, anm. 4.

4) Der umlaut des mit *ǫ* wechselnden *a* vor nasalen (§ 85) ist in den ältesten texten *æ*, später *e*: *fremman* vollbringen, *men(n)* menschen, *sendan* senden, *strenᵹra* strenger, *drencan* tränken, neben *from, fram* vorwärts, *mon(n), man(n)* mensch, *stronᵹ, stranᵹ* stark, *dronc* trank (praet.), etc.

Anm. 4. Das *æ* hat sich da erhalten, wo es durch alte metathese von dem folgenden nasal getrennt wurde; daher heisst es *ærnan* sprengen, *bærnan* brennen (caus.) —= got. *rannjan, brannjan*, wahrscheinlich auch *ærn* haus, *hærn* woge, aus **ranni, *hranni*, § 79 anm. 2. 179.

Anm. 5. Hiervon abgesehen ist der gebrauch des *æ* statt *e* in späterer zeit auf gewisse dialektisch (namentlich kentisch) gefärbte texte beschränkt; diese gebrauchen es aber dann öfter ziemlich regelmässig: *fræmman, mænn, sændan, ðæncan, ænᵹel* etc.

§ 90. Der *i*-umlaut von ags. *á* (aus *ai* und *ā* § 62 und 57) ist *ǽ*: *hál* heil — *hǽlan* heilen, *lár* lehre — *lǽran* lehren, *án* ein — *ǽniᵹ* ullus; *dǽl* teil, *hǽl* omen (*i*-stämme); ebenso *ᵹán* gehen, 2. 3. sg. *ᵹǽst, ᵹǽð* (§ 430), *lǽwan* verraten, got. *lêwjan*.

§ 91. Der *i*-umlaut des ws. *ǽ* = germ. *ǣ*, got. *ê* (§ 57, 2) ist wiederum *ǽ*: *lǽce* arzt, got. *lêkeis*; *dǽd* tat, got. *dêþs* (*i*-st.), *mǽre* berühmt (*jo*-st.).

Anm. Got. *mêkeis* schwert, ist stets *mêce*, obwol as. *máki*. — Ueber andere *é* die nur scheinbar direct gleich got. *ê* sind, s. § 68, anm. 2.

Eine besondere umlautsform für germ. got. *ê* scheint nicht zu existieren: *ᵹeléfan* schädigen (aus **-lēbjan*) wie *léf* schwach, u. ä.

§ 92. Ein eigentlich ags. *i*-umlaut von *ë* existiert nicht, da bereits im germ. alle *ë* vor *i, j* in *i* übergegangen waren,

§ 45, 2.   Der wechsel von *ë* und *i* in gruppen wie *ëtan*, *itest*,
iteð, *hëlpan*, *hilpst*, *hilpð* = got. *itan*, *itis*, *itiþ*; ags. *rëȝn*
regen, *riȝnan*, *rínan* regnen (für **riȝnjan*), etc. ist also bereits
vorangelsächsisch.

§ 93.   Der *i*-umlaut des *o* ist 1) *e* aus älterem *œ* (§ 27)
in *morȝen* und *merȝen* morgen, *dohtor*, dat. sg. *dehter* tochter,
oxa, nom. acc. pl. *exen* § 277, anm. 1; *efes* dachtraufe, neben
yfes (ahd. *obasa*, got. *ubizwa*), *efstan* eilen (zu *ofst*, *ofost* eifer,
eile); ebenso in den fremdwörtern *ele* öl, *cel(l)endre* coriander,
aus lat. *oleum*, *coriandrum*.

2) gewöhnlich *y*: *ȝold* gold — *ȝylden* golden, *hold* hold
— *hyldo* huld, *forht* furchtsam — *fyrhtu* furcht; *ȝnorn* (*ā*-st.)
und *ȝnyrn* (*i*-st.) trauer, etc.   So auch in fremdwörtern wie
cycene küche, *mynet* münze, *mynster* münster, aus lat. *coquina*,
moneta, *monasterium* (vgl. § 70), auch *mynecen(u)* nonne, zu
munuc mönch, aus lat. *monachus*.

Anm.   Das *y* ist nicht eigentlich direct umlaut eines ags. *o*, sondern
eines vorags. *u*, welches nach § 45, 3 bereits germanisch vor folgendem
i, *j* statt des *o* vorhanden war; vgl. z. b. alts. *gold* — *guldin*, *hold* — *huldi*
u. s. w. — In den beispielen unter 1, welche den wirklichen umlaut des
o darstellen, ist das *o* vor dem eintritt des *i*-umlauts aus den nicht-um-
lautenden casus auf die später umlautenden übertragen, oder, wie in *ele*,
nicht-germanischer abkunft.

§ 94.   Der *i*-umlaut des *ó* ist *é* aus älterem *ǽ* (§ 27):
a) altes *ó* (§ 60): *dóm* urteil — *déman* urteilen, *bóc* buch —
béc pl., *sóhte* suchte — *sécan* inf., *ȝléd* glut, *spéd* gedeihen
(*i*-stämme); — b) *ó* vor nasalen aus westgerm. *ā*, germ. *ǣ*, s.
§ 68, anm. 2; — c) *ó* aus altem *ọn*, *an* (§ 66): *ȝós* gans —
pl. *ȝés*, *sófte* sanft adv. — *séfte* adj., *fón* fangen — *féhst*, *féhð*
2. 3. sg., *óht* verfolgung — *éhtan* verfolgen.

Anm.   Ganz vereinzelt findet sich noch in sehr alten quellen *œ* für
é: *œðel*, *éðel* Cura past. 2, 7, -*dœ* ib. 8, 2, für gewöhnliches *dó*.

§ 95.   Der *i*-umlaut von *u* ist *y*: *wulle* wolle — *wyllen*
wollen, *ȝesund* gesund — *ȝesynto* gesundheit, *hunȝor* hunger
— *hynȝran* hungern, *burȝ* burg — *byr(i)ȝ* § 284 u. s. w.; ferner
in fremdwörtern wie *cymen* kümmel, *pyle* pfühl, *pytt* brunnen,
ynce unze, aus lat. *cuminum*, *pulvinum*, *puteus*, *uncia*.

Anm. 1. Die beispiele für *y* aus *u* sind sehr zahlreich, aber es lassen sich nur wenige paare mit *u* und *y* nebeneinander anführen, weil ausser vor nasal + consonant urgerm. *u* fast nur vor *i*, *j* zu erscheinen pflegte (§ 45, 3) und daher fast stets umlaut erfahren musste.

Anm. 2. Für älteres *ymb*, *ymbe* um, erscheint in späteren texten oft *emb*, *embe*.

§ 96. Der *i*-umlaut des *ú* ist *ý*: a) altes *ū*: *brúcan* brauchen — *brýcð* 3. sg., *tún* zaun — *ontýnan* öffnen, *brýd* braut (*i*-st.); so auch in fremdwörtern wie *strýta* strauss, *plýme* pflaume, zu lat. *struthio, prunea*; — b) *ú* aus *un* (§ 186, 1): *fús* bereit — *fýsan* eilen, *cúð* bekannt — *cýðan* künden, *ýð* woge (*jā*-st.), u. s. w.

Diphthonge.

§ 97. Der *i*-umlaut des *ea* und *éa* ist in den älteren quellen gewöhnlich *ie* und *íe*, später der als unfestes *i* bezeichnete laut (§ 22), welcher zunächst oft durch *i* (neben *ie*), dann vorwiegend durch *y* ausgedrückt wird. Im 10. und 11. jahrh. überwiegt das *y* durchaus, ausser in gewissen fällen, wo ein wirklicher übergang zu reinem *i* stattgefunden zu haben scheint (vgl. § 31, anm.).

Daneben erscheinen in manchen texten die nebenformen *e*, *é*, welche vermutlich als monophthongierungen von *ie*, *íe* anzusehen sind.

Anm. Im allgemeinen sind diese *e*, *é* anzeichen für nicht strengws. mundart (obschon sie z. b. bei einigen schreibern der Cura past. begegnen, fehlen sie in Ælfrics homilien ganz, ausser in dem worte *ʒesthús*, § 75, anm. 2).

§ 98. Beispiele für *ea*: a) gebrochenes (§ 79 ff.): *earm* arm — *iermðu* elend, *ierminʒ* elender, *eald* alt — *ieldra* comp., *ieldesta* sup., *ieldu* alter; *weallan* wallen — *wielð* 3. sg., *wielm* wallung (*i*-st.), *Wealh* Welscher — *wielisc* welsch (§ 218); *weaxan* wachsen — *wiexð* 3. sg. (ebenso *sliehð*, *ðwiehð* zu *sléan* schlagen, *ðwéan* waschen), *hliehhan* lachen (got. *hlahjan*), *slieht* schlacht (*i*-st.); — b) *ea* nach palatalen (§ 74 ff.): *scieppan* schaffen (got. *skapjan*), *ciefes* kebse (ahd. *kebisa*), *ʒiest* gast (*i*-st.).

Die jüngeren formen hierzu lauten *irmðu, irminʒ, ildra, ildesta, ildu, wilð, wilm, wilisc, wixð, slihð, ðwihð, hlihhan, sliht, scippan, cifes, ʒist,* demnächst *yrmðu, yldra, wylm, wýlisc, hlyhhan, slyht, scyppan, cyfes, ʒyst* etc.

Daneben formen wie *eldra, welm, werʒan* etc.

Anm. In *miht* macht, und *niht* nacht (§ 284) steht das *i* im allgemeinen fest, vgl. § 31, anm. In *-scipe* -schaft (§ 263, 1) neben sehr seltenem *-sciepe* ist das *i* wahrscheinlich schon vorags., vgl. die entsprechenden altsächs. formen auf *-skipi.*

§ 99. Beispiele für *éa: héah* hoch — *híehra* comp., *híehst* sup., *héawan* hauen — *híewð* 3. sg., *néat* tier — *níeten* demin., *béacen* zeichen — *bíecnan* ein zeichen 'machen, *ʒeléafa* glaube — *ʒelíefan* glauben; *híeran* hören, *níed* not, *líeʒ* flamme (*i*-stämme), u. s. w., später *híhra, híhst, níten, bícnan, ʒelífan, híran, níd, líʒ* und *hýhra, hýhst, nýten, ʒelýfan, hýran, nýd,* seltener *néten, ʒeléfan, héran* etc.

Anm. 1. Vor *c* und *ʒ* wird *y* nur selten geschrieben, § 31, anm. Ueber die schreibung *iʒʒ* für *iʒ* s. § 24, anm.

Anm. 2 (zu § 98. 99). In nebentoniger silbe erscheint auch strengws. *e, é* häufiger für *ie, íe,* vgl. bildungen wie *æfwerdla* schade, *meteléstu* speiselosigkeit, u. dgl.

§ 100. 1) Der *i*-umlaut zu *eo* und *éo* ist im strengws. gewöhnlich ebenfalls *ie, i, y* bez. *íe, í, ý:* — a) beispiele für *eo : feorr* frei — *áfierran* entfernen, *weorpan* werfen — *wierpð* 3. sg., *weorð* wert subst. — *wierðe* adj.; *ierre* zorn, zornig, *hierde* hirt (*jo*-stämme), *fierst* frist (*i*-st., mit metathese, § 179); später *áfirran, wirpð, wirðe, irre, hirde, first* und *áfyrran, wyrpð, wyrðe, yrre, hyrde, fyrst* etc.; — b) beispiele für *éo: céosan* wählen — *cíesð* 3. sg., *hréowan* reuen — *hríewð* 3. sg., *léoht* licht — *líehtan* leuchten, *ʒestréon* besitz — *stríenan* erwerben, *tréow* treue — *ʒetríewe* getreu, *ðiestre* düster; später *císð, hríwð, líhtan, strínan, ʒetríwe, ðístre* und *cýsð, hrýwð, lýhtan, strýnan, ʒetrýwe, ðýstre.*

Anm. 1. Vor *h* + consonant fehlt auch die stufe *y* gewöhnlich, z. b. *léoht* leicht — *líhtan* erleichtern, *wrixlan* wechseln, *líxan* (oder verkürzt *lixan*) leuchten (got. **liuhsjan*); doch heisst es altws. regelmässig *ryhtan* richten (vgl. § 108, anm. 1) und gemeinws. neben *wiht* auch *wyht* (*i*-st.) und häufig *ʒesyhð* neben *ʒesihð* gesicht, u. ä.

Auch nach *j* steht gemeinws. in der regel nur *i*. So lautet der comp. von *ʒeonʒ* jung (§ 74) schon von ältester zeit an *ʒinʒra,* der superl. *ʒinʒesta,* nicht *ʒienʒra, ʒienʒesta* oder *ʒynʒra* etc. Neben altws. *ʒind* durch, steht selten *ȝiend* (daneben ohne umlaut *ȝeond*, § 74. 338, anm. 4); neben altws. *ȝiecða* prurigo, später *ȝicða*, dazu *ȝiccian* jucken, *ȝicciȝ* juckend, etc.

2) Zu *éo* erscheint in bestimmten wörtern statt oder neben *ie* (*i*, *ý*) im altws. als umlaut ein *io*, das später wie alle *io*, zu *éo* wird und dann mit dem unumgelauteten *éo* wieder zusammenfällt; z. b. *ðéod* volk — *ȝeðíode* fremdvolk, *elðíodiȝ* fremdländisch, *ȝeðíodan* refl. sich anschliessen, *underðíodan* unterwerfen; *stéor* steuer — *stíoran* steuern, *stíora* steuermann; *tréow* treue — *ȝetríow(i)an* rechtfertigen, neben *elðíediȝ*, *ȝe-*, *underðíedan*, *stíeran*, *stíera*, *ȝetríewan* (aber nicht *ȝeðíede* etc.); spätws. *ȝeðéode*, *elðéodiȝ*, *ȝe-*, *underðéodan*, *stéoran*, *stéora*, *ȝe-tréowan* etc.

Anm. 2. Mit dieser erscheinung, die man etwa als halbumlaut bezeichnen kann und die auch für das strengste ws. gilt, ist es nicht zu verwechseln, wenn weniger streng ws. texte statt *ie*, *íe* etc. wie das anglische gelegentlich umlautlose (*ío*), *ĕo* aufweisen: *āfeorran*, *eorre*, *heorde* oder *néowe* neu, *héow* gestalt, für strengws. *niewe*, *níwe* u. ä.

Anm. 3 (zu § 88—100). Bisweilen wird der vocal des ersten gliedes eines compositums durch den vocal der stammsilbe des zweiten gliedes umgelautet, vgl. beispiele wie *hlǽf-díȝe* herrin, neben *hláf-ord* herr (§ 43, anm. 4), *ǽnlic* neben *ánlic* einzig, *ðyslic*, *ðyllic* neben *ðuslic*, *ðullic* solcher, *ǽȝhwilc*, *íȝhwilc* jeder, u. ä., § 347, north. *ǽniht* etwas, *nǽniht* nichts, § 348, und mit weiterer verstümmelung des wortkörpers *endleofan* etc. elf (aus *ainlibōn-), *enetere*, *enitre* einjährig (aus *ānwintri*) oder das fremde *Wyrtȝeorn* aus *Vor-tigern* etc.

Anm. 4. Bisweilen wird umlaut der ersten silbe eines dreisilbigen wortes durch den vocal der schlusssilbe erzeugt (vermittelt durch umlaut des vocals der mittelsilbe). Hierher gehören namentlich wol die § 50, anm. 2 angeführten belege für die lautfolge *a-u-i*, wie *ȝǽdelinȝ* verwanter (alt *ȝǽdilinȝ* aus *ȝadilinȝ* aus *ȝadulinȝ*) etc.; ferner fälle wie *ǽrende* (aus *ārindi* aus *ārundi*) botschaft, *ǽmerȝe* (aus *āmirja* aus *āmurja*, ahd. *eimuria*) asche, north. *ǽfist* (§ 43, anm. 4, aus *ofist* aus *ofusti*- für *of-unsti*-), u. ä.

Anm. 5. Hier und da greift der umlaut des zweiten gliedes eines compositums auch auf das erste über, ohne directen lautlichen anlass (wie in anm. 3); z. b. *ǽniȝe* neben *ániȝe* (*ánéaȝe* anm. 7) einäugig, *ǽnlíepe*, *-iȝ* neben *ánlíepe*, *-iȝ* (north. *ánlape*) einzeln (vgl. altn. *einhleypr*), *ǽrlést* neben *árléast* (anm. 7) ehrlosigkeit, auch wol *sǽm-*, *semtinȝes* neben *samtenȝes* adv. zusammen, *endēnıes* in gleicher weise (für *sǫm-tœnȝis*, *āndǽmis*), etc.

Anm. 6. Der umlaut unterbleibt bisweilen im ersten gliede eines compositums, auch wo das simplex umlaut hat; so *Cant-ware* Kenter, neben *Cent* Kent, *sóm-*, *sam-* halb, in compositis wie *sóm-*, *samcucu* halb lebendig (ahd. *sámiquec*), u. ä.

Anm. 7. Nicht selten fehlt der umlaut in abgeleiteten, zumal jüngeren formen, die den vocal des grundworts angenommen haben, wie etwa *folcisc* zum volk gehörig, *húsincel* das häuschen, *leorning* das lernen, u. ä. Besonders zu beachten ist dabei das fehlen des umlauts im zweiten gliede von compositis, wie *ánéaʒe* einäugig, *orsáwle* leblos, *sídfeaxe* langhaarig, *orcnáwe* offenbar, *orʒéate* offenbar, *éðbeʒéate* leicht zu bekommen, subst. *smœlðearme* unterleib, poet. *syncaldu* kälte (zu § 279). Spätws. zeigt sich dieser mangel des umlauts namentlich öfter in den abstractis auf *-léast*, wie *meteléast* nahrungsmangel, neben älterem *-líest*, *-léstu.*

2) Der *u*- und *o/a*-umlaut.

§ 101. Vor folgenden vorhistorischen oder urags. *u*- und *o*-lauten kann altes *a* zu *ea*, altes *ë* zu *eo*, altes *i* zu *io* werden. Diese erscheinung ist namentlich in den anglischen mundarten, in erster linie im mercischen (§ 160) wol ausgebildet: im ws. unterliegt sie dagegen vielen einschränkungen. Einmal zeigt das ws. an sich eine viel geringere einwirkung jener vocale, andrerseits sind viel häufiger analogische verschiebungen eingetreten. Insbesondere ist im ws. in der eigentlichen flexion der ursprüngliche wechsel von formen mit und ohne umlaut fast ganz ausgeglichen, und zwar meist zu gunsten der umlautslosen formen.

Weiterhin ist zu beachten, dass die wirkungen der urags. *ŭ* sich weiter erstrecken als die der urspr. *ŏ*-vocale, weshalb wir hier die beiden gebiete getrennt behandeln. Dabei ist folgendes zu bemerken.

1) Zum *u*-umlaut gehören alle die fälle, welche als wirkenden vocal ein urags. *ŭ* aufweisen, unbekümmert um dessen ursprung (ob aus urspr. *ŭ* oder einen andern germ. vocal, namentlich *ō* entwickelt) und unbekümmert um ihre späteren schicksale (schwächung zu *o*, später auch zu *a*, und in mittelsilben auch zu *e*).

2) Das vorhistorische *ŏ* (einerlei welchen ursprungs) erscheint in historischer zeit, soweit es nicht in *ŭ* (oben no. 1) übergegangen oder zu wirkungslosem *e* bez. *i* geworden ist, regelrecht als *a*, und es kann zweifelhaft sein, von welcher gestalt des vocals der betr. umlaut ausgegangen ist, ob von der früheren gestalt *o* oder von der späteren gestalt *a*. Wir wollen daher diesen umlaut als *o/a*-umlaut bezeichnen, und damit andeuten, dass er vor einem historischen *a* auftrete, das

auf ein vorhistorisches *o* (aber nicht auf ein älteres *u*, wie in no. 1) zurückgeht.

3) *u*- und *o/a*-umlaut wirken in der regel nur über einen einfachen consonanten hinweg (einzelne ausnahmen von dieser regel sind unten besonders angeführt), und diese consonanten verhalten sich dem umlaut gegenüber verschieden, teils fördernd, teils hemmend. Am meisten begünstigen die umlautwirkung die liquidae (*r*, *l*), demnächst die labiale (*f*, *p*); es folgen die gutturale *ʒ*, *c* (*h* fällt aus wegen der brechung, § 82 ff.), endlich die dentale (*d*, *t*, *ð*, *s*), die dem umlaut die grösste hemmung entgegenstellen.

4) Beide umlaute werden befördert durch ein vorausgehendes *w*: in diesem falle tritt umlaut auch vor consonantlauten ein, die sonst seinen eintritt hemmen. Auch scheint diese gruppe von umlauten älter zu sein als die übrigen.

a) Der *u*-umlaut.

§ 102. Ausser dem *u* der *u*-stämme (§ 270 ff.), dem *u* des nom. sg. f. und des nom. acc. pl. kurzsilbiger neutra, § 253, 238, dem *u* der *wo*- und *wā*-stämme, § 249 f., 259, dem *-um* des dat. pl., § 237 etc., können als erzeuger des *u*-umlauts namentlich noch gelten die ableitungssilben *-oc, -od, -ot, -oð, -or, -ol, -on, -um*, älter (und so zum teil noch überliefert) *-uc, -ud, -ut* u. s. w. Insbesondere gehören hierher auch die *o* im praet. und part. praet. der schwachen verba zweiter klasse, wie *sealfode*, älter *-ude*, § 412.

§ 103. *a — ea*. Dieser umlaut ist in der strengws. prosa äusserst selten: das einzige regelmässige beispiel dafür ist *ealu* bier, gen. dat. *ealoð* neben seltenerem *aloð*, § 281, 2. Sonst fehlt das *ea* ganz, selbst vor liquiden: *arod* hurtig, *daroð* pfeil, *waroð* ufer; *apuldre* apfelbaum, *stapol* staffel, *hafoc* habicht; *haʒol* hagel, *flacor* beweglich; *sadol* sattel, *atol* schrecklich, *staðol* stadel, *lasor* lolium; ebenso natürlich in der flexion: *calu* kahl, *stalu* diebstahl, *caru* sorge; *maʒu* knabe, *haʒu* hag, *laʒu* meer, *racu* bericht, *sacu* streit, *faðu* tante, oder pll. *salu* säle, *trafu* zelte, *bladu* blätter, *baðu* bäder, *fatu* gefässe, dat. *bladum, fatum* u. s. w.

Anm. 1. In formen wie *fealu* fahl, *bealu* übel (neben *falu, balu*), ferner *bearu* hain, *nearu* enge, *searu* rüstung, ist das *ea* nicht durch *u*-um-

laut entstanden, sondern aus den mehrsilbigen casus wie gen. *fealwes,*
bearwes übertragen, in denen nach § 79 ff. brechung eingetreten war; *ceafor*
käfer (st. **kafra-*) hat *ea* aus palatal + *æ,* § 75, 1; formen wie *ceafu, ʒeatu*
(neben *ʒatu,* § 240, anm. 3) haben sich nach den singg. *ceaf, ʒeat,* § 75, 1,
gerichtet; für *sceadu* schatten, *ʒesceapu* geschick, u. ä. ist auf § 76 zu ver-
weisen.

Anm. 2. In weniger streng ws. texten sind die *ea* etwas häufiger;
insbesondere finden sie sich ganz gewöhnlich in den poetischen denkmälern;
und zwar da wol aus anglischen vorlagen (§ 2, anm. 6. 160) herübergenommen:
cearu sorge, *dearoð* pfeil, *wearoð* ufer; *eafoð* kraft, *eafora* nachkomme,
heafoc habicht, *heafola* haupt; *beadu* kampf (danach gen. *beadwe,* § 259),
eatol schrecklich, *heaðu-* kampf, u. ä., neben *caru, daroð, waroð, afora,*
hafola, hafoc etc. Selbst für die flexion lassen sich solche *ea* belegen, wie
pl. *heafu, treafu* zu *hæf* meer, *træf* zelt.

§ 104. *e — eo.* 1) *u*-umlaut von *e* zu *eo* ist im ws. regel
vor den liquiden *r* und *l: heorot* hirsch, *smeoru* schmeer,
teoru teer, poet. *heoru-* schwert, *heolor* wage, *ʒeolo* gelb,
dazu mit nachträglicher synkope des *u* formen wie *heolstor*
schlupfwinkel (alt *helustras* pl. Ep.). Doch ist das *eo* in der
flexion durch ausgleichung beseitigt: nom. acc. pl. *speru,* dat.
sperum, werum, welum, nom. *peru* nach sg. *spere* speer, *wer*
mann, *wela* reichtum, obl. *peran* etc., auch meist *melo* (neben
meolo) mehl, nach gen. *melwes* etc., oder *ʒiefu* statt *ʒeofu* gabe,
nach obl. *ʒiefe,* § 75, anm. 3 u. ä. — Ueber die behandlung
von *weo-* s. anm. 2.

2) Vor labialen steht altws. meist noch *e,* später regelmässig *eo:* altws. *efor* eber in *Eforwíc* York, *hefon* himmel,
gemeinws. *eofor, heofon,* ferner *beofor* biber, poet. *ʒeofon* meer,
sweofot schlaf, vgl. auch *eofot* streit, *eofolsian* lästern § 43,
anm. 4, und das fremde *eofole* ebulus.

3) Vor gutturalen und dentalen fehlt strengws. das
eo: es heisst also *reʒol* regel, *sprecol* gesprächig; *edor* etter,
medu met, *fetor* fessel, *teso* rechts. Mithin sind auch flexionsformen wie *ʒebrecu, ʒebedu, ʒemetu, ʒesetu,* dat. *ʒebrecum* etc.
zu *ʒebrec* das brechen, *ʒebed* gebet, *ʒemet* mass, *ʒeset* wohnung,
u. ä. einfach als lautgesetzliche formen zu betrachten.

Anm. 1. Weniger streng ws. texte, namentlich auch die poetischen,
weisen auch hier öfter umlautsformen mit *eo* auf: *reoʒol, eodor, meodo,*
feotor, poet. *breoʒo* fürst, *meotod* geschick; auch in der flexion, wie *ʒeseotu,*
meoto zu sg. *ʒeset* wohnung, *met* mass, u. dgl. Einige texte scheinen diesen
umlaut eher vor gutturalen als vor dentalen zu gestatten.

Anm. 2. Für *weo* vor *r*, *l* (oben no. 1) tritt ws. *wo* ein in *woruld*, *worold* welt (aber kent. merc. R² *weorold*, § 72), *swoloða* brand, hitze. Dagegen heisst es *werod* und *weorod* volk, und meist *werod* süss, *weleras* pl. (aus **weluras*) lippen.

4) Nur nach *w* tritt auch im strengws. der *u*-umlaut des *e* zu *eo* regelmässig auch vor consonanten auf, die ihn sonst nicht durchlassen. Daher *hweogol* rad, *sweotol* klar, deutlich, *weotuma* mitgift, und so auch vor der gruppe *st* in *sweostor* schwester.

§ 105. *i—io*. 1) Nach *w* ist *u*-umlaut von *i* auch im ws. ohne rücksicht auf den folgenden consonanten eingetreten, und zwar erscheint in diesem fall nach § 71 *wu*: *cwucu, cucu* lebendig, *-hwugu, -hugu* in pronominibus wie *hwæth(w)ugu* was auch immer (§ 344), *cwudu, cudu* harz, *wudu* holz, *wuduwe* witwe, *wuton* wolan, *swutol* klar, vor *st* in *swuster* (aus **swistur*), etc.

Anm. 1. Diese regel ist durch zahlreiche ausgleichungen in der flexion durchbrochen. Teils wird das *u* verallgemeinert, wie in pl. *cwuce, cuce* für *cwice* nach *c(w)ucu*, oder inf. *swugian, sugian* schweigen, statt *swigian* zu praet. *swugode*, teils das *i*, wie in pl. *twigu* zu *twig* zweig, nom. *swipu* peitsche, zu obl. *swipe*, oder in der verbalflexion, wie *witun* wissen, *gewitun* giengen, u. dgl.

In anderen fällen finden sich *wu*- und *wi*-formen mehr oder weniger promiscue neben einander, z. b. neben *wuduwe* witwe, spätws. oft *widuwe, widewe*, neben *sweotol* (aus **swetul*, § 104, 4) und *swutol* (aus **switul*) vereinzelt *switol* u. dgl. Dafür spät auch *wy, wydewe* etc.

Anm. 2. Selten nur findet sich hier *wio, weo*, namentlich in *wioluc, weoloc* purpurschnecke.

2) Abgesehen von der stellung nach *w* tritt *u*-umlaut von *i* zu altws. *io*, gemeins. *eo* als regel nur vor den liquiden (*r*), *l* und den labialen *f*, *p* auf, d. h. vor denjenigen consonanten, welche auch den eintritt des *u*-umlauts von *e* zu *eo* begünstigen (§ 104, 1. 2). Daher altws. *mioluc* milch, *sioluc* seide, *siolufr* silber, praet. *tiolode* zu *tilian* arbeiten; *siofun* sieben, *siofoða* siebente, **siofoða* kleie, praet. *cliopode* zu *clipian* rufen, u. ä., gemeinws. *meoloc* (*meolc*), *seoloc, seolfor, teolode; seofon, seofoða, cleopode* etc.

Anm. 3. In der flexion wird oft zwischen *i* und *io, eo* ausgeglichen, daher einerseits formen wie *teolian, cleopian*, andrerseits solche wie *tilu* fem. zu *til* gut; pl. *clifu*, dat. *clifum* zu *clif* klippe, § 241; praet. pl. *drifon, gripon* etc., § 376 anm. 1. 382, oder praet. *tilode, bifode* zu *tilian, bifian* beben u. dgl.

Anm. 4. Für *eo* tritt im spätws. bei einigen wörtern öfter *y* statt des sonst festen *eo* auf, wie in *syfon, sylfor.*

3) Vor andern einfachen consonanten tritt ein *u*-umlaut des *i* im strengws. der regel nach nicht ein: *zemimor* eingedenk, *sinewealt* (aus *sinu-*) rund, *finule* fenchel; *sicor* sicher, *sicol* sichel, *nizon* neun, *hizora* häher, *-tizoða* -zigste, in *twentizoða* zwanzigste, etc.; *hnitol* stössig, *slidor* schlüpfrig, *niðor* nieder u. s, w. Ebenso in der flexion, wie *brimu, limu, zeflitu, hliðu, liðu,* dat. *brimum* etc. zu *brim* woge, *lim* glied, *zeflit* streit, *hlið* abhang, *lið* glied, oder *u*-stämme wie *sidu* sitte, *friðu-* friede (in eigennamen wie *Friðuzár*), oder femm. wie *sinu* sehne, *hnitu* niss, *smiðu* schmiede, *stizu* stall, oder praett. pl. wie *stizon, rison,* § 382, oder *sticode, smiðode* zu *stician* stechen, *smiðian* schmieden u. s. w.

Anm. 5. Nur ganz vereinzelt und vielleicht nicht ganz dialektgerecht weisen die altws. texte hier vereinzelte *io, eo* auf, wie *liomu, leomu* glieder, *-tiozoða* -zigste, *siodo* sitte, *nioðor* nieder, *ðiosun, ðeosum* diesem Cura past., *þiosan, þeosan* diesen Or. In späterer zeit ist dagegen (*io*), *eo* in weniger streng ws. texten, namentlich in der poesie, nicht selten zu finden.

Anm. 6. Neben *i* und *io* steht altws. hier bisweilen auch *ie* und *y*, wie *zeflietu* pl. von *zeflit* streit, *nieðemest* der niederste, oder *ðysum* diesem, *nyðemest, hlynizan* neigen (Cura past.). Später sind solche *y* nicht selten.

Anm. 7. Vor consonantgruppen erscheint ein *u*-umlaut in altws. *siendun* sind, neben *sindun,* § 427, anm. 1, und *ðiossum* diesem, neben *ðissum,* § 338; daher spätws. wieder oft *syndon* (und danach *synd, synt*) und *þyssum* (danach auch *þysses* etc.).

Anm. 8. Auf synkope eines *u* (vgl. § 144, anm. 1) weist vermutlich der acc. sg. m. *ðiosne* (später *ðisne, ðysne* diesen, mit unfestem *i*), § 338 zurück (grundf. *þisuna*?).

b) Der *o/a*-umlaut.

§ 106. Die *o/a,* welche diesen umlaut erzeugen, gehören meist flexionssilben an und wechseln bei der flexion des einzelnen wortes oft mit andern vocalen, und zwar sowol mit (*æ*), *e, i* als mit *u;* vgl. z. b. paradigmen wie *dóm, -es, -e; -as, -a; -um* oder *hof, -es, -e; -u; -a; -um,* § 238, oder wie *lócian, -ie; -as, -að; -iað; -ude (-ode)* und *-ade,* § 414. Es sind daher hier besonders oft ausgleichungen zwischen den lautlich zu erwartenden verschiedenen formen desselben paradigmas eingetreten, und zwar im allgemeinen zu gunsten des nicht umgelauteten vocals, so dass sich für den factischen eintritt des *o/a*-umlauts noch weniger feste regeln geben lassen als für den des *u*-umlauts.

§ 107. 1) Das westgerm. *a* erleidet im ws. keinen *o/a*-umlaut, vgl. § 50; *sceaða* räuber, *sceacan* zittern, u. ä. gehören zu § 76, 2.

2) Auch westgerm. *ë* unterliegt im ws. dem *o/a*-umlaut im allgemeinen nicht, auch nicht vor liquiden und labialen (§ 101, 3) oder nach *w*; es heisst also z. b. *fela* viel, *tela* adv. wol, *stela* stiel, *wela* reichtum, *bera* bär, *nefa* neffe, *sefa* sinn, wie *pleʒa* spiel, *-breca* brecher, oder inf. *helan* hehlen, *beran* tragen wie *wefan* weben, *cweðan* sprechen, *metan* messen etc.

Anm. 1. Abweichende behandlung zeigen *ceole*, obl. *ceolan* kehle, und *ceorian* murren, klagen, die indessen wahrscheinlicher zum *u*-umlaut zu stellen sind (*ceolan* für vorhistorisches *kelun, vgl. ahd. *kelûn*, und *ceorian* nach dem praet. *ceorude, -ode*).

Anm. 2. Sonst begegnet umgelautetes *eo* für *e* hier nur in weniger streng ws. texten, namentlich oft in der poesie; daher formen wie inf. *heolan*, *beoran*, part. *beorende*; sw. m. wie *weola, seofa*, adv. *feola, teola* u. s. w. Eine auch in der prosa begegnende nebenform *feala* neben *fela* (*feola*) viel, scheint ihren vocal an den von *féawa* wenige, angelehnt zu haben, vgl. § 301, anm. 1.

3) Ursprüngliches *wi* ist auch durch *o/a*-umlaut in einigen fällen zu *wu* geworden (vgl. § 105, 1), daneben stehen aber häufiger *wio, wie* und umlautsloses *wi*; also *tuwa* (aus *twiwa) zweimal, *wuta*, pl. *wutan* weiser (aus *wita, -an*) neben *wiotan* (*weotan*), *wietan* und *witan* u. dgl.

Anm. 3. Im späteren strengws. findet sich *u* nur in *tuwa* und bei wörtern wo der *o/a*-umlaut mit dem *u*-umlaut zusammentrifft, wie in gen. dat. *wuda* neben nom. acc. *wudu* holz, u. dgl. Sonst herscht *i*, vgl. z. b. die sw. m. *wita* weiser, *cwiða* bauch, *hwiða* luftbauch, *swica* betrüger, *wiʒa* kämpfer, inf. *witan* wissen, u. dgl.

4) **Geht kein *w* voraus, so wird urspr. *i* vor liquiden und labialen** normaler weise durch *o/a*-umlaute zu altws. *io*, wofür später gemeinws. *eo* eintritt: gen. pl. *hiora* (*heora*; daneben alt auch *hiera*, später *hyra*, § 334, 3), *ondliofa, biliofa, -leofa* speise, **cliofa, cleofa* (neben *clifa, clyfa*) schlafgemach, u. dergl.

Anm. 4. Oft ist der umlaut durch ausgleichung beseitigt, also z. b. *tilian — tilast, -að* (praet. *tilode*), § 416, anm. 6, oder *libban — lifast, -að*,

§ 416, anm. 2, neben *tilian (tiolian)* — *tiolast, -aδ* oder *libban* — *liofast, -aδ* (*leofast, -aδ*), oder *clif* klippe, gen. pl. *clifa* u. s. w.

5) Vor anderen consonanten als den eben bezeichneten tritt ein o/a-umlaut des *i* im strengws. im allgemeinen nicht ein:. *rima* rand, *prica* stich, *bita* bissen, *cliδa* umschlag; *pisu,* obl. *pisan* erbse, *cinu,* obl. *cinan* spalte, § 278, inf. *niman* nehmen, etc.

A n m. 5. Gegen diese regel heisst es gemeinws. oft *heonan* von hier, *beheonan* diesseits, *neoδan* von unten, *beneoδan* unten (für älteres *hionan* etc.) neben *hinan, niδan, nyδan*; doch handelt es sich hier wahrscheinlicher um einen *u*-umlaut.

Besonders auffällig ist *sioδδan* (*seoδδan*; *sieδδan, siδδan, syδδan*) postea, postquam, aus *siδδon mit kürzung des *i* (vgl. § 337, anm. 1).

A n m. 6. Wo sich sonst *io, eo* in hierher gehörigen wörtern findet, weist es auf abweichenden dialekt: *reoma* rand, *ondwleota* antlitz, u. dgl.

f) Der sog. palatalumlaut.

§ 108. Vor *c, ʒ, h* können die diphthonge *ĕa, ĕo, ĭo* ihr zweites glied verlieren, also zu *ĕ (ǣ), ĕ, ĭ* vereinfacht oder auch sonst qualitativ verändert werden. In den früheren auflagen dieses buches ist angenommen worden, dass diese umbildungen auf einer 'palatalisierung' der betroffenen vocale beruhen, die durch die selbst halb palatal gewordenen gutturale *c, ʒ, h* hervorgerufen worden sei. Danach ist diese erscheinung als p a l a t a l u m l a u t bezeichnet worden. Aber jene annahme ist wenigstens in dieser form nicht haltbar (vgl. anm. 2), und demnach ist auch der name zu verwerfen: doch ist in ermangelung einer anderen knappen bezeichnung das durch vorgesetztes 'sog.' gekennzeichnete wort hier als notbehelf gelegentlich weitergebraucht worden.

Im westsächsischen ist die ganze erscheinung nur von untergeordneter bedeutung; in den anglischen dialekten ist sie dagegen in weitem umfang entwickelt, s. § 161 ff. Die hauptfälle im ws. sind folgende:

1) An stelle der durch brechung vor *h* + consonant aus alten *e* und *i* entstandenen *eo* und *io* tritt abgesehen von den in § 83 f. bezeichneten ausnahmen gewöhnlich *ie* bez. unfestes *i, y* ein: *siex* (*six, syx*) sechs, *cniht* knabe, *Pihtas* (*Pyhtas*) Picten, etc. für *seox, cneoht, Peohtas*; oder *wrixl* wechsel, statt eines zu erwartenden *wrioxl, etc. (doch vgl. auch § 84, 1).

Anm. 1. Das wort 'recht' nebst seinen ableitungen lautet altws. fast stets *ryht* (dazu *ryhtan* richten, etc.), fast nie *riht*. Später setzt sich jedoch auch hier das *i* ziemlich fest, *riht, rihtan* u. s. w.

2) *ea* und *éa* werden vor *h* ($x = hs$), *ʒ, c* im spätws. zu *e, é*: *seh* sah, *sleh* schlage, *ʒenehhe* reichlich, *exl* achsel, *fex* haar, *flex* flachs, *sex* messer, *wexan* wachsen, für älteres *seah, sleah, ʒeneahhe, eaxl, feax* etc.; ebenso *néh* nahe, *téh* zog, *ðéh* doch, *héhsta* höchste, *néhsta* nächste; *éʒe* auge, *béʒ* ring; *bécen* zeichen, *éca* vermehrung, *léc* praet. schloss, für *néah, téah, ðéah, héahsta, néahsta*; *éaʒe, béaʒ*; *béacen, éaca, léac*. Sehr häufig ist jedoch auch in späteren texten, welche diese *e, é* bereits zeigen, die ältere schreibung *ea, éa* traditionell gewahrt.

Anm. 2. Wirkliche palatalwirkungen gehen nur von solchen *h, ʒ, c* aus, die selbst durch einen besonderen anlass palatalisiert waren (z. b. durch folgendes *i, j* im falle des *i*-umlauts, u. dgl.). Dahin gehört insbesondere die wirkung, welche diese laute auf vorausgehendes *ie* bez. unfestes und festes *y* ausüben, § 31, anm.

§ 109. Eine ähnliche wirkung in umgekehrter richtung zeigt sich in der spätws. ebenfalls häufigen verwandlung von *ea, éa* in *e, é* nach den (hier nach § 206 wirklich palatalen) *ʒ, c, sc*: *celf* kalb, *cerf* schnitt, *ʒef* gab, *ʒet* bekam, *ʒet* tor, *ʒét* goss, *cés* wählte, *scét* schoss, *ʒér* jahr, *onʒén* gegen, *scép* schaf, *ʒescéd* bescheid etc., für *cealf, cearf* (zu § 79 ff.), *ʒeaf, ʒeat* (zu § 75, 1), *ʒéat, céas, scéat* (zu § 63), *ʒéar, onʒéan, scéap, ʒescéad* (zu § 75, 2).

Anm. In offener silbe vor gutturalem vocal ist dieser übergang selten, wie in *ʒétan* sie bekamen, für *ʒeaton* (zu § 75, 2), meist bleibt das *éa* in dieser stellung unverändert; so bilden spätws. *ʒér, scép* ihre gen. dat. pl. meist *ʒéara, -um, scéapa, -um*.

g) **Hiatus und contractionen.**

§ 110. 1) Hiatus innerhalb eines wortes ist im ags. nicht beliebt. Wo daher, sei es durch vocalisierung eines halbvocals (*w*), oder durch ausfall gewisser consonanten (namentlich von *h*, seltener von *w* und *j*) im wortinnern, oder aus anderen ursachen betonter vocal oder diphthong mit unbetontem vocal zusammentrifft, tritt gewöhnlich verschmelzung (contraction) zu einem diphthongen oder einheitlichen langen vocal ein.

Anm. 1. Keine ausnahme von dieser regel ist es, wenn in unseren denkmälern vocalisch anlautende flexionsendungen unversehrt neben vocalisch ausgehendem stamm erscheinen, wie in *héaum* dat. sg. von *héah* hoch, *Swéoum* dat. pl. von *Swéon* die Schweden. Hier zeigen kürzere formen wie *héam*, *Swéom*, welche fast überall daneben hergehen, an, dass in jenen längeren formen die vollen flexionsendungen erst später wieder nach dem muster consonantisch ausgehender stämme angefügt worden sind.

A n m. 2. Da innerhalb eines paradigmas oft formen mit und ohne verschmelzung zusammenstehen, so tritt nicht selten ausgleichung ein. So steht z. b. dem alten nom. sg. *cléa* § 111, 1 der nach den casus obliqui, wie gen. dat. acc. sg. *clawe*, neugebildete nom. *clawu* zur seite, und umgekehrt werden zu *cléa* auch oblique formen wie *cléa* (für *cléae*) gebildet, so dass schliesslich zwei volle paradigmen, *cléa* — *cléa* und *clawu* — *clawe* neben einander hergehen, u. dgl. (s. auch § 111, anm. 1).

A n m. 3. Die durch alte vocalisierung oder ausfall eines *w* bewirkten verschmelzungen sind bereits urags., die durch ausfall eines *h* hervorgerufenen und einige andere gehören erst einer späteren zeit an. Nicht nur weisen die ältesten texte hier vielfach noch uncontrahierte formen auf, sondern es sind solche auch für die dichtungen, wie die metrik zeigt, in weitem umfange noch vorauszusetzen. Vgl. dazu Beitr. X, 475 ff.

A n m. 4. Zusammenstoss von unbetontem + betontem vocal wird nicht durch contraction, sondern durch e l i s i o n des ersteren beseitigt; so z. b. unbetontes *e* in formen wie *b-œftan* hinter, *b-ufan* oben, *b-útan* aussen, für *be-œftan*, *be-ufan*, *be-útan*; ferner in den negierten verbis *n-abban* § 415, *n-ellan*, *n-yllan* § 428, anm. 2, *n-ytan* § 420, ferner in *n-istig* nüchtern, zu *wist* speise u. dgl.

2) Die den verschmelzungen und contractionen unmittelbar vorausliegenden wortformen sind nicht immer mit voller sicherheit zu ermitteln. Daher soll bei der folgenden übersicht im zweifelsfalle von der germ. bez. westgerm. grundform des anfangslautes der hiatusgruppe ausgegangen werden.

In betracht kommen im ws. folgende einzelfälle.

§ 111. 1) Urspr. *a + u* aus *wu* oder vocalisiertem *w* wird (über urags. *au*) zu *éa*: *ðréa* drohung, *cléa* klaue, aus *þra(w)u*, *kla(w)u* (daneben neugebildetes *thrauu* Ep., ws. *clawu*); ferner mit wiederherstellung des *w* aus den mehrsilbigen casusformen *stréaw* stroh, *hréaw* roh, für *stréa*, *hréa* aus *straw*, *strau* u. s. w.

A n m. 1. Als urspr. flexion von wörtern wie *stréaw* ist anzusetzen nom. *stréa*, gen. *strawes* etc., worauf dann ähnlich wie bei *cléa* — *clawe* § 110, anm. 2, ausgleichungen eintraten. Ein anklang an die uncontrahierten formen liegt möglicherweise in dem compositum *strawberie* erdbeere, neben *stréa(w)berie* vor. — Ueber formen wie *stréow* s. § 119, anm.

A n m. 2. Hierher gehört wahrscheinlich auch *péa* pfau, das vermutlich (im gegensatz zu der parallelform *páwa* = lat. *pávo*) auf urags. oblique formen wie acc. *pa(w)un* zu vulgärlat. verkürztem *pávōnem* zurückgeht.

2) Urspr. *ah* + vocal wird (vermutlich über *eah* + vocal
§ 84, anm. 2) nach dem ausfall des *h* zu *éa*. Hierher gehören
namentlich die verba contracta *léan, fléan, sléan, ðwéan* § 392, 2
für **lahan* etc., 1. sg. *léa, sléa* für **lahu* etc., opt. *léa, sléa* für
*lahe etc.; ferner *ʒeféa* freude (für **ʒifaho*), *éa* wasser (für
*ahwu, *ahu, vgl. got. *ahva*), *éar* ähre, *téar* zähre (für **ahur,
tahur), etc.

§ 112. Germ. *ǣh* + vocal ergiebt bei ausfall des *h* (vermutlich über *éah* + vocal, § 84, anm. 2) ags. *éa* in *néan* aus
der nähe, *néar* näher, für **nǣhun, *nǣhur.*

Anm. 1. Der st. **klǣwā-* klaue, erscheint in der poesie in den beiden
gestalten *clá* und *cléo* (über *cléa* zu dem parallelstamm **klǎwā-* s. § 111, 1).
Unverändertes *ǣ* = germ. *ǣ* steht in *brǣw* braue.

Anm. 2. Spätws. geht ags. *ǣ* + silbenauslautendem *w* in *éa* über
in *bréaw* braue, für **bréa* aus *brǣw* (anm. 1), **brǣu*; danach dann auch
flectiert, pl. *bréawas* etc., vgl. § 113, anm. 3. 118, anm. 2.

§ 113. 1) Urspr. *ë* + *u* aus *wu* oder vocalisiertem *w* wird (über
urags. *eu*) zu *éo*: *ðéo* diener, *cnéo* knie, *tréo* baum, für **þew,
þeu etc.; dafür dann gewöhnlicher mit herübernahme des *w*
aus den mehrsilbigen casusformen *ðéow, cnéow, tréow.*

Anm. 1. Bisweilen steht für dies *éo* altws. *io*, namentlich in Cura
past. hs. H: *ðiow* etc.

2) Urspr. *ëh* + vocal wird (vermutlich über älteres *ioh*
neben *eoh*, § 84, anm. 2) nach dem ausfall des *h* zu altws. *io*
neben *éo*, gemeinws. *éo*. Daher gemeinws. formen wie die
verba contracta *ʒeféon* sich freuen, *pléon* wagen, *séon* sehen
§ 391, 2, aus **-fehan* etc., 1. sg. *ʒeféo* aus **-fehu* ind., **-fehœ*
opt., etc.; ferner *feoh* vieh — gen. *féos*, dat. *féo* etc., § 242;
séo pupille, gen. *séon*, *swéor* schwäher, *téoða* zehnter, *téontiʒ*
hundert, aus **seha, *swehur, *tehu(n)þo, *tehuntiʒ* u. ä.

Anm. 2. Unklaren vocalismus zeigt altws. *tien*, flect. *tiene* zehn,
gemeinws. *týn, týne* neben *tén, téne.*

Anm. 3. Silbenauslautendes ags. *éw* wird spätws. öfter zu *éow* (für
éo aus *éu*, vgl. § 112, anm. 2. 118, anm. 2): *fléowð, hléowð, spéowð* für
fléwð etc., § 371, anm.

§ 114. 1) Urspr. *ĭ* + *u* wird über urags. altags. *iu* zu
altws. *io* (neben seltenerem *éo*), dann gemeinws. *éo*: pron. *hio,
sio* § 334. 337, gemeinws. *héo, séo* (aus **hi* + *u, *si* + *u* durch

anhängung der femininendung -*u*), nom. acc. pl. n. *ðrío, ðréo* drei § 324, aus **þri(j)u* (got. *þrija*).

2) Urspr. *ĭ* + urspr. *a, ŏ* verschmilzt zu einem diphthongen, der altws. stark zwischen *éo* und *ío* schwankt, gemeinws. aber als *éo* erscheint: altws. *díofol*, gemeinws. *déofol* teufel, aus lat. *diabolus*; *fréo* (*frío*) frei, und ableitungen, zu st. **fri(j)a-*; dazu *fréoʒ(e)an* lieben; *féoʒ(e)an* hassen, nebst den substt. *fréond* freund, *féond* feind; ferner *bléo* farbe, *fréo* weib, *Swéon* Schweden, *béo* biene, *péo* hundsfliege, *céo* krähe, vermutlich auch *béon, bíon* (zu lat. *fío*) § 427, 2.

Anm. 1. Ob *béot* drohung, *fréols* freiheit, aus **bi-hāt, *frī-hals* hierher oder zu no. 3 zu stellen sind, ist nicht auszumachen.

Kaum hierher gehört das praet. *éode* gieng, § 430, da hier gar keine *io*-formen belegt sind (vgl. auch north. *éade* L, *éode* R², nicht **íode*).

3) Urspr. *ĭh* + vocal wird (vermutlich über gebrochenes *ioh, éoh,* § 84, anm. 2) zu altws. *io* neben häufigerem *éo,* gemeinws. *éo.* Hierher fallen die verba contracta *téon, ðéon, wréon, léon, séon* § 383, aus **tīhan* etc., 1. sg. praes. *téo, ðéo* etc. aus **tīhu* ind., **tīhœ* opt.; ferner *twéo* zweifel, nebst ableitungen wie *twéoʒ(e)an, twéonian* zweifeln, aus **twiho* etc., und vielleicht einiges andere (vgl. auch anm. 1).

4) *ĭ* + *e* ergiebt *ie* und weiterhin *í, ý* in *sie* sei (aus **si[j]œ*), vermutlich auch in *ðríe* m. drei und dem pronominalen *híe* sie (nom. pl. m. und acc. sg. f., § 324. 334. 337), später *sý, ðrý, hý* (daneben in der poesie auch oft zweisilbiges *síe*).

Anm. 2. Die neben *síe* und *híe* auftretenden dialektischen nebenformen *séo* § 427, 2 und *héo* § 334 sind nicht sicher zu erklären.

§ 115. Ags. *ó* + vocal wird zu *ó*: *scóh* schuh, nom. acc. pl. *scós* aus **scōhas* § 242; die verba contracta *fón, hón* aus **fōhan* (für **fāhan* mit nasaliertem *ā,* § 395, A), 1. sg. praes. *fó, hó* aus **fōhu* ind., **fōhœ* opt.; ferner *ðó* lehm (alt *thóhœ* Ep.), *hóh* ferse, gen. *hós*; *wóh* böse, gen. *wós,* dat. *wóm,* nom. sg. f. *wó* § 295, anm. 1, etc.

Anm. Bei *i*-umlaut erscheint *é*: 2. 3. sg. *dés, déð* tust, tut, aus **dōis,* **dōiþ,* dial. part. *dén* getan, aus **dōin,* § 429, u. ä. — Ueber spätws. *éow* aus *éw* s. § 113, anm. 3.

§ 116. Urspr. *ŭ* + vocal bleibt unverändert in *scua* neben *scuwa* schatten, und meist in *búan* bauen, nebst ableitungen.

Anm. Contractionen treten gelegentlich auf bei folgendem *e* oder *u*: daher opt. praes. pl. *bún*, part. praet. *ʒebún* neben *-búen*; gen. sg. *cú*, *cús* neben *cúe* (gen. pl. *cúa*) kuh § 284, anm. 4; *ðrúm* dat. pl. zu *ðrúh* sarg § 284.

Dem got. *trauan* entspricht ags. *trúwian* mit innerem *w* (gegen ags. *búan* = got. *bauan*). Ein ebensolches *w* zeigen die casus obliqui von *rúh* rauh, gen. *rúwes* etc., § 295, anm. 1.

§ 117. 1) Ags. *ў* + *i, e* verschmilzt zu *ý*: *drýs, drý* gen. dat. sg. von *drý* zauberer, aus **drýes, *drýe*; 3. sg. *ðrýð*, praet. *ðrýde*, aus **þrȳ(h)iþ, *þrȳ(h)ida* zu *ðrýn* drücken (s. anm.).

2) Ags. *ȳ* + gutturalem vocal wird zu gemeinws. *éo* in *réo* decke, obl. *réon*, aus altem *rýhœ* Ep. (vermutlich nach den obl. casus wie gen. **rȳhan* etc.).

Anm. Formen wie *ðrýn* drücken, *týn* lehren, § 408, 4 für **þrȳhan* etc. sind danach wol an flexionsformen wie 2. 3. sg. *ðrýs, ðrýð*, praet. *ðrýde*, oben no. 1. angelehnt, und solche wie *drýas, drýa, drýum* nom. gen. dat. pl. zu *drý* als neubildungen nach § 110, anm. 1 zu betrachten.

§ 118. 1) Urspr. *ai* (= ags. *á*) + vocal wird zu *á*: a) *á* + *u* aus vocalisiertem *w* in *á* immer (got. *aiw*) und gelegentlichen formen wie *sná* schnee, *hrá* leichnam, wofür häufiger *snáw, hráw* etc. mit wiederherstellung des *w* aus den mehrsilbigen casus (doch vgl. auch § 134, d); — b) *áh* + vocal: *rá* reh, *ʒefá* feind, *slá* schlehe, *tá* zehe, für *ráha* (Corp.), **ʒifáha, *sláhœ, *táhœ*, obl. *rán, ʒefán, slán, tán* neben neubildungen wie *táan, táum* § 278, anm. 2, etc.

Anm. 1. Ein übergang von *ā* + *u* zu *éa* wird von einigen angenommen für das etymologisch sehr undurchsichtige *wéa* leid, obl. *wéan*, das man auf **wā(w)un* zurückführt (vgl. ahd. alts. *wêwo*).

2) Im falle des *i*-umlautes erscheint *ǽ*: a) für urspr. *ā* + *i*: 2. 3. sg. *ʒǽst, ʒǽð* aus **ʒā-is* etc., § 430; — b) für urspr. *ā(w)i*: *ǽ* gesetz, *sǽ* see, *hrǽ* leiche; dazu gen. *sǽs*, dat. *sǽ* für **sǽes, *sǽe*, gen. dat. acc. *ǽ* für **ǽe* u. s. w.

Anm. 2. Auch für silbenauslautendes *ǽw* aus *aiw* steht spätws. öfter *éaw* (§ 112, anm. 2. 113, anm. 3): *éawfœst* legitimus, neben *ǽwfœst*; *hréaw* leiche (auch flectiert, gen. *hréawes* etc.) für älteres *hrǽw, hráw*.

§ 119. Die diphthonge *ea, eo, io* und *éa, éo, ío*, einerlei welchen ursprungs, absorbieren folgenden vocal. Ausser den in §§ 111, 2. 113, 2. 114, 3 gegebenen belegen vgl. z. b. noch

fälle wie *héah* hoch, gen. *héas*, nom. pl. *héa*, dat. *héam*, nom.
sg. m. schwach *sē héa*, für **héa(h)es*, **héa(h)e*, **héa(h)um*,
*héa(h)a etc.; oder die verba contracta *téon* ziehen, *fléon* fliehen,
§ 384, aus **téohan* etc., 1. sg. ind. *téo*, *fléo* aus **teuhu* ind.,
*teuhœ opt., u. dgl.

Ueber neubildungen wie *héaum* neben *héam*, *sméaunʒ* das
denken, *ðréaunʒ* drohung, *fíounʒ*, *féounʒ* hass, neben älterem
sméanʒ, *ðréanʒ*, *féonʒ* u. ä. vgl. § 110, anm. 1.

Anm. Silbenauslautendes *éaw* wird spätws. öfter zu *éow*: *stréow*
stroh, für *stréaw* § 111, praet. *hréow* reute, für *hréaw*, § 384, anm. 2.

3) Schwankungen der quantität.

§ 120. Es ist im vorhergehenden stillschweigends vorausgesetzt worden, dass die quantität der westgermanischen vocale
im ags. bewahrt geblieben sei, wo nicht etwa der eintritt von
contractionen, ausfall von consonanten u. dgl. zur annahme einer
quantitätsveränderung führten. Durch eine vergleichung der
späteren entwickelung der sprache mit den längenbezeichnungen
der hss. (sei es durch doppelschreibung oder namentlich durch
setzung des acuts, s. § 8) ergiebt sich aber, dass bereits im
ags. eine menge von veränderungen der ursprünglichen vocalquantitäten (insbesondere dehnungen) eingetreten waren, die
man sonst erst späteren sprachperioden zuzuschreiben pflegte.

Zu einer genauen feststellung dieser verschiebungen der
quantität im einzelnen fehlen uns zur zeit noch die mittel;
denn teils wird die quantität in den hss. nur spärlich bezeichnet, teils sind deren zeichen von den herausgebern nur
ungenau wiedergegeben oder ganz ignoriert.

Anm. Zuverlässig sind nach der angabe von Sweet (welcher überhaupt nach Bouterwek, North. evang. s. CXIV zuerst wieder nachdrücklich
auf die quantitätsbezeichnungen der hss. hingewiesen hat, vgl. Proceedings
of the Philol. Soc., April 16. 1880 und June 3. 1881) die ausgabe der
evangelien von Kemble und Skeat, Goodwin's Guðlac und Sweet's ausgabe
der Cura pastoralis und der Lauderdale hs. des Orosius.

Erschwert wird die ermittelung genauerer gesetze noch
dadurch, dass die betreffenden vorgänge in den einzelnen
dialekten offenbar in verschiedenem umfange und in verschiedener zeit eingetreten sind. Bei dieser sachlage müssen wir
uns hier begnügen, nur das allgemeinste mitzuteilen.

a) Dehnungen.

§ 121. Auslautende vocale betonter einsilbiger wörter erscheinen als lang: *hwá* wer, aus **hwa-(r)*, got. *hvas*; *swá* so, got. *swa*; *sé* der, got. *sa*; *hé* er, *wé* wir, *ȝé* ihr, *mé* mir, *ðé* dir, aus **hĕ(-r)*, **wĕ(-r)*, **mĕ(-r)* etc. (vgl. got. *i-s*, *mi-s* etc.); *né* nicht (got. *ni*); *bí* (*biȝ* § 24, anm.) bei, got. *bi*; *nú* nun, *ðú* du,
· got. *nu*, *þu*; so auch wol das vortonige *á-*, untrennbare partikel (für *ar-*, got. *us*, ahd. *ar-* etc.).

Anm. Dies schliesst indessen die annahme nicht aus, dass in der lebenden sprache diese wörter bei enklitischem gebrauche teilweise verkürzt worden seien; vgl. namentlich *be* neben *bi* und das untrennbare, nie gedehnte *ȝe-*, älter *ȝi-* (got. *ga-*).

§ 122. Es besteht eine neigung zur dehnung einsilbiger wörter auf einfachen consonanten. Hierher gehören namentlich die, zum teil enklitischen, adverbien und partikeln *ác* aber, *æf-* ab (z. b. in *æfweard* abwesend, *æfwierdelsa* schade), *óf* von, *ón* an (auch als proklitische form von *ǫnd*, wie in *ón-drǽdan* fürchten, *ón-ȝietan* verstehen), *ór-* ur-, z. b. in *órsorȝ* sorglos, *ún-* un-, z. b. in *únriht* unrecht, *úp, úpp* auf, *ín* hinein, *míd* mit, *ȝíf* ob; ferner *wél* wol, *bét* besser; die pronomina *íc* ich; *ðǽt* das, *hwǽt* was, instr. *ðón, hwón*, die copula *ís* ist, aber auch substantiva wie *fǽt* fass, *wéȝ* weg, *wér* mann, *clíf* klippe, *lóf* lob, *ȝebód* gebot, adjectiva wie *hól* hohl, verbalformen wie die praeterita *brǽc* brach, *sǽt* sass, etc.

Die neigung erstreckt sich selbst auf wörter, deren endconsonant erst aus einer geminata vereinfacht ist. So begegnen *món, mán* mann, pl. *mén*, *cán* kann, *éal* all, *ȝewít* verstand, *cýn* geschlecht, gen. *monnes, ealles, ȝewittes* etc.; ferner formen wie *ȝesét* gesetzt, aus *ȝeseted, ȝesett*; *sít* sitzt, *onȝít* versteht, *forȝít* vergisst, für *siteð, onȝiteð* etc.

§ 123. Viel spärlicher macht sich eine neigung zur dehnung kurzer vocale vor einfachen consonanten in zwei- und mehrsilbigen wörtern geltend; häufig ist *ófer* über, bezeugt; ausserdem finden sich z. b. schon in der Cura past. formen wie *fátu* (pl. von *fæt*), *ráce* (ds. von *racu*), *stǽfe* (ds. von *stæf*), *fáre* (3. sg. opt. von *faran*), *ðóne* den, *ópene, ȝáderað* u. ä.

§ 124. Ausserdem finden sich vielfache dehnungen vor consonantgruppen. Hier gehen die einzelnen denkmäler besonders stark auseinander.

1) Vor nasal + consonant kommen alle vocale gedehnt vor: *hánd, hǫnd* hand, *lǫnd* land, *wámb, wǫmb* mutterleib, *wánᵹ, wǫnᵹ* gefilde; *énde* ende, *séndan* senden; *bíndan* binden, *síncan* sinken, *stíncan* stechen; *ᵹesúnd* gesund, *búndon* sie banden, *múnt* berg, *stúnta* schwachkopf, *drúncen* trunken, etc.

2) vor *r* + consonant: *árn, ǫrn* lief, *bǽrnan* verbrennen, *írnan* laufen, *círm* klage, *wórd* wort, *hórd* schatz, *úrnon* liefen, *wýrd* geschick; *ᵹéard* haus, *éart* bist, *scéort* kurz.

3) vor *l* + consonant: namentlich *á* (für gebrochenes *ea* § 80), wie *áld* alt, *sálde* gab, aber auch *mílde* milde, *ᵹóld* gold, *ᵹeðýld* geduld, *scýld* schuld, u. dgl.

Anm. 1. Diese dehnungen in 1—3 fehlen, der abwesenheit von accentzeichen nach zu schliessen, der Cura past. noch gänzlich (ausser vereinzeltem *únder* 33, 7, *suinᵹan* 253, 2, *hierstínᵹe* 165, 3); auch im Lauderdale Orosius sind sie noch selten, dagegen erscheinen sie reichlich in jüngeren wests. quellen, wie Ælfrics homilien etc. In Lind. und Rushw. sind sie regel.

Anm. 2. Die dehnungen treten am ersten und häufigsten vor nasal oder liquida + stimmhaften consonanten auf; doch sind, wie die obigen beispiele lehren, auch gruppen mit stimmlosem laute an zweiter stelle nicht ausgeschlossen. Vor *ll* scheint die dehnung dem ws. zu fehlen, dagegen begegnet sie north., wie in *álle* alle.

Anm. 3. In den textausgaben pflegt man die handschriftlich bezeugten belege für diese dehnungen beizubehalten. Für grammatische zwecke empfiehlt es sich eventuell der vorsicht halber, angenommene secundäre dehnungen zum unterschied von den etymologischen längen durch ˘ zu bezeichnen.

b) Kürzungen.

§ 125. Der eintritt von kürzungen ist aus dem mangel ausdrücklicher längenbezeichnung bei der relativen seltenheit der längezeichen nicht mit sicherheit zu folgern. Doch scheint (nach Sweet) kürzung vorzuliegen in *ðŏhte, brŏhte, sŏhte* aus *ðóhte, bróhte, sóhte* § 407, a u. ä. (doch vgl. z. b. *hóehtnisse* Rushw. Mt. 5,10 = ws. *éhtnisse*, zu § 68, anm. 2).

Vor anderen consonantgruppen als *h* + consonant scheinen kürzungen im allgemeinen nicht eingetreten zu sein, vgl. schreibungen wie *Críst, ᵹást, mǽst, ᵹítsian, wítnian, fíftiᵹ, lǽdde* etc.

II. Die vocale der mittel- und endsilben.

§ 126. Hier sollen nur einige haupterscheinungen behandelt werden, die für das verständnis der flexionen in be-

tracht kommen. Das übrige wird im einzelnen die formenlehre ausführen.

A) Vocalwechsel.

§ 127. Alte vocalwechsel. Bereits im indogerm. fand
vielfach eine gewisse abstufung der vocale gewisser suffixe
(**suffixablaut**) in der flexion statt. So begegnen wir namentlich häufig der ablautsreihe *e*: *o*: 0 (z. b. den beiden ersten
stufen in lat. *genus, generis*, gr. γένος, γένεος für *γενεσος, u. dgl.).

Im germanischen sind, wie es scheint, die suffixalen *e*
alle zu *i* (§ 45, anm. 1), die alten *o* zu *a* geworden (§ 45, 4).
An stelle der nullstufe erscheint (wie im verbalablaut vor
liquida oder nasal) häufig ein *u* anstatt des ausgefallenen vocals.

Im ags. sind diese abstufungen meist nicht mehr rein
erhalten; gewöhnlich ist eine stufe durch alle formen desselben
wortes durchgeführt worden; nur hie und da weisen bestehende
doppelformen noch auf das einstige vorhandensein eines regelmässigen wechsels hin. Insbesondere lässt sich auf einstiges
bestehen einer *e*-, *i*-stufe aus dem *i*-umlaut vorausgehender
wurzelsilben ein rückschluss machen.

§ 128. Die wichtigsten so erschliessbaren wechsel, von
denen im ags. noch reste erkenntlich sind, sind folgende:

1) vor urspr. *s* (germ. *z*, ags. *r*, auslautend auch oft getilgt) in dem neutralen suffix *-os, -es* (wie in γένος, *genus*),
germ. *-az, -iz*, s. die beispiele § 288 ff. Die *i*-stufe liegt vor
in formen wie *siʒe, beʒe*, älter *siʒi, beri* aus *siʒiz, *bariz* nach
§ 182; oder north. *lemb*, Ps. north. *cœlf* aus *lambiz, *kalbiz*
nach § 182 und 133, b. Daneben ws. *lǫmb, cealf* ohne umlaut
und die längeren formen wie *siʒor, hróðor, lombor* etc. (§ 182,
anm.).

2) vor *n* im suffix *-ono, -eno*, germ. *-ana, -ina* des part.
praet. der starken verba. Die *i*-stufe ist erhalten in einigen
umgelauteten formen wie *æʒen, cymen* § 378.

Anm. Besonders deutlich war die abstufung in dem suffix der
schwachen declination, *-en, -on, -n*, germ. *-in, -an, -un* entwickelt; jedoch ist
sie gerade hier im ags. fast ganz zerrüttet, namentlich die *i*-stufe (wie in
got. *hanins, hanin*) ganz verdrängt.

3) vor *l* in dem suffix -*olo*, -*elo*, germ. -*ala* (= urags.
-*ul*), -*ila*; die beiden stufen sind erkennbar in doppelformen
wie *déaȝol* und *dieȝol* heimlich, grundf. **dauȝala*- und **dauȝila*-.

4) vor *r* besonders in dem suffix der verwantschaftsnamen;
über diese vgl. im einzelnen § 285.

Anm. Auch fremdwörter werden öfters nach massgabe der im ags.
bestehenden suffixablaute umgestaltet. So weist z. b. ags. *fœcele* fackel,
auf älteres **fakila*, eine ablautsbildung zu lat. *facula*, zurück. Andrerseits
erscheint auch lat. *i*, *e*, *a* nicht selten durch *u*, *o* vertreten: *persoc* pfirsich,
esol esel, *butor* butter, *munuc* mönch, aus lat. *persicum*, *asilus*, *butirum*,
monachus u. ä.

§ 129. **Jüngere vocalwechsel.** Neben diesen alten
abstufungen haben sich im ags. noch einige jüngere wechsel
ergeben, die vermutlich von der wechselnden stärke des nebenttons abhängen, aber auch zum teil durch die vocale der
nachbarsilben bedingt erscheinen (indem eine gewisse abwechselung zwischen hellen und dunkeln vocalen beliebt wird).
Namentlich besteht eine neigung, ein *o*, *u* einer schlusssilbe
in *e* zu verwandeln, wenn das wort um eine nebentonige silbe
mit *a*, *o*, *u* wächst. So heisst es gewöhnlich *rodor* himmel,
heorot hirsch, *staðol* stütze, auch gen. dat. sg. *rodores*, *heorotes*,
staðoles, -*e*, aber im plural meist *roderas*, *heoretas*, *staðelas*, -*a*,
-*um*, im verbum *staðelian* u. dgl. Hierher gehört auch der
wechsel des vocals im praet. der 2. schwachen verbalklasse,
wie *sealfode*, pl. *sealfedon* § 412, auch wol ursprünglich der
abstracta auf -*unȝ*, -*inȝ* u. ä.

B) Apokope auslautender vocale.

§ 130. Indog. *a*, *o* (= germ. *a*) in ultima schwindet durchaus, z. b. *on*, germ. got. *ana*, gr. ἀνά; *œf*-, unbetont *of* ab,
germ. *aba*, gr. ἀπό etc. Zahlreiche beispiele liefern besonders
die nom. acc. sg. der *o*-stämme § 235 ff., grundf. -*oz*, -*o(m)*.

Erhalten hat sich das germ. *a* bei früher contraction, wie
in *frío*, *fréo* frei, st. **frija*-, § 297, anm. 2.

Anm. Ein dem *a*, *o* vorausgehendes silbisches *i* (§ 45, 8) tritt unversehrt in den auslaut, und wird später nach § 44 zu *e*: *ende*, *rice* § 246,
älter *endi*, *ríci* aus **andia*, **ríkia*, etc.

§ 131. Spurlos und ohne hinterlassung irgendwelcher
einflüsse auf den vocal. der vorhergehenden silbe schwindet

ebenfalls das ursprünglich auslautende -*e*. Die hauptfälle sind: 1) der voc. sg. m. der *o*-stämme, *dóm*, § 238, vgl. gr. *λόγε*, 2) der imp. sg. der starken verba, wie *ber, help* § 367, vgl. gr. *φέρε*; 3) die 3. sg. ind. praet. der starken verba wie *bær* § 367, *wát* § 420, vgl. gr. *οἶδε*.

e vor germanisch erhaltenem consonanten wurde, vermutlich schon im germanischen, zu *i*, § 45, 2, anm. 1, und teilte die schicksale des letzteren.

§ 132. Ursprüngl. *i* und *u* waren im urangelsächsischen noch durchgehends erhalten. Zu ihnen gesellten sich aber noch secundäre *i* und *u*, die teils durch wechsel der qualität entstanden (wie *i* vor cons. aus *e*, § 131), teils durch kürzung aus den entsprechenden auslautenden längen *ī, ō*, teils endlich, was das *u* anlangt, durch vocalisierung aus consonantischem *w* hervorgegangen waren. Diese sämmtlichen urags. *i* und *u* unterliegen dann denselben regeln der apokope, und zwar ist für diese teils (bei ursprünglich zweisilbigen wörtern) die quantität der unmittelbar vorausgehenden wurzelsilbe, teils die anzahl der silben des wortes massgebend. Die hauptfälle sind folgende:

§ 133. Urags. *ĭ* bleibt nach kurzer wurzelsilbe erhalten, zunächst als *i*, dann als *e* (§ 44); es schwindet nach langer wurzelsilbe und am schlusse mehr als zweisilbiger wörter.

a) Ursprüngl. *i* z. b. im nom. acc. sg. der *i*-stämme (vgl. gr. *πόλις*, ·*ιν*): kurzsilbig subst. *wini, wine* § 262, adj. *bryci, bryce* § 302(?), langsilbig subst. *wyrm* § 265. Weitere fälle der apokope: der dat.-loc. sg. der consonantischen stämme, wie *fét* aus **fōti* § 281 (gr. *ποδί*); desgl. für mehrsilbige *hróðor* § 289, *ʒuman, heortan, tunʒan* § 276; die datt. pl. wie *ðǽm, twǽm*, grundf. **þaimiz* etc.; die comparativischen adverbia wie *lenʒ* § 323, grundf. **lanʒiz* (vgl. lat. *magis*, und wegen des abfalls des *ʒ* § 182); aus dem verbum: die 1. sg. ind. der verba auf -*mi* (§ 427), wie *dóm* tue; ferner die 2. 3. sg. und 3. pl. ind. aller verba, wie 2. sg. *hilpis, -es(t)*, 3. sg. *hilp(e)ð*, 3. pl. *helpað*, grundf. -*isi, -iþi, -anþi* (vgl. skr. *bhárasi, -ati, -anti*, von w. *bher* tragen).

b) Urags. *i* aus ursprüngl. *e*, z. b. im nom. pl. consonantischer stämme, wie *hnyte, styde* § 282 und *fét, mýs* § 281 aus **hnutiʒ, *hnuteʒ; *fōtiʒ, *fōteʒ* etc., vgl. gr. πόδες; ebenso bei mehrsilbigen, *ʒuman, tunʒan* § 276; ferner im nom. acc. sg. der neutralen *es*-stämme, kurzsilbig *bere, siʒe* (got. *bariʒ-, sigis*), langsilbig Ps. north. *cœlf* kalb, north. *lemb* lamm, etc. § 288 ff.

c) Urags. *i* aus ursprüngl. *ī* lag wol vor im imp. sg. der verba mit thematischem *jo*, § 372. 398, 1 (vgl. got. *hafei, nasei, sôkei* etc.): kurzsilbig *hefe, nere* etc. § 367. 409, langsilbig *séc, híer* etc. § 409. Regelrecht geschwunden ist auch das *i* im nom. sg. der lang- und mehrsilbigen *iā*-stämme wie *ʒierd* § 257 und *ʒyden, wierʒen* § 258, 1. Andere germanisch auslautende *ī* sind im ags. stets, auch nach langer silbe, als *i, e* erhalten, so in der 3. sg. opt. praet. der starken verba, wie *hulpe* (grundf. **hulpī*, got. *hulpi*), oder im instr.-loc. sg. der *o*-stämme wie *dóme*, älter *dómi* (aus **dōmī*, vgl. gr. ἐκεῖ). Doch liegt vielleicht im sog. dativ *hám* § 237, anm. 2 ein regelrecht entwickelter local eines langsilbigen *o*-stammes vor, und die *-i, -e* der übrigen formen sind analogiebildungen nach den kurzsilbigen.

Anm. 1. Ausnahmen bezüglich der apokope machen das adv. *bet* besser, got. *batis*, wofür man **bete* erwarten sollte, und das adv. *ymbe* neben *ymb* mit erhaltenem *e*.

Anm. 2. Auch wo das *i* geschwunden ist, ist *i*-umlaut der unmittelbar vorhergehenden stammsilbe eingetreten; ausgenommen sind nur die verbalformen *eom, dóm*, pl. *dóð* (für **dónþi*).

§ 134. Urags. *u* bleibt in ursprünglich zweisilbigen wörtern nach **kurzer stammsilbe** als *-u, -o* erhalten, und schwindet nach **langer stammsilbe.**

a) Germ. *u*, z. b. im nom. acc. sg. der *u*-stämme, wie kurzsilbig subst. m. *sunu*, f. *duru*, n. *feolu* § 270. 274 f., adj. *cucu* § 303; langsilbig subst. m. *feld*, f. *hond* § 272. 274, adj. *heard* § 303, anm. 2, grundf. *-uʒ, -u(m), -u*, vgl. got. *sunus, -u, filu* etc.

b) Urags. *u* aus germ. *ō* = urspr. *ā*, z. b. im nom. sg. f. der *ā*-stämme, wie kurzsilbig *ʒiefu*, adj. *hwatu*; langsilbig *ár, ʒód* § 252. 293 (vgl. gr. χώρᾱ etc.); oder im nom. acc. pl. n. der *o*-stämme, wie kurzsilbig subst. *fatu*, adj. *hwatu*, langsilbig subst. *word*, adj. *ʒód* § 238. 293.

c) Urags. *u* aus germ. *ō* = ursprüngl. *ō* lag vor in der 1. sg. ind. praes. der verba, und ist hier fest geworden, auch)ei langsilbigen, also *beoru, faru* wie *helpu, bindu*; jedoch sind *a*iese *u* im ws. bis auf wenige reste durch die optativendung -*e* verdrängt, s. § 355.

Anm. Ursprünglich vorausgehendes *j* (§ 45, 8) hemmt die apokope nicht, also *sibb* § 257, *cynn* § 2\=46 etc. aus **sibb(j)u, *cynn(j)u*. Ueber die wirkung eines vorausgehenden *i* (§ 45, 8) s. § 135, 3.

d) Urags. *u* aus vocalisiertem *w*, § 137. 174, 2, z. b. nom. *bearu, bealu* § 249, *ȝearu* § 300 (die femm. wie *beadu*, langsilbig *mǽd, lǽs* § 260, stehn für **bad(w)u, *mǽd(w)u* aus -*ō* etc. nach § 173, 1 bez. § 134, b).

§ 135. Bei drei- und mehrsilbigen wörtern herscht ziemliches schwanken in der behandlung des auslautenden *u*. Der regel nach wird es abgeworfen in dreisilbigen wörtern mit kurzer wurzel- und mittelsilbe, bleibt aber nach langer wurzel- und kurzer mittelsilbe. Nach langer mittelsilbe scheint es regelmässig zu schwinden. Es gehören hierher vornehmlich folgende fälle:

1) feminina der *ā*-declination: kurzsilbige wie *firen* = got. *fairina*, oder *tiȝol* aus lat. *tegula* § 254, 2; von den langsilbigen die abstracta auf -*ðu*, got. -*iþa*, wie *strenȝðu*, § 255, 3. Dagegen verlieren die abstracta auf -*unȝ* stets das *u* ohne rücksicht auf die quantität: *monunȝ* mahnung, *léasunȝ* trug u. dgl., § 254, 2.

Anm. Dem typus der langsilbigen haben sich angeschlossen die urspr. *iā*-stämme *hyrnetu, ielfetu, lieȝetu* § 258, 1.

2) nom. acc. pl. der neutra der *o*-declination: kurzsilbige wie *reced, werod*, langsilbige wie *nietenu, héafodu* § 243, 1 (vgl. auch § 144, b), und namentlich die stämme auf -*io* (nach § 45, 8), wie *rícu* aus **rīkiu*, grundform **rīkiō*, § 246.

3) nom. sg. f. und nom. pl. n. von adjectivis: kurzsilbige wie *micel, moniȝ*, schwankend mit *micelu, moniȝu*, langsilbige wie *háliȝu* § 296 mit anm. 1 (vgl. § 144, b), insbesondere wieder die stämme auf -*io*, wie *ȝrénu* § 298, aus **ȝrōniu*.

§ 136. Eine apokope anderer ursprünglicher endsilbenvocale als die der angegebenen findet im ags. nicht statt. Insbesondere bleiben alle vocale erhalten die noch im ags. durch einen schlussconsonanten gedeckt sind (z. b. das *u, o* in der 3. pl. praet. der verba, wie *hulpun, neredun, -on* § 364).

C) Weitere veränderungen des wortendes in folge von vocalabfall.

§ 137. In den auslaut tretendes *w* wird nach consonanten und kurzen vocalen zu *u, o* vocalisiert, während es nach langen vocalen und diphthongen bleibt oder ganz abfällt. Das nähere hierüber s. § 134, d. 174.

§ 138. Tritt muta + liquida oder nasal in den auslaut, so wird nach einem allgemeinen phonetischen gesetz die liquida oder der nasal vocalisch, d. h. silbenbildend; so z. b. die *r, l, n, m* in got. *akrs, fugls, taikns, maiþms* (Braune, Got. gr. § 27). Im ags. entwickelt sich aber aus und vor diesen silbenbildenden liquiden und nasalen häufig ein secundärvocal. So lauten die angeführten got. formen im ags. *æcer, fuȝol, tácen, máðum*. Hierüber gelten folgende nähere bestimmungen:

§ 139. Am regelmässigsten erscheint ein vocal vor *r*. Derselbe ist meist *e*, wenn die vorhergehende silbe einen palatalen vocal enthält, dagegen meist *o*, altertümlich und dialektisch *u*, seltener (und namentlich später) *e*, wenn der vorausgehende vocal guttural ist; z. b. *winter, finȝer, fæȝer, æcer, ceaster* (aus *cæster* § 75, 1), aber *átor, fódor, hlútor, clústor* u. ä. zu got. *wintrus, figgrs, fagrs* etc.

Anm. Nur in den ältesten quellen wie Ep. bleibt das *r* noch oft unverändert: *átr, spaldr, cefr* neben *ledir, mapuldur* u. ä.

§ 140. Silbenbildendes *l* bleibt namentlich nach dentalen oft unverändert: *nǽdl* nadel, *spátl* speichel, *setl* sitz, *húsl* opfer *eaxl* achsel, *næȝl* nagel, etc., doch tritt auch nach palatalem vocal *e*, nach gutturalem *u, o* ein ohne feste regel: *æppel* apfel, *tempel* tempel, *fuȝol* vogel, u. dgl.

§ 141. Silbenbildendes *n* bleibt nach kurzer silbe meist unverändert: *hræfn* rabe, *stefn* stimme, *reȝn* regen, *ðeȝn* held, *wæȝn* wagen, doch kommen auch *-en* daneben vor; nach langer silbe überwiegt *-en*, z. b. in *tácen* zeichen, *béacen* zeichen, *wǽpen* waffe; daneben selten *-in*, wie *fræȝin* fragte, *ðeȝin*, oder, namentlich north., *-un, -on*, wie *bécun, bécon* zeichen, *tácon* zeichen, *fácon* bosheit, *ymmon* hymnus.

§ 142. Silbenbildendes *m* erhält sich in der regel unverändert: *ðrosm* rauch, *bósm* busen, *fæðm* umarmung, *botm* boden, *wæstm* wachstum, doch finden sich *wæstem* u. ä., und gewöhnlich *máðum* kleinod.

Anm. (zu § 138—142). In der poesie werden silben mit vocalischem *r, l, m, n* häufig nicht als volle silben gerechnet, vgl. Beitr. X, 480 ff.

D) Synkope von mittelvocalen und verwantes.

§ 143. Als 'mittelvocale' bezeichnen wir die vocale derjenigen silben, welche zwischen der wurzel- und der endsilbe mehrsilbiger wörter liegen.

Die mittelvocale des germanischen sind im ags. vielfach synkopiert worden. Ihre erhaltung oder ausstossung aber hängt (wie die behandlung ursprünglicher endvocale) teils von der quantität der vorausgehenden wurzelsilbe, teils von der anzahl der ursprünglich vorhandenen mittelvocale ab.

§ 144. a) Nach l a n g e r wurzelsilbe wird jeder nicht durch position geschützte, ursprünglich kurze, e i n z e l n e mittelvocal synkopiert; nach k u r z e r wurzelsilbe tritt diese synkope nicht ein, vgl. formen wie gen. *éðles, enǥles, déofles, óðres, éowres, áǥnes, héafdes* von *éðel, enǥel, déofol, óðer, éower, áǥen, héafod* mit solchen wie *staðoles, rodores, eotones, nacodes* etc.

b) Ausgenommen sind von der synkope in den älteren quellen die dreisilbigen formen des nom. sg. f. und nom. acc. pl. n. auf -*u* (mit ausschluss jedoch der feminina auf -*ðu* § 255, 3, welche der hauptregel folgen), also adj. *ídelu, éoweru* § 296, anm. 2, subst. *níetenu, héafodu* § 243, 1, neben z. b. *ídle, éowre, héafdes* u. dgl.

c) Dagegen synkopiert trotz kurzer wurzelsilbe regelmässig *micel* gross und gewöhnlich auch *yfel* übel, also gen. *micles, yfles*; doch wieder *micelu* (neben *micel*, § 296, anm. 1) und *yfelu* neben *yflu* und *yfel* nach b.

Anm. 1. Dieses alte system der synkopierung wird (vorzüglich in den jüngeren denkmälern) oft durch analogiebildungen gestört. Namentlich werden oft mittelvocale nach l a n g e r stammsilbe wieder hergestellt nach dem muster zweisilbiger formen desselben wortes; also etwa *éðeles, déofoles* nach den nomm. *éðel, déofol* u. s. w. Dies ist besonders oft der fall bei den partt. praet. der starken verba (*ǥebundne, ǥeholpne,* jünger -*ene*) und den adjectivis auf -*iǥ* (*háliǥes* etc. für älteres *hálǥes*). Seltener tritt bei kurzsilbigen wörtern synkope ein; hauptsächlich und regelmässig ist dies der fall in den *r*-casus (*hwœtre* gen. dat. sg. f., *hwœtra* gen. pl.) und im acc. sg. m. (*hwœtne*) der adjectiva, § 293, 1, gewöhnlich auch im comparativ (*ʒlœdra, hwœtra* etc. § 307).

Anm. 2. Ein schwanken findet statt bei formen in denen muta + liquida oder nasal dem mittelvocal vorausgeht: *efnde* und *efnede* etc., s. besonders § 405, 5.

§ 145. Position schützt im allgemeinen gegen die synkope. So bleiben, wenigstens in der älteren sprache, auch in ihren dreisilbigen formen unversehrt z. b. die adj. auf *-isc* wie *mennisc* nebst ableitungen; die meisten superlative wie *ieldesta* § 309 ff. (doch stets *hiehsta, niehsta*), substt. wie *hœrfest, eornest,* und alle mit liquida oder nasal + cons., wie *fœreld, fætels,* und alle auf doppelconsonanten, z. b. formen wie *condelle, byrðenne* § 258, 1, die ableitungen auf *-ettan* wie *roccettan* etc. § 403, anm. 2, auch wenn das *tt* vereinfacht wird, § 231, 4.

Anm. Später finden sich auch hier ausstossungen, so beim superlativ, § 311, und namentlich bei doppelliquida oder -nasal, nachdem diese vereinfacht sind, § 231, 4; vgl. z. b. comparative wie *œftra* neben *œftera* aus *œfterra* § 314, anm. 1, gen. dat. sg. f. *óðre*, gen. pl. *óðra* neben *óðere, óðera* aus *óðerre, óðerra,* § 296, anm. 3. Aehnlich auch bei ursprünglichen compositis, wie *déoflic* neben *déofelic* aus *déofol-lic*.

§ 146. Auch alte lange mittelvocale werden in offener mittelsilbe nach langer wurzelsilbe bisweilen synkopiert; es scheint dabei eine urags. verkürzung vorausgegangen zu sein. Hierher gehören z. b. die adjj. auf *-iʒ* aus *-iʒ*, die stoffadjectiva auf *-en* aus *-īn* § 296; vielleicht auch der gen. pl. der schwachen subst. auf *-na* neben *-cna* § 276, anm. 1, u. dgl.

§ 147. Von zwei mittelvocalen wird ohne rücksicht auf die quantität der wurzelsilbe der zweite synkopiert, falls er kurz und nicht durch position geschützt ist; also z. b. acc. wie *idelne, dieʒolne* : *atolne, swicolne; éowerne, uncerne* : *fœʒerne; áʒenne, háliʒne* etc., oder gen. dat. sg. f. und gen. pl. wie *idelre, -ra* : *swicolre, -ra* u. dgl.

§ 148. Im zusammenhang mit diesen gesetzen über synkope steht die behandlung der wörter, welche nach § 138 ff. secundärvocale entwickelt haben. Nach langer wurzelsilbe dringt dieser secundärvocal nicht in das innere des wortes ein, wenn dieses um eine endung wächst; es heisst also *wintres*, *finzres*, *temples*, *tácnes*, *máðmes* neben *winter*, *finzer*, *tempel*, *tácen*, *máðum*; dagegen geschieht das häufiger nach kurzer wurzelsilbe, wenigstens vor *r*: *fæzer*, *weder*, *wœter* z. b. haben gewöhnlich gen. *fæzeres*, *wederes*, *wœteres* u. s. w., ohne dass jedoch das vorkommen altertümlicher formen wie *wœtres* etc. ausgeschlossen wäre.

§ 149. Auch in ags. schlusssilben die erst durch abfall eines vocales an das wortende getreten sind, finden öfter vocal-ausstossungen statt. Für die flexionslehre kommen insbesondere die regeln über die bildung der 2. 3. sg. ind. praes. der verba in betracht (§ 359).

C) Die hauptabweichungen der nichtwestsächsischen mundarten.

§ 150. Das vocalsystem der nichtwestsächsischen dialekte zeichnet sich zunächst durch folgende allgemeine besonder-heiten aus:

1) an stelle des ws. *œ́* = germ. *ǽ*, westgerm. *ā* § 57 f. steht *é*: *strét* strasse, *réd* rat, *slépan* schlafen, bei *i*-umlaut *mérsian* rühmen, u. ä.

2) es fehlt das ws. *ie*, *íe* § 41, und daher auch das unfeste *ĭ*, *ў* § 22. 31 (die vertretung derselben im einzelnen ergiebt sich aus den folgenden paragraphen); über einzelne *ie* anderer herkunft vgl. z. b. § 166, anm. 7.

3) die diphthonge *ea*, *eo*, *io* und ihre längen sind vielfach anders geschieden als im ws., namentlich herscht im north. eine starke verwirrung zwischen *ĕa* und *ĕo*. Das kent. ist ausgezeichnet durch seine vorliebe für *ĭa*, *ĭo* an stelle von altem *ĕa*, *ĕo*.

Anm. 1. Charakteristisch für das north. in L und Rit. ist die vor-liebe für *ĕa*. Daher bleiben in L die kurzen *ea* fast rein erhalten; auch für *éa* wird im ganzen nicht allzuhäufig *éo* gesetzt: *béom* baum, *éoðe* leicht, *éore* ohr, *éostro* ostern, u. dgl., für *béam* etc. Für kurzes *eo* wird dagegen, freilich bei grossem schwanken im einzelnen, massenhaft *ea* geschrieben, und für etymologisches *éo* darf im ganzen schon *éa* geradezu als normal-form gelten; also *stearra* stern, *meard* lohn; *déar* tier, *béada* bieten, *léaf* lieb, für ws. *steorra*, **meord*; *déor*, *béodan*, *léof* etc. Aehnlich in Rit., während R² auffallend viele *éo* für *éa*, aber relativ wenige *éa* für *éo* hat.

Anm. 2.   Im merc. sind *ẻa* und *ẻo* unter einander weit besser geschieden, zumal in R¹, während Ps. bereits etwas öfter schwankt.

Dem kent. nähert sich der Ps. durch das auftreten einiger *io* für *eo*, wie in *fiolu* viel, *hiofen* himmel, neben *feolu*, *heofen*, und namentlich vieler *io* für *éo*, wie in *biod* tisch, *biodan* bieten, *ðiod* volk, *ðiow* diener, *hiold* hielt, *hwiol* rad, *liof* lieb, und selbst *niolǽcan* sich nähern, für dial. *néolǽcan* = ws. *néalǽcan* (§ 165, anm. 3).

Anm. 3.   Im kent. schwanken die schreibungen *ẻa* und *ẻo* nur vereinzelt.

Frühzeitig gehen dagegen die *ẻo* in *ỉo* über (fallen also mit den alten *ỉo*, anm. 4. 6, zusammen; doch wird daneben auch die schreibung *ẻo* fortgeführt); also z. b. *ciorfan* schneiden, *ciorl* kerl, *hiorte* herz, *ʒiofu* gabe, *hiofen* himmel; *biodan* bieten, *dior* tier, *liof* lieb, *lioht* licht, für ws. *ceorfan*, *béodan* u. ä.

Für *ỉo* tritt, zumal in den urkk., auch *ỉa* (*ya*) auf: vgl. formen wie *fiah* vieh, *riaht* recht, *wiarald* welt, *ʒiaban* geben, *hiabenlic* himmlisch (urkk.) für *feoh*, *reoht*, *weorold*, *ʒeofan*, *heofenlic*, oder *āhriasð* (kGl.) zu *hréosan* fallen, s. auch anm. 6).

Auch für *ẻa* tritt vereinzelt *ia*, *ya* auf: *siaro-* list (Metra), *smỉaʒenne* (kGl.) zu *sméaʒean* denken; ebenso *io*, wie *fornion* (kGl.) beinahe, für *fornéan*.

Anm. 4.   Die alten *ỉo* sind im north. rein erhalten, zumal in R²; nur schwankt der contractionsdiphthong *io* öfter mit *éo*, wie in *fréond* neben *friond* freund; sonst finden sich nur erst ganz vereinzelte *eo* (und für diese wol auch *ea* nach anm. 1).

Anm. 5.   Im merc. (R¹, Ps.) sind die alten *ỉo* z. t. noch erhalten, grossenteils aber bereits durch *ẻo* ersetzt; es stehen also formen wie *hiorde* und *heorde* hirt, *hiora* und *heora* gen. pl., § 334, *siofun* und *seofun* sieben, *fiond* und *féond* feind, etc. neben einander.

Anm. 6.   Auch im kent. sind *ỉo* und *ẻo* zusammengefallen, wegen anm. 3 überwiegt aber durchaus die schreibung *ỉo* (doch finden sich *éo* als contractionsdiphthonge, wie in *fréond* freund), oder aber *ỉa* mit dem in anm. 3 berührten lautübergang: *Wiahtréd* npr., *wiada* gen. sg. holzes, *bian* sein, § 427, 2, pron. *hia*, *sia* § 334. 337, für *Wioht-*, *wioda*, *bion* etc.

Anm. 7 (zu anm. 1—6).   Die für *ẻo* und *ỉo* vorauszusetzenden grundformen *ẻu* und *ỉu* sind nicht nur in den ältesten quellen (vgl. Beitr. XVIII, 411 ff.), sondern im auslaut und vor *w* auch noch in einigen jüngeren angl. texten noch öfter (neben den gewöhnlichen *ẻo*, *ỉo*) erhalten; so in R¹ die pronn. *híu*, *síu* § 334, 337, *þriuwa* dreimal, *cnéu* knie, *tréuw* baum, *ðéu(w)* diener, *láréu(w)* lehrer, *láttéuw* führer, in L *híu*, *ðíu*, *ðríu* n. drei, pron. *iuh* etc. § 332. 335, *ðíuwas* pl. dienerinnen, *cnéu*, *tréu*, dat. *cnéum* etc., Rit. *ðíu*, *iuh*; vgl. dazu ferner § 156, 5; so auch oft *díul* u. ä. teufel in L Rit. — In R² fehlen solche formen ganz, im Ps. bis auf vereinzelte vielleicht hierher gehörende schreibungen wie *ʒetréwlice*, *tréw*, *ðíwʒen*, die vielleicht nach § 156, anm. 3 zu beurteilen sind.

4) der laut *œ* ist in grösserem umfange erhalten: durchgehends im north. (auch bei der kürze, *œle, dœhter, œxen* § 93); im Ps. wenigstens in der regel noch die länge (*dǽman, bǽc, spǽd* § 27. 99), während Rushw[1]. bereits stärker zwischen *é* und *ǽ* schwankt.

a, æ.

§ 151. 1) Für ws. *œ* § 49 tritt im kent. und Ps. *e* ein: *deʒ* tag, *brec* brach, *set* sass u. s. w.; ähnlich in den kleineren merc. denkmälern; in R[1] herscht dagegen *œ* vor wie im ws. und north.

Anm. In den altkent. urkunden sind jedoch die *œ* noch oft oder gar meist erhalten.

Der Ps. hat *œ* regelmässig nur in den procliticis *œt* bei, *ðœt* das(s), sonst nur ganz vereinzelt. Dagegen ist im Ps. *œ* der normale vertreter des ws. *ie* als *i*-umlaut von *ea* vor *l* oder *h* + consonant, wie in *œldra* älter, *hœldan* neigen § 159, 2, *nœht* nacht, *mœhtiʒ* mächtig § 162, 1, oder des sog. palatalumlauts von *ea*, wie in *sœh* sah, *dœʒas* tage § 162, 1. Die beiden ersten entsprechungen sind auch altkentisch; später tritt aber auch für sie *e* ein: *eldra, elmehtiʒ* u. s. w. (dagegen *seah, daʒas* wie ws.).

Ebenso geht im kent. auch der lange *ǽ*-laut = *i*-umlaut von *á* aus *ai* (über ws. *ǽ* = germ. *ǽ* s. § 150) allmählich in *é* über: so kGl. *délan* teilen, *éniʒ* ullus, *mést* meist = ws. Ps. north. *dǽlan, ǽniʒ, mǽst*; die altkent. urkk. haben auch hier das ältere *ǽ* oft bewahrt.

2) Für ws. *a* in offener silbe, § 50, erscheint im Ps. und north. oft *ea* durch *u*- (und *o/a*)-umlaut, § 160.

3) Es fehlt die brechung von *a* zu *ea* vor *l* + cons. im Ps. und north., meist auch in Rushw.[1]; ebenso auch oft die von *a* vor *r* + cons. im north. einschliesslich Rushw. Statt *ea* tritt *a* ein, § 158.

e, é.

§ 152. Der umfang des alten *ë* § 19, 1 ist eingeschränkt durch häufigeren *u*- und *o/a*-umlaut im kent. und angl., § 160; das umlauts-*e* fehlt im north. da wo es in den übrigen dialekten umlaut von *o* ist, § 93. 150, 4.

Dafür erscheint ein dem ws. im allgemeinen fremdes *e* a) für ws. *ie* aus palatal + *e*, § 157, 2; — b) für ws. *ie* als *i*-

umlaut von *ea*, § 159 (daneben *œ*, s. ebenda); — c) als angl. vereinfachung von *eo* vor gutturalen, § 164.

Anm. In texten wie R¹, L etc. schwankt *e* öfter und ohne feste regel mit *œ*.

§ 153. Langes *é* entspricht einem ws. *é* nur in den fällen § 21, 3 (Rushw. gelegentlich auch § 21, 2).

Sonst ist es a) vertreter von ws. *ǽ* aus germ. *ǽ* § 150, 1; — b) kent. vertreter von ws. *ǽ* aus *ai*, § 151, 1; — c) *i*-umlaut von *éa*, § 159, 3; — d) angl. vereinfachung von *éa*, *éo* vor gutturalen, § 163. 165.

y, ẏ.

§ 154. Ein besonderes kennzeichen des jüngeren kentischen ist der übergang von *y*, *ẏ* in *e*, *é*: *embe, besiʒ, eppan, ʒelden; onténan, brécð* für ws. *ymbe, dysiʒ, yppan, ʒylden; ontẏnan, brẏcð*; den älteren urkk. ist jedoch dieser übergang fast noch fremd.

Anm. Da im kent. die laute *ĕ*, *ǽ*, *ẏ* allmählich in *ĕ* zusammenfallen (vgl. § 150, 1. 151, 1), so kann es vorkommen dass in umgekehrter schreibung das traditionell fortgeführte zeichen *y* auch für *e*- und *œ*-laute gesetzt wird: *cyrran* für *cerran* (ws. *cierran*) § 157, 2; *yfter* für *efter* (ws. *œfter*) § 151, 1; *mẏʒð, lẏce* für *méʒð, léce* (ws. *mǽʒð, lǽce*) § 150, 1; *lẏssa* für *léssa* (ws. *lǽssa*) § 151, 1.

Diphthonge.

§ 155. Aus dem gebiet der diphthonge ist neben dem in § 150, 3 bemerkten noch hervorzuheben:

1) Der mangel eines besonderen *i*-umlauts von *io*, *ío* § 159, 5.

2) Die stetige vereinfachung von *ĕa, ĕo* und *ĭo* vor gutturalen im anglischen, § 161 ff.

3) Das north. besitzt auch den diphthong *ei*, *seista* sechste, *neista* nächste, *heista* höchste (neben *sesta, nésta, hésta*); *ceiʒa* rufen, etc., und *ai* für *œ*, *fraiʒna, cnaihtas* für *frœʒna, cnœhtas*.

Anm. Ueber kent. diphthonge auf -*i* aus -*ʒ* s. § 214, 2.

Einflüsse des *w* (§ 71—73).

§ 156. 1) *w* verwandelt oft folgendes *e*, *é*, selbst bisweilen ein *œ*, north. in *œ* bez. *ǽ*: a) altes *ĕ*: *wœʒ, suœfn, wœl* = ws. *weʒ, swefn, wel*; — b) umlauts-*e*: *cuœlla, tuœlf, wœnda*

= ws. *cwellan, twelf, wendan*; — c) *é* (= ws. *ǽ* § 150, 1):
huǽr, wǽde, wǽpen = ws. *hwǽr, wǽde, wǽpen*; gedehntes *e*
in *wǣ* = ws. *wē*; — d) *œ* in *cwœð, hwœðre* = ws. *cwœð,
hwœðre*.

Anm. 1. Varianten der orthographie s. z. b. bei Paul, Beitr. VI, 38 f.

2) *weo* das im ws. bleibt (§ 72), wird north. meist zu *wo*:
worða, worðia, worð, worpa, suord = ws. *weorðan, weorðian,
weorð, weorpan, sweord*, aber auch *cwoða, wosa* = ws. *cweðan,
wesan*, aus *cweoðan, *weosan nach § 160.

Anm. 2. Man beachte ws. north. *worold, world* welt, gegen merc.
kent. *weorold*, § 72.

3) In gleicher weise wird *wea* (§ 160, anm. 2) north. oft
zu *wa*, woneben auch *wœ* begegnet: *waras, wœras*, pl. von *wer,
wœr* mann, ws. *weras*, Ps. *weoras*; *wala, wœla* reichtum, ws.
wela, kent. Ps. *weola*; so auch *tuá* zweifel, neben *tuía*.

4) *wio* ergiebt bei hinzutretendem *i*-umlaut (durch *wu* hindurch, § 71) im Ps. und north. abweichend vom ws. (§ 71,
anm. 2) *wy* in *wyrðe* wert, *wyrsa* schlimmer, *wyrresta* schlimmste,
und deren ableitungen, wie *wyrsian* sich verschlimmern (s. jedoch auch § 164, 2). — Für ws. *wuduwe* witwe, hat Ps. *widwe*,
north. *widua* L, *wid(u)we* R² etc.

5) Die gruppen *éow* und *íow* werden im north. oft zu *ew*
(*eo, eu* etc.) und *iw* (*io, iu*) vereinfacht: so in L *féwer* (*féucr,
féwr* etc.) vier, *hréues* reut, *ʒetréweð* glaubt, praett. wie *bléwun*
bliesen, *hréwun* (*hrǽuun*) ruderten, § 396, anm. 5, für und neben
féower etc.; im silbenauslaut *cnéw* knie, *tréwna* (*tréuna*) gen.
pl. bäume, *tréwufœst* getreu, *ʒetréudon* praet. glaubten, praett.
wie *bléuu* blies, *oncnéu* (*-cnǽw, -cnéaw*) wusste, u. ä., oder
ʒiwiʒa, ʒiuia verlangen (dazu praet. *ʒiuwende*, praes. pl. *ʒiauað*),
ðiwa, ðiua (oder *ðíwa* etc.?) dienerin, neben *ðiowa, ðiuwa* (oder
ðiowa etc.?); *niwe, níue* neu, gen. dat. *híwes, híwe* farbe, pron.
iwih (*íuih*; auch *íuh*) euch, *iwer* (*íuer, íur*) euer, *iw* euch, § 332.
335, imp. *ʒitríu* glaube; dazu in Rit. *ʒitríwe* getreu, *tríwléas*
treulos, *ʒitríwia* glauben u. ä.

Anm. 3. Auch *éaw* wird, wiewol selten, zu *éw* etc. verkürzt: so in
L *ungléu* unklug, *scéware* schauer, *scéwunʒ* das schauen, *éwunʒa* offenbar,
für *-ʒléaw, scéaware, -unʒ, éawunʒa* etc. (bez. für north. daraus entstandenes
-ʒléow etc., § 150, anm. 3?).

Anm. 4. Ausserhalb des north. sind solche verkürzte formen seltener;
vgl. z. b. Ps. *tréw* baum, für ws. *tréow*, etc. (§ 150, anm. 7).

Anm. 5. Die north. *ew, iw* sind vermutlich nur graphische verkürzungen für die zeichengruppen *euw, iuw*, vgl. § 150, anm. 7.

Wirkung vorausgehender palatale (§ 74—76).

§ 157. 1) Urspr. *j* ruft im angl. im allgemeinen keine diphthongierung hervor.

Anm. 1. *ju* bleibt im merc. unverändert: *iunʒ, ʒunʒ* jung, *iuʒuð, ʒuʒuð* jugend Ps., *iunʒ, iuʒuð, iú, ʒú* ehemals R¹, *iunʒ* neben *ʒinʒ* Chad; das north. hat meist *ʒinʒ, ʒiʒoð* neben comp. *ʒiunʒra* L, *ʒiunʒ* Rit., das kent. *iunʒ* neben *ʒiong, ʒioʒoð*.
Für altes *jo* vgl. north. *ʒeocc* joch L, *iocc, iwocc* Rit., merc. *ioc* R¹, aber kent. *ʒeoc* neben *ioc*. Für ws. *ʒeomor* jammer, heisst es im Ps. *ʒéamor*.
Urspr. *jæ* = ws. *ʒéa* erscheint angl. kent. als *ʒé* in *ʒé* ja, *ʒér* jahr; dem ws. pron. *ʒé, ʒíe* ihr, entspricht angl. *ʒé*, daneben auch *ʒie, ʒi* L R² und stets *ʒie* Rit., desgl. dem ws. *iú, ʒíu, ʒéo* jam, im north. *ʒé(e), ʒié(e), ʒí* L, *ʒé(e), ʒí* R², *ʒie* Rit.
Der ursprüngliche vocalismus der übrigen mit *j* anlautenden wörter ist zu unsicher, als dass man feste entsprechungsregeln aufstellen könnte.

2) Auch nach *ʒ', c', sc'* wird *e* im kent. und angl. nicht diphthongiert; vgl. z. b. für altes *e* beispiele wie *ʒefan, ʒeldan, -ʒetan, sceld* = ws. *ʒiefan, ʒieldan, -ʒietan, scield* (über formen wie *ʒeofan* vgl. § 160); oder für umlauts-*e*: *ʒest, ʒerd, cerran* = ws. *ʒiest, ʒierd, cierran*, u. s. w.

Anm. 2. Ausnahmsweise hat Ep. einmal *ʒibæn* part. praet. gegeben, und Rit. in demselben stamm einige *i*: *ʒif, ʒifende*, subst. *ʒife* etc. (Lindelöf 25).

Das gleiche gilt für das kent. angl. *é* = germ. *ǣ*, § 150, 1: *ʒéfon, ʒéton, scép* (north. *scíp*) = ws. *ʒéafon, -ʒéaton, scéap*; doch north. *scéacere* räuber L R².

3) Ebenso unterbleibt die diphthongierung bei dem kent. merc. *e* = ws. *æ*, § 151, 1: *ʒef, ʒet, cester, scel, scet* = ws. *ʒeaf, ceaster*, etc.; dagegen schwankt R¹ (vgl. § 151) wie das north. zwischen *œ* und *ea*: *cœster, ʒœfel* etc. neben *ceaster, ʒeat, sceal* (und *scal*) R¹; das north. hat daneben auch die schreibung *eœ*, wie *onʒeœʒn, œtʒeœdre, onʒeœt* L u. ä.

4) Weitergehende diphthongierung zeigt north. *ʒeonʒa* gehen, = sonstigem *ʒonʒan*. Auch nach *sc* tritt *e* vor gutturalen vocalen north. häufiger ein als in den übrigen dialekten: *scéadan, sceomu* etc.

Die brechungen (§ 77—84).

§ 158. 1) Statt *ea* vor *r* + consonant steht im north. oft *a*: *arm, warp, warð* neben *earm* etc.; R¹ hat neben überwiegendem *ea* einige *œ* (wie *þœrf* neben *þearf*) und *a* (*warð* und namentlich öfter *iarwan* neben *ʒearwan* § 408, anm. 2).

2) Die brechung von *a* zu *ea* vor *l* + consonant fehlt dem merc. und north. (aber nicht dem kent.): dafür steht *a*: *all, fallan, haldan, salt*; ausgenommen north. *sealla* neben *sella* = ws. *siellan* § 80, anm. 2. R¹ schwankt zwischen *a* und *ea*. — Ueber den umlaut *e, œ* s. 159.

3) Alle brechungen vor *h* sowie vor consonantenverbindungen, deren letztes glied ein *ʒ, c, h* ist, werden im angl. durch den sog. palatalumlaut vereinfacht, s. § 161 ff.

Die umlaute (§ 85—107).

§ 159. *i*-umlaut (§ 88—100). Besonders abweichend sind die *i*-umlaute der diphthonge:

1) *i*-umlaut von *ea* ist altkent. *œ*, wofür später *e* eintritt, *œrfe, œldra, mœht* urk., neben *erfe* urk.; *eldra, meht* kGl., = ws. *ierfe, ieldra, miht* etc.; ähnlich *sceppan, ʒest* = ws. *scieppan* *ʒiest* (doch ausnahmsweise *hlihan* kGl.).

2) *i*-umlaut von *ea* vor *r* ist im angl. *e*: *erfe, derne, ermðu, ferd* = ws. *ierfe, yrfe* etc.; doch hat R¹ neben regelrechtem *e* und einigen *œ*, wie in *āwœrʒan* verfluchen, auch mehrfach ws. *y*, wie *āwyrʒan*.

3) *i*-umlaut von *a* vor *l* + consonant (§ 158, 2) und von germ. *a*, ws. *ea* vor *h* ist angl. *œ*: *œldu, œldra, mœltan* = ws. *ieldu, ieldra, mieltan*; auch vor *ll*: *wœlle* neben *welle* brunnen (ws. *wiella*); ferner Ps. north. *hlœha(n), mœht, mœhtiʒ* = ws. *hliehhan, miht, mihtiʒ* etc. R¹ schwankt zwischen *œ* und *e*: *œldu, œldra* und *eldra, belʒas* u. ä. (daneben ws. *y* in *syllan* und *i* in *niht* neben *nœht*).

4) *i*-umlaut von *éa* ist kent. und angl. *é*: *héran, ʒeléfan, néd, léʒ, céʒan* u. s. w. = ws. *híeran* etc. Daneben hat R¹ vereinzelte *œ̣, ọ̈* und ws. *ý*, wie in *cœ̣ʒan, hœ̣ran, hýran* etc., kGl. *āflíʒan*.

5) *i*-umlaut zu *eo, éo* ist kent. und angl. ursprünglich *io* *ío*. Dies bleibt nach massgabe von § 150, 3 im north., wechselt aber im merc. und kent. mit jüngerem *eo*: north. *ʒiorna* be-

gehren, *hiorde* hirt, *iorsiʒa* zürnen, = ws. *ʒiernan, hierde, iersian*; oder north. *díore* teuer, *ðíostre* düster, *stíora* steuern, = ws. *díere, ðíestre, stíeran* (über north. *ìw* für *ìow* s. § 156, 5); aber z. b. schon im Ps. regelmässig *heorde, eorre* zorn, *ðéostre* etc., nur häufiger *híow* gestalt, *níowe* neu, als *héow, néowe* = ws. *hìw, nìwe* (doch wiederum *ʒetréowe* getreu etc. = ws. *ʒetríewe, ʒetrýwe*), und ähnlich in den andern denkmälern.

Anm. 1. Auffallenderweise heisst es angl. ohne brechung stets *áfirra(n)* entfernen Ps., L, Rit., nebst *firr* comp. ferner L. Vereinzelt finden sich solche *i* auch sonst noch: Ps. *hirtan* fovere, Corp. *cirm* lärm, *cirnel* kern, *ʒesuirbet* 3. sg. elimat (zu *sweorfan* § 388, anm. 1; *ʒesmirwid* geschmiert Corp. dürfte an *w*-lose formen, § 408, 1, angelehnt sein), etc.

Sehr auffällig ist ferner das *e* in *sibun-*, *sifunsterri* siebengestirn, Ep. Corp.

Anm. 2. *ie* hat Ps. stets in *onsíen* antlitz (north. *onsíon*, ws. *onsíen*) und sonst noch ein paar mal sporadisch.

Anm. 3. Ueber angl. *wyrðe, wyrsa* etc. s. § 156, 4.

§ 160. *u-* und *o/a*-umlaut (§ 101—107) gehen zum teil beträchtlich weiter als im ws. Namentlich ist

1) der wechsel zwischen umgelautetem und nicht umgelautetem vocal in der flexion oft noch erhalten, vgl. z. b. kent. *ʒeofu (ʒiofu)* gabe, gen. *ʒefe*, oder Ps. *fet* gefäss, pl. *featu*, dat. *featum*; *ʒet* loch, gen. pl. *ʒeata*, oder im verbum Ps. *beoru, bires, bireð, beorað*, inf. *beoran* tragen, und ähnlich im north. (vgl. § 370), wo jedoch die ausgleichung mit umlautslosen flexionsformen schon stark um sich gegriffen hat.

2) Der umlaut tritt auch vor gutturalen und dentalen ein, vgl. z. b. kent. *reoʒol* regel, *forespreoca* fürsprecher, *beʒeotan* erlangen, *meotod* gott, u. ä.; nur ist er vor gutturalen im angl. nachträglich wieder aufgehoben, s. § 161 ff.

3) Der umlaut tritt öfter auch vor consonantgruppen auf, doch ohne specielle übereinstimmung zwischen den einzelnen mundarten; vgl. z. b. formen wie north. *ionna* innen, *ionnað* eingeweide, *bihionda, bihianda* hinten; Ps. *eascan* obl. asche, *eappul* apfel, *feadrum* dat. pl. vätern; oder north. L *ʒioster-* (nebst poet. *ʒeostran*), gegen R² *ʒestor-*, ws. *ʒiestran* gestern, u. dgl.

4) Der *o/a*-umlaut erstreckt sich im merc. (speciell Ps.), nicht aber im kent. und north., auch auf das alte *a*; vgl. z. b.

oben ᵹet, gen. pl. ᵹeata; inf. *fearan* fahren, *hleaðan* laden (ausnahmsweise *ᵹalan* singen), in der 2. schwachen conjugation, wie *ᵹleadian* erfreuen, *ᵹeðeafian* zustimmen, u. dgl.

Anm. 1. Da der o/a-umlaut des *a* dem north. wie dem ws. fehlt (*fara, hlaða, ᵹeðafia* u. dgl.), so sind *ᵹeadria* versammeln, und *sceaca* schütteln, zu § 157, 3 zu stellen.

Anm. 2. Für umlauts-*eo* steht north. nach § 150, anm. 1 sehr oft *ea*; dies ist zu beachten für die erklärung von formen wie *waras, wala* § 156, 3 neben solchen wie *cwoða, wosa* § 156, 2.

Der sog. palatalumlaut (§ 108—109).

§ 161. Die ausbildung dieser erscheinung bildet eines der am stärksten in die augen fallenden characteristica des anglischen. Ihre hauptfälle sind folgende:

§ 162. 1) *ea* wird im Ps. (meist auch in R[1]) und north. zu *æ* vereinfacht vor *h, ht, x* (= *hs* § 221, 2): *ᵹesæh* sah, *ᵹeðæht* gedanke, *mæhte* konnte, *sæx* messer, *wæx* wachs, *wæxan* wachsen = ws. *ᵹeseah, ᵹeðeaht* u. s. w.; R[1] hat daneben einzelne *ea*, wie *ᵹeseah*.

Anm. 1. Der *i*-umlaut dieses *æ* ist wieder *æ*, s. § 159, 3.

Anm. 2. Im Ps. erscheint dieses *æ* auch meist vor *ᵹ* und *c* als vereinfachung eines zu erwartenden *ea* aus *a* mit *u*- oder o/a-umlaut: *mæᵹun* pl. können, *dæᵹas* tage, *cwæcian* schütteln, *dræca* drache (neben vereinzelten formen wie *daᵹum, saᵹas, draca, hracan* und *hreacan* kehle, Zeuner s. 34 f.), für **meaᵹun, *deaᵹas* etc. § 160, 4; soweit aber der *u*- oder o/a-umlaut des *a* anderwärts fehlt, fehlt auch das *æ* vor *ᵹ, c*, daher in R[1] und north. *maᵹun, daᵹas* etc.

Anm. 3. In formen wie den praett. *rehte, wehte* neben *ræhte, wæhte*, ws. *reahte, weahte,* etc. hat anlehnung an das *e* des praes. *reccan, weccan* etc. stattgefunden, vgl. § 407, anm. 3. Ebenso sind imperative wie north. *sláh, ðwáh* § 373 an die contrahierten formen des praes. *slá, ðwá* angelehnt.

Anm. 4. Die kent. denkmäler haben meist *ea* vor *h*, und *a* vor *ᵹ, c*; über den *i*-umlaut vgl. § 159, 1.

2) Vor *rc, rᵹ* wird *ea* im merc. zu *e*, im north. zu *e*, selten *æ*: Ps. *erc* arche, *herᵹ* hain, *merᵹ*- mark, = ws. *earc, hearᵹ, mearᵹ*; R[1] *ᵹemercian* bezeichnen; north. L *berᵹ* schwein, neben *ærce* arche (und *arᵹ* arg), Rit. *ᵹimercia* neben *ærce*, R[2] *erc, berᵹ*.

Anm. Der *i*-umlaut dieses *e* (*æ*) ist nach § 159, 2 wiederum *e*; über formen wie north. *āwærᵹa* (R[1] *āwærᵹan*, § 159, 2) s. § 156, 1, b.

§ 163. *éa* wird im angl. zu *é* vor *h, ᵹ, c*: *héh* hoch, *néh* nahe, *téh* praet. zog, *éᵹe* auge, *béᵹ* ring, *léc* praet. schloss, *bécon* zeichen, = ws. *héah* etc.; daneben einzelne *éa* in R[1], wie *éaᵹe*.

Anm. 1. Abgesehen von vereinzelten north. *æ* (wie *tæh* zog, *bræc* genoss L) heisst es in L meist *æc* neben *éc* auch, und *ðæh* doch (neben *ðáh* und vereinzelten *ðéh*, *ðéah*); im Rit. *ðéh* und *ðéah*, in R² *æc*, *éc* und *ðéh*, *ðáh*; der Ps. hat *ðæh*, aber *éc*, R¹ *þæh* neben *þéah*, und neben *néhsta* nächste, auch *næhsta* und *nihsta*.

Anm. 2. Das kent. hat das *éa* in der regel bewahrt; doch vgl. z. b. *nih* kGl. für ws. *néah*.

§ 164. 1) *eo* wird im angl. zu *e* vor *h* ($x = hs$) und *rc*, *rȝ*, *rh*, *lh*: *feh* vieh, *ȝeseh* imp. siehe, *sehðe* ecce, *reht* recht, *cneht* knabe, *sex* sechs, § 83; *werc* werk, *berȝan* bergen, *ðwerh* quer, *berht* glänzend, *elh* elch, *selh* seehund, = ws. *feoh*, *ȝeseoh* etc. (dazu Ps. *fele* opt. verberge, = ws. *féole* aus *feolhe, § 248).

Anm. 1. Neben *e* hat das north. auch einzelne *æ* (wie *cnæht*, *ræht*), *ai* (*cnaiht*) und *ei* (*reiht*, *neirxnawonȝ* paradies), Rit. auch *i* in *bisih* imp. siehe, neben *biseh*.

R¹ schwankt zwischen *e* (*æ*) und *eo* (*feh*, *cneht*, *reht*, *werc* neben *ȝe-fæht*, *cnæht*, *wærc* und *feoh*, *seoh*, *weorc*), hat aber auch einige *i*, *y* (*riht*, *sihþe* und *ryht*, *syxta*).

Anm. 2. Vor *c* und *ȝ* (vgl. § 162, anm. 2) herscht schwanken, indem das *eo* öfter durch analogie wiederhergestellt wird: Ps. *ærendreca* bote, *weȝas* pl. wege, neben seltenem *weoȝas*; selten *sprecan* neben *spreocan* sprechen, *breocan* brechen, nach mustern wie *beoran* tragen, etc.; im north. hat L zwar nur *breca*, *spreca* (*spræca*), *weȝas* (*wæȝas* § 156, 1) u. ä., aber R² *spreoca* (*spreaca*) u. ä.

Anm. 3. Ueber den zugehörigen *i*-umlaut *i* s. no. 2.

2) *io*, einerlei welcher herkunft, wird im angl. in entsprechender stellung zu *i* vereinfacht: *rihtan* richten, *ȝesihð* gesicht, *mixen* miste, *wixla(n)* wechseln, *birhtan* erleuchten, *birhtu* glanz, *milc* milch, *stician* stecken, *twiȝu* pl. zweige, u. s. w.; auch Ps. *ætfileð* 3. sg. für **-filhiþ* zu *-féolan* § 387, anm. 2.

Die vereinfachung des *io* zu *i* ist älter als der übergang von *wio* zu *wu*, § 71; daher entspricht dem betreffenden ws. *wu* im angl. einfaches *wi*: *wiht* etwas, *fulwiht* taufe, *cwic* lebendig, *cwician* lebendig machen, *wicu* woche, = ws. *wuht*, *fulwuht*, *cwucu*, *cwucian*, *wucu* etc. Daher auch Ps. R¹ *wircan* wirken, gegen § 156, 4 (north. *wyrca* L R² und teilweise in R¹ hat *i*-umlaut von *u*, vgl. got. *waúrkjan*).

Anm. 1. Zwischen *e* und *i* schwankt *berȝan* gustare Ps. R¹, *berȝa* und *birȝa* L R². Anderes, wie north. *berhta*, *brehta* neben *birhta* beruht auf anlehnung an das adj. *berht* etc.

Anm. 2. In der flexion ist das *io* (*eo*) öfter durch ausgleichung wieder hergestellt; so im Ps. stets im praet. pl. *steoʒun, bisweocun* nach mustern wie *āreosun, fleotun*, in R¹ *wrioʒan, wreoʒun* neben *āstiʒan*, u. ä.

§ 165. 1) *éo* wird im angl. unter den entsprechenden bedingungen zu *é*: *téh* ziehe, *fléh* fliehe, *fléʒan* fliegen, *fléʒe* fliege, *léʒan* lügen, *séc* krank, *léht* licht, *wéx* praet. wuchs, = ws. *téoh, fléoh* u. s. w.

Anm. 1. R¹ schwankt zwischen *é* und *éo*: *séc, léht, wéx* neben *séoc, léoht, wéox*, imp. *fléoh, téoh* etc.; daneben steht, ohne ersichtlichen grund für den übergang, auch in *smíkende* rauchend, *líʒende* lügend, *liht* subst. und adj. licht, zu ws. *sméocan, léoʒan, léoht*. Ebenso vereinzelt im Ps. *líʒende, flíʒu* 1. sg. fliege, Rit. *líhtes* gen. sg. zu *léht*.

2) Die analoge angl. entsprechung von *io* ist *í*: *líh* imp. leihe (ws. *léoh*); *cícen* küchlein (ws. **cíecen* aus **kiukīn*); *líhtan, líxan* leuchten (ws. *líehtan* etc.); auch contractions-formen wie *tíð* Ps. zieht, *flíð* L flieht (aus urspr. **tiuhiþ, *fliuhiþ*, vgl. ws. *tíehð, fliehð*) u. ä.

Anm. 2. Dem ws. *léoht* aus **líht* leicht, § 84, 2, entspricht north. *léht* 'L; danach wird angl. *betwíh* zwischen, nicht sowol mit ws. *betwéoh* als mit dem auf verkürztes **betwih* zurückgehenden *betwuh* zu vergleichen sein.

North. *léhta* neben *líhta* leuchten, beruht auf anlehnung an das subst. *léht*.

Anm. 3 (zu § 161—165). Die vereinfachung unterbleibt bei frühzeitigem ausfall des *h* vor consonanten, § 222, 2 nebst anm. 1. Daher formen wie angl. *héanis* höhe, acc. sg. m. *héane* zu *héh*, ws. *héah* hoch, nebst eigennamen wie *Héaburʒ*, oder *Pléowalh, -wald*, zu ws. *pleoh* gefahr; *néolǽcan* (*néa-* etc.) sich nähern, zu *néh* (gegen ws. *néalǽcean* aus vorws. **nǽh*, § 150, 1) u. ä.

Contractionen (§ 110—119).

§ 166. 1) Urspr. *a* + vocal wird north. zu *á* (*ǽ*) in den verba contracta *slá* (*slǽ*) schlagen, *ðwá* waschen, § 374, anm. 1, = ws. kent. Ps. *sléan, ðwéan*, in R¹ *slá*(*n*), pl. *thuáð* neben *sléan, slǽan*. Aber auch north. etc. *éa, téar* etc. wie ws.

2) Urspr. *eh* + gutturalem vocal ergiebt north. überwiegend *éa*, seltener *éo*: *ʒiséa* sehen, *ʒeféaʒa* sich freuen, *hundtéantiʒ* hundert, = ws. *ʒeséon* etc.; R¹ hat überwiegend *éo*, seltener *éa*, während im Ps. *éa, ía* und *ío, éo* stark mit einander schwanken, z. b. inf. *ʒeséan, -sían*, fl. *-séonne*, 1. sg. *ʒesío* (auch *-síe*), pl. *-séað, -síað, -síoð*, etc.

Anm. 1. Weitere einzelheiten bei der flexion der verba contracta s. § 374, anm. 1.

Anm. 2. *eh*+*e* ergibt normaler weise *é*: Ps. opt. *sé*, *ʒefé*, pl. *sén*, *ʒefén*, north. *ʒesee* L zu ws. *séon* sehen (die nebenformen *ʒeséa* pl. L, *ʒesí*, *ʒesíe* sg. L R² sind an die indicativformen angelehnt), *ʒeféon*. Vgl. ferner gen. *fǽes* L, *féas* R² zu *feh* vieh, = ws. *feoh*, gen. *féos*, und anm. 3.

3) Angl. *éh* aus *éoh* (§ 165, 1) und aus *éah* (§ 163) + gutturalem vocal ergiebt überwiegend *éa*: *fléa(n)* fliehen, *téa(n)* ziehen, = ws. *fléon* etc. (doch Ps. auch 1. sg. *fléom*, part. *fléonde*); oder *héh* hoch, = ws. *héah*, sw. nom. sg. m. *héa*, obl. *héan* (aus *héha* etc., gegen ws. *héa* aus *héaha* u. s. w.).

Anm. 3. *éh* + *e* ergiebt *é* im opt. praes. *flén* Ps. (vgl. dazu die 3. sg. ind. *flés* statt *flís R²) und formen wie *héra*, *hésta*, § 166, 6.

4) Für urspr. *ih* und angl. *ih* aus *íoh* (§ 165, 2) sind die belege kaum zahlreich genug, um eine bestimmte regel er kennen zu lassen.

Anm. 4. Ps. hat *wréan* bedecken, = ws. *wréon* § 383, R¹ pl. *wréoþ* neben inf. *wríʒan*, und praet. *twéode*, *twiode* zu ws. *twéoʒean* zweifeln; L subst. *tuía* neben *tuá* (vgl. § 156, 3) zweifel, verb. praet. *tuíade* (dazu 3. sg. ind. praes. *tués*, adj. *untuéndlic* unzweifelhaft), R² 3. sg. *twías*,˙ opt. *twíoʒe*, praet. *twíode*, *twíade*. Für *ih* gilt north. vermutlich noch zweisilbiges *ía*: *wría* (*wríʒa*) Lᵣ *wría*, *ʒíðía* gedeihen Rit. (vgl. anm. 7).

Anm. 5. *ih*+urspr. *i* ergibt angl. *í* in formen wie 2. 3. sg. *ʒisis(t)*, -*síð* Ps., L R², *wríð* R².

5) Ebenso stark schwankt die behandlung von *í* + vocal im anglischen.

Anm. 6. In einigen wörtern erscheint wesentlich *éo* bez. *ío* (*íu*): merc. *fréond* freund, aber *fíond* neben *féond* feind Ps. R¹, north. *fréond*, *fríond* L R², aber nur *fíond* L R² Rit.; merc. *déoful*, *díoful* teufel Ps. R¹, north. *díowul* (*díawul* etc.) R², *díowl*, *díobul*, *díul* (aber auch *díabul*) etc. L; north. *bíotiʒa* drohen L Rit., dazu die entsprechungen der ws. pronn. *héo*, *séo*, *ðéos* § 334. 337 f., und des zahlw. *ðréo*, § 324, 3; dagegen Ps. *fréu*, *fréo* frei gegen *fréo*, *frío* L Rit., *frío* R², north. *hundnéantiʒ*, -*néontiʒ* neunzig L gegen *níone* neun, *hundníontiʒ* R². Hier scheinen meist ältere formen mit *í*+*u* zu grunde zu liegen.

Anm. 7. Eine zweite gruppe von formen (die vermutlich auf altes *í*+*o*, *a* oder *e* zurückgeht) ist charakterisiert durch das auftreten eines *éa* das mit *ía*, *íe*, *é* einer- und mit *éo*, *ío* andrerseits wechselt. So im Ps. von *fríʒan* befreien, 3. sg. ind. *fréað*, *fríað*, *fríoð*, praet. *fréade*, *fréde*, *fréode*, *fríode*, part. *ʒefréad*, *ʒefríad*, *ʒefríod*, etc.; und ähnlicr bei *fíʒan* hassen (weiteres s. in der formenlehre); oder Ps. *píe* hundsfliege, pl. *bían* bienen (neben compos. *bío*-, *bíabréad* wabe) u. s. w.

Zum teil liegen auch hier wol noch uncontrahierte fermen vor, *píe*, *bían* etc. (vgl. anm. 4).

6) Besonders charakteristisch für das angl. sind contractionen nach ausfall eines inneren *h* in fällen wo das ws. und kent. das *h* unter synkope eines folgenden vocals erhalten (§ 222). Dies geschieht insbesondere in der flexion der verba contracta § 374, z. b. 2. 3. sg. *sís(t)*, *sið* siehst, sieht, aus **sihis*, **sihiþ* = ws. *siehst, siehð*; vgl. ferner formen wie sup. *hésta* höchste, *nésta* nächste (north. auch *heista, neista*) aus **hēhista* etc. = ws. *hiehsta* u. s. w., vermutlich auch comp. *héra* aus **hēhira* = ws. *hierra* aus **hiehra* u. dgl. (über formen wie acc. sg. m. *héane* Ps., north. *héanis* höhe, zu *héh* vgl. § 165, anm. 3).

Quantität (§ 120—125).

§ 167. Fast alle gelegentlich des ws. besprochenen dehnungen lassen sich auch in den übrigen dialekten nachweisen. Insbesondere deutlich sind die dehnungen vor liquida oder nasal und consonant durch setzung von accenten ausgeprägt.

2. Abschnitt.

Die consonanten.

Capitel I. Uebersicht über die ags. consonanten.

§ 169. Die consonantzeichen des ags. sind die des lat. alphabets mit hinzufügung eines besondern zeichens für *w* und der zeichen *ð, þ*. Von diesen consonantzeichen werden aber mehrere in doppelter geltung gebraucht, da die anzahl der zeichen nicht hinlänglich war, die in der sprache vorhandenen unterschiede genau auszudrücken. Diese mangelhafte lautbezeichnung knüpft, historisch betrachtet, an die schwankungen der aussprache an, welcher die zeichen des lat. alphabets in jener zeit unterlagen.

Anm. In dieser beziehung steht die ags. orthographie etwa auf demselben standpunkt wie die neuhochdeutsche, wo z. b. *g, b* teils als media gebraucht werden, wie in *gut, bin*, teils als spirans, wie in *tage, lebe* in der aussprache vieler, oder wo *s* einen stimmlosen und einen stimmhaften zischlaut bezeichnet, u. s. w.

§ 170. Hiernach lässt sich für das gemeinags. consonantensystem vermutungsweise folgende gestalt feststellen (zur einteilung vgl. verf. Phonetik[4] s. 50 ff.):

			Labiale	Dentale	Palatale	Gutturale
Sonorlaute:	Halbvocale:		w	—	ȝ' (i)	—
	Liquidae:		—	r, l	—	—
	Nasale:		m	n	n'	n
Geräuschlaute:	Verschlusslaute:	stimmlos	p	t	c'	c
		stimmhaft	b	d	ȝ'	ȝ
	Spiranten:	stimmlos	f	ð (þ), s	h'	h
		stimmhaft	f (u, b)	ð (þ)	ȝ'	ȝ

Hier wird also doppelte aussprache vorausgesetzt 1) für *f, ð, þ* als stimmlose und stimmhafte spirans; 2) für *b* als media und stimmhafte spirans; 3) für $\jmath$ als halbvocal, media und stimmhafte spirans; 4) für *n* als dentalen, palatalen, und gutturalen nasal, endlich 5) für alle zeichen der sog. gutturale auch eine palatale aussprache, die oben durch hinzufügung eines ' zu den handschriftlichen zeichen angedeutet ist.

A) Sonore consonanten.

1. Die halbvocale.

• w.

§ 171. *w*, welches wir für das in den handschriften gebräuchliche runenzeichen *wyn* einsetzen, drückt den laut des engl. *w* aus; d. h. *w* ist ein *u* in consonantischer function oder unsilbisches *u* (Phonetik⁴ 37 ff. 148 ff.).

Anm. 1. In den ältesten quellen wie Ep. fehlt das *wyn* fast noch ganz; es steht dafür gewöhnlich *uu*: *uuer*, *uueʒ*, *uurót*, *clauue*, *suualuue* etc., oder auch *u*, das namentlich im north. häufig ist: *uer*, *uœʒ*, *sualue*; sonst ist der gebrauch des *u* für *w* meist auf die verbindungen § 172, 3 beschränkt. Bisweilen findet man· auch *wu* geschrieben, wie north. *wuriotto* L für *wrioto* u. dgl. Das Rit. setzt sehr oft *v*.

Anm. 2. Die älteren deutschen herausgeber und grammatiker geben nach J. Grimm's vorgang z. t. das zeichen *wyn* durch *v* wieder. Dies ist deshalb nicht zu empfehlen, weil dadurch die möglichkeit verloren geht, das *w* von dem labiodentalen spiranten *v* § 194 zu scheiden.

Anm. 3. Lat. *v* wird nur in alten lehnwörtern durch *w* wiedergegeben, wie in *win* wein, *páwa* pfau (neben *péa*, § 111, anm. 2), *mealwe* malve, aus *vinum*, *pavo*, *malva*; vgl. § 192, 2.

§ 172. Das *w* erscheint anlautend 1) vor allen vocalen: *wát* weiss, *wer* mann, *wine* freund, *word* word, *wund* wunde, *wyrd* geschick, 2) in den verbindungen *wr*, *wl*: *wrítan* schreiben, *wrót* rüssel, *wlítan* sehen, *wlonc* stolz etc.; 3) in den verbindungen *cw*, *hw*, *dw*, *ðw*, *tw*, *sw*: *cweðan* sprechen, *hwá* wer, *dweorʒ* zwerg, *ðwéan* waschen, *twá* zwei, *swefan* schlafen, etc.

Anm. Abfall eines anlautenden *w* findet sich in den mit der negationspartikel *ne* contrahierten formen einiger verba: *nát*, *nytan*, *nysse* § 420, 1, *nyllan* § 428, anm. 2, *næs*, *næron* § 427, 3; in *ealneʒ*, *ealniʒ* immer, aus *ealne weʒ* (*ealnuweʒ* Cura past.; spät auch *ealling*, *ealninʒ*); sonst nur gelegentlich vor *u* in *uton* neben *wuton* wolan, *cucu*, *náuht*, *betuh*, *betux* neben *cwucu*, *náwuht*, *betwuh*, *betwux* § 71, u. ä., ferner in *hú* wie, *tú* zwei § 324, 2 aus **hwō*, **twō*, § 60, anm.; north. auch vor *œ*: *oeʒ*, *coern* L für *wœʒ* weg, *cuœrn* mühle.

§ 173. Inlautend steht *w* vor allen vocalen ausser *u* und urags. *i* ohne veränderung: *sáwan, sáwe, spiwian, spiwode.* Vor *u* und *i* dagegen ist es geschwunden, und in folge davon sind öfter contractionen eingetreten:

1) Vor *u* z. b. in *éa, ðréa, cléa* etc. § 111 f. (vgl. auch § 134, d) oder *réon* aus *réowun* (zu § 396, anm. 4). Doch ist nicht selten auch vor *u* ein *w* nach analogie anderer formen wieder hergestellt, wie in *clawu, sáwun, réowun, séowun* etc.

2) Vor *i* in wörtern wie *ǽ* gesetz, *sǽ* meer, *hrǽ* leichnam, für **āi, *sāi, *hrāi* aus st. **aiwi-, *saiwi-, *hraiwi-*; nach consonanten namentlich in gewissen formen der schwachen verba auf -*rw* und -*lw*, wie praes. sg. 3. *ʒiereð, wieleð*, praet. *ʒierede, wielede*, aus **ʒarwīs, *walwīs* bez. **ʒarwida, *walwida*, § 408, 1; vgl. auch das lehnwort *pyle* pfühl, aus lat. *pulvinum*. Doch dringt auch hier das *w* öfter wieder aus anderen flexionsformen ein, in denen statt des *i* ein *j* oder ein anderer vocal in der endung stand, *ǽw, hrǽw, ʒierweð* u. dgl.

Anm. 1. Der ausfall des *w* vor urspr. *i* scheint wenigstens zum teil nicht ags. zu sein, sondern bereits dem westgermanischen anzugehören. Nicht alle fälle sind überdies gleich sicher; über *ǽ, sǽ* etc. vgl. z. b. noch § 174, anm. 3. Erhalten ist das *w* in fällen wie *éowic* § 332 (doch wieder north. *íuh* neben *íuih*).

Anm. 2. Umgekehrt tritt, wie es scheint, bisweilen ein *w* hiatusfüllend zwischen *ú* + vocal ein, *rúh* gen. *rúwes* für **rú-es* § 295, anm. 1 (doch könnte hier auch ein fall von grammatischem wechsel, § 234, vorliegen). — Zweifelhaft ist die erklärung des *w* in *lǽwed* aus *laicus*.

Anm. 3. Nicht selten schwindet das *w* im anlaut zweiter glieder von compositis, namentlich vor *o, u*, wie in *hláford* herr, *fulluht* taufe, eigennamen wie *Hróðulf*, für **hláfword, -ward, fullwuht (fulwiht*, vgl. auch *fullian* neben *fulwian* taufen), *Hróðwulf*; vgl. ferner beispiele wie *enetere, enitre* einjährig, aus *ǽnwintre*, und *hwílende, hwílendlic* zeitlich, für *hwílwende, -dlic*, u. dgl.

§ 174. Im silbenauslaut wird *w* ursprünglich nicht geduldet.

1) Mit vorausgehendem kurzem vocal wird es (über vocal + *u*) zum diphthongen verschmolzen: vgl. nom. *ðéo, cnéo* aus **þe-u, *cne-u* für **þew(a), *cnew(a)* (nach § 113, 1. 130); daneben nach den flectierten formen mit inlautendem *w* auch *ðéow, cnéow*.

2) Nach consonanten wird es vocalisiert, d. h. zu silbischem *u, o*: dies bleibt nach kurzer wurzelsilbe im wortauslaut, vgl.

nom. acc. sg. von *wo*-stämmen wie *bearu, searu* § 249, adj. *ȝearu*, § 300 (vgl. § 134, d), ebenso in der adjectivdeclination und steigerung, vgl. acc. *ȝearone*, gen. dat. sg. f. *ȝearore*, gen. pl. *ȝearora* § 300, comp. *ȝearora* § 307, für **ȝearwne* etc.; nach langer wurzelsilbe fällt es dagegen ab: *ȝád* mangel, § 249, anm. 5 (über femm. wie *beadu* kampf, *mǽd, lǽs* wiese, § 260, vgl. § 134, d).

A n m. Im wortinnern wird das *w* oft wieder durch analogie hergestellt, vgl. praeterita wie *hyrwde, syrwde* zu *hierwan, sierwan* § 408, 1, ableitungen wie *nyrwð* § 255, 3, zu *nearo, nearwes* u. dgl.

3) Nach langen vocalen und diphthongen schwindet zunächst das (zu *u* vocalisierte) *w* (nach § 134. 144?): *á, ó* immer (got. *aiw*), *hrá* leiche (got. *hraiw*), *sná* schnee (got. *snaiws*); häufig dringt es jedoch aus flectierten parallelformen wieder ein: *hráw, snáw* (nach dem gen. *hráwes, snáwes* etc.), namentlich fast stets nach diphthongen, wie *ȝléaw* § 63, *hréow* § 64, und im innern des wortes bei synkope eines mittelvocals, wie *sáwle* (neben *sáule, saule*) zu *sáwol* seele, *méowle*, got. *mawilô* § 73, anm. 1; ableitungen wie *hréowsian* reuen, aus **hreuwosōn*; insbesondere in der flexion, wie in *spéwð, cnǽwð* zu *spówan, cnáwan*; *léwde* zu *léwan* u. dgl. Vereinzelt sind jedoch auch hier, namentlich north., formen ohne *w* überliefert, wie *ȝecnǽð, ǽtiede, éorum*, north. *biléde, éde, ǽtéade*, für *ȝecnǽwð* kennt, *ǽtiewde*, north. *ǽtéawde* zeigte, *éowrum* euerm, ws. *beléwde* verriet etc.

A n m. 2. Die hss. setzen hier öfter *u* statt *w*: *sáule, snáu*, seltener nach diphthongen wie *látéou, hríou* kGl. = ws. *-téow, -hréow*.

A n m. 3. Auch *ǽ, sǽ, hrǽ* § 173, 2 können vielleicht nach dieser regel erklärt werden; umgekehrt fügen sich formen wie *cnǽð* aus **cnǽwiþ*, *iede* aus **auwida, léde* aus **lēwida* auch der regel § 173, 2.

A n m. 4. In einigen nicht ganz sicheren fällen scheint statt des abfalls nach langem vocal contraction eingetreten zu sein, vgl. § 112. 118.

A n m. 5 (zu § 171—174). Ueber die einwirkung des *w* auf nachbarlaute s. § 71—73. 156.

j.

§ 175. Die handschriften haben kein eigenes zeichen für den halbvocal *j* (d. h. *i* in consonantischer function oder unsilbisches *i*; Phonetik[4] § 384), sondern drücken ihn teils durch das vocalzeichen *i*, teils durch *ȝ* aus.

1) *i* steht anlautend in fremdwörtern wie *Ióhannes, Iúdêas*; in echt ags. wörtern selten und fast nur vor *u*: *iú, iunȝ* § 74.

157,1. Im inlaut ist es häufiger, *heries, nerian* u. ä., doch ist hier das *i* vielleicht silbisch oder als *ij* aufzufassen, *he-ri-es* oder *he-ri-jes*, vgl. unter 2.

Anm. Insbesondere dürfen, auch nach ausweis des metrums, als silbisch die *i* der 2. klasse schwacher verba § 411 ff. gelten, auch wo kurze silbe vorangeht, wie in *wunian, macian* oder *fremian, ðenian* § 400, anm. 2.

2) ȝ ist durchaus das gewöhnlichere zeichen. Anlautend erscheint es fast nur vor *i, e, y*, da *j* mit den anderen vocalen zu den diphthongen *ie, ea, eo* zu verschmelzen pflegt (§ 74): *ȝif, ȝiet, ȝýt, ȝē, ȝéar, ȝeonȝ* etc. (daneben *ȝi* in *ȝiunȝ* etc. zu 1, vereinzelt *ȝunȝ* u. ä. Ps., § 157,1 etc.).

Inlautend steht es auch vor gutturalen vocalen, *herȝas, herȝum, nerȝan*. Statt des einfachen ȝ wird aber auch oft *iȝ*, (*eȝ*), vor *a* auch (*i*)*ȝe* geschrieben: *heriȝes, heriȝas, her*(*i*)*ȝ*(*e*)*as*, *ner*(*i*)*ȝ*(*e*)*an*; doch drückt diese gruppe vielleicht wieder die laute *ij* aus, vgl. oben 1. Selten steht *ȝe* vor *u*, wie *berȝeum* racemis Gll.

Auslautend ist ȝ selten und steht nur nach langem vocal bez. diphthong: *ǽȝ* ei, *cǽȝ* schlüssel, *clǽȝ* lehm, *ieȝ* insel, *híeȝ* heu, *cíeȝ* imp. rufe (vgl. auch § 24, anm.).

§ 176. Regelmässig erhalten ist germ. *j* nur im anlaut; im inlaut nur bisweilen zwischen vocalen, wie in *friȝea* herr (neben *fréa*, got. *frauja*), *friȝe* npm. von *fréo* frei, *fréoȝan* befreien, *cieȝan* rufen u. ä., und nach kurzem vocal + consonant (d. h. nach § 227 nach kurzem vocal + *r*): *nerian, herian, werian, heries* = got. *nasjan, haȝjan, warjan, harjis*; bisweilen auch nach mittelsilben mit urspr. kurzem vocal, wie in *ǽmerȝe* asche (ahd. *eimuria*), *uuellyrȝæ* sinus Ep. Erf. Corp. neben *wellere* gl. Cleop., auch wol *suhterȝa* fratruelis (Corp.) neben *suhtri*(*ȝ*)*a*.

Anm. 1. Vor *ea, eo* fehlt jedoch bisweilen in späteren hss. das *j*: *éaron* dat. pl. jahren, *eoȝoð* jugend, für *ȝéaron, ȝeoȝoð*; zur erklärung s. § 214, anm. 11.

Anm. 2 Verba wie *lemian, ðenian, helian* etc., § 400, anm. 2, haben nicht altes *j* erhalten, sondern ihr *i, j* nach dem muster solcher wie *nerian* eingeführt.

§ 177. Nach langer geschlossener silbe ist dagegen altes *j* im inlaut stets geschwunden. Diese regel gilt sowol für die germ. *j*, als für die germ. *i* vor vocal, welche nach § 45,8 einst mit *j* wechselten. Soweit nämlich diese *i* nicht nach § 130, anm. in den auslaut getreten waren, sind sie im ags. einmal (wie es scheint, relativ spät) zu *j* geworden, also mit den alten *j* zusammengefallen bez. wie diese später geschwunden. Beispiele: a) altes *j* in verbis wie *siellan, scieppan, settan, lecʒan* § 400 für **salljan, *skappjan* etc., alts. *sellian, sceppian, settian, leggian* zu got. *saljan* etc., nach § 227; ebenso in substantivis wie *secʒ, cynn* § 246, *sibb* § 257; — b) altes *i* z. b. in formen wie *hierdes, -das, -da, -dum, ríces, -cu, -ca, -cum* § 246, *ʒierda, -a, -um* § 257; in verbis wie *déman* § 403, für **hirdies, *rīkies, *bandia, *dōmian* etc.

Anm. Directe spuren des einstigen vorhandenseins von *j*, *i* nach einer silbe sind der *i*-umlaut und die palatalisierung vorhergehender gutturale, § 206; ferner auch die westgerm. gemination, § 227.

2. Die liquidae.

r.

§ 178. 1) Das *r* des ags. war wahrscheinlich cerebral (Phonétik[4] s. 108), d. h. wurde mit stark zurückgebogener zungenspitze gesprochen, wie z. t. noch heute im englischen. Nur so nämlich erklärt sich phonetisch die brechung vor *r*, § 79.

2) Das *r* kommt an-, in-, und auslautend häufig vor; seltener verdoppelt, wie in a) *feorran* fern, *āfierran* entfernen, *steorra* stern, *cierran* kehren, zu got. *fairra*, ahd. *stërro* etc.; — b) in *ierre* zornig, *ðyrre* dürr, *mierran* hindern, *durran* wagen, zu got. **airzeis, þaursus, marʒjan, daursan*, §. 181, 2; — c) durch synkope entstanden, wie in *wær-ra* comp. von *wær* vorsichtig, u. dgl. Der verdoppelung vor *j* unterliegt das *r* nicht, s. § 227.

§ 179. Inlautendes *r* erfährt oft metathese: 1) vorvocalisches *r* tritt gern hinter den vocal, wenn diesem *nn* oder *r*-verbindungen folgen: *iernan* laufen, *beornan* brennen, *burna* brunnen, *wærna* (neben *wrenna*) zaunkönig; *hors* ross, *cærse* kresse, *bærs* barsch; *forsc* frosch, *fersc* frisch, *ðerscan* dreschen, *berstan* bersten, *fierst* frist, *forst* frost, *(hond)wyrst* handgelenk, *dærstan* hefe; vgl. got. *rinnan, brinnan* etc.; — ferner *ærn* haus, *hœrn* woge, vgl. got. *raʒn*, altn. *rann* und altn. *hrǫnn* (für **rœnn* aus **rœʒn* etc., in den ältesten quellen bisweilen noch formen wie *ræn, ren* Ep. Erf.). Vor einfachem *n* findet sich metathese vielleicht in *cornuc* Corp. kranich, vor *m* in *forma* erster, neben *fruma* vorteil; doch liegen in diesen letzten beispielen wahrscheinlicher ältere germ. doppelformen verschiedener ablautsstufe vor.

Anm. Ganz unregelmässig ist die spätws. metathese in *zyrstandæz* gestern, für älteres *ziestran-, zystran-*. — Ueber das verhältnis der metathese zur brechung vgl. § 79, anm. 2.

2) Der umgekehrte fall tritt ein vor *ht* in north. *frohtiza* fürchten, *fryhtu* furcht, neben *forhtiza, fyrhtu*; *breht* glänzend, und ableitungen, neben *berht*; in den übrigen dialekten scheint *-breht, -briht* nur als zweites glied componierter eigennamen vorzuliegen, wie in *Céolbreht, Æðelbriht* etc. Vereinzelt findet sich sonst *scruf* neben *scurf* schorf, und *wrums* eiter, für *wurms* (vgl. § 185).

§ 180. Das *r* ist im allgemeinen in allen stellungen des wortes fest. Ueber silbisches *r* s. § 139. Vereinzelter ausfall in *specan, spæc* (zuerst wol kentisch) neben *sprecan, spræc* sprechen, sprache, spätws. *pætiz* schlau, für *prætiz*; north. *wixla* wechseln, neben *wrixla*, Ps. *zee·ndebyrdan* ordnen, *e·nde-byrdnis* ordnung (Zeuner s. 75 f.), north. *zee·ndebrednian*, zu ags. *onbry·rdnis, onbry·rdan*, u. ä. Assimilation von *lr* zu *ll* in *sélla* neben *sélra* comp. § 312, von *sr* zu *ss* in *léssa*, vereinfacht in *wiersa, wyrsa* comp. § 312, got. *wairsiza*; *ðisse*, pron. § 338 (hier überall *r* aus *z* § 181, 2; aber auch *ússes* etc. § 336 aus *úsres*).

Anm. Ueber den abfall des auslautenden germ. *z* s. § 182.

§ 181. Das ags. *r* ist zweierlei ursprungs. Es entspricht

1) germ. *r*, wie in *ríce, rǽdan, brinzan, beorzan, wer* = got. *reiki, rêdan, briggan, bairgan, wair*. Dies *r* erscheint unbeschränkt in allen stellungen des wortes.

2) germ. *z*, welches im got. teils als *z* erhalten, teils durch *s* vertreten ist: *mára* grösser, *éare* ohr, *herian* loben, *nerian* retten = got. *maiza, ausô, hazjan, nasjan*; ferner insbesondere im grammatischen wechsel mit *s*: *céosan, céas, curon, coren* § 233 ff., auch in den gruppen *rz*, wie in *ierre* etc. § 178, 2, b, und *zd*: *reord* sprache, *hord*, zu got. (*razda*), *huzd* etc.

§ 182. Dies *r* aus *z* ist auf den **inlaut** beschränkt; denn
z existierte im eigentlichen anlaut im germ. nicht, und ursprünglich auslautendes *z* ist im ags. stets geschwunden,
sowol wo es der flexion, als wo es der wortbildung angehörte.
Zur ersteren kategorie gehört z. b. das germ. *z*, got. *s* des
nom. sg., das vieler gen. sg. und nom. acc. pl., das *z* der 2. sg.
opt. praes. und praet. und anderes, worüber ein vergleich der
ags. paradigmen mit den gotischen leicht auskunft giebt;
beispielsweise seien angeführt die nominative *hē, hwā* (got. *is,
hvas*), pl. *wē, ʒē, ðá* (got. *weis, jus, þôs*), die dative *mē, ðē* (got.
mis, þus). Zur zweiten abteilung dagegen gehören insbesondere
a) die comparativadverbia wie *má, bet, lenʒ* etc. § 323, got.
mais, batis, laggis, b) die nomm. sg. der *os-, es-*stämme § 288 ff.,
wie *siʒe, bere, lǫmb, cealf,* got. *sigis, bariz-* u. s. w.

Anm. Wo an stelle eines ursprünglich auslautenden *z* ein *r* im
ags. auftritt, ist es erst aus mehrsilbigen formen wieder eingedrungen;
so in den nebenformen wie *siʒor, lǫmbor* etc. zu *siʒe, lǫmb* § 289 f. u. ä.

1.

§ 183. 1) Das ags. *l* muss (auch abgesehen von etwaiger
palatalisierung vor *i, j*) eine doppelte aussprache gehabt haben;
einmal die eines gewöhnlichen *l*, sodann aber eine dunklere,
vielleicht gutturale aussprache (Phonetik[4] § 293 f.) da wo es
brechung vorhergehender vocale hervorruft, § 80 f. Wonach
sich dieser wechsel des klanges richtete, ist bis jetzt nicht
sicher zu ermitteln; doch scheint es dass die lautliche umgebung nicht allein massgebend war (vgl. z. b. die abweichung
von *siellan* und *tellan* § 80, anm. 2. 158, 2).

2) Das *l* erscheint in allen stellen des wortes, auch oft
geminiert, und als silbischer laut, s. § 140. Im allgemeinen
ist seine stellung fest, doch erfährt es metathese in folgenden
fällen: a) nach betonter silbe wird *dl* zu *ld* in dialektischem
bold gebäude, *seld* sitz, *spáld* speichel, § 196, 2 und anm. 1;
— b) nach unbetonter oder schwachbetonter silbe werden *sl, fl*
und *þl* bez. *dl* zu *ls, lf, ld* in den eigennamen auf *-ʒils* wie
Cyneʒils, Éadʒils aus **Cyniʒisl* etc., der ableitung *-els* = ahd.
-isal, wie in *ʒyrdels* gürtel (*ʒyrdisl* Ep.), *riecels* weihrauch,
-elfe, -ilfe = altn. *-yfli* in *innelfe, innilfe* eingeweide, neben
innefle, altn. *innyfli,* und *-eld, -old* (aus *-iþl, -idl* etc.), wie in
færeld weg, *ðerscold* tenne, etc.

Anm. Vereinzelt findet sich metathese von auslautendem *dl* (aus *þl*, § 201, 3), *ȝl* und *fl* auch sonst in wörtern deren form sonst feststeht: *áld* krankheit, für *ádl*; *ȝéalhswile*, *cealfádl* zu *ȝéaȝlas* gaumen, *ceaflas* kiefer.

3. Die nasale.

m, n.

§ 184. *m* bezeichnet den labialen, *n* nach dem vorbilde des latein. den dentalen wie den gutturalen (bez. palatalen) nasal, letztere aber nur wo es unmittelbar vor einem *c*, *ȝ* steht; *m* und dentales *n* dagegen können an allen stellen des wortes stehn; auch verdoppelt und silbisch, s. § 141 f.

Anm. Ausnahmsweise wird bisweilen blosses *n* für *nȝ* oder *nc* gesetzt, wie *strenð* stärke, *ðenð* denkt, für *strenȝð*, *ðencð*.

§ 185. Metathese erfährt *m* in *worms* (*wurms*, *wyrms*) eiter, verb. *wyrmsan* eitern, neben älterem *worsm*, *wursm* bez. *wyrsman*. Metathese von *n* ist etwas häufiger, namentlich findet sich in einigen texten öfter *nc*, *nȝ* für auslautendes *cn*, *ȝn*, wie *tánc*, *renȝ*, *ðenȝ*, *frenȝ*, für *tácn* zeichen, *reȝn* regen, *ðeȝn* mann, *fræȝn* fragte, umgekehrt *clǽsnian* reinigen (Ps. *clásnian*) neben häufigerem *clǽnsian* (north. *clǽnsia*) reinigen, zu *clǽne* rein (auch eine mischform *clǽnsnian* begegnet).

§ 186. Eingeschränkt werden die nasale nur durch folgende lautgesetze:

1) Vor den stimmlosen spiranten *f*, *þ* und *s* fallen *m* und *n* unter verlängerung des vorausgehenden vocals aus; altes *a*, ags. *ǫ* § 65, wird dabei zu *ó*, § 66. Beispiele: a) für *m*: *fíf* fünf (got. *fimf*), *sófte* adv. sanft, comp. *séft* § 323 (ahd. *samfto*); *ósle* amsel (ahd. *amsala*); — b) für *n*: *ȝós* pl. *ȝés* gans, *hós* schar, *óðer* ander, *sóð* wahr, *tóð* zahn, pl. *téð*; *ést* gunst; *sið* weg; *ús* uns, *húsl* opfer, *dúst* staub, *cúðe* konnte, *múð* mund, *ýst* sturm, *wýscan* wünschen = got. *gans*, *hansa*, *anþar* u. s. w.

Anm. 1. Die länge des vocals ist durch gelegentliche doppelschreibung festgestellt: *Suutanglorum* urk. a. 736, *Cuutferthi* a. 755—757, *Cuutfert* a. 766, *siith* a. 805—831. Später erscheinen oft längezeichen, *cúð*, *síð* etc.

Anm. 2. In der ältesten zeit scheint hier nasalierte aussprache des vocals geherscht zu haben, da sich inschriftlich noch einmal *Onswini* npr. für gemeinags. *Óswine* findet. Sonst zeigen auch die ältesten runeninschriften den nasal nicht mehr.

Anm. 3. Der ausfall tritt auch in unbetonter silbe ein, doch wird in dieser stelle der vocal wieder gekürzt (vgl. § 9): 3. pl. ind. praes. der verba auf -*að*, wie *berað* § 360, 1 aus **beranþ(i)* § 133, a, **berōþ* § 66; *ʒeoʒuð*, -*oð* jugend, *duʒuð*, -*oð* tugend (gen. pl. 'auch *duʒeða*, dat. *duʒeðum* etc.), *oroð* atem (später auch *oreð*, *orð*, dazu *oreðian*, *orðian* atmen) aus **juʒunþ-*, **duʒunþ-*, **orþnþ* etc.; composita wie *fracoð* elend, neben *forcu·ð*, oder *ofost* eifer (dazu *efstan* eilen), *æfest* neid, etc., § 43, anm. 4; auch in der vorsilbe *oð-* (aus *unþ-*) ent-, wie in *oðga·nʒan* entgehen, neben adj. *u·ðʒenʒe* entgehend, etc.

Anm. 4. Auch vor *h*, der gutturalen stimmlosen spirans, erscheint ags. kein *n*, denn in dieser stellung war dasselbe bereits im germ. geschwunden. Dass dabei das *n* zunächst nasalierung des vorhergehenden vocals hinterlassen habe, infolge davon aber altes *avh* ags. zu *óh* geworden sei, ist bereits § 45, 5. 67 bemerkt. Beispiele für *ih*, *uh* aus *ivh*, *uvh* sind das verbum *ðéon* aus **þihan* § 383, part. *ðunʒen* nach § 234, praet. *ðúhte* zu *ðyncan* § 407, a, *úhta* morgendämmerung (got. *úhtwð*).

2) Ausgenommen hiervon sind a) die 2. sg. *const, monst* § 422 f., einige fremdwörter wie *pinsian* pensare; b) alle wörter bei denen *m*, *n* + spirans erst durch synkope eines vocals zusammengetreten sind, wie *ðrims* eine münze (ahd. *drimissa*), *winster, winester* links, ahd. *winistar*, und namentlich ableitungen auf -*sian*, ahd. -*isôn*, wie *ʒrimsian* wüten, *clǽnsian* reinigen, *minsian* vermindern.

§ 187. Auslautendes *m* der flexion wird spätags. (doch vereinzelt schon in der Cura past.) zu *n*, namentlich nach unbetonter silbe, wie im dat. pl. *daʒon* statt *daʒum*, oder im dat. sg. m. n. und pl. der adjectiva, *ʒódon*, -*an* für *ʒódum*; aber auch im pron. *ðán* für *ðám* § 337.

Anm. Für *nymðe* nisi, erscheint im Ps. einmal *nybðe*; dazu vgl. *Nebrod* für *Nemrod* Nimrod.

§ 188. An veränderungen des *n* sind etwa noch folgende zu erwähnen:

1) Silbenschliessendes *mn* wird später oft zu *mm*, *m* (§ 231, 1) assimiliert: *em* eben, *hrem*, *hrǽm* rabe (auch flectiert *hremmes* etc.) für *emn*, *hremn* aus *efn*, *hrǽfn*, § 193, 2; ähnlich oft *wǽpman* vir, für *wǽp(e)nman*; vgl. auch gelegentliche schreibungen wie *elmboʒa* (auch verkürzt *elboʒa*), *Húmberht*, für *elnboʒa* ellenbogen, *Húnberht*.

Anm. 1. Assimilation an *l* zeigt sich in gelegentlichen formen wie *ællef-* neben *endleofan* etc. elf, § 325, und dem späten *ollunc* entlang, neben *onlonʒ* aus älterem *ondlonʒ*.

2) Auslautendes flexivisches *n* wird im north. unterdrückt, namentlich im infinitiv, § 363, 1, der 1. pl. opt. § 361 (doch nicht ind. praet., § 364, 2) und in der schwachen declination, § 276, anm. 2.

In den übrigen dialekten fällt *n* im allgemeinen nur ab in der 1. 2. pl. vor dem pron. *weˇ, ʒeˇ*, s. § 360, 2.

Anm. 2. Für *wolcen, wolcn* wolke, bietet die ältere sprache bisweilen die form *wolc* (umgekehrt schreiben jüngere quellen bisweilen *wolcnréad* für *wolcréad, wiolocréad* scharlachrot).

Anm. 3. Die praeposition *on* wird in der composition und bei der bildung fester formeln in den jüngeren quellen gern zu *a* (*āˉ?*) verkürzt: *adrǽdan* fürchten, *afón* empfangen, für *ondrǽdan, onfón; abútan* draussen, *amanʒ* unter, *aweʒ* fort, *ariht* richtig, für *onbútan, on ʒemonʒ, onweʒ, onriht* etc. Nur selten begegnet die übergangsform *o: omiddan* mitten, *oniht* nachts, *owópe* weinend.

Anm. 4. Silbisches *n* schwindet bisweilen zwischen *s* und *l* in *ondryslic* schrecklich, für *ondrysnlic*.

Anm. 5. Sehr spät erst schwindet bisweilen das *n* in den *r*- casus von *mín* mein, *ðín* dein, *án* ein, gen. sg. f. *míre, ðíre, áre* etc.

B) Geräuschlaute.

1. Labiale.

p.

§ 189. *p* ist die labiale tenuis; im anlaut in germ. wörtern selten, *pæð* pfad, *pád* hemd, *pleʒa* spiel, häufiger in fremdwörtern wie *pund* pfund, *píl* pfeil, *pytt* brunnen; dagegen im in- und auslaut häufig, *helpan* helfen, *weorpan* werfen, *scearp* scharf, *wǽpen* waffe, auch oft geminiert, wie *up(p)* auf, *topp* scheitel, *loppe* floh, *æppel* apfel, *scieppan* schöpfen.

Das *p* bleibt überall unverändert; nur *pn* wird zuweilen zu *mn* in *wǽmn, wǽmnian* aus *wǽpen, wǽpnian* waffe, waffnen. Mit *f* wechselt *p* in dem seltenen *cnafa* neben *cnapa* knabe.

Anm. Ueber den wechsel von *p* mit *f* vor *t* in germ. bildungen s. § 232, über die metathese von *sp* zu *ps* § 205, 3.

b.

§ 190. *b* ist in den meisten texten das zeichen für die stimmhafte labiale media. Dieselbe begegnet nur anlautend, *bindan* binden, *brinʒan* bringen, *blód* blut, und in- und auslautend in der gemination, wie *habban* haben, *libban* leben, *web(b)* gewebe, *sib(b)* sippe, und in der verbindung *mb*: *lǫmb* lamm, *cumbol* feldzeichen, *symbel* gelage. Für einfaches *b* tritt sonst gemeinags. in- und auslautend *f* ein, vgl. *habban*, 2. 3. sg. *hafast*, *hafađ*; *webb*, aber *wefan* weben; *hebban* heben, praet. *hóf*, part. *hæfen*.

Anm. Das *b* ist im ganzen fest; nur vereinzelt findet sich übergang in *p* im auslaut in *lamp* kGl., und abfall in *ym- em-* um, in der composition.

Für *bb* wird bisweilen auch *pb* geschrieben, wie *Pypba* npr.

§ 191. In den ältesten quellen (namentlich Ep.) drückt dagegen *b* auch den laut einer stimmhaften labialen oder labiodentalen spirans, den des engl. *v* aus, einen laut der später durch *f* bezeichnet wird (§ 192, 2, vgl. auch § 194); so z. b. in *obær*, *hebuc*, *halbæ*, *earbed* Ep., *ȝiaban*, *hlábard* urk., selbst auslautend *ȝloob*, *hualb*, *salb* Ep., *ȝib*, *ob* urk. etc., für altws. *ofer*, *hafuc*, *healfe*, *earfođ-*, *ȝiefan*, *hláford*, *ȝlóf*, *hwealf*, *sealf*, *ȝif*, *of*.

f.

§ 192. Das *f* hat eine doppelte geltung, als zeichen für die stimmlose und für die stimmhafte labiodentale spirans, engl. *f* und *v*.

1) Stimmlose spirans ist es sicher stets im anlaut, wie *fæder* vater, *findan* finden; im inlaut in der gemination, wie in *ȝaffetunȝ* hohn, *hoffinȝ* kreis, *woffian* rasen, *snoffa* nausea, *wlæffetere* narr, *pyffan* puffen, blasen, *ábyffan* muttire, *lyffetan* schmeicheln, den eigennamen *Offa*, *Uffe*, *Wuffa*, dem fremdwort *offrian* opfern; in den verbindungen *ft* und *fs*, wie *hæft* gefangen, *ȝesceaft* geschöpf, *ræfsan* tadeln, auch ursprünglich da wo es sonst in- und auslautend einem germ. *f* entspricht, wie in *wulf* wolf, *fíf* fünf, s. anm. 2.

Anm. 1. Lateinischem *v* entspricht ags. *f* in *fers* vers.

2) Stimmhafte spirans ist es dagegen in den meisten fällen im inlaut, wo es nicht in einer der verbindungen *ff*, *ft*, *fs* erscheint. Es entspricht hier teils einem germ. *f*, got. *f*, ahd. *f*, *v*, wie in *wulf*, gen. *wulfes* wolf, *ȝeréfa* graf, *hofer* buckel (ahd. *wolf*, *grâvo*, *hovar* etc.), teils einem germ. *b̄*, got. *b*, hochd. *b*, wie in *ofer* über, *ȝiefan* geben, *earfođ* arbeit,

sealfian salben (ahd. *ubar, gëban, arbeit, salbôn*), in lehnwörtern auch oft einem lat. *b* bez. roman. daraus entstandenem
v), wie in *tæfl* tafel, *trifot* tribut, *féfor* fieber, *prófian* prüfen,
lufesticce liebstöckel, *cyrfet* kürbis, aus *tabula, tributum, febris,
probare, libysticum, curcurbita*; oder lat. *v*, wie in *cealfre* aus
calvaria, *bréfian* kürzen, aus *breviare, Muntʒíof* aus *Montem
Jovis*; endlich einem lat. *p* (= roman. *b, v*?) in *prafost, profost*
aus *praepositus*.

Anm. 2. Der etymologische unterschied der beiden in gemeinags. *f*
zusammengefallenen laute ist fast nur in Ep. noch einigermassen erhalten,
wo formen wie *uulfes, ʒiræfa, hofr* etc. solchen wie *obær, earbet-, salb*
salbe u. ä. gegenüberstehen (Beitr. XI, 542 ff.); doch hat auch Ep. bereits
einige *f* für *b*, wie *ofær, sifun-* sieben. Der gebrauch des *f* für beide laute
nimmt dann sehr schnell zu, und wird bald zur festen regel. Auffallend
lange erhält sich das *b* nur vor *r* in *næbre* nie (öfter in Cura past.) neben
næfre, und den synkopierenden casus von *féfor* fieber, gen. *fébres* (*febbres*
§ 229); ebenso poet. oft *tiber* opfer, u. dgl.

Für ws. kent. merc. (Ps., R¹) *diofol, déofol, -ul* teufel, heisst es auf-
fallender weise north. in R² *diowul* (nur 2mal *diaful, -ol*), L *diobul, diubol,
diowl, diul* u. ä. (nur 1mal *diofles*), Rit. *diobul, diovl, diol*, flectiert *diobl-,
diobl-, diovl-, divol-*; vermutlich sind diese formen durch keltische parallelen
beeinflusst.

Anm. 3. Geminierte stimmhafte spirans *v* existiert im ags. nicht,
dafür tritt *bb* ein, s. § 190.

Anm. 4. Ganz spät tritt *f* einige male für *w* auf, *stánhifet* stein-
bruch, *ʒléof* glühte, *hléf* grabhügel, für *-hiwet, ʒléow, hlæw.*

§ 193. Abgesehen von dem wechsel mit *b* § 191, und *v*
§ 194, ist das *f* im ags. ziemlich fest. Ausnahmen sind:

1) für *ft* steht in den ältesten quellen bisweilen *pt: scæpt*
schaft, *edscæpt* palingenesia, *ʒidopta* contubernalis Ep. (für
scæft, edscæft, ʒiðofta) neben *siftit* siebt, *nift* nichte etc. (vgl.
dazu § 221, anm. 1), auch wol *bt*, wie *cnéoribt* knietuch Corp.

2) *fn* (mit stimmhaftem *f*) geht, besonders inlautend und
wieder speciell im späteren ags., oft in *mn* über (vgl. § 189):
emne eben, *stemn* stimme, *stemn* steven, aus *efn, stefn, stefn*
(über späteres *mm, m* s. § 188, 1); ebenso spätags. auch *wimman,*
pl. *wimmen* aus *wífmon* weib.

Anm. Dieser übergang findet nicht statt in dem verbum *æfnan,
efnan* und *ræfnan* ausführen, vermutlich weil dieses stimmloses *f* hatte.

v.

§ 194. *v* oder vielmehr in den hss. *u*, drückt in spät aufgenommenen fremdwörtern wie *Dáuid, Éue, Léui* den laut

des lat. *v* aus, welcher mit der ags. stimmhaften labioden_tal-spirans identisch war; daher auch gelegentlich *Éfe, Léfes* u. dgl. geschrieben wird (aber nicht *éwe). Aeltere lehnwörter ersetzen dagegen das lat. *u* ziemlich regelmässig durch *f,* § 192, 2 (doch s. auch § 171, anm. 3).

In ags. wörtern steht *u* in der älteren zeit zum ausdruck des halbvocals *w,* s. § 171, anm. 1; seltener für die stimmhafte labiodentalspirans, wie *Auene* npr., *yuel, selua,* für *Afene, yfel, selfa.* Diese schreibung gewinnt erst in der späteren sprache mehr platz.

2. Dentale.

t.

§ 195. *t* ist durchaus dentale tenuis und in allen stellungen häufig: *tóđ* zahn, *tréo* baum, *tíen* zehn, *etan* essen, *heorte* herz, *wát* weiss (die gruppen *ft, st, ht* s. § 232, vgl. auch § 193, 1. 221, anm. 1), auch oft geminiert wie in *sceat(t)*, *sceattes* geld, *settan* setzen, *hlŭttor* lauter, *hátte* heisst § 367, anm., *grétte* etc.

§ 196. Das *t* ist fast ganz fest; an ausnahmen sind nur zu bemerken:

1) Im älteren ws. (bes. im Hatton ms. der Cura past.) geht nachlautendes *st* sehr oft in *sđ* über, namentlich in der endung der 2. sg. ind. praes., *đū giefesđ, hilpesđ* etc., aber auch in worten wie *fæsđ* fest, *dúsđ* staub, *wæsđm* wachstum, *āđrisđrigan* verdunkeln, *wásđ* weisst, superl. wie *másđ* meist, *ǽresđ* zuerst, für *giefest, hilpest, fæst* u. s. w.

2) Für ws. *tl* in *botl* gebäude, *setl* sitz, . *spátl* speichel, erscheint auslautend north. *đl, -đel: seđel* Lind. Rushw. (flectiert dat. *seđile* Rit.), inlautend *dl,* z. b. gen. *sedles,* pl. *sedlo,* dat. *spádle,* vgl. *bydla* cultor, und *đl, seđles, bođle* etc. Beda, daneben *tl, ttl* wie ws.: nom. *seatul, sœtil,* pl. *setla, settlas* etc. L. Im Ps. tritt dafür regelmässig *ld* ein in dem einzig belegten *seld,* § 183, 2, a, und in der poesie ist *seld, bold* häufig neben *setl, botl* (*spáld* El. 300). Grundlaut ist hier überall *þ* (vgl. § 201).

Anm. 1. Der ws. prosa sind alle diese nebenformen mit verschwindenden ausnahmen (*bold, seld* in teilweise zweifelhaften belegen) gänzlich fremd.

Anm. 2. Neben ws. *botm* boden, steht ähnlich einmal *byðme* carina Shrine 103 in einem stark anglisch gefärbten texte.

3) Die lautgruppe *tj* (sei es mit urspr. *j* oder mit spirantischem *ʒ*, § 211) geht über in *c* bez. *cc* in *orceard* garten, neben *ort-ʒeard* (schon Cura past., auch *orcʒeard* und später *orcerd, ordceard* geschrieben), spätws. *cræfca* handwerker (auch *cræftca*, und mit secundärem mittelvocal *cræftica*) neben *cræftʒa*, von *cræftiʒ* adj. kunstreich, und strengws. *fecc(e)an* holen, neben dial. *fetian* § 416, anm. 9; so auch vereinzelt *Muncʒiu* Wulfst. für gewöhnliches *Muntʒiof* § 192, 2 (vgl. auch § 205, anm. 1. 206, 4. 216, anm. 3).

Anm. 3. In consonantgruppen (namentlich nach *h, s*) fällt *t* bisweilen aus, *drohnian, ðrísnes, fæsnian, ʒenihsum,* für *drohtnian, ðrístnes, fæstnian, ʒenihtsum,* vgl. auch § 197, 4. 295, anm. 2.

Anm. 4. Umgekehrt wird, namentlich später, zwischen *s* und *l* bisweilen ein *t* eingeschoben: *elmestlic* almosen-, *ondrystlic* schrecklich, und oft *mistlic* verschieden, für *ælmeslic, ondryslic* (*ondrysnlic,* § 188, anm. 4), *mislic*; so wol auch *mæstlinʒ* messing, für *mæslinʒ*.

Anm. 5. Ueber gemeinags. *st* aus *sð* s. § 201, 6; über *t, tt* aus *tð, dð* § 201, 4.

d.

§ 197. *d* ist das zeichen für die dentale media, und entspricht in der regel got. *d.* Es kann in allen stellungen erscheinen, auch geminiert: *dæʒ* tag, *drífan* treiben, *dweorʒ* zwerg, *eald* alt, *eardian* wohnen, *biddan* bitten, etc.

Nur in sehr alten hss. steht *d* auch für *ð, þ,* s. § 199, anm. 1.

Anm. In fremdwörtern steht *d* bisweilen für roman. *d* aus lat. *t,* wie in *abbod* abt, *læden* latein, in lat. *abbatem, latinum,* u. a.

§ 198. Im allgemeinen ist das *d* fest; doch ist folgendes zu bemerken:

1) *d* steht in grammatischem wechsel mit *þ,* s. § 234.

2) *ld* entspricht teils got. *ld,* wie in *ceald* kalt, *healdan* halten, teils ist es aus *lþ* hervorgegangen; ebenso ist ws. *dl* öfters aus *þl* entstanden, s. § 201, 2. 3.

3) *ldl* wird zu *ll* in *siellic* sonderbar, got. *sildaleiks*, auch sonst gelegentlich north., *ballice* kühn, *moniʒ-*, *tui-*, *seofofallice* manig-, zwei-, siebenfältig (für und neben *baldlice, -faldlice*), *héhstallic* jungfräulich, etc.

4) Vor und nach stimmlosen lauten wird *d* zu *t*: a) z. b. in der 2. sg. ind. praes. wie *bitst, lǽtst, bintst, stentst* § 359, 2, zu *biddan, lǽdan, bindan, stondan*; *milts* mitleid, *miltsian* erbarmen (zu *milde*), *ʒitsian* begehren, *bletsian* segnen; auch in der composition, wie *métsceat, antsacodon, ʒesuntfulnes* Cura past. für *méd-, and-, ʒesund-*. Doch wird auch oft etymologisch geschrieben *bindst, milds, mildsian* (selten ws. *ʒidsian, bledsian*, doch stets *bledsian* im Ps. und meist north. *blǽdsiʒa* L, Rit. gegen *bletsiʒa* R[2]), oder das *d, t* fällt, nach consonanten, aus: *mils, milsian* etc., *binst, stenst* § 359, 2; über *t* aus *dþ* s. § 201, 4; — b) insbesondere in den schwachen praeteritis und partt. praet. langsilbiger verba wie *scencte, iecte* § 405, 2.

5) Nach consonant + *d, t* geht *d* verloren, wie praet. *sende, éhte* zu *sendan, éhtan*, s. § 405, 4.

Anm. 1. Zwischen *n* und *l* wird öfters ein *d* eingeschoben: *endlufon* elf (got. *ainlif*), und namentlich in adjectivis auf urspr. *-enlic*, wie *ondrysendlic* schrecklich, etc.

Anm. 2. Auslautendes *d* ist geschwunden in proklitischem *on-* aus *ond-* wie in *onfóˑn* empfangen, *onʒieˑtan* verstehen, *onsaˑcan* widerstehen, vgl. *oˑndfenʒa* empfänger, *oˑndʒiet* verstand, *oˑndsaca* widersacher, etc. In der späteren sprache dringt betontes *oˑnd-, aˑnd-* irrtümlich bisweilen für betontes *oˑn-, aˑn-* (ahd. *ana*) ein: *aˑndweald* gewalt, *aˑndwealh* integer, *aˑndsýn* antlitz, für *oˑnweald, oˑnwealʒ, oˑnsíen*; ja selbst *aˑndcléow* knöchel, für *oˑncléow* (ahd. *anchláo*).

ð, þ.

§ 199. 1) Die beiden zeichen *ð* und *þ* drücken promiscue die dentale spirans aus, welche im engl. jetzt mit *th* bezeichnet wird (vgl. § 200). Bei den deutschen (seltener englischen) herausgebern und grammatikern ist es lange üblich gewesen, im anlaut *þ*, im innern und am ende des wortes aber *ð* zu setzen; doch fangen jetzt auch deutsche herausgeber wieder an bei textabdrücken den willkürlichen wechsel der handschriften beizubehalten. Wir setzen hier nach dem muster der besten hss. älterer zeit (wie Cura past., Ps., Lind., Rushw.[2], ferner der ältesten urkunden), welche mehr oder weniger ausschliesslich ð verwenden, beim schreiben voller historischer laut- und wortformen im allgemeinen ð, gebrauchen aber daneben das þ bei speciellen citaten sowie bei der ansetzung vorhistorischer grundformen von lauten oder wörtern.

Anm. 1. In den ältesten quellen fehlen die beiden zeichen noch fast gänzlich; Ep. hat von beiden nur ganz wenige fälle, ebenso die ältesten urkunden. Das älteste datierte ð (pæð) finde ich in einer urkunde Wihtrǽds von Kent von 700—715, das älteste datierte þ (Ælfþrýð) in einer urkunde Cœnwulfs von Mercia a. 811, aber das ganze 9. jahrh. hindurch wird þ nur spärlich verwendet. — Eine vereinzelte ausnahme für diese älteste zeit bildet Corp. mit häufigem þ, und für spätere zeit die Lauderdalehs. des Orosius und Rushw.[1], die sich durch regelmässigen gebrauch des þ von der Cura past. und Rushw.[2] streng abheben.

Statt ð, þ verwenden die ältesten quellen anlautend meist th: thorn, theʒn, sehr selten d, wie in gidopta Ep. 195, modʒidanc hymnus Cædmons, inlautend th und d, lotha, loda Ep., Æthil-, Ædil- urk. (für ðð steht thth, tht: œththœ, othte oder); auslautend meist th: mearth, laath, hriosith, sniuuith Ep., daneben auch t: siftit, fœhit, stridit Ep., Cuutfert, Cuutferth, Sútangli urk.

2) ð, þ können in allen stellungen erscheinen, auch geminiert: ðinʒ ding, ðrí drei, ðwinʒan zwingen, weorðan werden, morð mord, oððe oder, sceððan schädigen, siððan seitdem, oder þinʒ, þrí, weorþan, oþþe, (oðþe), etc.

Anm. 2. Für ðð steht hð in north. mohðe, mohða motte.

Anm. 3. In fremdwörtern entspricht ð bisweilen einem roman. ð aus lat. t, d: morað würzwein, sœderiʒe pflanzenname, senoð synode, zu lat. moratum, satureia, synodus, etc.

§ 200. Im germ. war das þ nur eine stimmlose spirans, und dieselbe aussprache ist auch für das ags. ð, þ ursprünglich vorauszusetzen. Doch ist es wol möglich, dass sich bereits im ags. der ursprüngliche laut in einen stimmlosen und einen stimmhaften gespalten hatte. Der stimmhafte laut wird zwischen stimmhaften lauten eingetreten sein (vgl. § 192, 2. 203). Dafür spricht 1) die schreibung der ältesten hss. mit dem inlautenden d, § 199, anm. 1; 2) die bewahrung der gruppe ðd § 201, 5 und 405, 3; 3) der übergang von lþ in ld und þl in dl (mit stimmhafter media), § 201, 2. 3.

§ 201. Bezüglich der veränderungen des þ gelten folgende bestimmungen:

1) þ steht in grammatischem wechsel mit d, § 234.

Anm. 1. In einigen wörtern schwankt *þ* mit *d*, namentlich in (*h*)*ræð*, (*h*)*ræd* rasch, adv. (*h*)*raðe*, (*h*)*rade*. *þ* ist charakteristisch für Ps. *éðr* ader, Ps. north. *fremðe* fremd, gegen ws. *ǽdr, fremde*; ähnlich begegnen *eðcuide* relatio Corp., *eðwitia* tadeln Lind., *eðwitscipe* Wald., *yðlǽcan* kGl. gewöhnlichem *ed-* entgegen.

2) altes *lþ* geht in *ld* über: *beald* kühn, *feld* feld, *wilde* wild, *ʒold* gold, *hold* hold, *wuldor* herrlichkeit, vgl. got. *balþs, wilþeis, gulþ* etc. Nur in den ältesten quellen finden sich noch einige *lþ*: *halð, óhǽlði, spilth* Ep., *Balthhœardi* urk. a. 732, *Balthhardi* a. 740 etc. — Durch synkope entstandenes *lþ* bleibt dagegen unverändert: *fielð* fällt, *ʒesǽlðu* glück, etc.

3) altes *þl* nach langem vocal ist im ws. stets zu *dl* geworden: *ádl* krankheit, *nǽdl* nadel, *wǽdla* armer, *mídl* gebiss, *wídlan* beschmutzen; doch haben die anglischen denkmäler das *þl* noch öfter erhalten: *nǽthl* Ep., *miðl* Corp., *néðl, wéðla* Ps. (kein *dl* Ps.), *áðl, wǽðelnes* armut Beda; das north. hat gewöhnlich *ádl, nédl, widliʒa* neben seltenerem *áðl, wiðliʒa*. — Durch synkope entstandenes *þl* dagegen bleibt überall, *éðel* erbgut (aus **ōþil*), gen. *éðles, Hréðel* npr., gen. *Hréðles, ʒeniðla* feind, etc.

Anm. 2. Zweifelhaft ist die quantität des *œ* in dem poet. *mǽðl* rede, *mǽðlan* reden (neben *maðelian*), das meist als kurz angesetzt wird.

Ausfall des *þ* zeigt sich in *mǽl, mǽlan* und *stǽlan* fundare, *stǽlwierðe* neben *staðol* fundamentum, *staðelian* fundare.

Anm. 3. In ähnlicher weise geht *ðm* spätws. in *dm* über in den flectierten formen von *máðum* kleinod, gen. *mádmes*, pl. *mádmas*, für älteres *máðmes, máðmas*, und in *éadmód* demütig, für älteres *éaðmód*; ferner north. *ðn* in *dn* in *hǽðen* heidnisch, flect. *hǽdna* (neben seltenem *hǽðna*) etc. L (nicht in R²).

Anm. 4. Ueber *ðl, ðm* neben ws. *tl, tm* s. § 196, 2 und anm. 2.

4) *tþ* und *dþ* werden zu *tt*, welches im auslaut und nach consonanten vereinfacht wird: a) *ðætte* dass, für *ðæt ðe* (auch weniger streng zusammengehörige gruppen, wie *ðættá, ðættœt* aus *ðæt ðá, ðæt* begegnen), *bít, it(t)* für **bítþ, *itþ* § 359, 3 — b) *éaðmétto* demut, *ofermétto* übermut, *wéamétto* wehmut, *látféow* führer, *brýtofta* sponsalia, *mittý* während, *ʒesyntu* gesundéheit, *ʒescentu* schande, verbalformen wie *bít, bint* § 359, 3, fü **aþmédþu* (zu *éaðmód* demütig), *láddéow, mid ðý, *ʒesyndþu,*r **ʒescendþu* (§ 255, 3), **bídþ* etc. Daneben begegnet auch etymologische schreibung wie *látþeow, ládtéow*, namentlich ist sie das gewöhnliche, wo *t, d* und *þ* verschiedenen wörtern ange-

hören. Erst in jüngeren denkmälern, wie Orrm., wird diese
verschmelzung des aus- und anlauts regelmässiger bezeichnet.

5) þd (mit stimmhaftem ð? § 200, 2) dagegen bleibt meist,
und geht erst spät in dd über, § 405, 3; þþ bleibt ebenfalls
und wird nur eventuell im auslaut nach § 231 vereinfacht:
cýðð, cýð geschlecht, gen. cýððe, lǽðð(u) beleidigung, aus
*kunþiþa, *laiþiþa u. s. w.

6) sþ wird zu st, woneben in etymologischer schreibung
oft sð erscheint; so im verbum, cíest, wiext neben cíesð, wiexð
§ 359, 6; in abstractis auf -ðu, wie mete-, réceliestu speise-,
ruchlosigkeit; auch beim zusammentritt von auslautendem s
mit anlautendem ð in der 2. sg. des verbs, wie hilpestu, hafastu
(aus hilpes ðu, hafas ðu), woraus dann die jüngeren formen
der 2. sg. auf -st abstrahiert wurden (§ 356).

Anm. 5. Ueber ws. sð aus altem st s. § 196, 1.

7) þs bleibt öfter in blíðs freude, blíðsian freuen, líðs
sanftheit (was vielleicht nur etymologische schreibung ist),
geht aber gewöhnlich in ss über, bliss, blissian, liss (mit kurzem
vocal?), ebenso cwist (cwíst?) aus cwiðest, cwiðst.

Anm. 6. In späten texten begegnet bisweilen hw- für þw-, namentlich in Hpt. gl., z. b. ȝehwǽrlǽcan für ȝeþwǽrlǽcan zustimmen (Archiv 88,
185 f.). Wie weit hier im einzelnen ein wirklicher lautübergang, oder
blosser schreibfehler anzunehmen ist, bleibt zweifelhaft.

s.

§ 202. s ist einer der häufigsten laute des ags. und steht
in allen stellen des wortes, auch geminiert, z. b. sunu sohn,
sittan sitzen, sceal soll, sprecan sprechen, stondan stehen, slǽpan
schlafen, smæl klein, snottor weise, sweltan sterben; in- und
auslautend céosan wählen, wesan sein, fisc fisch, ȝiest gast, cosp
fessel, cyssan küssen, assa esel etc. Mit vorausgehendem c,
h wird es zu x, s. § 209. 221, 2.

§ 203. Der klang des germ. s war nur der eines stimmlosen zischlauts, und so war auch das ags. s anfänglich sicher
nur stimmlos, da das germ. stimmhafte z zu r geworden oder
abgefallen war (§ 181 f.). Indessen ist vielleicht bereits ags.
zum teil zwischen stimmhaften lauten eine erweichung zur
stimmhaften spirans (franz. engl. z) eingetreten, vgl. praeterita

wie *liesde, ræsde* zu *liesan, ræsan*, gegen *cyste* von *cyssan*
§ 405, 2, und § 200, doch auch § 198, 4.

§ 204. An besonderheiten über das *s* sind zu merken:
1) *s* steht im grammatischen wechsel mit *r*, § 234.

2) Ueber die gruppen *st* und *ss* aus dental + *t* s. § 232;
über *st* aus *sþ* § 201, 6, *sð* aus *st* § 196, *ss* aus *sr* § 180, aus
þs § 201, 7; über *scl, scn, scm* für *sl, sn, sm* § 210, 1.

3) Die gruppen *sc* und *sp* erfahren oft, bes. spätws. und
wieder bes. im inlaut, metathesis zu *cs* (*hs*), gewöhnlich *x*,
und *ps*: *áscian* fragen, *wascan* waschen, *asce* asche, *fiscas* fische,
túscas stosszähne, lauten auch *ácsian, áhsian, áxian, waxan,
axe, fixas, túxas*; so auch *betwux* zwischen, § 329, *muxle*
muschel u. ä.; ferner *cosp* und *cops* fessel, *œsp* und *œps* espe,
wlisp und *wlips* stammelnd, *cirpsian* crispare (vgl. § 179).

Anm. Für *sc* steht öfter *ssc* in *bissceop, bisscep* neben *bisc(e)op* etc.
bischof.

z.

§ 205. Der laut des deutschen *z* ist dem germanischen
fremd; er erscheint daher im ags. nur a) in fremdwörtern oder
b) wo durch vocalsynkope *t, d* (*þ*) + *s* zusammengetreten sind.
Seine gewöhnlichste bezeichnung ist *ts*: a) *Atsur* npr. (altn.
Ozurr), *Maȝentse* Mainz, *dracentse* dracontia, *palentse* pfalz,
yntse uncia; b) *brytsena* pl. brocken (zu *bréotan* § 384), *betsta*
beste, *milts, ȝitsian, bletsian, bitst, lǽtst, bintst, stentst* etc.
§ 198, 4; seltener *ds, Adsur, yndse*, namentlich in etymologischer
schreibung, wie *milds, ȝidsian* etc. § 198, 4.

Anm. 1. Sehr selten ist *z*: *Azur, draconze, balzam* balsam, spätws.
bezt, milze, merc. R¹ *bæzere* täufer, ferner *dz*: *Adzur*, R¹ *bædzere*; oder *tz*:
mertze merx Corp., endlich auch *c*: *ynce*, north. L, Rit. *bœcere* und *plœce* strasse
(aus lat. *platea*; auch vor gutt. vocal, dat. *plœcum*, neben pl. *plœtsa* R²),
wenn dies nicht zu § 196, 3 gehört (vgl. jedoch anm. 2).
Anm. 2. Nach den consonanten *n, l* geht *ts* öfter, besonders später,
in *s* über: *ynse, draȝense*, namentlich oft in den flexion, *binst, stenst, welst*,
§ 198, 4. 359, 2. Nach vocalen so nur north. dat. *plœsum* R².

3. Gutturale und palatale.

§ 206. Allgemeines. 1) Die zeichen *c* (*k, q*), *ȝ, h,* (*x*)
drücken im ags. sowol gutturale als palatale laute aus. Diese

waren etymologisch und dem klange nach scharf von einander geschieden. Dagegen besass das germ. vermutlich nur éine klasse entsprechender laute, denen man gutturale (oder indifferente) articulation zusprechen muss.

2) Für die spaltung im ags. gelten folgende hauptregeln:

a) Anlautende *c*, *ʒ* wurden bereits urags. zu den palatalen *c'*, *ʒ'* vor den primären palatalvocalen *œ*, *ǽ* (= germ. *ǣ*, lat. *ā*), *ë*, *i*, *i* und den diphthongen *éa* (aus *au*), *éo*, *ío* (aus *eu*) nebst deren *i*-umlauten, ws. *e*, *ǽ*, *ie*, *íe* (unfestem *ī*, *ȳ*) etc., blieben aber guttural vor den gutturalen vocalen *a*, *á*, (*ǫ*, *ǫ́*), *o*, *ó*, *u*, *ú* und deren *i*-umlauten, ws. *œ*, *ǽ*, *e*, *é* (*œ*, *ǽ*), *y*, *ý*, § 7, anm., sowie vor consonanten. Daher ihre diphthongierende einwirkung auf die primären palatalvocale und deren umlaute, aber nicht auf die übrigen vocale, § 74—76, 1.

b) Anlautendes *sc* wurde vor den primären palatalvocalen bereits urags. ebenso zu *sc'* palatalisiert, wie einfaches *c'*, und übte demnach genau entsprechende wirkungen aus. Jünger ist die palatalisierung der *sc* vor urspr. gutturalvocalen; ihre einwirkung auf nachbarvocale ist daher auch eine andere, § 76, 2.

c) Inlautende *c*, *ʒ* (einschliesslich ihrer verdoppelungen *cc* und *cʒ* § 207. 216) werden urags. zu den palatalen *c'*, *ʒ'* (bez. *c'c'*, *c'ʒ'*) sicher vor altem *i*, *j*, vielleicht wenigstens zum teil auch vor altem *œ*, und behalten diesen charakter auch nachdem die *j* gechwunden (§ 177) oder die *i*, *œ* zu *e* geschwächt (§ 44) sind.

d) In analoger weise spaltet sich urspr. *sc* in ein *sc'* mit alter palatalisierung vor *i*, *j* (bez. *œ*?) und eines mit jüngerer palatalisierung (vgl. oben b).

e) Auf silbenauslautende *ʒ*, *c*, *sc* wirken auch vorausgehende palatalvocale palatalisierend ein, doch ist über den umfang dieser wirkung aus dem ags. selbst nur wenig sicheres zu ermitteln (vgl. jedoch beispielsweise anm. 6).

Anm. 1. In der flexion und wortbildung ist häufig ein anlass zum wechsel von palatalen und gutturalen lauten, und damit auch ein anlass zu gegenseitigen ausgleichungen gegeben, deren umfang sich freilich wieder grösstenteils unseren blicken entzieht.

f) Anlautendes *h* ist blosser hauch und unterliegt als solcher keiner deutlich hervortretenden veränderung. Im nach-

laut war es dagegen, wie die brechungen, § 82 ff., zeigen, ursprünglich noch überall gutturaler natur. Später scheint es
aber auch hier, namentlich auch unter dem einfluss vorausgehender palatalvocale, der palatalisierung unterworfen worden
zu sein.

3) Die kriterien für den eintritt der palatalisierung, die
sich aus dem ags. selbst gewinnen lassen, sind teils lautlicher,
teils bloss graphischer natur. Besonders kommt folgendes in
betracht:

a) Für die palatalisierung anlautender *c, ʒ* und *sc* zeugen
die diphthongierungen primärer palatalvocale im ws., § 75;
für die jüngere palatalisierung der *sc* vor gutturalvocalen die
schreibungen *scea-, sceo-* etc., § 76, 2; für palatalisierung des
ʒ speciell seine berührungen mit *i, j*, § 212 ff.

b) Zwischen inlautende palatale *c, ʒ, sc* und folgenden
gutturalen vocal wird oft als graphisches hilfszeichen ein
palataler vocal eingeschoben. Vor *a, o* ist dies meist *e* (selten
in alten texten *i*), z. b. *lǽceas, lǽcea; rícea* § 246; *sécean,
reccean, ðencean* § 407; *fylʒean* § 416, anm. 6; *licʒean* § 372,
secʒean* § 415; *flǽscea* gen. pl. von *flǽsc* fleisch, § 267, a, *ǽscean*
gen. dat. acc. sg. zu *ǽsce* verlangen (zu § 278, grundform
aiskjō), *ādwǽscean* ersticken, *ofðryscean* unterdrücken, § 403 ff.
(über formen wie *mennescea* mit der jüngeren palatalisierung
s. § 76, anm. 4) neben formen wie *lǽcas, -a, ríca, sécan, reccan,
ðencan; fylʒan, licʒan, secʒan; flǽsca, ǽscan, ādwǽscan, of-
ðryscan* etc.; oder *meniʒeo, strenʒeo, wlenceo* § 279, *ʒefylceo,
sticceo* (neben *ʒefylcio, ʒescincio*) § 246, *andfenʒeost* (zu *andfenʒe*
angenehm, § 298) neben *meniʒo, strenʒo, wlenco, ʒefylco* u. ä.

Vor *u* steht in gleicher weise bisweilen *i: drencium, écium,
drýʒʒium* zu *drenc* trank, § 265, *éce* ewig, *drýʒe* trocken, § 298,
neben *drencum, écum, drýʒum* etc.; nur selten wird hier *e* gebraucht, *éceum, wǽcceum* (zu *wǽcce* wache, § 278).

Anm. 2. Vor *e* wird kein hilfsvocal geschrieben, wol aber haben die
ältesten texte bisweilen ein *i* vor *œ*, § 44, anm. 1, z. b. *birciœ* birke, *hrin-
ʒiœ* spange Ep.

Anm. 3. Die ags. runenschrift unterscheidet die verschiedenen laut-
werte durch besondere zeichen: für palatales *ʒ'* gilt die rune *ʒifu*, für
gutturales die rune *ʒár*, und für die *c*-laute weist die inschrift des Ruth-
wellkreuzes gar drei verschiedene zeichen auf, von denen zwei wol sicher-
lich *c'* und *c* andeuten sollen (vgl. Vietor, Die north. runensteine s. 24. 31).

Anm. 4. Späte hss. setzen öfters vor palatalen vocalen k, um den gutturalen laut auszudrücken, s. § 207, anm. 2.

4) Die palatalen verschlusslaute c' und (c)ʒ' sind offenbar bereits ziemlich frühe zu palatalen affricaten, d. h. lauten von dem klange der neuengl. ch und dg (also annähernd tš und dž) geworden. Dies ergiebt sich aus den formen wie orceard, feccean (neuengl. orchard, fetch) etc. § 196, 3, micʒern § 216, anm. 3.

Anm. 5. Diese affricierung ist auf alle fälle im mittelenglischen durchgeführt und im neuenglischen geblieben; sie ist das deutlichste kriterium für die alte palatalisierung der verschlusslaute; vgl. für den anlaut z. b. engl. chaff, cheap, churl, chew, child, chill, cheese = ags. ceaf, céap, ceorl, céowan, cild, ciele (cyle), cíese (cýse), aber key, Kent, keen, kin, king, kiss = ags. cǽʒ, Cent, céne, cyn, cyning, cyssan etc.; für den inlaut z. b. rich, reach, teach = ags. ríce, rǽcean, tǽcean; oder engl. bridge, hedge, singe = ags. brycʒ, hecʒ, *senʒean u. ä.

Anm. 6. Besonders wichtig ist die affricierung, weil sie öfter palatalisierungen erkennen lässt, die aus dem ags. allein nicht oder kaum sicher zu ermitteln wären. So namentlich die von silbenausl. c nach i, wie in pic' pech, díc' graben, ic' ich (= ne. pitch, ditch, me. ich), hwilc', swylc' (aus *hwilic, *swalic, = ne. which, such) u. ä. (vgl. auch runisch ic' Ruthw. mit dem zeichen für palatales c, anm. 3).

Anm. 7. Zur ganzen frage vgl. insbesondere Kluge, Lit.-bl. für germ. und rom. phil. 1887, 113 f. und in Paul's Grundr. I, 836 ff.

5) Eine besondere bezeichnung der palatalen aussprache (etwa durch ein diakritisches zeichen) ist im folgenden nicht durchgeführt.

c (k, q; x).

§ 207. c ist das zeichen für die gutturale und palatale tenuis. Es steht vor allen vocalen, auch e, i, y: cásere kaiser, cosp fessel, cúð bekannt, wie cennan zeugen, ceald kalt, céosan wählen, cild kind, cynn geschlecht; inlautend sacan streiten, swicol betrügerisch, sacu streit, æcer acker, hócihte hakig; auch geminiert, sac, sacces sack, ðeccan decken, etc.

Anm. 1. Ueber cw s. § 208, über ct für ht § 221, anm. 1, über ce, ci zum ausdruck des palatalen c § 206, 3, b.

Anm. 2. Hie und da setzen die hss. (sehr häufig z. b. Rushw.[1]) k für c: kennan, kéne, knéo, folkes, æcker, ʒiok, auch ck für cc: ðicke. Einigermassen häufiger findet sich dies k ws. vor y oder dem daraus entstandenen i (§ 31), kynn, kyning, kyne- in compositis (auch kining, kinʒ), für cynn etc. (so schon öfter in Cura past.). Wahrscheinlich soll das k hier den gutturalen laut andeuten (§ 206, anm. 4).

§ 208. Der laut des lat. *qu* wird meist durch *cw*, in alten quellen auch oft durch *cu* ausgedrückt, *cweðan, cwic, cwómon*, alt *cueðan, cuic, cuómun*; nur selten steht dafür in den ältesten texten latinisierend *qu*, z. b. *quidu* Ep., *Quænðrýð* npr. urk. a. 811 (ziemlich oft in Corp.).

§ 209. Für *cs* (welches erst durch synkope eines vocals, oder durch metathese aus *sc* entsteht) wird meist *x* geschrieben: *rixian* herschen, *æx* axt; *áxian* fragen, *axe* asche (§ 204, 3), *betweox* zwischen (§ 329), für und z. t. neben *ricsian* (ahd. *richisôn*), *ácsian* etc.

Anm. Ausser *x* und *cs* (letzteres ist besonders geläufig in wörtern wie *ricsian* wegen ihres zusammenhangs mit *rice* etc.) begegnen noch verschiedene variationen der orthographie: *cx, hx, xs, cxs, hxs, hs: ricxian, áhxian, axse, ancxsumnys, dhxsian, áhsian, ríhsian*, sehr selten *ʒs*, wie *áʒsian*; vgl. übrigens § 221, anm. 3.

§ 210. An unregelmässigkeiten sind in beziehung auf das *c* noch zu verzeichnen:

1) Gelegentlich wird *c* in den lautgruppen *sl, sm, sn* eingeschoben: *sclát* Corp. 433, *scléacnes, ásclacad* kGl. 694. 696, *scméʒende* Ps. 118, 129, *scnícendan* Cura past. 155, 17, *scluncon* Ep. AI. 320, *sclép* Gen. marg., etc.

2) Vor den personalendungen der 2. 3. sg. ind. praes. *st* und *ð* geht *c* spätws. oft in *h* über, *tæhst, tæhð* u. s. w. für *tæcst, tæcð*, § 359, 4; so auch spätws. *léahtún* (north. *léhtún*) garten, für *léactún*.

3) Auslautendes *c* geht north. öfter in *h* (*ch*, auch *ʒ* geschrieben) über (Bouterwek, North. ev. cxxxviii. cxl), besonders in der partikel *ah* aber, und den pronominibus *ih* (enklitisch auch *iʒ*, wie *sæʒdiʒ, forʒeldiʒ* für *sæʒde ic, forʒeldo ic*), *meh* (*mech*), *ðeh, úsih* (*úsich, úsiʒ*), *íuih* (*íuh*) § 332, anm. 3; *ah* für *ac* begegnet auch ausserhalb des northumbrischen.

4) Inlautend wird north. öfter *ch* für *c* geschrieben: *folches, werches, wlonches, swenche, stenches* R² (Bouterwek, North. ev. cxxxviii).

Anm. Ueber *c* für *ʒ* s. § 215, über wechsel von *cc* mit *hh* vgl. § 220, anm. 2.

ȝ.

§ 211. Abgesehen von seiner verwendung zur wiedergabe des germ. halbvocals *j* § 175, 2 drückt das zeichen ȝ auch noch einen guttural- bez. palatallaut aus, welcher etymologisch dem germ. *g* entspricht. Daraus dass dieser laut im ags. mit ȝ = germ. *j* alliteriert, und dass er gelegentlich mit *j* und *h* wechselt, darf man schliessen, dass er im allgemeinen als spirans, nicht als media aufzufassen ist.

§ 212. Im anlaut ist das ȝ gutturale spirans in den § 206, 2, a bezeichneten fällen: *ȝalan* singen, *ȝást* geist, *ȝold* gold, *ȝuma* mann, *ȝylden* golden, *ȝlæd* froh, *ȝnorn* trauer, *ȝrafan* graben, auch vor ws. erhaltenem *æ*, wie in *ætȝædere* zusammen (§ 75, anm. 1); dagegen palatale spirans vor *ë, ĕa, ĕo, i, ĭe, ĭo*: *ȝeldan* gelten, *ȝeaf* gab, *ȝéafon* gaben, *ȝéotan* giessen, *ȝift* gabe, *ȝieldan*, u. s. w.

Anm. 1. Uebergang in *j* zeigt *iarwan* neben *ȝearwan* Rushw.[1] = ws. *ȝierwan*, north. *ȝearwia* § 408, 1; ebenso kent. *Æthiliæardi* urk. a. 732, *Éaniardi* a. 778, *Æðelieard* a. 805 für *-ȝeard*, u. ä. Auch in jüngeren (zumal kentischen) texten kehrt *i* für ȝ bisweilen wieder, wie in *iémunȝ*, *biionȝ*, *ieteld* gl. für *ȝémunȝ* hochzeit, *biȝonȝ* begang, *ȝeteld* zelt, etc., gelegentlich so auch wieder formen wie *iarcian* bereiten (Benet) für ws. *ȝearcian*, etc.

Für die partikel *ȝe-* erscheint in solchen texten auch *i*, namentlich nach *un-*: *unilíc* ungleich, *uniwemmed* unbefleckt Hpt. gl. etc. (so schon *uniȝmetes* überaus Beow.).

Anm. 2. In späten texten fehlt öfter das ȝ vor *ĕa* und *ĕo*: *ealla*, *eador*, *éaȝlas*, *eorn*, *eoȝoð*, *éoce* für *ȝealla* galle, *ȝeador* zusammen, *ȝéaȝlas* kiefer, *ȝeorn* gern, *ȝeoȝoð* jugend, *ȝéoce* hülfe. Spätkent. erscheint umgekehrt bisweilen ein ȝ vor *ea, eo* zugesetzt, *ȝearfoðe, ȝéaðe, ȝeornest, āȝéode, fulȝéode* für *earfoðe* beschwerlich, *éaðe* leicht, *eornest* ernst, *āéode* gieng, *fuléode* half (so schon altkent. im namen *Géanberht* urk. a. 781). Beide erscheinungen erklären sich wol daraus, dass nach der accentverschiebung in *ea, eo*, § 34, anm., diese diphthonge in der aussprache mit altem *ȝea, ȝeo* zusammenfielen und daher auch graphisch nicht mehr streng von ihnen geschieden wurden.

§ 213. Im in- und auslaut nach vocalen und *r, l* wechselt die aussprache zwischen gutt. und pal. spirans nach massgabe von § 206, 2, c. e: *reȝn* regen, *riȝnan* regnen, *dæȝes* tages, *laȝu* meer, *dróȝ* zog, *beorȝan* bergen, *belȝan* zürnen. Ueber ȝe für palatales ȝ s. § 206, 3, b.

Anm. Für (palatales) ʒ nach r, l wird nicht selten, namentlich in jüngeren texten, iʒ geschrieben, wenn ein y, i oder e vorhergeht, byriʒ § 284, æbyliʒð zorn, myriʒð, miriʒð freude, für byrʒ, æbylʒð, myrʒð u. ä., auch im innern des wortes, wie fyliʒan folgen, wyriʒan verfluchen, meriʒen morgen, für fylʒan, wyrʒan, merʒen (vgl. auch § 214, 2. 4 ff.). Selten wird vor (gutturalem) ʒ ein u eingeschoben, wenn ein u vorausgeht, buruʒ für burʒ § 284.

§ 214. Der spirantische charakter des ʒ in diesen stellungen ergiebt sich aus folgenden veränderungen:

1) Nach langen gutturalen vocalen oder r, l wird (gutturales) ʒ im auslaut in jüngeren texten mehr oder weniger regelmässig zu h: ʒenóh genug, béah ring, stáh stieg; beorh berg, burh burg, sorh sorge, bealh zürnte, für ʒenóʒ, béaʒ, stáʒ, beorʒ, burʒ, sorʒ, bealʒ; ebenso auch palatales ʒ vor stimmlosen consonanten mit denen es durch synkope zusammentritt: stíhst steigst, stíhð steigt, yrhðo feigheit, für stíʒst, stíʒð, yrʒðo. Den älteren quellen fehlt dieser übergang mehr oder weniger (ganz z. b. in Ps.).

Anm. 1. Nach langem palatalvocal erscheint auslautendes h äusserst selten, wie in stíh steige, béh bog, für stíʒ, béaʒ (§ 108, 2). Etwas häufiger ist h nach kurzem vocal, wie weh wiege, imp., wœh wog, útlah friedloser, ʒetoh das ziehen, comp. wie wie lahbryce, -slite gesetzbruch, hohmód sorgenvoll, hohful eingedenk; north. namentlich in unbetonter silbe, wie in ðrítih, sextih, suinnih L für ðrítiʒ, sextiʒ, synniʒ.

Anm. 2. Seltener findet sich das h im silbenauslaut vor stimmhaften consonanten, also in formen wie áhnian besitzen, áhlœca unhold, díhlan verbergen, für áʒnian, áʒlœca, díʒlan; noch seltener nach kurzem vocal, wie in fahnian sich freuen, fuhlas pl. vögel, statt faʒnian, fuʒlas.

Anm. 3. Nur wenige texte (wie der stark kentisch gefärbte Boeth.) gebrauchen h auch für ʒ zwischen vocalen: dahum dat. pl. tagen, mahan 3. pl. können, heretoha herzog, für daʒum, maʒon, -toʒa.

Anm. 4. h + ʒ wird öfter zu hh assimiliert in dem späteren und north. (L) néhhebúr (auch néhche-, néchebúr) und ableitungen, für néahʒebúr etc. nachbar.

Anm. 5. Als vermittelnde schreibung begegnet hie und da auch ʒh: bóʒh bug, hnáʒh neigte, slóʒh schlug, déaʒhian färben, tótoʒhen zerrissen, oder hʒ: stáhʒ stieg, ðwóhʒ wusch, wihʒa kämpfer, onworihʒen enthüllt, bréhʒe dat. braue, dihʒlum dat. finster, auch nach l, wie onwealhʒe pl. integri, und öfter nach r: burhʒ burg, pl. gen. burhʒa, sorhʒian sorgen etc. — Nicht zu verwechseln mit diesen ʒh ist das feste ʒh in æʒhwilc, æʒhwœðer u. ä. aus *á-ʒi-hwilc etc., § 347, anm. 3.

Anm. 6. Ueber auslautendes ʒ für h s. § 223, anm. 1.

Zu unterscheiden ist dieser wechsel von ʒ und *h* von dem grammatischen wechsel dieser beiden laute, über den § 233 f. zu vergleichen ist.

2) Silbenauslautendes ʒ nach palatalen vocalen geht zuweilen in *i* über. Dieser übergang ist speciell kentisch und ein hauptmerkmal dieses dialektes. So schon *gréi, bodei* Ep., *méihanda* urk. a. 831, *éihwelc, Deimund* a. 832, *dei* a. 837, *meiðhád* kGl. etc. für *bodeʒ, méʒ, éʒ-, deʒ-, meʒðhád*. In ähnlicher weise findet sich auch spätws. oft *iʒ* für ʒ: *weiʒ, dœiʒ, mœiʒ* etc. für *weʒ, dœʒ, mœʒ* u. ä.

3) ʒ nach palatalen vocalen schwindet im ws. oft vor *d*, (ð), *n* unter dehnung des vorausgehenden vocals: *mǽden* jungfrau, *sǽde, ʒesǽd* § 416, anm. 3, *léde, ʒeléd* § 401, *brédan* schwingen, *strédan* zerstreuen, § 389, *-hýdiʒ* -gesinnt, für *sœʒde, leʒde, breʒdan, streʒdan, -hyʒdiʒ* etc.; *tiðian* gewähren, für *tiʒðian*; *ðénian* dienen, *ðínen* dienerin, *frínan* erfahren, *rínan* regnen, für *ðeʒnian, ðiʒnen, friʒnan, riʒnan*. Auch vor ursprünglich silbenbildendem *n* findet sich diese synkope, *wǽn* wagen, *rén* regen, *ðén* diener, für *wœʒn, reʒn, ðeʒn* (doch sind diese formen wol erst nach analogie der mehrsilbigen wie gen. *wǽnes, rénes, ðénes* entstanden). Erst später begegnet auch hie und da synkope vor *l*, wie *snǽl*, für *snœʒl* schnecke.

Anm. 7.   Fast ausnahmslos herscht die kürzung in ws. *onʒéan* wieder, *tóʒéanes* entgegen (nur einmal noch *onʒeaʒn* Cura past. H); Ps. hat nur *onʒeʒn*, R¹ meist *onʒœʒn*, einmal *onʒǽn*, das north. meist *onʒœʒn, tóʒœʒnes*, selten in L *onʒǽn*; die poesie schwankt zwischen *onʒéan* und *onʒeʒn*, *tóʒéanes* und *tóʒeʒnes*.

Anm. 8. Nach gutturalem vocal fehlt ʒ in *frunon, ʒefrunen* zu *frínan*, und *brudon, broden, stroden* zu *brédan, strédan* § 389, aber vielleicht wieder nur in anlehnung an die praesensformen mit palatalem vocal. Ebenso ist *frán* sicher nur neubildung nach dem praes. *frínan*.

Anm. 9.   In unbetonter silbe schwindet ʒ vor *n* und *l* in *holen* neben *holeʒn* stechpalme, und *finul, finule* neben seltenem altem *finuʒl, finuʒlœ* fenchel.

Anm. 10.   Zwischen consonanten fällt ʒ aus in *mornes, morne* (*merne*) gen. dat. sg. zu *morʒen* morgen.

4) *iʒe* aus *iʒi* wird öfter zu *i* contrahiert: *íl* igel, *Sílhearwan* Aethiopes, *líst, líð* liegst, liegt, *ʒelíre* ehebruch, für *iʒel,* *siʒel-, liʒest, liʒeð, ʒeliʒere*; so auch *síðe* sense, aus **siʒiðe*.

5) Die endung *-iʒ* verliert häufig ihr ʒ, zuerst im inlaut, wie *syndrie, hefie, hungrie* für *syndriʒe, hefiʒe, hungriʒe*; *menio*

für *meniʒo* menge; aber auch wort- und silbenauslautend, *œni, mœnifold, dysi,* acc. *œnine* etc. (häufig in jüngeren texten und vielleicht genauer mit gedehntem ī auszusetzen, *œnī, œnīne* u. s. w.) und selbst in betonter silbe, wie *drie* trocken, dat. *drium* etc., *āflian* vertreiben, *bléria* triefäugiger, für *driʒe, drýʒe* (§ 31, anm.), *āfliʒ(e)an, blér-iʒ(e)a*.

Anm. 11. Ebenso wird oft das *iʒ* aus *ʒ* § 213, anm. behandelt: *fylian, wyrian, merien,* auch vor consonanten, praes. sg. 3. *fyliδ,* praet. *fylide* etc.

6) Ebenso wird -*tʒ* als erstes glied von compositis bisweilen zu *i*: *stíráp* steigbügel, *stíwita, stíward* hausmeister, *swítima* conticinium, aus *stiʒráp, -wita, -weard, swiʒtima*.

7) Anlautendes *ʒ* vor *ea, eo* wird bisweilen in späteren texten ausgelassen: *ealla* galle etc., § 212, anm. 2; fast regelmässig begegnen so spätws. *middaneard* welt, *wíneard* weinberg, für *middan-, winʒeard*.

8) Nach *u* wechselt *ʒ* spätws. bisweilen mit *w*, namentlich in *suwian* schweigen, *ādrúwian* vertrocknen, für *s(w)uʒian, ādrúʒian*; nach *o* desgleichen in *ʒeswówunʒ* ohnmacht, neben *ʒeswóʒen* ohnmächtig.

§ 215. Die verbindung *nʒ* erhält ihr *ʒ* unverändert; nur tritt im auslaut dafür (und zwar schon sehr früh) öfter -*nc*, -*ncʒ*, -*nʒc* ein, z. b. *Uuihtherinc* urk. a. 811, *Cymesinc* a. 822, *Théodninʒc* a. 779, *Cásincʒ, Cillincʒ* a. 814, *Seleberhtinʒclond* a. 814, und dieses *c* etc. dringt auch in den inlaut, *swuluncʒa, ʒesomnuncʒœ* urk. a. 805—831, auch *cʒʒ, Geddincʒʒum* a. 825 (north. beispiele bei Bouterwek, North. ev. cxxxviii).

Auch inlautendes *nʒ* wird vor stimmlosen consonanten öfter zu *nc*: *brincδ* bringt, *sprincδ* springt, *strencδ* stärke, *lencten* frühling, *ancsum (anxum)* bedrängt, für *brinʒδ, strenʒδ, lenʒten* (und *lenten* Ps.), *onʒsum*.

Anm. 1. Dass auch da wo in solchem falle *nʒ* geschrieben wird, die aussprache doch *nc* war, scheint daraus hervorzugehen, dass auch für altes *nc* in dieser stellung bisweilen *nʒ* gesetzt wird: *drinʒδ* trinkt, *δinʒδ* dünkt, *δenʒδ* denkt, *stinʒδ* stinkt, für *drincδ* etc.

Bisweilen wird übrigens in entsprechender stellung auch einfaches *n* für *nʒ* wie für *nc* geschrieben, namentlich in kent. texten, wie *strenʒδ* stärke, *δenδ* denkt, für *strenʒδ, δencδ* u. ä., § 184, anm.

Es ist hieraus zu schliessen, dass das *ʒ* in der gruppe *nʒ* einen verschlusslaut bezeichnete, also zunächst eine media,

die nach § 206 entweder **guttural** oder **palatal** war; letztere
ist dann später in die palatale affricata (*dž*) übergegangen,
vgl. § 206, 4.

Anm. 2. Für altes *nʒi* und *nʒj* schreiben manche jüngere texte, die
altes *nʒ* im inlaut sonst regelmässig durch *nʒ* wiedergeben, öfter *ncʒ*, z. b.
andfencʒe angenehm, *þunwencʒe* schläfe, *ʒetincʒe* beredt, *spincʒe* schwamm;
landbiʒencʒa landmann; *ʒlencʒan* schmücken, *mencʒan* mengen u. s. w. Hier
soll das *cʒ* (vgl. § 216) vermutlich die palatale aussprache, und zwar eventuell schon die aussprache als affricata (*dž*) ausdrücken.

§ 216. Geminiertes ʒ ist zwiefachen ursprungs und hat
demnach auch zwiefachen lautwert.

1) Gewöhnlich ist es durch westgerm. gemination, § 227,
aus germ. *ʒj* entstanden, und daher im ags. sicher **palatal**.
Geschrieben wird dafür *cʒ*, welches im auslaut nicht vereinfacht
wird (§ 231); vor *a* (*o*) auch oft *cʒe*, vor *u* auch *cʒi* (§ 206, 3, b):
secʒ mann, *hrycʒ* rücken, gen. sg. *secʒes*, *hrycʒes*, nom. pl.
secʒ(e)as, gen. *secʒ(e)a*, dat. *secʒum* (*secʒium*); ferner verba wie
secʒ(e)an sagen, *licʒ(e)an* liegen, etc.

Anm. 1. Selten steht, meist nur in älteren hss., inlautendend *ʒʒ*,
auch wol *ʒc* oder *ʒcʒ*: *hryʒʒe* dat. sg., *hyʒʒean* denken, *seʒʒan*, *seʒcan* und
seʒcʒan u. dgl.; häufiger ist *cʒʒ*, namentlich in älteren ws. handschriften.

Anm. 2. Aus *dʒ* ist entstanden das *cʒ* des erst ziemlich spät belegten *micʒern* fett, für *midʒern, ahd. *mittigarni*; vgl. dazu § 196, 3.

2) Nur in wenigen wörtern ist doppel-ʒ nicht .aus *ʒj*
entstanden; in diesen wird meist *ʒʒ*, nicht *cʒ*, geschrieben:
doʒʒa hund, *froʒʒa* frosch, *hoʒcian* imminere, *flocʒian* emicare,
floʒʒettan fluctuare, *cluʒʒe* glocke, *suʒʒa* bachstelze, auch *sceacʒa*
coma, *éarwicʒa* ohrwurm. Es ist zu vermuten, dass diese
schreibung die **guttura**le aussprache dieser *ʒʒ* gegenüber den
palatalen *cʒ* andeuten soll.

3) Als aussprache der beiden gruppen ist nach der orthographie und der späteren lautentwicklung wenigstens ursprünglich die als **doppelmedia** (also als geminierter verschlusslaut)
anzusetzen; doch ist die palatale geminata *cʒ* später zu palatalen affricata (*dž*) geworden (vgl. anm. 2 und § 206, 4).

h (x).

§ 217. Anlautendes *h* ist einfacher hauch. Es steht
unbeschränkt vor vocalen, ausserdem in den verbindungen *hl*,
hr, *hn*, *hw*, die vielleicht nur als stimmlose *l*, *r*, *n*, *w* aufzu-

fassen sind (wie engl. *wh*): *hláf* brod, *hliehhan* lachen, *hræfn* rabe, *hrin͠g* ring, *hníᵹan* neigen, *hnutu* nuss, *hwǽt* was, *hwít* weiss.

Anlautendes *h* schwindet in *nabban* aus *ne habban* § 416, anm. 1 (so auch north. L *booflic* neben *behóflic* notwendig), im zweiten glied einiger alter composita, wie *ánlíepe* einzeln (altn. *einhleypr*), *wǽlréow* neben *wǽlhréow* grausam (dazu formen wie *ifiᵹ* epheu, *lícuma* leichnam, *ondettan* bekennen, aus *if-hēᵹ, líc-homa, *ond-hātjan* u. ä., vgl. § 43, anm. 4 und die pronomina § 343. 348, 2) und zusammengesetzter eigennamen, wie *Waldere*, und später oft *Ælfere*, *Ælfelm*, *Ealdelm* für *Ælfhere*, *Ælfhelm*, *Ealdhelm* etc.

Anm. 1. Bisweilen fehlt ausserdem anlautendes *h* in älteren hss., *æfde*, *wæt*, *rinᵹ* für *hæfde*, *hwæt*, *hrinᵹ* und umgekehrt wird bisweilen ein *h* vorgesetzt, *hierre*, *hæmeteᵹ*, *hláréow* für *ierre*, *æmeteᵹ*, *láréow* (ws. beispiele bei Cosijn, Taalk. Bijdr. II, 130, kent. bei Zupitza, ZfdA. XXI, 12 north. bei Bouterwek, North. ev. CXL f.). Wirkliches schwanken der aussprache herscht jedoch nur bei dem verbum *hweorfan* und ableitungen, und häufiger bei *hræð* schnell, adv. *hraðe*, welche sowol mit *h* als mit *w* bez. *r* alliterieren (vgl. Rieger, Verskunst 9).

Anm. 2. In einigen jüngeren texten beginnt das *h* vor consonanten zu schwinden, *láford*, *rinᵹ*, *réat*, für *hláford*, *hrinᵹ*, *hréat*. Vereinzelt trifft man auch auf schreibungen wie *whæt*, *ᵹewhǽde*, *rhiᵹᵹe*, für *hwæt*, *ᵹehwǽde*, *hrycᵹe*.

Anm. 3. Als name für das *h* begegnet in einem alphabet des 11. jahrh. *ache*, Wanley, Catalogus p. 247.

§ 218. **Inlautendes einfaches *h* und altes *hw* vor vocalen schwindet.**

1) Geht dem *h* ein consonant voraus, so wird bei dem ausfall des *h* der vorhergehende vocal gedehnt; doch erscheint daneben bei flectierten wörtern vielfach auch kürze, wahrscheinlich durch anlehnung an formen mit nicht gedehntem vocal; also z. b. *feorh* leben, *mearh* ross, *Wealh* Welscher u. ä., § 242, gen. *féores* und *feores*, nom. acc. pl. *méaras, Wéalas* und *mearas, Wealas*; oder 3. sg. *-filhð*, inf. *féolan* verbergen § 387, anm. 2, oder *ðýrel* und *ðyrel* loch (vermutlich aus *ðýrel* — *ðyrles* für urspr. *þyrhil* — *þyrhles*, etc.

Anm. 1. Feste länge haben *fíras* pl. menschen (zu *feorh*), und *swira*, *swiora* (später *swéora*) nacken (daneben ws. auch *swura* mit unsicherer quantität), wenn dies auf urspr. *swirh- etc. zurückgeht (vgl. aber altn. *svíri* gegen *firar* menschen, u. ä.). Ferner einige ebenso behandelte ursprüngliche composita: *óret* kampf, nebst ableitungen, *ónettan* anreizen, § 43, anm. 4 (daneben vereinzelt auch formen wie *orrettan, orretscipe*), *ífiჳ* epheu (aus *if-hēჳ). In *eofot* streit (aus *ef-hāt), *eofolsian* lästern (aus *ef-hālsian), § 43, anm. 4, weist dagegen das *eo* vielleicht auf kürze hin (danach north. *ébalsia* etc. L?).

Anm. 2. Auf erhaltung der kürze weisen auch einige flexionsformen, wie *moru* möhre, § 278, anm. 1, *ðweoru* nom. sg. f. und nom. acc. pl. n. zu *ðweorh* quer, § 295, anm. 1, auch das verbum *ðwyrian* für *þwiorhjan § 400, anm. 1.

2) Treten durch den ausfall des *h* vocale zusammen, so erfolgt meist contraction (§ 110 ff. 166): *feoh* vieh, gen. *féos* § 242, *héah* hoch, pl. *héa* § 295, anm. 1 etc.; vgl. ferner die verba contracta § 373, wie *séon* sehen, got. *saiƕan*, und vieles ähnliche.

Anm. 3. In den ältesten texten wie Ep. ist das *h* in beiden fällen noch öfter erhalten, *thóhœ, wlóhum, rýhœ, furhum* = ws. *ðó, wló(u)m, réo, fúrum*. Dagegen liegen in späteren formen wie *horhihte* schmutzig, neben älterem *horwehte* neubildungen vor (nach nom. *horh* § 242, anm. 4). Ueber north. *ჳenéhwia* nähern, s. § 222, anm. 4.

§ 219. Dagegen ist inlautendes *h* im allgemeinen in der gemination und vor stimmlosen consonanten erhalten. Man pflegt anzunehmen, dass es hier als gutturale bez. palatale spirans, wie deutsches *ch* in *ach* und *ich*, zu sprechen sei.

§ 220. Geminiertes *hh* ist nicht häufig: *ჳeneahhe* eifrig, *siohhe* seihe, *tioh*, gen. *tiohhe* reihenfolge, *tiohhian* anordnen, (*h*)*reohhe* ein fisch, fannus, *ჳeohhol* julmonat (neben *ჳéola*), *c*(*e*)*ahhettan* krächzen, *cohhettan* husten, *wuhhunჳ* wut, *pohha* tasche, *crohha* krug, *scocha* lenocinium Ep., *hliehhan* § 382, 4, north. *œhher* § 289, *tœhher* zähre (vgl. § 222, anm. 4).

Anm. 1. Die hss. setzen nicht selten einfaches *h* statt *hh*, *ჳeneahe, ჳeohol, eher, hreohe, wuhunჳ, hlihan*, auch wol *ch*, *hreoche, hlichan* (Ælfr. gr.), und namentlich in der älteren zeit oft *hch*, *Æhcha* urk. a. 700—715, *tio(h)chian, pohcha* Cura past.

Anm. 2. Neben *pohha* und *crohha* begegnen auch (namentlich anglisch?) die formen *pocca* und *crocca*; zu *scocha* vgl. *scucca* verführer.

§ 221. Die alten verbindungen *ht* (§ 232) und *hs* bleiben meist erhalten:

1) *ht* ist häufig, *eahta* acht, *ryht* recht, *ðóhte* dachte, und ähnliche praeterita § 407, *beorht* glänzend, etc.

Anm. 1. Die ältesten quellen setzen oft latinisierend *ct* für *ht*: *ambect, ჳifect, uuyrcta* Ep., *mœcti, dryctin* Cædm., daneben *cht*: *ambechtœ*, *sóchtæ* Ep., und *htt, Cyniberhttæ* urk. a. 736, *Éanberhttæ* a. 755—757, *almechttiʒ* Ruthw. Doch lässt sich auch einfaches *ht* schon zu beginn des 8. jahrh. aus den urkk. belegen. Sehr späte texte führen vereinzelt wieder *cht* ein, *tǽchte* lehrte, *ǽlmichtiʒ* allmächtig, etc., auch trifft man vereinzelt *ʒt*, wie *forʒtian* fürchten.

Ueber den wechsel von *ht* und *ct* in praeteritis wie *órycte* und *óryhte* s. § 407, b.

Anm. 2. Gelegentlich fällt das *h* aus, namentlich nach *r*, *fortian*, *wyrta* für *forhtian*, *wyrhta*.

2) Für altes *hs* wird *x* geschrieben, *feax* haar, *weaxan* wachsen, *siex* sechs, *miox* mist, *wrixlan* wechseln, *oxa* ochse, *óxn* achselhöhle, zu got. *fahs, wahsjan, maihstus* etc.

Ausgefallen ist das *h* in *néos(i)an* heimsuchen (got. *niuhsjan*, alts. *niusón*), *ðísl, ðísle* deichsel (neben altem *ðíxl* Erf. Corp.; ahd. *díhsila*), *wǽsma, wǽstm* wachstum (zu *weaxan*), north. *sesta, seista* der sechste.

Anm. 3. Auch für *x = hs* begegnen die für *x = cs* § 209, anm. besprochenen variationen der schreibung wie *hx, xs, hs,* z. b. *weahxan*, praes. 3. sg. *wihxð*, praet. *wéohx; meohx, oxsa, weahsan* etc.

Anm. 4. Auch *hs* das erst durch vocalsynkope entstanden ist, § 222, 1, wird öfter durch *x* ausgedrückt: *syxt* (*syxst* etc.) du siehst, für *siehst*, § 374, namentlich begegnet so ziemlich oft spätws. *néxta* der nächste, § 313.

§ 222. 1) Ausserdem erhält sich im ws. und kent. das *h* (= altem *h* und *hw*), wenn durch vocalsynkope ein stimmloser consonant dahinter tritt. Die hauptfälle sind die superlative wie *híehsta, níehsta* § 310, die abstracta auf -*ðu*, wie *híehðu* höhe, *fǽhðu* feindschaft § 255, 3, und die 2. 3. sg. ind. praes. der starken verba contracta wie *féhst, féhð* von *fón* (got. *fáhan*), *siehst, siehð* von *séon*, got. *saíhvan*, § 374 (im gegensatz zu schwachen verbis, wie 2. 3. sg. *ðýst, ðýð* zu *ðýn* drücken, § 408, 4). Ueber die angl. formen s. § 166, 6.

Erst spät fällt das *h* hier bisweilen nach *r* aus: *ferð* leben, statt *ferhð* (dazu auch formen mit *ðð*, wie gen. *ferðdes* etc.).

2) Dagegen schwindet das *h* zwischen vocal und stimmhaftem consonanten, namentlich *l, r, m, n*: *ðwéal* bad (got. *þwahl*), *stíele, stýle* stahl (zu ahd. *stahal*), *héla* ferse (zu *hóh* ferse), *fléam* flucht (zu *fléon* § 384, got. *þliuhan*), *léoma* licht (zu got. *liuhaþ*), *ýmest* der oberste (got. *auhmists*), *lǽne* vergänglich (alts. *léhni*), *ʒesíene* (kent. angl. *ʒeséne*) sichtbar (st.

**sáhnia-* zu got. *saiƕan* sehen), *betwéonum* zwischen (zu got.
tweihnai); vgl. ferner die flexion der adjectiva auf *h*, wie *wóh*
§ 295, anm. 1: acc. sg. m. *wóne*, gen. dat. sg. f. *wóre*, gen. pl.
wóra für *wóhne* etc.; compar. *hiera* zu *héah* § 307 u. s. w.

Anm. 1. Dieselbe erscheinung findet sich oft auch bei compositis,
vgl. z. b. bildungen wie *héalic* hoch, *ʒemálic* ungestüm, *néalic* nahe, *néalǽcean* nahen, *pléolic* gefährlich, *tólic* zähe, *wólic* böse, zu *héah*, *ʒemáh*,
néah, *pleoh*, *tóh*, *wóh*; *éorisc* binse, *éorod* reiterei, *Éomǽr* npr., zu *eoh*
pferd; *héanis* höhe, zu *héah*, *néawest* nähe, zu *néah*, *áwer*, *ówer* § 321,
anm. 2, *áwðer*, *ówðer* § 346, zu *hwǽr*, *hwœðer*; *Pléowald* npr., zu *pleoh*;
Héaberht npr., *héadéor*, *héador* hirsch, zu *héah*; ähnlich *rádor* iuvenca, aus
ráhdéor; ws. *wiobud*, *wéobud* altar (weiter verändert *wéofud*) für *wiohbed
(Ps. R¹ R² *wibed* (neben *wifod*, *wéofud* R¹) für *wihbed nach § 165, 2; daneben kPs. L Rit. Beda *wiʒbed*). — Vor *f* begegnet dieselbe ausstossung in
héafre, *-u*, aus *héahfore*, *-u*, north. *héhfora* junge kuh.

Anm. 2. Bei *héah* findet sich häufig verdoppelung des *n*, *r* bei ausfall des *h*, acc. *héanne*, abl. *héannis*, gen. pl. *héarra*, compar., *hierra* § 307.

Anm. 3. Nicht selten wird in etymologisch durchsichtigen formen
das *h* durch analogiebildung wiederhergestellt, vgl. formen wie *héahne*,
hiehra, *héahnis* u. dgl.

Anm. 4. Die ältesten texte zeigen auch in dieser stellung das *h*
noch einige male erhalten: *thuachl* Ep., *ðhuehl* Corp., *bituíchn* Erf., ebenso
noch das spätere north., vor *l* in gen. *ðuahles*, *fihles* panni L; vor *w* in
ʒenéhwiʒa nähern L, vor *r* in *œh(h)er* ähre, *tœh(h)er* zähre, § 220. Die
häufige doppelsetzung des *h* in den beiden letzten wörtern lässt hier eine
gemination der urspr. einfachen *h* vor *l*, *w*, *r* vermuten, s. § 228.

§ 223. Durchgehends erhalten bleibt endlich das *h* im
auslaut: *feoh* vieh, geld, *héah* hoch, *wóh* böse, *rúh* rauch;
téoh zieh; nach consonanten *sulh* pflug, *Wealh* Wälscher, *feorh*
leben, *furh* furche. Ebenso *h* für altes *hw*, wie in *seah* sah,
got. *saƕ*, etc. Erst in späteren texten finden sich auch formen
wie *sul*, *Weal* (oder *súl*, *Wéal*, vgl. Beitr. XI, 559), die nach
dem muster der mehrsilbigen formen, § 218, gebildet sind.

Anm. 1. In den ältesten quellen steht hier öfter *ch*, z. b. *t(h)rúch*,
tóch, *elch*, *salch*, *thorch* Ep.; später hie und da *ʒ* (vgl. § 214, 1), wie
feorʒ, *horʒ*, *mearʒ*, *þurʒ* für *feorh*, *horh*, *mearh*, *ðurh*, u. dgl.

Anm. 2. Bisweilen erscheint ein unorganisches *h* am wortende, wie
in spätws. *fréoh* frei, *éoh* eibe, *bléoh* farbe, für *fréo*, *éo*, *bléo*. Dieses *h* ist
nach dem muster solcher paare wie *feoh* — *féos*, *héah* — *héas* § 218, 2
eingeführt.

Capitel II. **Allgemeines über die ags. consonanten.**

1) Veränderungen im auslaut.

§ 224. Stimmhafte geräuschlaute scheinen im auslaut stimmlos zu werden; doch überwiegt durchaus die etymologische schreibung, welche denselben consonanten am ende · wie in der mitte des wortes erscheinen lässt (wie im neuhochdeutschen). Man findet also nur vereinzelt, und meist nur in sehr alten quellen, formen wie *lamp* für *lamb* kGl., *felt* urk. a. 662—693, *Wulfhát, Peohthát* a. 794 für *feld, -hád*; north. beispiele bei Bouterwek, North. ev. cxlv (ein vereinzelter rest von *t* für *d* auch in späterer zeit ist *sint* für *sind*; über die 3. personen auf *-t* statt *-ð* s. § 357. 360); häufiger ist *-nc* für *-nʒ*, s. die beispiele § 215, und sehr geläufig das *h* für spirantisches ʒ, s. § 214, 1. Bei *f*, (*s*), *ð* entzieht sich etwaiger wechsel der aussprache der beobachtung, da dasselbe zeichen für stimmlosen wie stimmhaften laut steht.

Anm. Ueber die behandlung der geminaten im auslaut s. § 231.

2) Gemination.

§ 225. Im ags. kommen alle consonanten ausser *j* und *w* verdoppelt vor (über *cʒ* für ʒʒ s. § 216). Dem ursprunge nach gehören diese geminaten teils dem germanischen, teils dem westgermanischen, teils erst dem ags. selbst an.

§ 226. Germanische verdoppelung findet sich häufig bei *ll* (*eall* all, *feallan* fallen, *full* voll), *rr* (*steorra* stern, *feorran* fern), *nn* (*onʒinnan* beginnen, *mon, monnes* mensch), *mm* (*swimman* schwimmen, *hwom, hwommes* winkel) und *ss* (*ʒewis* gewiss, *wisse* wusste, *cyssan* küssen, vgl. § 232); seltener bei *kk* (*bucca* bock, *loc, locces* locke, *stoc, stocces* stock), *tt* (*sceat, sceattes* münze) und *pp* (*crop, croppes* kropf, *top, toppes* scheitel, *hnæp, hnæppes* napf). Zweifelhaft, ob bereits germanisch, ist *þþ* in *oððe* oder (got. *aiþþau*, aber alts. *efðo*, fries. *ieftha*) und *moððe* motte (north. *mohðe, -a*). Selten und zum teil zweifelhaft sind auch germanisch *ff, hh*; *bb, dd, gg*.

§ 227. Westgermanische gemination vor *j*: Alle einfachen consonanten ausser *r* werden nach kurzem vocal

8*

durch folgendes *j* in den westgermanischen sprachen geminiert.
So entspricht dem got. *saljan, skapjan, satjan, rakjan* alts.
sellian, skeppian, settian, rekkian, und ags. mit wegfall des *j*
nach § 177 *sellan, scieppan, settan, recc(e)an*. Urspr. *hj* erscheint so als *hh* in *hliehhan* lachen, urspr. *þj* als *ðð* in *ryðða*
rüde, *smiðð*e schmiede, *sceðð*an schädigen (got. *skaþjan*) u. s. w.
(*pæðð*an gehen, *stæðð*an festigen, haben möglicherweise altes
þþ). Für *fj* tritt jedoch *bb* ein: *hebban* heben, zu got. *hafjan*,
für *gj* natürlich *cʒ*, *lecʒ(e)an* zu got. *lagjan*. Dagegen heisst
es ohne gemination *here, herʒes* heer, *werian* wehren, *nerian*
retten, *herian* preisen, = got. *harjis, warjan, nasjan, haʒjan* etc.

<small>A n m. 1. Zahlreiche beispiele dieser verdoppelung bietet die flexions-
lehre z. b. bei den *jo-* und *jā-*stämmen § 247. 258, adj. § 297, bei den
schwachen verbis erster und dritter klasse § 400 ff. 415, u. s. w.</small>

<small>A n m. 2. Ueber den wechsel von formen mit geminata und einfachem
consonanten in der flexion der mit *jo-* abgeleiteten verba s. § 410.</small>

§ 228. Eine ähnliche gemination von *t, c, p, h* zeigt sich
im ags., doch wechselnd mit einfachem consonanten, in einigen
wörtern vor ursprünglich folgendem *r* und *l*: *bittor* bitter,
snottor klug, *wæccer* wachsam, north. *æhher* ähre, *tæhher* zähre
(vgl. § 222, anm. 4); *æppel* apfel, neben *bitor, snotor, wacor,
éar, téar* (aus **ahur, *tahur* § 111, 2), *apuldre* apfelbaum, vgl.
got. *baitrs, snutrs, ahs, tahrjan*; so auch, doch wol nicht in den
älteren quellen, da wo das *r, l* erst durch synkope zu dem
consonanten herangetreten ist, wie in *bettra* neben *betra* melior
(got. *batiza*), *miccles* neben *micles* zu *micel* gross (got. *mikils*).

<small>A n m. Dies schwanken beruht vermutlich darauf, dass die *r, l* vor
dem eintritt der gemination z. t. silbisch und weiter zu *-ur, -ul* etc. geworden waren (§ 138 ff.); als älteste flexion ist so z. b. nom. *bitur* (aus
*bitr), gen. *bittres, téar* (aus **tahur*), gen. *tæhhres* u. s. w. anzusetzen,
woraus dann später die doppelformen *bittur — bittres* und *bitur — biteres*
u. s. w. erwuchsen.</small>

§ 229. Nach langem vocal findet eine solche gemination
vor *r* in den ältesten quellen nicht statt; erst später tritt auch
hier besonders *tt* und *dd* auf, wahrscheinlich zugleich mit verkürzung des vocals: *ædre* ader, *blædre* blase, *nædre* natter,
módrie matertera, werden zu *æddre, blæddre, næddre, moddrie*;
ebenso wechseln *átor* gift, *hlútor* lauter, *túdor* nachkommen-
schaft, *fódor* futter, *módor* mutter u. ä. mit *attor, hluttor, tuddor,*

foddor, moddor, in denen das *tt, dd* zunächst in den casus ohne mittelvocal (§ 144) wie *átres* etc. entstanden ist.

Noch jünger sind geminationen anderer consonanten, in formen wie *riccra, deoppra* etc. von *ríce* reich, *déop* tief.

§ 230. Noch andere geminaten entstehen im ags. durch zusammenrücken zweier ursprünglich getrennter consonanten. Dahin gehören, abgesehen von dem zusammentreffen gleicher end- und anfangsconsonanten bei der composition, namentlich die *tt* aus *tþ, dþ* § 201,4 und die *tt* und *dd* der schwachen praeterita § 404 f.

Anm. 1. In einigen wörtern zeigt sich geminata neben einfachem consonanten ohne deutlich sichtbaren grund, namentlich in dem schon sehr alten *reccean* sich kümmern, neben *récean;* ferner in *liccettan* neben *licettan* heucheln. — Nur der späteren sprache gehören die verdoppelungen in *wissian* weisen, *scynnes* verführung, *þrinnes* dreieinigkeit, *þreottýne* dreizehn, *þrittiȝ* dreissig, *tydde* lehrte, etc., für älteres *wisian, scienes, ðrínes, dríotíene, ðrítiȝ, týde* u. s. w.

Anm. 2. Im north. sind unorganische (aber wol nur graphische) geminationen sehr verbreitet: *eatta* essen, *cymma* kommen, für *cyma* u. ä.

§ 231. Vereinfachung von gemination tritt namentlich in folgenden fällen ein:

1) Gewöhnlich im **wortauslaut**, vgl. formen wie *eal, feor, mon, swim, sib, sceat, bed, sæc, teoh* mit *ealles, feorran, monnes, swimman, sibbe, sceattes, beddes, sæcce, teohhe;* indessen wird die regel oft vernachlässigt, man schreibt oft auch *eall, monn, upp, sib, bedd, bliss* u. dgl. Die einzelnen denkmäler weichen hierin stark von einander ab.

cȝ bleibt auch im auslaut, *secȝ* wie *secȝes,* § 216.

2) Ebenso meist im **silbenauslaut** im wortinnern: *ealre, ealne, midne, nytne* zu *eal(l), ealles; mid(d), middes; nyt(t), nyttes; cyste* praet. von *cyssan.* Doch findet sich auch hier oft *eallre, eallne* u. dgl.

3) Sehr oft nach **consonanten** in der composition, wie *eorlic* männlich, *emniht* solstitium, *feltún* (für **felttún* aus **feld-tún*) kloake, *ȝeornes* begierde, *wildéor* wild, *wyrtruma* wurzel, *wyrtún* garten, *ȝærstapa* heuschreck, für *eorl-lic, emn-niht, ȝeorn-nes, wild-déor, wyrt-truma, wyrt-tún, ȝærs-stapa.*

Anm. 1. Ausserhalb der composition tritt dieser fall nur ein bei metathese eines *r,* wie in *burna* brunnen, *beornan* brennen, *iernan* laufen, *hors* ross, gen. *horses* etc., § 179. Hier ist vereinfachung durchaus regel, nur die ältesten texte haben noch einige ganz vereinzelte formen wie *burnna, irnn, horssum, cœrssan* (zu *cœrse* kresse).

Anm. 2. Auch nach langem vocal oder diphthong findet sich gelegentlich vereinfachung, wie in *rúmodlic, rúmedlic* grossherzig, für *rúmmódlic*; spätws. *ʒeléaful* gläubig, für *ʒeléafful.*

4) In der späteren sprache sehr gewöhnlich nach unbetonter silbe; z. b. in fällen der composition wie *atelic* schrecklich, *swutolic* deutlich, *díʒelic* heimlich, *sinʒǽlic* fortwährend, für *atollic, swutollic, díʒollic, sinʒǽllic.* Für die flexionslehre kommt diese regel besonders in betracht für die ableitungen mit *nn, ll, tt, rr,* wie die neutra wie *wésten* und *bœrnet* § 248, 2 nebst anm. 2, die feminina wie *condel* und *byrðen* § 258, 1 nebst anm. 3, die verba wie *bliccettan* § 403, anm. 2, gen. *wéstennes, bœrnettes, condelle, byrðenne* und später *wéstenes, bœrnetes, byrðene,* inf. *bliccetan* etc.; die comparative auf *-erra, -era* wie *œfterra, œftera* § 314, anm. 1, ferner für den acc. sg. m. der mehrsilbigen adjj. auf *-en* und der starken partt. praet., wie *ʒyldenne, ʒeslæʒenne,* später *ʒyldene, ʒeslæʒene,* und die *r-* casus der mehrsilbigen adjectiva und pronomina auf *-r* und *-re,* wie gen. pl. *fœʒerra, óðerra, éowerra, sýferra,* später *fœʒera, óðera, éowera,* § 296, anm. 2, u. dgl.

Anm. 3. Die doppelschreibung wird in solchen fällen traditionell vielfach auch in den zeiten fortgeführt, wo sicher bereits einfache aussprache des consonanten herschte. Gelegentlich wird demnach auch irrtümlich geminata für ursprünglich einfachen consonanten gesetzt, wie in *forenne* vorne, *ufenne* von oben, *áʒennes* gen. eigenes, und namentlich oft im acc. sg. m. von *cucu* lebendig, *cuconne* etc. § 303, anm. 1, für *forene, ufene, áʒenes, cucone* u. s. w.

3) Die gruppen *ft, ht, st, ss.*

§ 232. Bereits für die germ. grundsprache galt das gesetz: Alle labiale bez. gutturale + *t* werden zu *ft* bez. *ht;* dagegen wird dental + *t* entweder zu *st* oder zu *ss.* Beispiele aus dem ags. sind: a) für *ft: scieppan* schaffen, *ʒesceaft* geschöpf; *ʒiefan* geben (d. h. *ʒieƀan* § 192, 2), *ʒift* gabe; *ðurfan* dürfen, *ðearft, ðorfte* § 422, 6; — b) für *ht: hycʒan* hoffen, *hyht* hoffnung; *áʒan* haben, *maʒan* können, 2. sg. *áht, meaht* § 420, 2. 424, 10, subst. *meaht* macht; namentlich aber die schwachen praeterita § 407. — c) für *st: wát* weiss, 2. sg.

wást; *líðan* gehn, *lást* weg; *hlaðan* laden, *hlæst* last; — d) für
ss: *witan* wissen, praet. *wisse*, part.-adj. *ʒewis(s)* gewiss; *cweðan*
sprechen, *ondcwis(s)* antwort; *sittan* sitzen, *sess* sitz.

Diese regel hat keine anwendung auf die fälle wo *t* oder
irgend ein anderer dental erst im ags. selbst durch synkope
hinter einen labial, dental oder guttural tritt; vgl. z. b. die
schwachen praeterita und partt. praet. § 404, 4. 406 nebst
anm., oder die abstracta auf *-ðu*, § 255, 3, u. dgl.

4) Der grammatische wechsel.

§ 233. Unter 'grammatischem wechsel' versteht man einen
bereits in der germ. grundsprache ausgebildeten und nach bestimmten gesetzen geregelten wechsel der inlautenden stimmlosen spiranten *s, f, þ, h* mit den entsprechenden stimmhaften,
die man mit *z, ƀ, ð, ʒ* bezeichnen kann; für *hw* erscheint als
wechselform *w*, in gewissen fällen auch *ʒ*. Nicht dem wechsel
unterworfen waren die gruppen *ss, st, sp, sk, ft, ht*.

Anm. Die erklärung dieses wechsels ist von K. Verner gefunden
(Kuhn's Zeitschr. XXIII, 97 ff.). Nach dessen gesetz trat der stimmhafte
spirant überall da statt des stimmlosen ein, wo der nächstvorhergehende
vocal in der ursprünglichen indogermanischen betonung nicht den haupt-
ton trug.

§ 234. Im ags. sind die alten paare ein wenig verschoben
dadurch dass einige der laute veränderungen erfahren haben.
Es ist nämlich *hw* zu einfachem *h* geworden (vgl. § 222 f.)
und oft wie dieses geschwunden (§ 218); von den stimmhaften
ist *z* in *r*, das alte germ. *ð* (nicht mit dem ags. *ð = þ* § 199
zu verwechseln) zu *d* geworden, und der *ƀ*-laut wird in der
schrift gewöhnlich nicht von *f* unterschieden (§ 192).

Es bleiben also für das ags. nur die vier paare *s—r,*
þ—d, h—ʒ (*h—nʒ* nach § 186, anm. 4) und *h—w* übrig. Beispiele dafür sind: a) für *s—r*: *ʒlæs* glas, *ʒlæren* gläsern; *céosan*
wählen, *céas, curon, coren* § 384, subst. *cyre* wahl; *durran*
§ 422, 7 wagen, *dearst, dorste*; adj. *ʒedyrstiʒ* mutig. — b) *þ—d*:
cweðan sprechen, *cwæð, cwædon, cweden* § 391, *cwide* spruch;
líðan gehen, *-lida* gänger; — c) *h—ʒ*: *sléan* schlagen, *sliehst,*
sliehð, slóʒ, slóʒon, slæʒen § 392, 2, *sleʒe* schlag, *-slaʒa* schläger;

ðéon gedeihen, ðáh, ðunʒen § 383, anm. 3; — d) *h—w*:
séon sehen (got. *saíƕan*), *siehst, siehð, seah, sáwon, ʒesewen*
§ 391, 2.

Anm. Nicht immer sind ausserdem im ags. die alten stufen erhalten;
oft ist einer der beiden im wechsel stehenden consonanten mehr oder
weniger verallgemeinert. Soweit diese verschiebungen die flexion betreffen,
ist auf sie in der formenlehre rücksicht genommen worden.

Flexionslehre.

1. Abschnitt.

Declination.

Capitel I. **Declination der substantiva.**

A) Vocalische (starke) declination.

1. Die *o*-declination.

§ 235. Die ags. *o*-declination umfasst masculina und neutra. Sie entspricht der griechisch-lateinischen zweiten oder *o*-declination (griech. masc. -ος, ntr. -ον, lat. -*us*, -*um*). Die zugehörigen feminina bilden die *ā*-declination.

Anm. Gewöhnlich bezeichnet man die *o*-declination im germ. als *a*-declination, weil das alte *o* im germ. zu *a* geworden ist, ehe es abfiel u. dgl. (§ 45, 4). Doch dürfte es zweckmässiger sein, bei der namengebung diejenige gestalt massgebend sein zu lassen, welche der auslautende stammvocal in der gemeinsamen indog. grundsprache hatte.

Als unterabteilungen der *o*-stämme sind aufzustellen a) reine *o*-stämme; b) *jo*-stämme; c) *wo*-stämme, da die beiden letzteren gruppen in einigen casus von den reinen *o*-stämmen abweichen.

§ 236. Die endungen der masculina und neutra sind dieselben in allen casus ausser dem nom. acc. pl. Wir behandeln deshalb beide geschlechter zusammen.

Anm. Im north. schwankt öfter das geschlecht zwischen masc. und neutr., vgl. auch § 251, anm. In den anderen dialekten ist dieser geschlechtswechsel viel seltener und auf einige bestimmte wörter eingeschränkt.

§ 237. Die endungen der *o*-stämme sind:

<table>
<tr><td>Singular.</td><td colspan="2" align="center">Plural.</td></tr>
<tr><td></td><td align="center">masc.</td><td align="center">ntr.</td></tr>
<tr><td>N. A. V. — (-*e*; -*u*, -*o*)</td><td align="center">-*as*</td><td align="center">-*u*, —</td></tr>
<tr><td>G. -*es*</td><td colspan="2" align="center">-*a*</td></tr>
<tr><td>D. -*e*</td><td colspan="2" align="center" rowspan="2">} -*um*</td></tr>
<tr><td>I. -*e*</td></tr>
</table>

Die eingeklammerten -*e*; -*u*, -*o* im nom. acc. sg. sind die endungen der *jo*- und *wo*-stämme, vgl. § 246. 249.

Anm. 1. In den ältesten quellen geht der gen. sing. regelmässig, und später bisweilen in R¹ und north., auf -*æs* aus, *dómæs* etc.; dafür in R¹, north. und vereinzelt spätws. auch -*as*, *heofnas* (spätws. *heofonas* etc.). Ueber späteres -*ys* (dafür auch hie und da -*is*) s. § 44, anm. 2.

Ein umgelauteter gen., der auf urspr. -*is* weist, findet sich in dem altkent. *ǽnes* adv. u. gen.; vgl. auch § 100, anm. 5.

Anm. 2. Dat. und instr. sg. sind in den meisten texten zusammengefallen; in den ältesten texten geht dagegen der dat. auf -*æ*, der instr. (wahrscheinlich ursprünglich ein localis) auf -*i* aus: *dómæ*: *dómi* (Beitr. VIII, 324 ff.); für *i* begegnet gelegentlich später *y*, *folcy* etc., in R¹ Rit. auch vereinzelt -*æ*. Der instr. scheint ursprünglich *i*-umlaut gehabt zu haben, vgl. die isolierte form *hwéne* zu *hwón* n. kleinigkeit, den adj. instr. *ǽne* von *án* ein, § 324, 1.

Endungslose datt. locc. sg. liegen vor in *hám* (sehr selten *háme*) zu *hám* m. heim, und den adverbialen formeln *tó dæg* heute (älter *tó dæge*; später auch *ǽlce*, *hwilce*, *sume*, *óðre dæg* u. ä.), *tó morʒen*, *merʒen* morgen, *tó ǽfen* abends.

Anm. 2. Im nom. pl. haben viele mascc. dieser declination north. auch die schwache endung -*o* (-*a*, -*e*), *ʒástas* und *ʒásto* etc.; in R¹ erscheint ebenso bisweilen -*a*. — Im wests. tritt in sehr späten texten öfter -*es* statt -*as* ein.

Anm. 4. Im north. wird der gen. pl. oft nach art der *n*-stämme auf -*ana*, -*ona*, -*ena* gebildet, *daʒana*, -*ona*, *liomana* zu *dæʒ*, *lim*; R¹ hat neben -*a* auch -*æ*, -*e* und -*ana*. — Auch in späten ws. texten finden sich öfter genetive auf -*ena*, -*ana*.

Eine seltene (auch north.) nebenform der endung -*a* ist -*o*, wie *léohtfato*.

Anm. 5. Im nom. acc. pl. der neutra ist -*u* die ältere, -*o* die jüngere form. Spätws. tritt dafür gewöhnlich *a* ein. Ps. hat fast nur -*u*, R¹ -*u* und selten -*a*, -*e*, north. meist -*o*, daneben nicht selten auch -*a*; alle drei endungen kommen north. auch bei denjenigen neutris vor, welche in den übrigen dialekten endungslos sind (§ 238).

Anm. 6. Das -*um* des dat. pl. geht später in -*un*, -*on*, -*an* über, vgl. § 293, anm. 2; dies gilt für alle declinationsklassen.

a) Reine o-stämme.

§ 238. Paradigmen der masculina: *dóm* urteil, gericht, der neutra: *hof* hof, und *word* wort.

masculina:		neutra:	
Sing. N. V. A. dóm		hof	word
G. dómes		hofes	wordes
D. dóme		hofe	worde
I. dóme		hofe	worde
Pl. N. V. A. dómas		hofu, -o	word
G. dóma		hofa	worda
D. dómum		hofum	wordum

Wie *dóm* flectieren zunächst die einsilbigen masculina, wie *hof* die einsilbigen neutra mit kurzer, wie *word* die mit langer wurzelsilbe.

Anm. 1. In einigen spätws. texten nehmen die langsilbigen neutra im nom. acc. pl. öfter die endung der kurzsilbigen an, *wordu, weorcu* etc.

Anm. 2. Die wörter auf *-els*, wie *brídels* zaum, *fǽtels* beutel, *ȝyrdels* gürtel, *ríecels* weihrauch, sind gewöhnlich m., selten n.

§ 239. Zu dieser declination gehört im ags. eine grosse anzahl von wörtern, darunter nicht wenige, welche aus anderen declinationen in sie übergetreten sind (namentlich langsilbige alte *i-* und *u*-stämme, vgl. § 264 f. 273).

1) Vollkommen regelmässig gehen nur diejenigen wörter, welche unveränderlichen endconsonanten und einen (ausser gegen den hier nicht mehr in betracht kommenden *i*-umlaut) indifferenten wurzelvocal haben. Solche wörter sind:

a) für's masculinum *áð* eid, *hæft* gefangener, *helm* helm, *hrinȝ* ring, *wulf* wolf, *earm* arm, *eorl* mann, *múð* mund, *dréam* jubel, etc.

b) für's neutrum α) kurzsilbige *col* kohle, *dor* tor, *ȝeoc* joch, *loc* verschluss, hürde, *hop* schlupfwinkel, *lot* schlauheit, *sol* kotlache, *spor* spur; β) langsilbige: *bán* knochen, *bearn* kind, *déor* tier, *fýr* feuer, *ȝód* gut, *líc* körper, *wíf* weib, etc.

2) Wörter, deren wurzelsilbe auf eine geminata ausgeht, vereinfachen diese in den endungslosen casus nach massgabe von § 231, z. b. m. *weal(l)* wall, *hwom(m)* winkel, n. *ful(l)* becher, gen. *wealles, hwommes, fulles* etc.

Für die sonstigen hierherfallenden wörter gelten folgende nähere bestimmungen:

§ 240. Wörter mit *œ* vor einfachem consonanten, wie die mascc. *dœʒ* tag, *hwœl* walfisch, *pœð* pfad, *stœf* stab, die neutra *bœc* rücken, *bœð* bad, *blœd* blatt, *crœt* korb, *dœl* tal, *fœc* zeitabschnitt, *fœt* gefäss, *fnœd, fnœs* franse, *hœf* meer, *sœl* saal, *stœð* gestade, *swœð* spur, *scrœf* höhle, *trœf* zelt, *wœd* meer, *wœl* die im kampfe gefallenen, verwandeln das *œ* im ganzen plural in *a*: *dœʒ* — *daʒas, daʒa, daʒum*; *fœt* — *fatu, fata, fatum*; nur selten und spät steht *œ, hwœlas, stœðu, scrœfu* u. ä.

Anm. 1. Im Ps. steht für dieses *a* meist *ea*: *featu, creatum* etc. s. § 160; so bisweilen auch north. und in der poesie vor endungen mit *u, o*, wie *heafu, treafum*, vgl. § 103, anm. 2.

Anm. 2. Spätws. dringt das *a* des plurals öfter auch in die mehrsilbigen singularcasus ein, wie *pœð* — *paðes* — *paðe, fœt* — *fates* — *fate*.

Anm. 3. *ʒeat* tor (aus *ʒœt* nach § 75, 1) hat ws. im pl. gewöhnlich *ʒatu*, selten *ʒeatu* mit anlehnung an den vocal des sing.; auch bisweilen gen. dat. sg. *ʒates, ʒate* nach anm. 2. In der poesie herscht im pl. *ʒeatu* vor; im Ps. lauten die formen *ʒet* — *ʒeatu* (mit *u*-umlaut). — Von *ceaf* spreu, scheint sich im pl. nur *ceafu* zu finden.

ʒœrs gras (mit metathese für *ʒrœs*, § 179) hat im pl. *ʒrasu*.

Anm. 4. Aehnlich hat *mœʒ* verwanter, im pl. gewöhnlich *mâʒas* neben seltenem *mœʒas*, § 57, anm. 3.

§ 241. Die neutra mit *e, i* vor einfachem consonanten, wie *ʒebed* gebet, *ʒebrec* lärm, *ʒeset* wohnsitz, *ʒesprec* gespräch, *brim* wallung, *clif* klippe, *hlið* deckel, *lið* glied, *lim* glied, *scip* schiff, *ʒeflit* wettstreit, *ʒenip* dunkel, *ʒewrit* schrift, etc. haben im plur. ursprünglich statt des *e, i* den *u*- (bez. *o/a*-)umlaut *eo, io*, soweit es die lautgesetze der einzelnen dialekte gestatten (§ 104 ff. 160): *ʒebeodu, cliofu, lioðu, liomu* etc.; in der ws. prosa verschwindet jedoch dieser umlaut im allgemeinen ziemlich frühe, *clifu, limu* etc.

Anm. Am frühesten verschwindet das *eo, io* aus dem gen. pl. — Im Ps. und zum teil auch north. erstreckt es sich auch auf die masc., z. b. Ps. *weoras, weora, weoʒas* (meist *weʒas* nach § 164, 1), north. *wearas, waras, -a* u. ä., § 156, 3.

§ 242. Wörter auf *h* verlieren dieses vor vocalischer endung. Geht dabei 1) dem *h* ein consonant voraus, so wird bei dem ausfall des *h* der wurzelvocal gedehnt; daneben aber findet sich auch kürze, s. § 218, 1; also z. b. m. *seolh* — *séoles* und *seoles* seehund, n. *feorh* — *féores* und *feores* leben. So gehen noch m. *fearh* schwein, *mearh* ross, *ealh* tempel, *eolh*

elch, *healh* winkel, *sealh* weide, *Wealh* Welscher. — 2) Geht
dem *h* ein vocal vorher, so führt der ausfall des *h* zu contractionen nach § 110 ff.: m. *eoh — éos* pferd, n. *feoh — féos*
geld, § 275 (north. *feh*, gen. *fæes* L, *féas* R[2]), *ðéoh — ðéos*
hüfte; ebenso m. *fléah* floh (gew. *fléa* swm. oder swf. nach
§ 277, anm. 2), *hóh* ferse (pl. *hós, hóas*, dat. *hóm, hóum*, spät
hón), *scóh, scéoh* schuh (pl. *scós, scéos*, dat. spät *scón*); n. *fláh*
bosheit, *pleoh* gefahr, *slóh* sumpflache (auch m. und f.), *wóh*
böses, *ðróh* bosheit, vielleicht auch *fléah* albugo (daneben *flío*
und umgelautet *flíe*).

Anm. 1. *wóh* bildet in der späteren prosa die mehrsilbigen casus
gewöhnlich mit *ʒ, wóʒes, wóʒe*, als ob das *h* des nom. nach § 214, 1 aus
ʒ entstanden wäre, also nach mustern wie *béah — béaʒes*. — Andererseits kommen auch vereinzelte nominativformen ohne *h*, wie *mear*, vor
(§ 223).

Anm. 2. Die wörter auf vocal + *h* haben in der späteren sprache
(für die ältere fehlen belege) den gen. pl. auf -*na* nach der art der *n*-
stämme, *féona, ðéona, scéona* (doch north. L *scóe, scéóa*).

Anm. 3. Zu *holh* n. loch, scheint der pl. *holu* zu lauten wie zu
dem gleichbedeutenden kurzsilbigen *hol*.

Anm. 4. *horh* schmutz (meist m., selten n.) bildet gen. dat. sg. pl.
horwes, horwe, horwa, hor(e)wum mit grammatischem wechsel, § 234 (selten
gen. *hores* etc.), aber nom. acc. pl. *horas* (neben *horwu* n.); als instr. sg.
erscheint *horu* in der poesie.

§ 243. Für die mehrsilbigen wörter dieser declination
kommen folgende regeln in betracht:

1) Ursprünglich (d. h. vor dem eintritt des vocalischen
auslautsgesetzes, § 130 ff.) dreisilbige neutra mit langer wurzelsilbe, wie *nieten* vieh, *héafod* haupt, haben im nom. acc. pl.
die endung -*u* wie die kurzsilbigen (und zwar zunächst ohne
synkope des mittelvocals, § 244, 2): *nietenu, héafodu* § 135, 2.
Im Ps. sind jedoch diese casus oft endungslos, *héafud* neben
héafudu, nétenu etc.

2) Ursprünglich dreisilbige neutra mit kurzer wurzelsilbe
sind im nom. acc. pl. endungslos, *reced* gebäude, *werod* völker,
§ 135, 2, doch heisst es gewöhnlich *yflu* (*yfelu*) übel, neben
yfel. Formen wie *weredu* treten erst spät auf.

3) Ursprünglich zweisilbige wie *wǽp(e)n* waffe, *tunʒ(o)l*
stern, *tác(e)n* zeichen, *wund(o)r* wunder (st. *wǽpna-*, *tunʒla-*,
taikna-, *wundra-*, vgl. § 138 ff.) werden von haus aus wie

die übrigen langstämmigen neutra, § 238, behandelt, d. h. sie
haben endungslose nom. acc. pl., gleich dem nom. acc. sg.;
doch nehmen sie z. t. schon ziemlich frühe auch die endung
-*u* nach dem muster der dreisilbigen an: *wǽpen, tungol, tácen,
wundor* und *wǽp(e)nu, tunglu, tácnu, wundru*. So auch *wœter*
wasser (st. **watra-*), pl. *wœter* und gewöhnlicher *wœt(e)ru*.

Anm. *wolc(e)n* n. wolke, wirft in der älteren sprache das *n* im auslaut bisweilen ab, nom. acc. sg. pl. *wolc*, aber gen. stets *wolcnes* etc. (§ 188,
anm. 2). Nur unsicher belegt ist ein umgelauteter pl. *welcnu*. — Neben
tác(e)n begegnet auch eine form *tánc*, neben *béacen* zeichen, auch *béanc*,
bénc (§ 185. 108, 2). — Statt des pl. *tunglu* erscheint spät ein schwacher
pl. *tunglan*.

4) Die gesetze über die behandlung von mittelvocalen,
§ 143 f. Hiernach ergeben sich folgende hauptfälle:

§ 244. 1) Zweisilbige wörter mit l a n g e r stammsilbe
werfen nach § 144 vor vocalischer endung den vocal der letzten
silbe aus, wenn er nicht durch position geschützt ist: *engel —
engles* engel, *tungol — tungles* stern, *átor — átres* gift, *tácen —
tácnes* zeichen, *máðum — máðmes* kleinot, *héafod — héafdes*
haupt, *ǽled — ǽldes* feuer, *morgen — morgnes* und *mornes*
morgen, § 214, anm. 10; aber *hengest — hengestes* hengst,
fǽtels — fǽtelses beutel, u. s. w.

2) Ausgenommen von der synkope sind in den ältern denkmälern meist die ursprünglich dreisilbigen nom. acc. pl. n. wie
nietenu, héafodu § 144, b; dagegen heisst es *wǽpnu, tunglu*
(neben älterem *wǽpen* etc., § 243). Später verwischt sich der
unterschied, *héafdu* etc.

§ 245. Zweisilbige wörter mit k u r z e r stammsilbe behalten
im gleichen falle ursprünglichen vocal der zweiten silbe, sie
stossen ihn aus, wenn er im nom. acc. erst aus silbischem nasal
oder silbischer liquida entstanden ist: nur -*er*, -*or* aus silbischem
r bleibt meist (§ 148). Also *stapol — stapoles* säule, *hamor
— hamores* hammer, *heofon — heofones* himmel, *daroð —
daroðes* pfeil, *metod — metodes* gott, *heorot — heorotes* hirsch;
aber *fugol — fugles* vogel (erst spät auch *fugoles, fugeles*) und
wieder *leger — legeres* lager, *ðunor — ðunores* donner, *wœter
— wœteres* (und *wœtres*) wasser, u. s. w.

b) *jo*-stämme.

§ 246. Paradigmen sind für's masculinum *here* heer, *secʒ* mann, *ende* ende; für's neutrum *cyn* geschlecht, *ríce* reich, *wésten* wüste.

Sing. N. V. A. here	secʒ	ende	cyn(n)	ríce	wésten
G. her(i)ʒes	secʒes	endes	cynnes	ríces	wéstennes
D. her(i)ʒe	secʒe	ende	cynne	ríce	wéstenne
I. her(i)ʒe	secʒe	ende	cynne	ríce	wéstenne
Pl. N. V. A. her(i)ʒ(e)as	secʒ(e)as	endas	cyn(n)	ríc(i)u	wésten(n)u
G. her(i)ʒ(e)a	secʒ(e)a	enda	cynna	ríc(e)a	wéstenna
D. her(i)ʒum	secʒ(i)um	endum	cynnum	ríc(i)um	wéstennum.

Anm. 1. Für das *e* des nom. acc. sg. setzen die ältesten quellen *i*, *heri, endi, ríci* (Beitr. VIII, 326 ff.).

Anm. 2. Neben formen wie *ríc(i)u* nom. acc. pl. begegnen bisweilen auch solche auf *-io, -eo*, wie *ʒefylcio, ríceo* etc.

Ueber die einschiebung der *e, i* zur bezeichnung der palatalen aussprache bei wörtern auf *ʒ, c* überhaupt s. § 206, 3, b.

§ 247. *here* und *secʒ* zeigen die flexion der masculina, *cyn(n)* die der neutra mit k u r z e r wurzelsilbe vor dem *-jo-* (st. **harja-, *saʒja-, *kunja-*). Von diesen ist nur *here* kurzsilbig geblieben, die anderen haben nach § 227 den schlussconsonanten der wurzelsilbe bereits westgerm. verdoppelt.

Weitere beispiele dieser declination sind: a) masc. *hrycʒ* rücken, *wecʒ* keil, *dyn(n)* lärm, *hlyn(n)* lärm, *hyl(l)* hügel; — b) neutra *net* netz, *flet* boden, *bed* bett, *wed* pfand, *ʒied* spruch, *neb* schnabel, *wicʒ* ross, etc.

Anm. 1. Ueber die vereinfachung der westgerm. geminaten im wortauslaut vgl. § 231.

Anm. 2. Von *here* finden sich auch die formen *heres* für gen., *here* für dat. instr. sg. und *heras* für nom. acc. pl. — Ueber das n. *spere* s. § 262. 263 mit anm. 4.

Anm. 3. Das n. *hieʒ, híʒ* heu (got. *hawi*, st. **hawja-*) hat das *j* in allen formen als *ʒ* erhalten, umgekehrt *hiew, híw* gestalt (got. *hiwi*, st. **hiwja-*; mundartlich auch *hiow* ohne umlaut, § 100, anm. 2, north. *híu*, in der poesie auch *héo*) das *w* durchgeführt: gen. *hiewes (híowes)* etc. — St. **ʒliwja-* n. freude, hat ws. **ʒlieʒ, ʒlíʒ*, gen. *ʒlíʒes* etc., aber Ep. *ʒlíu*, und in der poesie *ʒléo*, gen. *ʒlíowes*, selten *ʒlíowes* etc. — St. **blája- (*blīwa-?)* n. farbe (as. *blí* n.) erscheint als *bléo* (mit unorganischem *h* auch *bléoh* § 223, anm. 2), gen. *bléos* (spät auch *bléoʒes* nach *bléoh*, vgl. § 242, anm. 1), dat. pl. *bléom, bléoum (bléowum)*, gen. *bléo* (später auch *bléoa* und *bléona* nach § 242, anm. 2).

§ 248. 1) Wie *ende* flectieren die masculina, wie *ríce* die neutra mit ursprünglich langer wurzelsilbe vor dem *jo* (oder *io* nach § 45, 8), z. b. die mascc. *esne* diener, *hierde* hirte, *lǽce* arzt, *méce* schwert, und die zahlreichen nomina agentis auf *-ere* (north. auch oft *-are*), wie *bócere* schriftgelehrter, *fiscere* fischer, *ðrówere* dulder, denen sich auch das fremdwort *cásere* kaiser, angeschlossen hat (spätws. auch bisweilen bloss *-re*, wie *bócre, cwelre* lictor, *dréfre* betrüber, *ʒliwre* spielmann, *rímre* zähler, *scéawre* beschauer, so auch north., *scéawre, ðrówre* dulder *ondetre* bekenner); ferner die neutra *wǽʒe* becher, *wíte* strafe, *stíele* stahl, *stycce* stück, *ǽrende* botschaft, bildungen mit *ʒe-*, wie *ʒewǽde* kleid, *ʒemierce* grenze, *ʒetimbre* bauwerk, und viele andere.

Anm. 1. Contractionen zeigen **ʒescie, ʒescý* schuhwerk (alts. ahd. *giskôhi*, nom. acc. pl. *ʒescý*) und *ʒecý* paar kühe (?, gen. pl. *ʒecý*).

2) Wie *wésten* gehen die ableitungen auf *-en*, wie *ǽfen* abend (auch m.), *fæsten* fasten, feste, und auf *-et*, wie *onǽlet* blitz, *nierwet* enge, *réwet* rudern, *sǽwet* säen, etc.

Anm. 2. In den jüngeren texten wird das *nn, tt* gewöhnlich vereinfacht, *wéstenes, bærnetes* etc., § 231, 4, und selbst der vorausgehende vocal bisweilen ausgestossen, wie in *ǽfnes* neben *ǽfenes* und *ǽfennes*, nom. acc. pl. *wéstnu* neben *wéstenu* und *wéstennu*.

Anm. 3. *wésten* erscheint selten auch als f. und spät als m., pl. *wéstenas*; ebenso hat *líeʒet* zumal später bisweilen einen pl. *líʒet(t)as*; daneben steht ein fem. *líʒet(u)* nach § 258, 1.

Anm. 4. Vielleicht gehören hierher auch die deminutiva auf *-incel* (ahd. *-incli*), wie *bóʒincel* zweiglein, *cofincel* pistrilla, *ðiowincel* diener, *hæftincel* sklave, *húsincel* häuschen, *liðincel* gliedchen, *rápincel* strickchen, *scipincel* schiffchen, *súlincel* kleine furche, *túnincel* gütchen, *wielincel* sklave, etc. Diese synkopieren fast stets das *e* in der flexion, *húsincles* etc., doch nom. acc. pl. *ðiowincelu* Ps., *súlincela* gl.

c) *wo*-stämme.

§ 249. Paradigmen sind für's maculinum *bearu* wald, für's neutrum *searu* rüstung (st. **barwa-, *sarwa-*).

	masculina:	neutra:
Sing. N. V. A.	bearu, -o	searu, -o
G.	bearwes	searwes
D.	bearwe	searwe
I.	bearwe	searwe
Pl. N. V. A.	bearwas	searu, -o
G.	bearwa	searwa
D.	bearwum	searwum

So gehen noch die neutra *bealu* übel, *meolu* mehl, *smeoru* schmeer, *teoru* teer, *c(w)udu*, *cwiodu* harz.

Anm. 1. Oft erscheint in den casus obliqui ein *u*, *o* oder *e* vor dem *w*, letzteres namentlich, wenn die endung ein *a*, *u* enthält: *bealuwes*, *bealowes*, *-we*, aber *bealewa*, *bealewum*; vgl. § 260, anm. 1.

Anm. 2. In späten texten dringt das *w* auch in die endungslosen formen ein, *smeoruw*, *meluw*; dagegen findet sich in alter zeit auch ein dat. pl. ohne *w*, *smerum*.

Anm. 3. Der nom. acc. pl. der neutra geht später auch auf *-wu*, *-wa* aus, *searwa* etc.; vgl. auch *horwu* § 242, anm. 4.

Anm. 4. Von dem compositum *sciptearo* (zu *teoru*) findet sich ein unregelmässiger gen. *sciptearos*; sonst flectiert dies wort auch schwach nach § 276.

Anm. 5. Von langsilbigen gehört hierher wol das nur im nom. belegte *ȝád* mangel (got. *gaidw*), welches sein *w* nach § 174, 4 verloren hat.

§ 250. Die wörter mit vocal vor dem *w* zeigen verschiedene abweichungen:

1) Die ursprünglich langsilbigen mascc. *snáw* schnee, *ðéaw* sitte, *déaw* tau (auch n.), *béaw* bremse, ntr. *béow* getreide (altn. *bygg*; nur gen. *béouuas*, *béowes* Ep. und sippe), *séaw* saft (selten m.), *oncléow* knöchel (nom. acc. pl. *oncléow* und *oncléowu*) und die bildungen mit *ȝe-* wie *ȝehréow* reue, *ȝehlów* mugitus, zeigen das *w* in allen casus, einzelne altertümliche formen wie *sná*, *séa*, § 174, 3, ausgenommen.

Anm. 1. Ebenso geht *hláw*, *hlǽw* m. grabhügel (selten spät n., ursprünglich wol ein neutraler *os*-stamm, § 288 ff.). Dem got. *hraiw* leichnam (gleichfalls ursprünglich neutraler *os*-stamm) entspricht *hrǽw*, *hráw* (spät auch *hréaw*, § 118, anm. 2) und *hrǽ*, *hrá* n. (auch m., vgl. § 173, 2. 174, 3), gen. *hrǽwes* und *hrǽs*, nom. acc. pl. *hrǽ(w)*, *hrá(w)*, *hréaw* und *hrǽwas* etc., gen. alt *hrá* etc.

Anm. 2. Die stämme auf *-iwa-* werden im ws. regelmässig wie die übrigen langsilbigen behandelt: m. *bríw* brei, *ȝíw* (*ȝíow*) greif, *slíw* schleie, *Tíw* npr., gen. *bríwes* etc.; im mercischen dagegen erscheinen sie mit *ȝ* statt des *w*, *bríȝ*, *ȝíȝ*, *slíu(ȝ)*, *Tíȝ*, gen. *bríȝes* etc. Neben *íw* (*íow*, *éow*) m. eibe, erscheint in der poesie *éoh* (Runenlied). Ueber *híew* und *ȝlíȝ* s. § 247, anm. 3.

2) Die ursprünglich kurzsilbigen neutra *stréaw* stroh, *tréow* baum, *cnéow* knie, und das masc. *ðéow* knecht, nebst dessen compositis *láttéow* führer, und *láréow* lehrer (st. **strawa-*, **trëwa-*, **knëwa-*, **þëwa-*) flectieren im ws. folgendermassen:

Sg. N. V. A. tréo(w) Pl. N. A. { trĕowu, tréo(w) / ðĕowas

G. trĕowes G. trĕowa

D. trĕowe (tréo) D. trĕowum

I. trĕowe

Anm. 3. *hléo* schutz (st. *hlĕwa- m. oder n.), das nur im sing. vor-kommt, zeigt nur selten die form *hléow*; sonst sind die auslautenden -*w*, § 73, anm. 2, wests. meist durchgeführt. — Zu *stréaw* (ws. nur nom. acc. sg. und ein pl. *strewu*[?] belegt) vgl. das comp. *stréa*(*w*)-, *strawberiʒe* erd-beere. — Neben *látteow*, *láreow* steht auch ein swm. ws. *láttéowa*, *láréowa*, north. *látua*, *láru*(*u*)*a* Lind., *lárwa* Rushw.[2] nach § 276.

Anm. 4. Vielfache abweichungen zeigt die flexion dieser wörter im anglischen. a) Ps. hat regelmässig masc. *ðéow*, *ðíow* (nur 1 *ðéo*), gen. -*es* u. s. w., dazu *ládtow*, pl. -*as*; aber neutr. sg. nom. acc. *tréo*(*w*), *tríow*, *tréw*, gen. *trés*, dat. *tréo*; pl. nom. acc. *tréo*, *tréw*, *cnéow*, gen. *tréa*; — b) Rushw.[1]: sg. nom. acc. -*þéuw*, *láttéuw*, *lár*(*é*)*uw*, dat. *ðéuw*, *ðéow*; pl. nom. acc. -*þéu* (und adj. -*þéuwe*), *látéuw*, *látuwas*, *látewas*, *lárewas*, neutr. sg. nom. acc. *stréu*, *knéu*, *tréuw*, *tréow*, gen. *trĕowes*, *tréos*, dat. *tréo*, pl. acc. *cnéu*, dat. *trĕowum*; von den north. texten hat — c) Lind. masc. sg. nom. acc. *ðéa*, gen. *ðéas*, dat. *ðĕua*, pl. nom. acc. *ðéas*, gen. *ðéana*, dat. *ðĕwum*; dazu sg. nom. acc. *látuu*, *láruu*, gen. *láruas*, pl. nom. acc. *látuas*, *láru*(*u*)*as*, *lárwas*, gen. *láraua*, dat. *lárwum*; neutr. sg. nom. acc. *stré*, *tré*(*e*), *tréo*, *tréu*, gen. *strées*, *trées*, dat. *tré*(*e*), *tréo*, *cnĕ*⁴*o*, *cnéw*, *cnĕwa*, gen. *tréwna*, *tréuna*, *trĕuana*, dat. *tréum*, *trĕwum*, *cnéum*, *cnĕuum*, *cnéoum*; — d) Rushw.[2]: masc. sg. nom. acc. *lárow*, *foreldtow*, pl. nom. acc. *lárwas*, gen. *lárwara*, dat. *lárwum*, -*om*; neutr. sg. nom. acc. *tréo*, *cnéo*, dat. *trée*, pl. nom. acc. *tréo*, gen. *tréona*, dat. *tréoum*, *tréum*, *cnéom*; — e) Rit. masc. sg. nom. acc. *ðéa*, gen, *ðéas*, dat. *ðéa*, pl. acc. *ðéa*, gen. *ðéana*, dat. *ðéaum*, dazu sg. nom. acc. *látwu*, *lár*(*w*)*u*, gen. *lárwes*, pl. nom. acc. *lárwas*; neutr. sg. nom. acc. *tré*(*e*), pl. gen. *tréona*, dat. *cnéum*.

2. Die *ā*-declination.

§ 251. Die *ā*-declination enthält die feminina welche den masculinis und neutris auf -*o* zu seite stehen.

Anm. Im north. werden viele dieser femm. auch als neutra oder mascc. gebraucht und dann teils auch so flectiert (vgl. § 236, anm.).

a) Reine *ā*-stämme.

§ 252. Paradigmen: a) für die kurzsilbigen *ʒiefu* gabe, b) für die langsilbigen *ár* ehre.

kurzsilbige:	langsilbige:
Sing. N. V. ʒiefu, -o	ár
G. ʒiefe	áre
D. I. ʒiefe	áre
A. ʒiefe	áre

Pl. N. V. A. ȝiefa; -e | ára; -e
G. ȝiefa; (-ena) | ára; (-na, -ena)
D. ȝiefum | árum

Anm. 1. Die casus obliqui des sing. und der nom. acc. pl. gehen in den ältesten quellen auf -æ aus; nur bisweilen steht im dat. instr. -i, wie *ródi, cæstri*, welches wol aus der *o*-declination entlehnt ist, vgl. § 237, anm. 2. — Ueber die flexion der abstracta auf -*unȝ* s. § 255, 1.

Anm. 2. Im gen. sg. gehen diese femm. in L und Rit. meist auf -es (-æs) aus, wie die mascc. und neutra, *ródes, sáules, somnunȝes* etc.

Solche genetive begegnen auch nicht selten im späten ws., wie *helpes, sorȝes* etc., namentlich in gewissen formelhaften wendungen und constructionen bei vorausstehendem genetiv ohne artikel, wie *helpes biddan, ádles ȝránunȝ, sybbes* (zu § 257) *lufu*, auch formeln wie *sorȝes and sáres* u. dgl.

Anm. 3. Im nom. acc. pl. ist -*a* im ws. und kent. gewöhnlich, dagegen -*e* offenbar die ursprüngliche form des anglischen; daher fehlt -*a* im Ps. (wie auch in den ältesten quellen, s. anm. 1; aber R¹ -*a* neben -*e*). North. besteht neben -*e*, -*a* auch noch eine (schwache) nebenform auf -*o*, vgl. § 253, anm. 2.

Anm. 4. Im gen. pl. ist -*a* die eigentliche und häufigere endung (vgl. got. *gibô*), -(*e*)*na* ist aus der schwachen declination eingedrungen und findet sich ws. und kent. nur bei einigen kurzsilbigen (wie *carena, fremena, ȝifena, lufena*) und ganz selten bei langsilbigen (*ár[e]na, lár[e]na, sorȝ[e]na*); in Cura past. feht -(*e*)*na* noch ganz. — Ueber das verhältnis von -*na* und -*ena* sowie über dialektische nebenformen vgl. § 276, anm. 2 ff.

Anm. 5. Im north. ist die flexion der femm. stark zerrüttet. Namentlich stehen in L Rit. nominativformen auch für den acc., seltener für den dat., und umgekehrt (R² steht hier den alten verhältnissen noch näher). Auch sonst finden sich viele schwankungen und unsicherheiten.

§ 253. **Als beispiele für die kurzsilbigen können noch angeführt werden** *caru* (*cearu*, § 102, anm. 3) *sorge, sceomu, sceamu* scham, *cwalu* tod, *laðu* einladung, *swaðu* spur, *sacu* verfolgung, *ðracu* kampf, *wracu* verfolgung, *ondswaru* antwort, *denu* tal, *ðeȝu* empfang, *scolu* schaar, *lufu* liebe, etc.

Anm. 1. Neben *ȝiefu(m), ȝifu(m), ȝyfu(m)* erscheint auch (namentlich im Ps. und north.) *ȝeofu(m)* mit *u*-umlaut nach § 160, 1. — Die wörter mit urspr. *a* haben im Ps. *ea* im nom. sg. und dat. pl. nach § 160 (*ondswearu, -um* u. dgl.). — In den casus auf -*e* erscheint oft *æ* statt des *a* der wurzelsilbe, namentlich bei den wörtern mit *c*: *sæce, ðræce, wræce*, aber auch *læðe, swæðe*, neben *sace, laðe, swaðe* u. s. w.

Anm. 2. In jungen texten wird öfter das *u* des nominativs durch die singularcasus durchgeführt, *racu, saȝu, talu, lufu* etc. — Im north. sind die kurzsilbigen feminina fast ganz erstarrt, d. h. zeigen in allen casus ausser gen. dat. pl. ein -*o*, seltener -*u*, auch wol -*a* oder -*e*: *lufu, -o, -a; wræcco, -e, wrac(c)o; ȝeafo, zeafa, ȝefo, ȝefe; sceoma* L, *scomu, -o; lufo,*

wraco, ȝeofo, ȝefe, snora R², *lufu, ȝeafa, scoma, ondsvære* Rit., und so vereinzelt auch R¹ *lufu, ȝeofu,* u. s. w.; daneben begegnen in Lind. und Rit.
genn. sg. auf *-es, -œs, ȝefes, lufes* etc. (§ 252, anm. 2).

§ 254. 1) Die anzahl der **langsilbigen** ist sehr bedeu-
tend; beispiele von einsilbigen wörtern dieser flexion sind:
feoht gefecht, *fór* fahrt, *ȝlóf* handschuh, *heall* halle, *lár* lehre,
mearc mark, *sorȝ* sorge, *stund* zeit, *ðráȝ* zeit, *wund* wunde;
mit ableitendem consonanten *ádl* krankheit, *nǽdl* nadel, *frófor*
trost, *wócor* wachstum, *ceaster* burg.

2) Wie die langsilbigen werfen auch die ursprünglich
dreisilbigen stämme mit kurzer wurzelsilbe das *u* im nom.
sg. ab: *byden* bütte, *ciefes* kebse, *firen* sünde, *tiȝol* ziegel
(dagegen mit *u* ausnahmsweise *eȝenu* spreu, = ahd. *agana*);
ebenso auch die ursprünglichen *i*-stämme *ides* weib, *duȝuð*
tugend, *ȝeoȝuð* jugend (§ 269, anm. 4) und das langsilbige *sáwol*
seele (got. *saiwala*); ferner alle abstracta auf *-unȝ, -inȝ,* wie
monunȝ mahnung, *leornunȝ, -inȝ* gelehrsamkeit (s. § 255, 1).

§ 255. An besonderheiten der flexion sind noch zu bemerken:

1) Die abstracta auf *-unȝ* haben im dat. sg., aber auch
im gen. und selbst acc. sg., ws. kent. oft *-unȝa* statt *-unȝe*:
leornunȝa, costunȝa etc.

Anm. 1. In Ps. besteht noch eine abstufung des suffixvocals, so
dass der dat. pl. auf *-inȝum* ausgeht, die übrigen casus aber *-unȝ-* haben
(gen. pl. ist nicht belegt, Zeuner s. 58).

2) Zweisilbige wörter mit langer stammsilbe und einfachem
endconsonanten synkopieren den vocal der schlusssilbe nach
§ 144 in den casus obliqui, während kurzsilbige ihn behalten:
sáwol — sáwle (*sǽule*) seele, *frófor — f*r*ófre* trost, *wócor —*
wócre wucher; aber *firen — firene* sünde, *ides — idese* weib etc.

3) Die ursprünglich dreisilbigen abstracta auf got. *-iþa*
haben im nom. sing. die endung *-u, -o* wie die kurzsilbigen,
daneben später auch eine gekürzte form auf *-ð*: *cýððu* und
cýðð, cýð (ahd. *cundida*) geschlecht, verwantschaft, *strenȝðu* und
strenȝð (ahd. *strengida*) kraft, *ȝesyntu* (ahd. *gisuntida*) gesundheit, *éaðméttu* demut, *oferméttu* übermut (ahd. **ótmuotida,*
*ubarmuotida), und *weorðmynt* (urspr. **-mundiþa*) ruhm. Beide
formen dringen allmählich auch in die casus obliqui des sing.,

namentlich in den acc. ein, welche ursprünglich der regel folgend nur -e hatten.

Anm. 2. Dies übergreifen des -u ist vermutlich durch die abstracta auf -u § 279 veranlasst worden.

4) Wörter auf h verlieren dieses vor vocalischer endung, worauf eventuell contractionen eintreten (vgl. § 242): *snearh* — *snĕare* saite(?), *léah* — *léa* feld.

Anm. 3. *léah* hat spätws. oft gen. *léaʒe* etc. nach dem muster der wörter auf ʒ, auslautend h, § 214, 1; daneben ist es später oft m. *léa*, gen. nom. acc. pl. *léas* und seltener gen. *léaʒes* in zusammengesetzten ortsnamen. — Auch *slóh* n. m. hat bisweilen gen. dat. sing. *sló* f., § 282.

Anm. 4. *brú* braue, hat nom. acc. pl. *brúa* und *brúwa*, dat. *brúum* (= *brúm*?) und *brúwum*, gen. *brúna*.

b) *jā*-stämme.

§ 256. Die ursprünglich kurzsilbigen sind durch die gemination des dem *j* vorausgehenden consonanten (§ 227) alle langsilbig geworden und unterscheiden sich in der flexion nicht mehr von den ursprünglich langsilbigen. In bezug auf die endungen gilt alles in § 252 bemerkte, soweit nicht ausdrücklich unten anderes angegeben ist.

§ 257. Paradigmen für ursprünglich kurzsilbige: *sib(b)* friede, für ursprünglich langsilbige: *ʒierd* gerte.

Sing.			Pl.		
N. V.	sib(b)	ʒierd	N. V.	sibba; -e	ʒierda; -e
G.	sibbe	ʒierde	G.	sibba	ʒierda
D.	sibbe	ʒierde	D.	sibbum	ʒierdum
A.	sibbe	ʒierde	A.	sibba; -e	ʒierda; -e

Anm. 1. Ueber die vereinfachung der westgerm. geminaten am wortende vgl. § 231.

Anm. 2. Ein gen. pl. auf -(e)na (§ 252, anm. 4) findet sich bei den *jā*-stämmen nicht. — Ueber vereinzelte genetive sing. auf -*es* s. § 252, anm. 2.

Anm. 3. Von den langsilbigen reinen ā-stämmen unterscheiden sich die *jā*-stämme in der flexion nur durch das gänzliche fehlen des schwachen gen. pl., ausserdem durch den durchgängigen *i*-umlaut der wurzelsilbe. Von den langsilbigen *i*-stämmen § 269 trennt sie der acc. sg. auf -*e*.

§ 258. 1) Wie *sibb* flectieren an einsilbigen wörtern z. b. noch *ben* todeswunde, *brycʒ* brücke, *cribb* krippe, *ecʒ* schneide, *fit* abschnitt eines gedichtes, *hell* hölle, *hen* henne, *nyt* nutzen, *sæcc* streit, *secʒ* schwert, *syll* schwelle. Ihnen schliessen sich was die verdoppelung des endconsonanten vor vocalischer endung betrifft, einige ableitungen auf -*l*, -*n* und -*s* an, wie *condel* leuchte, *ʒyden* göttin, *wierʒen* wölfin, *byrðen* bürde, *ræden* anordnung, *hæʒtes* hexe, *forleʒis* ehebrecherin, *Lindis* npr. die landschaft Lincoln, gen. *condelle*, *wierʒenne*, *byrðenne*, *hæʒtesse* u. s. w.; desgleichen die abstracta auf -*nes*, gen. -*nesse*, wie *háliʒnes* heiligkeit.

Dagegen haben einige ableitungen auf *t*, nämlich *hyrnetu* hornisse (*hirnitu* Erf., *hurnitu* Corp.), *ielfetu* schwan (*ælbitu* Ep. Corp.), **lieʒetu* blitz (*léʒitu* Ps.) in der älteren sprache nom. sg. auf -*u* nach einfachem *t*, während die casus obliqui das *t* verdoppeln, *liʒette* etc. (doch Ps. *léʒite*).

Anm. 1. Hierher ist auch wol das fremdwort *lempedu* lamprete, zu stellen. — Später finden sich auch verkürzte nomm. wie *hyrnet* sowie durchgehende schwache flexion von *hyrnette*, *ylfette*, gen. -*an* etc.; über *lieʒit* ntr. s. § 248, 2 nebst anm. 3. — Statt -*nes*, -*nis*, -*nys* begegnet spät auch vereinzelt im nom. sg. -*nisse*, -*nysse*. Ebenso hat R[1] -*nisse* neben -*nis*, -*nes*, R[2] -*nisse* (-*nesse*) neben -*nis*, L Rit. -*nise*, -*nisse* neben L -*nis(s)*.

Anm. 2. *u* im nom. sg. zeigen auch *eowu* schaf (got. **awi*) neben *ewe*, *eowe*, gen. *eowo* und *ewes*, *eowes*, und *ðeowu* dienerin, got. *þiwi*, neben *ðeowe*, zu welchem letzteren auch schwache formen, gen. *ðeowan* etc., entwickelt werden.

Auch die movierten feminina auf -*en* nehmen später bisweilen die nom.-endung -*u* an, *ʒydenu*, *ðinenu*, *mennenu* dienerin, *mynecenu* nonne; auch begegnen wieder schwache formen, wie nom. *nefene* neptis, fl. *ʒydenan* etc.

Anm. 3. Die doppelconsonanten der abgeleiteten wörter werden in jüngeren texten oft vereinfacht, -*rædene* etc., § 231, 4.

Anm. 4. Hierher gehört auch ws. *cnéoris*, gen. *cnéorisse* geschlecht (so auch R[1]; *cnéorisn* Blickl.). Dafür erscheint north. *cnéo*-, *cnéuresu*, -*o*, -*a*, -*risso*, -*rise*, auch -*reswu*, -*o*, pl. -*reswo* L, -*reswo* R[2] etc.

2) Zu *ʒierd* stellen sich weiterhin z. b *æx* axt (Ps. *æces*, north. *acas*), *hild* kampf, *hind* hindin, *hýð* beute, *wylf* wölfin, *ýð* woge. und einige ableitungen mit *s*, wie *blíðs*, *bliss* freude, *líðs*, *liss* gnade, *milds*, *milts* erbarmen.

Anm. 5. In *ieʒ*, *iʒ* (*éʒ*) insel (altn. *ey*, *eyjar*), *cæʒ* schlüssel, ist das ableitende *j* als *ʒ* erhalten. — Ueber *bend* s. § 266, anm. 1.

c) *wā*-stämme.

§ 259. Die wörter mit langem vocal oder diphthongen flectieren regelmässig wie die einfachen *ā*-stämme: *stów* (*stóu*) ort, *hréow* reue, *tréow* treue, gen. *stówe*, *hréowe* etc.

Anm. Ohne *w* erscheinen *ŏréa* drohung, · leid (aus **þra[w]u*, vgl. Ep. *thrauu*, ahd. *drawa*) und *cléa, cléo* klaue (aus **kla[w]u, *klœ[w]u*, vgl. ahd. *klâwa* § 111 f.). Das erstere ist indeclinabel, ausser im dat. pl. *ŏréam, ŏréaum*, oder flectiert seltener als schwaches m. nach § 277, anm. 2. Von *cléa* ist noch acc. pl. *cléa, cléo*, dat. *cléam* und poet. *clám* belegt; daneben steht neugebildetes und regelmässig wie *ʒiefu* flectierendes *clawu*. — Ueber *éa* s. § 284, anm. 4.

§ 260. Als paradigmen der wörter mit einem consonanten vor dem *w* können dienen *beadu* kampf, *mǽd* wiese:

Sing.	N. beadu	mǽd		Pl.	N. beadwa, -e	mǽd(w)a, -e
	G. beadwe	mǽd(w)e			G. beadwa	mǽd(w)a
			etc.			

Wie *beadu* gehen die kurzsilbigen *nearu* not, *sceadu* schatten, *sinu* (*sionu*) sehne, und die pll. tant. *ʒeatwe* rüstung, *frœtwe* schmuck; wie *mǽd* die langsilbigen *lǽs* wiese, *blód(es)-lǽs* aderlass, *rǽs* ratschlag (?).

Anm. 1. Gelegentlich erscheint bei den kurzsilbigen ein vocal vor dem *w*, *beadowe, nearowe, ʒeatewa, frœtewum* etc., vgl. § 249, anm. 1.

Anm. 2. *sceadu* (daneben auch n. *scead*, pl. *sceadu*) flectiert gewöhnlicher, *sinu* ziemlich oft nach *ʒiefu* § 255, gen. *sceada, sine* etc. — Von *ʒeatwe* begegnet im Leidener rätsel ein dat. pl. *ʒeatum* und urkundlich ein nom. pl. *herʒeatu*. — Ueber north. *cnéureso* s. § 258, anm. 4.

Anm. 3. Die langsilbigen haben im nom. sg. das *-u* regelmässig aufgegeben (doch begegnet ein neugebildetes nom. *blódlǽswu* neben *blódlǽs*) und danach schon in alter zeit auch flectierte formen ohne *w* entwickelt. — Von *mǽd* begegnet alt im dat. *méda* wie von einem *u*-stamm, § 274.

3. Die *i*-declination.

§ 261. Die *i*-declination enthält auch im ags. fast nur masculina und feminina, da einige wörter welche ursprünglich neutra waren, wie *mere, mene, ele* (und *bere, eʒe, hete, siʒe*, s. § 263, anm. 4) zum masculinum übergetreten sind.

Die wörter dieser declination ausser dem masc. *Seaxe*, § 264, den femininis *meaht* neben *miht* (altkent. angl. *mœht*) und *ʒesceaft* geschöpf, *ʒeðeaht* gedanke (beide auch n.) und dem neutrum *spére* § 262 f. haben in allen casus *i*-umlaut, wenn die wurzelsilbe dessen fähig ist (*líode*, später *léode* leute, § 264, hat halbumlaut zu *io*, § 100, 2 nebst anm. 2); derselbe dient vielfach allein zu unterscheidung dieser wörter von denen der *o*-declination, mit welcher sich die masculina stark berühren.

Die masculina und neutra mit kurzer wurzelsilbe gehen im nom. acc. sing. auf -*e*, die entsprechenden feminina auf -*u* aus; alle langsilbigen *i*-stämme enden dagegen auf einen consonanten ohne unterschied des geschlechts.

a) Masculina und neutra.

1) Kurzsilbige.

§ 262. Paradigmen: masc. *wine* freund (urgerm. *wini-z), neutr. *spere* speer.

		masc.	neutr.			masc.	ntr.
Sing.	N. V. A.	wine	spere	Pl. N. V. A.		wine; -as	speru
	G.	wines	speres		G.	wina, winiʒ(e)a	spera
	D.	wine	spere		D.	winum	sperum
	I.	wine	spere				

§ 263. 1) Hiernach gehen an masculinis z. b. *bere* gerste, *dene* tal, *ele* öl, *hefe* gewicht, *heʒe* hag, *mene* halsschmuck, *mere* meer, *mete* speise, *sele* saal, *stede* ort (daneben *styde*, bes. kentisch; north. *styd*, anm. 5), *ciele* kühle, *hæle* mann, *hype* hüfte, *hyse* jüngling, *byre* sohn, *hyʒe*, *myne* sinn, *pyle* pfühl, *ryʒe* roggen, *ðyle* sprecher, *dile* anethum, *ile* fusssohle, *wlite* gesicht; *Dene* pl. Dänen (sing. im compositum *Healfdene*), und eine grosse anzahl von verbalabstractis, wie *drepe* schlag, *ece* schmerz, *eʒe* s'chreck, *hete* hass, *sleʒe* (*slæʒe*) schlag (pl. *sleʒeas* nach § 206, 3, b), *stæpe* schritt (pl. *stæpas* etc., erst spät auch *stapas*), *bite* biss, *blice* blick, *cwide* rede, *ʒripe* griff, (*æt-*, *on-*) *hrine* berührung, *scride* schritt, *sice* seufzer, *siʒe* sieg, *slide* fall, *snide* schnitt, *spiwe* das speien, *stice* stich, *stiʒe* das steigen, *stride* schritt *swile* (*swyle*) geschwulst, *oftiʒe* weigerung, *bryce* bruch, *bryce* brauch, *bryne* brand, *byʒe* biegung (pl. *byʒeas*), *byre*, *ʒebyre* ereignis, gelegenheit, *cyme* ankunft, *cyre* wahl, *drype* schlag, *dryre* fall, *dyne* lärm, *flyʒe* flug, *ʒryre* schreck, *ʒyte* guss, *hryre* fall, *lyʒe* lug, *lyre* verlust, *forenyme* praesumtio, *ryne* lauf, *scyfe* schub, *scyte* schuss, *sype* trunk, etc.; und die abstracta auf -*scipe* -schaft, wie *fréondscipe* freundschaft.

2) An neutris gehören hierher noch *sife* sieb, *ofdele*, *ofdæle* abhang, *ʒedyre* türpfosten, *ofersleʒe* oberschwelle, *orleʒe* schicksal, *wlæce* lauheit, und wahrscheinlich auch *ʒemyne* sorgfalt, *ʒedyne* lärm, *ʒewile* wille, deren geschlecht zweifelhaft ist.

Anm. 1. In den ältesten quellen geht der sing. ausser dem gen. auf -*i* aus; vgl. § 246, anm. 1; ein alter gen. auf -*is* ist im Beda belegt, *Eadwinis* npr.

Anm. 2. Die eigentliche endung des nom. acc. pl. der mascc. ist -*e*, älter -*i* (vgl. got. *gasteis* und § 44, anm. 1); die endung -*as* ist aus der *o*-declination eingedrungen, aber häufiger als -*e*. — Im gen. pl. überwiegt durchaus die form auf blosses -*a*. Die endung -*iȝ(e)a*, -*ia* ist nur bei *Deniȝ(e)a*, *winiȝ(e)a* belegt.

Anm. 3. Einige wörter treten mehr oder weniger in die *jo*-declination über, indem sie den einfachen consonanten am ende der wurzelsilbe verdoppeln (vgl. § 227 und 247), und demgemäss im nom. acc. sing. das -*e* fallen lassen. So bildet *mete* ws. regelmässig den plural *mettas* (seltener einen sing. *mett*, *mettes*), *hyse* hat *hysas* und *hyssas* (auch im sing. *hysses* etc.), *ile* pl. *illas* und *ilas*; neben *dyne* steht *dynn*, *dynnes*, neben *ofdele* north. *æfdæll*; neben *ȝewile* gewöhnlich *ȝewill*. Abweichend *ȝewif* schicksal, gen. *ȝewifes*, pl. *ȝewi(o)fu*, neben *ȝewef* gewebe, *sel* saal, pl. *selu* neben *sæl* n., *sele* m. und *salor* (n.?).

Anm. 4. *bere*, *eȝe*, *hete*, *siȝe* und vielleicht noch einige andere waren ursprünglich wol neutra auf -*iȝ* (vgl. got. **bariz-* [in *barizeins*], *agis*, *hatis*, *sigis*), welche aber wie masculina auf -*i*-*ȝ* behandelt wurden; auch die erhaltenen neutra gehörten wahrscheinlich ursprünglich der *iȝ*-klasse (§ 288 ff.) an, auch *spere*, welches in älterer zeit in compositis als *spe(o)ru*- erscheint, § 128. 288 ff. — *hæle* (*hæle?*), das nur im sing. vorkommt, ist aus der cons. declination hierher übergetreten, § 281, 1. Ganz vereinzelt wird auch *ele* als n. statt als m. gebraucht.

Anm. 5. Im north. werden die nomm. acc. sg. dieser wörter, soweit die wenig zahlreichen belege erkennen lassen, in der regel verkürzt: *wlit* gesicht, *met(t)* speise, *siȝ* sieg (auch *ȝisiȝ* n.), *lyȝ* lüge, *styd* n. ort.; als pl. dazu begegnet *metas* R² und schwach *met(t)o* L (daneben *mett* L, *mete* R², wenn dies nicht singularformen sind) und *styde*. Auch in der composition verlieren diese wörter im north. ihr *e*, *siȝbéȝ* corona, *siȝfæst* siegreich, *stydfæst* standhaft, *unstydful* abtrünnig, *metbælȝ* speisesack, etc. In der älteren sprache scheint jedoch die verkürzung auf die wörter *siȝe* und *hyȝe* beschränkt gewesen zu sein, vgl. eigennamen wie *Siȝréd*, *Siȝmund*, *Hyȝberht*, *Hyȝlác*, oder *Wulfsiȝ*, *Húnsiȝ* neben *Ælfuini*, *Alduini*, *Siȝuini*, oder *Hysiuulf*, *Hysimon*, *Uinibald*, *Uinilác* u. dgl. (Lib. Vitae).

Anm. 6. Von den kurzsilbigen *jo*-stämmen wie *here* § 246 unterscheiden sich die kurzsilbigen *i*-stämme durch das gänzliche fehlen des -*i(ȝ)*- in einigen casus des sing. und pl. (sowie teilweise durch die verschiedene endung des nom. acc. pl.), von den langsilbig gewordenen wie *secȝ* § 246 durch das -*e* im nom. acc. sing. und plur. und den einfachen consonanten am ende der wurzelsilbe.

Anm. 7. Die flexion der kurzsilbigen *i*-stämme zeigt auch das pl. tant. -*ware*, -*a* -leute, wie *Rómware*, *Cantware* etc. (daneben auch -*waras* und schwach -*waran*); ursprünglich aber war dasselbe ein pl. zu dem sing. -*waru* volk (zu § 252).

2) Langsilbige.

§ 264. Bei den langsilbigen **masculinis** sind nur dürftige reste der alten flexion im plural erhalten geblieben, vgl. das paradigma *Enʒle* pl. Angeln (urgerm. stamm **anʒli-*).

Pl. N. V. A. Enʒle
G. Enʒla
D. Enʒlum

So gehen noch einige eigennamen wie *Seaxe* Sachsen (§ 261), *Mierce* Mercier, *Dére* Deirier, *Beornice* Bernicier, *Norð(an)-*, *Súð-hymbre* Northumbrier etc., auch die fremden *Éʒipte, Créce, Perse* etc. (neben *Crécas, Perseas*); ferner finden sich die plurale *ielde, ylde* menschen, *ielfe* elfen, *líode* leute (§ 261). Selten findet sich in der poesie auch -*a* für nom. acc. pl., wie *léoda*.

Anm. Einige der völkernamen, besonders *Seaxe* und *Mierce*, haben in gen. plur. meist eine schwache form auf -*na*: *Seaxna, Miercna* (selten -*ena*); seltener findet sich schwache flexion auch in andern casus.

§ 265. Die übrigen hierhergehörigen masculina haben ganz die endungen der *o*-declination angenommen und sind von den *o*-stämmen nur etymologisch und durch den *i*-umlaut der wurzelsilbe (und durch die palatalisierung auslautender gutturale, § 206, 3, b) zu unterscheiden. Paradigma *wyrm* wurm (urgerm. **wurmi-ʒ*):

Sing. N. V. wyrm	Pl. N. V. wyrmas
G. wyrmes	G. wyrma
D. wyrme	D. wyrmum
A. wyrm	A. wyrmas
I. wyrme	

§ 266. Hierher gehören noch *bend* bande, *bielʒ* balg, *bráw* braue, *dǽl* teil, *demm* schade, *ent* riese, *fierst* frist, *fyrs* stechginster, *ʒiest* gast, *ʒlǽm* glanz, *ʒylt* schuld, *hyll* hügel, *lieʒ* flamme, *lyft* luft, *mǽw* möwe, *sǽl* zeit, *stenʒ* stange (pl. *stenʒeas* etc.), *strenʒ* strang (pl. *strenʒeas* etc.), *ðyrs* riese, *wǽʒ* woge, *wiell* brunnen, und eine reihe von verbalsubstantivis, wie *bryʒd* schwung, *byrst* schaden, *cierr* wendung, *cierm* klage, *drenc, drync* (*drinc*) trunk (pl. *drenceas*, dat. *drencium* etc.), *dynt* schlag, *fenʒ* griff, *fiell* fall, *flyht* flug, *hlyst* gehör, *hwyrft* wendung, *hyht* hoffnung, *léc* blick, *slieht* mord, *smíec* geruch, *stenc* geruch (pl. *stenceas* etc.), *stiell* sprung, *swǽʒ* lärm, *swenʒ* schwung, *swylt* tod, *tyht* erziehung, *ðyrst* durst, *wrenc* drehung, ränke (pl. *wrenceas*, dat. *wrencium* etc.), *wyrp* wurf, *ǽrist* (*ǽríst?*) auferstehung, *ǽspryŋ* quell, *ǽfst* neid (§ 43, anm. 4), u. s. w.

Anm. 1. *bend* hat nom. acc. pl. neben *bendas* auch (vorzüglich anglisch?) *benda*, *bende*, wozu wahrscheinlich ein sing. *bend* f. nach § 257 (got. *bandi*) anzusetzen ist. Andere wörter schwanken nach der flexion der feminina § 269, wie *ǽrist*, *ǽspryŋ*, *lyft* (spät auch n., pl. *lyftu*), *hlyst*, *sǽl* u. a.

Anm. 2. *sǽ* meer (got. *saiws*) flectiert teils als m., gen. *sǽs*, dat. *sǽ*, nom. acc. pl. *sǽs* (Ps. *sǽas*), gen. *sǽwa* (?), dat. *sǽm* (*sǽwum*), teils als fem., gen. dat. *sǽ* (gen. auch *sǽs* und *sǽwe*), nom. acc. pl. *sǽ* etc. (vgl. § 269, anm. 3.). — Das fremdwort *drý* zauberer (aus kelt. *drúi*), hat gen. *drýs* (spät auch *drýes*), dat. *drý*, nom. acc. pl. *drýas*, gen. *drýra* (?), dat. *drýum*.

Anm. 3. Ueber *brǽw* (angl. *bréȝ*) — *bréaw* s. § 112, anm. 2.

§ 267. Ursprüngliche neutra dieser klasse fehlen. Dagegen haben einige wörter, welche ursprünglich anderen declinationen angehörten, im ags. einen flexionstypus entwickelt, der hierhergestellt werden kann, insofern sie durchgehenden *i*-umlaut und consonantisch ausgehenden nom. acc. sing. haben, wie die entsprechenden langsilbigen masculina und feminina der *i*-declination.

Hierher gehören: a) ursprüngliche neutra, wie *flǽsc* fleisch, *flíes* vlies (angl. **flíos*, *fléos*, alt *flíus* Leid. räts.), *hǽl* heil, *hilt* schwertgriff, *lǽn* lehen, *hréð* ruhm (m.?), ferner bildungen mit *ȝe-*, wie *ȝebenn* bann, *ȝeféȝ* fügung, *ȝehield* (angl. *ȝehǽld*) custodia, observantia, *ȝehlýd* lärm, *ȝeresp* tadel, *ȝeswinc* plage, *ȝewéd* wut, *ȝewielc* das schlagen der wogen, north. Rit. *onwǽld* gewalt (neben *onweald*, gewöhnlich m.); *ȝeswyrf* (?) feilspähne, *ȝeȝrynd* grundstück, *ȝedwild* irrtum, *ȝehnǽst* das stossen, auch wol *ǽcyrf* stück, abschnitt, *felcyrf* vorhaut (m.?). Dieselben flectieren wie *cynn* § 246 (dat. pl. *ȝeswincium* nach § 206, 3, b).

Anm. 1. Neben diesen formen begegnen zum teil auch solche ohne *i*-umlaut, wie *ȝebonn*, *ȝeféȝ*, *ȝeheald*, *ȝehnǽst*, *ȝewealc*, oder nebenformen mit *r*, wie *hǽlor*, *hróðor*; hiernach ist es wahrscheinlich, dass diese wörter ursprünglich zu den *os/es*-stämmen gehörten, s. § 288 ff.

b) Ursprüngliche feminina, namentlich wieder bildungen mit *ȝe-*; beispiele: *ȝebyrd* geburt, *ȝecynd* geschlecht, *ʒehyʒd* andenken, *oferhyʒd* übermut, *ʒemynd* andenken, *ʒenyht* genüge, *ʒeðyld* geduld, *ʒewyrht* tat, *forwyrd* verderben, *fulwiht*, *fulluht* taufe, *ʒrín* schlinge, *wiht*, *wuht* ding. Bei diesen ist weibliches geschlecht und demgemäss flexion nach § 269 noch oft, zum teil überwiegend, erhalten; als neutra flectieren sie im allgemeinen wie *cynn* § 246 oder *word* § 238, haben aber im nom. acc. pl., soweit belegt, meist die endung -*u*, -*o*, wie *ʒehyʒdu*, *oferhyʒdu*, *ʒewyrhtu*, *ʒrínu*, *wihtu*; doch begegnen von einigen auch endungslose formen, wie *ʒecynd* neben *ʒecyndu*.

Anm. 2. Ebenso erscheinen in neutraler form die pluralia tantum *ʒiftu* hochzeit, *ʒedryhtu* elementa, *ʒehyrstu* (neben *ʒehyrste*) rüstung, die ursprünglich feminina sein müssen. In späten texten nehmen gelegentlich auch noch andere feminina der *i*-declination die neutrale pluralendung -*u* an, z. b. *lyftu*, *wistu*, *samwistu* zu *lyft* luft, *wist* schmaus, *samwist* verbindung.

Auch das umlautslose *ʒesceaft*, nach ausweis der verwanten sprachen ursprünglich ein fem. (vgl. § 261. 269), daneben aber im ags. auch n., bildet einen pl. *ʒesceaftu* neben *ʒesceafte*, -*a* nach § 252; über *ʒeðeaht* s. § 261. 269.

Anm. 3. *wuht*, *wiht* in der bedeutung 'wesen, creatur' ist fast stets fem. (doch neutrum in Blickl.), und bildet den erwähnten pl. *wihtu* erst in später zeit (vgl. anm. 2); dagegen nimmt das wort in der verallgemeinerten bedeutung von 'ding, etwas' frühzeitig neutrales geschlecht neben dem fem. an. Ueber die zusammengesetzten *náwuht* etc. s. § 348.

Anm. 4. Neben *ʒecynd* f. n. bestehen noch zwei weitere, wahrscheinlich erst aus dem pl. *ʒecyndu* erschlossene singularformen, nämlich *ʒecynde* n. nach § 246, und *ʒecyndu*, -*o* sw. f. nach § 279; ebenso ist neben *ʒebyrd* auch ein schwaches *ʒebyrdu*, -*o* entwickelt worden.

b) Feminina.

1) Kurzsilbige.

§ 268. Nur wenige unsichere beispiele lassen sich allenfalls für diese klasse anführen: *fremu* nutzen, und vermutlich *hylu* höhlung, -*leʒu* hinlegung, ende, und -*neru* rettung, in *ealdor*-, *feorhleʒu* bez. -*neru*, deren nominative nicht belegt sind.

In der flexion folgen diese wörter ganz dem paradigma der kurzsilbigen *ā*-stämme wie *ʒiefu* § 252, oder aber dem der abstracta auf -*u* wie *strenʒu* § 279, zu denen sie vielleicht mit grösserer wahrscheinlichkeit zu stellen sind als zur *i*-declination.

2) Langsilbige.

§ 269. Paradigma: *bén* bitte (urgerm. **bōni-z*).

Sing. N. V. bén   Pl. N. V. béne; -a
    G. béne   G. béna
    D. béne   D. bénum
    A. bén   A. béne; -a
    I. béne

Dieser declination folgen z. b. *benc* bank, *brýd* junge frau, *cwén* frau, *dryht* schaar, *fýst* faust, *hýd* haut, *hýf* bienenkorb, *hyrst* rüstung, *lyft* luft, *níed* not, *tíd* zeit, *ðrýð* kraft, *wén* hoffnung, *wiht, wuht* ding, *wynn* wonne, *wyrd* geschick, *wyrt* kraut, wurzel, *býsen* gebot (gen. *býsne* etc.), *ǽ(w)* gesetz, ehe, und viele verbalabstracta (mit ursprünglichem suffix -*ti*), z. b. *dǽd* tat, *fierd* fahrt, *ʒléd* glut, *spéd* gedeihen, *scyld* schuld, *ʒehyʒd, ʒemynd* gedenken, *ʒewyrht* tat, *ʒeðyld* geduld, *ǽht* besitz, *meaht, miht* macht (§ 261), *ést* gunst, *wist* das sein, *ýst* sturm, *ǽrĭst* auferstehung, u. a. Ohne umlaut erscheint regelmässig *ʒesceaft* schöpfung, geschöpf, *ʒeðeaht* gedanke (beide auch n., § 261).

Anm. 1. Die endungen dieser declination sind dieselben wie die der *ā*-declination ausser im acc. sing., welcher dort -*e* hat; auch diese endung dringt (früh und in weitem umfange im northumbrischen sowie in Rushw.[1] und zum teil Ps., später und anfangs seltener im westsächs. und kent.) in die *i*-declination ein, z. b. *tíde, cwéne* etc.

Anm. 2. Die älteste und eigentliche endung des nom. acc. pl. ist -*i* (*mæcti* hymn. Cædmons, vgl. got. *mahteis*), welches später zu -*e* wurde (§ 44). Daneben findet sich aber schon frühe auch -*æ* nach der *ā*-declination (*uuyrdæ* Ep.); vgl. auch anm. 5.

Anm. 3. *ǽ* ist im ganzen sing. und nom. acc. pl. indeclinabel; daneben bestehen gen. dat. sg. *ǽwe*, wozu auch ein nom. acc. *ǽw* gebildet wird; einige texte scheinen zwischen *ǽ* gesetz, und *ǽw* ehe, zu scheiden; über *sǽ* s. § 266, anm. 3.

Anm. 4. *lyft* und *ǽrist* und einige andere sind auch masc., § 266, anm. 2, *ʒecynd, ʒehyʒd, ʒemynd, ʒewyrht, wiht, wuht* etc. auch neutra, § 267, b. — *duʒuð* tugend, *ʒeoʒuð* jugend, und *ides* weib, welche sonst der *i*-declination angehören, folgen im ags. der *ā*-declination, § 252; *sien* (*sýn*), *sion* (*séon*) gesicht, *onsien* etc. anblick, antlitz, hat ws. noch öfter acc. sg. *séon*, im Ps. aber stets -*e* nach der *ā*-declination, *onsiene*; das north. schwankt.

Anm. 5. Im north. erscheinen viele dieser feminina auch als neutra, vgl. § 251, anm. An besonderen abweichungen der flexion in Lind. und Rit. sind anzumerken der gen. sg. auf -*es*, *tídes, dédes* etc. (so auch vereinzelt spätws., vgl. auch § 252, anm. 2) und schwacher plural, wie nom. acc. *tído, dédo*, gen. *tídana, dédana* etc.

4. Die *u*-declination.

a) Masoulina.

1) Kurzsilbige.

§ 270.　Paradigma *sunu* sohn (urgerm. **sunu-z*, got. *sunus*).

Sing. N. V. sunu, -o; -a　　　Pl. N. V. suna; -u, -o
　　　G. suna　　　　　　　　　　　G. suna
　　　D. suna; -u, -o　　　　　　D. sunum
　　　A. sunu, -o; -a　　　　　　A. suna; -u, -o
　　　I. suna

§ 271.　Die zahl der dieser declination folgenden wörter
ist ziemlich beschränkt. Durchflectiert erscheint neben *sunu*
nur noch *wudu* holz; von *me(o)du* met, begegnet ausser nom.
acc. sg. noch ein dat. *meodu*, -o, von *maʒu* knabe ein nom.
acc. pl. *maʒas*. Nur im nom. acc. sg. sind belegt *breʒu*, -o
(*breoʒo*) herscher, *heoru* schwert, *laʒu* see, *sidu* sitte, *spitu*
bratspiess. Die wörter *fri(o)ðu-* friede, und *li(o)ðu-* glied (got.
friþus, liþus) erscheinen als *u*-stämme nur noch im ersten
gliede von compositis; sonst gelten *fri(o)ðu* f. (nach § 279) oder
frið n. und *lið* n. nach § 239); ebenso nur *cwið* m. bauch, für
got. *qiþus*. Für got. *skadus* schatten, begegnet ebenso *sceadu*
f. und *scead* (angl. *scæd*) n. nach § 253 und 240.

Anm. 1. Im nom. acc. sg. tritt -*a* für -*u*, -*o* erst spät ein. — Im
gen. sg. findet sich später auch die endung -*es* nach der *o*-declination,
wudes, desgleichen im nom. acc. pl. -*as*, *wudas*, *sunas*. Von *sunu* begegnet spät auch ein schwacher plural *sunan* im anschluss an die späten
nom. sg. auf -*a*.

Anm. 2. Im Ps. sind nur nom. acc. sg. *sunu*, gen. *wuda*, dat. *suna*
belegt; Rushw.[1] hat nom. acc. sg. *sunu*, -*e*, gen. *sune*, -*ę*, dat. *sunu*, -*œ*,
pl. nom. acc. *sunu*, -*a*, -*œ*, -*as*, -*es*, gen. *sunu*, -*ena*. Die north. formen sind
in L: nom. acc. sg. *sunu* (seltener -*o*, -*a*, -*e*), gen. *sunu*, -*œ*, -*es*, dat. *sunu*,
-*e*, pl. nom. acc. *sunu*, -*o*, -*a*, gen. *suna*, -*o*, -*ana*, dat. *sunum*; R[2] nom.
acc. *sunu*, -*o*, -*a*, gen. *sunu*, -*o*, dat. *suno*; pl. nom. acc. *sunu*, -*o*, gen.
sununa, dat. *sunum*, -*om*; Rit. hat nur *sunu* als nom. gen. acc. sg. und
nom. pl.

2) Langsilbige.

§ 272.　Die langsilbigen wörter warfen nach § 134 im
nom. acc. sg. das -*u* ab und gerieten dadurch mit den *o*-
stämmen in berührung, deren flexion sie denn auch zum teil
angenommen haben. Als paradigma kann dienen *feld* feld:

Sing. N. V. A. feld   Pl. N. V. A. felda; -as
    G. felda; -es   G. felda
    D. felda; -e   D. feldum
    I. felda; -e

§ 273. Reste dieser flexion zeigen häufiger noch die wörter *feld* feld, *ford* furt, *weald* wald, und die mehrsilbigen *sumor* sommer, *winter* winter, *æppel* apfel (?), seltener *eard* wohnsitz, *hád* person, stand, rang, wesen, *hearʒ* hain, *séað* brunnen, und *-ʒár* speer in eigennamen wie *Wihtʒár*. Die übrigen wörter, welche sonst der *u*-declination zugehörten, sind ganz in die *o*-declination übergegangen, wie *ár* bote, *déað* tod, *feorh* leben, *flód* flut, *scield* schild, *ðorn* dorn, *hunʒor* hunger, u. s. w., = got. *airus, daupus, fairhus, flódus, skildus, þaurnus, húhrus,* und die zahlreichen verbalsubstantiva auf *-(n)oð, -(n)að* = got. *-ôdus.*

Anm. 1. North. finden sich auch noch die dative *déoða* und *wonʒa* und selbst einige beispiele von ursprünglichen *o*-stämmen, wie *binna* krippe.

Anm. 2. Der gen. sg. auf *-a* ist nur spärlich belegt (*háda, Liccitfelda* Beda, *wintra, Wihtʒára* Chron.), der nom. acc. pl. wie es scheint nur durch das ziemlich häufige *hearʒa* und *appla* (anm. 3). Dagegen ist der dat. instr. auf *-a* in den älteren texten noch häufig, doch wird er später auch durch das *-e* der *o*-declination verdrängt.

Anm. 3. *winter*, welches im sing., soweit dies erkenntlich ist, stets männlich gebraucht wird, hat im nom. acc. pl. die neutralen formen *wintru* und *winter*. — *æppel* flectiert im sing. ganz nach der *o*-declination, hat aber im pl. neben *æp(p)las* gewöhnlicher mit unregelmässigem vocal in wurzelsilbe *ap(p)la*, später auch *ap(p)lu*, welches wie *wintru* neutral gebraucht wird.

Anm. 4. In der älteren sprache erscheint ausnahmsweise auch bei langsilbigen noch vereinzelt ein nom. acc. sg. auf *-u*: *ætʒáru* speer Ep., *flódu* flut, *olwfwolþu* npr. (l. *Wolf-*) auf runeninschriften.

b) Feminina.

§ 274. Von solchen sind nur noch wenige übrig geblieben. Paradigmen sind *duru* tür, *hond* hand. Ihre flexion ist die folgende:

Sing. N. V. A. duru   hond   Pl. N. V. A. dura; -u   honda
    G. dura   honda   G. dura   honda
    I. D. dura; -u   honda   D. durum   hondum

Wie *duru* geht noch *nosu* (altkent. *nasu*) nase, wie *hond*
noch *flór* flur, boden, und *cweorn* mühle.

An m. 1.   Seltenere nebenformen sind gen. dat. instr. sg. *dure, nose*,
dat. *dyru, dyre* mit *i*-umlaut, und gen. dat. *hond*. — *flór* hat im gen. dat.
sg. auch *flóre* (doch acc. sg. stets *flór*) und wird ausserdem auch als masc.
gebraucht (nach § 273). — *cweorn* folgt gewöhnlicher der *ā*-declination,
gen. dat. acc. sg. *cweorne*; daneben besteht auch ein swf. *cweorne*
nach § 278.

An m. 2.   Ps. hat sg. acc. *duru*, pl. *dura*, und *hond*, sg. gen. dat. und
pl. nom. acc. gen. *honda*, dat. *hondum*; Rushw.[1] sg. nom. acc. dat. *dure*
(auch m.), pl. nom. *duru*, dat. *durum*, und *hond*, sg. acc. *hond, -e, -œ, -a*,
dat. *honda*, pl. nom. acc. *honde, -a*, dat. *hondum*.

Die north. formen sind: a) von *duru* (auch m. und n.) in L: sg. nom.
duru, -a, acc. *duru, -o, -e*, dat. *duru, -o, -a, -e*, pl. nom. *duro*, dat. *durum*;
in R²: sg. nom. *dura*, acc. *dura, -o*, dat. *dura*, pl. nom. *duro*, dat. *durum*;
in Rit. sg. acc. *duru*, pl. dat. *durum*; — b) von *hond*: in L: sg. nom. acc.
hond, dat. *hond, -a, -e*, pl. nom. *hond*, acc. *hond, -a, -o*, gen. *honda, -o*,
dat. *hondum*; in R²: sg. nom. *hond, -a*, acc. *honda*, dat. *hond, -a*, pl. nom.
acc. *hond, -a*, dat. *hondum*; im Rit. sg. nom. acc. *hond*, dat. *honde*, pl. dat.
hondum.

c) **Neutra.**

§ 275.   Eine selbständige *u*-declination des neutrums gibt
es im ags. nicht mehr.   Der einzige rest ist Ps. north. *feolu*,
feolo und ws. *fela, feola* viel ersteres ein erstarrter nom.-acc.,
letzteres wohl erstarrte form der übrigen casus.   Got. *faihu*
vieh, ist ws. kent. *feoh*, angl. *feh*, welches ganz der *o*-declina-
tion folgt (§ 242).

B) Die *n*-stämme (schwache declination).

§ 276.   Die drei geschlechter unterscheiden sich fast nur
noch im nom. voc. sg. (welchem im neutrum der acc. gleich
ist); derselbe geht beim masc. auf *-a*, beim fem. auf *-e* oder *-u*
§ 279, beim neutrum auf *-e* aus.   Paradigmen sind m. *ʒuma*
mann, f. *tunʒe* zunge, n. *éaʒe* auge.

	masc.	fem.	ntr.
S. N. V.	ʒuma	tunʒe	éaʒe
G.	ʒuman	tunʒan	éaʒan
D. I.	ʒuman	tunʒan	éaʒan
A.	ʒuman	tunʒan	éaʒe
Pl. N. V. A.	ʒuman	tunʒan	éaʒan
G.	ʒumena	tunʒ(e)na	éaʒ(e)na
D.	ʒumum	tunʒum	éaʒum

Anm. 1. Neben -*an* begegnet in einigen texten auch -*on*.

Anm. 2. Neben -(*e*)*na* im gen. pl. steht ws. nur selten -*ana*, -*ona*, wie *éarana*, *welona* Cura past., -*warana*, *Judana*, *Gotona* Or.; in dialektisch gefärbten texten sind diese formen etwas häufiger zu finden (vgl. auch anm. 3, c).

Anm. 3. Das verhältnis der beiden formen -*ena* (-*ana*, -*ona*, anm. 2) und -*na* im gen. pl. (einschliesslich der betreffenden formen der starken declination, § 252, anm. 4) schwankt stark.

a) In der ws. prosa darf -*ena* als die normalform gelten, sowol für kurzsilbige wie für langsilbige wörter, also z. b. masc. *fonena*, *welena*, *witena*, fem. *wucena*, wie masc. *cempena*, *telzena*, fem. *biemena*, *nædrena*, neutr. *éazena*, *éarena* etc.; nur selten tritt bei langsilbigen wörtern synkope des mittelvocals ein, so masc. *wilna*, fem. *tunzna*, ntr. *éazna* (neben *tunzena* und *éazena*) Cura past.

Eine constante ausnahme von dieser regel bilden in der ws. prosa die völkernamen: diese haben nach kurzer wurzelsilbe -*ena*, nach langer aber -*na* als regel, z. b. *Gotena* (-*ona*), *Judena* (-*ana*) Or., gegen -*seaxna* Or., -*seaxna*, *Francna*, *Lonzbeardna*, *Miercna*, *Sumursǽtna* Chr. Hier sind -*ena* für -*na* auch in der späteren sprache durchaus selten.

b) Dasselbe bild zeigen aber auch im allgemeinen die poetischen denkmäler überhaupt. Während bei den kurzsilbigen -*ena* (-*ana*, -*ona*) durchsteht, gilt bei den langsilbigen überwiegend -*na*: masc. *wilna*, *brózna*, fem. *drna*, *lárna*, *sorzna*, *wisna*, *wrǽcna*, neutr. *éazna*, *ühtna*, neben seltenen formen wie m. *démena*, *wreccena*, f. *tunzena*, n. *éazena*, die offenbar ebenso als secundär zu betrachten sind wie die gelegentlichen *Géatena*, *Frésena* neben regelrechtem *Frésna*, *Francna* etc. Regel ist -*ena* bei langsilbigen nur nach consonantgruppen die der synkope hinderlich sind: es heisst also in der poesie regelmässig z. b. masc. *witzena*, *eldrena*, fem. *fœmnena*.

c) Von den anglischen texten hat Ps. consequent -*ena* ohne rücksicht auf die quantität, z. b. masc. *dracena* (*drǽcena*), *nomena*, *weolena*, *wearena* wie *buccena*, *steorrena*, fem. *eorðena*, *wisena*, ntr. *ézena* etc.; Rushw.[1] hat im masc. selten -*ana* neben -*ena*: *witzana* neben *witzena*, *scaþena*, *zerǽfena*, im fem. nur -*ana*: *nédrana*, *widuwana*, *wiperana*. Im north. endlich gehen -*ena*, -*ana*, -*ona* (selten -*una*) stark durcheinander, auch findet sich bisweilen -*a* wie in der starken declination.

Anm. 4. Vereinzelt finden sich: für -(*e*)*na* spätws. auch -*an*, wie *éastran*, *cǽzean* (zu *cǽz* stf. schlüssel), oder -*enan*, wie *éazenan*, und stark -*a*, wie *bǽcistra*, *prica*, *nama*; desgl. im sing. starke formen wie gen. *mǽltanzes* gl., *éazes* Scint., *éares* Ben., dat. *éaze* Ben.

Anm. 5. Im north. fehlen durchgehends, desgl. in Rushw.[1] zum grösseren teil die auslautenden -*n* und die vocale der endsilben schwanken vielfach.

Das masc. hat in R[1] im nom. sg. -*a*, -*e*, -*œ* (-*an*), obl. -*a*, -*e*, -*ę*; -*u*; -*an*, nom. acc. pl. neben -*a*, -*e*, -*u* auch -*an* und starkes -*as*. Von den north. texten hat R[2] im nom. sg. meist -*a* (vereinzelt -*o*), obl. -*a*, seltener -*o*, -*u*, nom. acc. pl. -*u*, -*o*, selten -*a*, -*e*; — L: nom. sg. -*a* (-*o*, -*e*), gen. -*es*, -*œs*,

-as, dat. acc. *-a*, *-o* (*-e*), pl. *-o* (*-a*, auch stark *-as*); — Rit.: nom. sg. *-a* (*-e*), gen. *-a*, *-e*, *-o* und *-es*, *-œs*, dat. acc. sg. und nom. acc. pl. *-a*, *-e*, *o*.

Noch stärkeres schwanken herscht im femininum: R¹ hat nom. sg. meist *-e*, daneben *-a*, obl. *-e*, *-œ*, *-a* und *-an*, pl. *-a*, *-e* und *-an*. Die north. formen sind: R²: sing. *-a*, selten *-e* (doch stets so *widwe*); — L: sing. nom. dat. acc. *-a*, *-e*, *-o*, gen. *-es*, *-œs*, pl. *-o*, *.-a* und stark *-as*; — Rit.: sing. nom. dat. acc. *-e*, *-a*, gen. *-es*, pl. *-o*, *-a* und stark *-as*. Abweichend von den übrigen hat *eorðu* erde, north. meist *-u*, *-o* statt der übrigen angeführten endvocale (auch stets so im nom. sg.; schwankend *eorðu* und *eorðe* in R¹). Zudem schwanken die femm. vielfach zum neutr. geschlecht hinüber.

Im neutrum begegnen: in R¹: nom. acc. sg. *éare* (*-a*), *éʒe* (*-an?*), *wonʒe*, dat. *éʒe*, pl. *éara(n)*, *é(a)ʒan*, *-un*, *éʒu*, *-e*; — north.: R²: nom. acc. pl. *éaru*, *-o*, *-a*, nom. acc. sg. pl. *éʒu*, *-o*; — L: nom. dat. acc. sg. *éare*, pl. *éaro*, nom. dat. acc. sg. pl. *éʒo*; — Rit.: sing. nom. dat. *éare*, pl. *éaro*, *-a* und pl. *éʒo*.

Ueber den gen. pl. s. anm. 3, c.

1. Masculina.

§ 277. Wie *ʒuma* geht eine grosse anzahl von wörtern, z. b. kurzsilbig *bona* mörder, *cofa* koben, *draca* drache, *fona* fahne, *hona* hahn, *nefa* neffe, *noma* name, *sceaða* räuber, *sefa* sinn, *wela* reichtum, *wiʒa* kämpfer, *wita* weiser, pl. *-waran* bewohner; langsilbig *bróʒa* schreck, *bucca* bock, *cempa* kämpfer, *créda* credo, *déma* richter, *ʒóma* gaumen, *hunta* jäger, *móna* mond, *ʒeréfa* graf, *steorra* stern, *telʒa* zweig, *téona* schade, *wítʒa* prophet, *wrœccea* verbannter, etc.

Anm. 1. *oxa* ochse, hat im nom. acc. pl. *œxen*, *exen* neben *oxan*; gen. *oxna*, dat. *oxum* und selten *oxnum*, das pl. tantum *hiwan*, *hiʒan* (north. *hiʒu*) genossen, familie, im gen. pl. *hina* neben *hiʒna* und *hiwna*. — Von *nefa* neffe, enkel, begegnet spät dat. pl. *nefenum*.

Anm. 2. *fréa* herr, *ʒeféa* freude, *ðréa* plage, *léo* löwe (north. *léa*, gen. *léas*), *twéo* zweifel (spät auch *twý* und *twýn*, north. *tuá* und *tuía*, vgl. § 156, 3), *Svéon* pl. Schweden; *ʒefá* feind, *rá* reh, contrahieren durchgehends den vocal der wurzel- und der ableitungssilbe zu den diphthongen *éa*, *éo* bez. zu *á*, gen. etc. *fréan*, gen. pl. *léona*, *ʒefána*, *Svéona*, dat. *léom*, *Svéom*, *ʒefám*, doch auch *léoum* u. dgl., § 110, anm. 1.

An zweifelhaften wörtern gehören hierher nach *fléa* floh, das auch f. sein könnte, *méo* pedule (pl. *méon*), **céon* pl. kiemen (*cían* Ep.), **scéo* schienbein (*scía* Erf. Corp., north. pl. *sciu* L, *scia*, *sciœ* R²).

Anm. 3. Neben *fréa* steht seltener uncontrahiertes *friʒea*; *ðréa* ist gewöhnlicher stf. nach § 252; *léo* bildet neben seinen regelmässigen formen später gewöhnlich dat. pl. *léonum* und im dat. sg. vereinzelt *léone* oder *léonan*.

2. Feminina.

§ 278. Die anzahl der feminina welche wie *tunʒe* flectieren ist geringer als die der mascc. Beispiele von langsilbigen sind: *bíeme* trompete, *eorðe*, *folde*, *hrúse* erde, *heorte* herz, *sunne* sonne, *wíse* weise, *méowle* jungfrau, *nǽdre* natter, *swealwe* schwalbe, von kurzsilbigen *bune* (*búne*?) krug, *ceole* kehle, *cliðe*, *clife* klette, *cwene* frau, *cwice* quecke, *miere* (*míere*? vgl. § 218, 1) stute, *pise*, *piose* erbse, von mehrsilbigen *wuduwe* witwe (vgl. § 156, 4), die wörter auf -*estre*, wie *bǽcestre* bäckerin etc.

Anm. 1. Die meisten kurzsilbigen wörter nehmen im nom. sg. bereits ziemlich frühe die endung -*u* von den kurzsilbigen *ā*-stämmen auf: *cinu* spalte, *faðu* tante, *hosu* hose (*hosa* m. ?), *hracu* rachen, *moru* möhre, *peru* birne, *spadu* spaten, *swipu*, *swiopu* geissel, *ðrotu* kehle, *wucu* woche; doch haben die ältesten texte noch die alte endung -*e*, -*throtæ*, -*moræ* Ep., *hrœce* Ps.; *hrace* und *faðe* begegnen auch später noch vereinzelt. Ebenso pflegen die composita das -*e* zu behalten: *locbore* lockenträgerin, *nihteʒale* nachtigall, *œsc*-, *eoforðrote* (pflanzennamen), etc.

lufu liebe, flectiert im strengws. überwiegend (so in Cura past., und ausschliesslich so in Ælfric's Hom.) stark wie *ʒiefu* § 252, sonst meist schwach. Ps. hat auch hier einen alten schwachen nom. *lufe* erhalten.

Anm. 2. Contractionen, wie § 277, anm. 2, finden sich bei *béo* biene (north. *bía*, Ps. pl. *bían*), *céo* krähe (*chýœ* Ep., *ciœ* Erf.), *péo* hundsfliege (Ps. *píe*), *réo* decke (*rýhœ* Ep., daneben *réowe* und *réowu*), *séo* pupille, *flá* pfeil, *slá* schlehe (pl. *slán*, daneben stark *slá*), *slá*, *sléa*? weberkamm (*slahœ* Corp.), *tá* zehe (*dá*? rehkuh; mir fehlen belege für schwache flexion), *ðó* thon (*thóhœ* Ep.), gen. etc. *béon*, *séon*, *flán* etc.; *tá* hat *tán* und *táan*, dat. pl. *táum* und jünger *tánum*; *flá* wol nur *flánum*, das freilich zu dem öfter neben *flá* vorkommenden *flán* stm., § 238, oder stf., § 252, gehören könnte. Die spätere sprache (Ælfric) hat in ähnlicher weise ein swf. *tá* aus dem stm. *tán* stab, zweig entwickelt. Umgekehrt findet sich auch nom. sg. *tán* für *tá* zehe.

Anm. 3. Unregelmässige endung hat *éastron*, -*un* (seltener -*an*) ostern, welches meist als plurale tantum erscheint: gen. *éastrena*, -*ana*, auch *éastran* und stark *éastra*. Neben dem schwachen *éastron* steht auch ein scheinbar starkes *éastru*, *éastro* mit neutraler endung, auch findet sich ein nom. sg. *éastre*. — North. lautet der nom. acc. *éastro*, *éostro* L, *éostru*, -*o* R[2] (*éastran* und *éastra* R[1]), gen. *éastres*, *éostres* L, *éastra*, *éostro*, -*ana*, -*una* R[2], dat. *éastrœ*, *éastro*, *éostro* L, *éostrum* R[2]. In L gilt das wort für ntr. sing., in R[2] als plural (*ðis éostro* Luc. 22, 15 L, *ðás éostru* R[2]).

Anm. 4. Wie die mascc. flectieren *ʒemœcca* (*ʒemaca*) gattin, *ʒebedda* bettgenossin, *ʒeresta* witwe, und einige andere, die als generis communis gebraucht werden.

§ 279. Zu der schwachen declination gehören ihrem ursprunge nach auch die abstracta auf -*u*, -*o*, wie *brǽdu* breite;

hǽlu heil, *menʒu, meniʒo* menge, *strenʒu* kraft, *ieldu* alter, insofern diese den got. schwachen substantivis auf *-ei* wie *managei* menge, entsprechen. Jedoch haben diese im nom. sing. die endung *-u* aus der *ā*-declination übernommen, und damit die alte flexion ganz zerstört. Ihre declination ist die folgende:

Sing.	N. strenʒu, -o	Pl.	N. A. strenʒe, -a; -u, -o
	G.		G. strenʒa
	D. } strenʒe; -u, -o		D. strenʒum
	A.		

Anm. 1. Im sing. sind diese abstracta meist indeclinabel, d. h. sie gehen in allen casus auf *-u, -o* aus. Der plural kommt nur von wenigen vor. Der nom. acc. sing. hat auch bisweilen eine gekürzte form, *yld* neben *yldo* alter; vgl. § 255, 3.

Anm. 2. Auch hier haben Lind. und Rit. wieder genetive auf *-es*, wie *ældes, snytres* = ws. *ieldu, snytru.*

Anm. 3. Der alte ausgang *-ī* zeigt sich noch in dem stetigen umlaut des vocals der wurzelsilbe, sowie in der palatalisierung vorausgehender gutturale: *meniʒeo, strenʒeo,* § 206, 3, b.

3. Neutra.

§ 280. Wie *éaʒe* geht mit sicherheit nur noch *éare* ohr; *heorte* ist fem. geworden.

Anm. 1. Starke verwirrung zeigt die flexion von *wonʒe* wange, in folge von vermischung mit formen des gleichbedeutenden *wenʒe* und von *ðunwenʒe* schläfe, welche beide ursprünglich stn. nach § 248, 1 waren: nom. acc. sg. *wonʒe — wenʒe* und *ðunwenʒe — ðunwonʒe*; dat. *ðunwenʒan*; nom. acc. pl. *wonʒan* und *ðunwenʒan* neben *ðunwonʒan* und stark gebildetem *ðunwonʒe, -a*; gen. *ðunwonʒena* und *-wonʒa.*

Anm. 2. Spätws. finden sich vereinzelt auch die genetive *éaʒes* und *éares*, und der dat. *éare* (§ 276, anm. 4). Unklar ist das geschlecht von *úhta* swm. oder *úhte* swn. morgendämmerung (got. *úhtvô* swf.), welches fast nur in der alten formel *on úhtan* gebraucht erscheint (daneben selten wendungen wie *úhtna ʒehwylce, þám ilcan úhte*).

Anm. 3. Ueber die north. declination von *éare* und *éʒo* s. § 276, anm. 5.

C) Kleinere declinationsklassen.

1. Vereinzelte consonantische stämme.

a) Masculina und neutra.

§ 281. 1) Paradigma der masculina: *fót* fuss.

Sing.	N. V. A. fót	Pl.	N. V. A. fét
	G. fótes		G. fóta
	D. fét		D. fótum
	I. fóte, fét		

Ebenso gehen *tóð* zahn, pl. *téð*, und *mon(n)*, *man(n)*, pl. *men(n)*, und ähnlich auch die zweisilbigen *hæleð* held, *mónað* monat.

Anm. 1. Neben *monn* besteht auch ein swm. *monna, manna*, welches nach § 276 flectiert, aber meist nur im acc. sg. vorkommt. North. lautet der acc. meist *monno* (vereinzelt *monnu, -e, monn*) in L, *mon(n)*, seltener *monno, -e* in R², *monno* neben *aldormonn* in Rit.; in R¹ heisst es *monnu*. Die mit *-mon* zusammengesetzen eigennamen scheinen regelmässig stark nach § 238 zu flectieren, z. b. dat. *Colemanne, Gearomonne*.

Wie *mon* flectiert auch das zusammengesetzte *wifmon* weib (später oft assimiliert *wimman*), nur dass dasselbe bisweilen als fem. gebraucht wird.

Anm. 2. Von *fót, tóð* lautet der nom. acc. pl. später (anglisch?) bisweilen *fótas, tóðas* (so schon einmal *fótas* Mart., *tóðas* Ps. neben öfterem *tǽð*), von *tóð* der dat. sg. north. *tóðe*, der gen. pl. *tóðana, tǽða* neben *tóða* L. In R² begegnet ein gen. pl. *fǽta* neben *fóta*, in Rit. gen. pl. *tóðana* und acc. pl. *fóta*; in R¹ ein dat. sg. *tóþ* und *monn* neben gewöhnlichem *menn*.

Anm. 3. Zu dem sonst nur als erstes glied von compositis belegten *ós* ase, gott, begegnet ein gen. pl. *ésa* mit auffälligem *i*-umlaut.

Anm. 4. *hæleð* und *mónað* haben endungslosen nom. acc. pl. neben *hæleðas (hæleðe)* und *món(e)ðas*; im sing. aber flectieren sie regelmässig nach der *o*-declination. — Der nom. *hæleð* ist eine neubildung für *hæle* (vgl. *ealu* unter 2); dieser alte nom. ist in die *i*-declination übergetreten, § 263, anm. 4.

2) An neutris fallen hierher das einsilbige *scrúd* gewand, und das zweisilbige *ealu* bier. Ersteres hat im dat. sg. *scrýd* (spät *scrúd* und *scrúde*), nom. acc. pl. *scrúd*, gen. *scrúda*; das zweite, ein alter *t*-stamm, wie *hæleð* und *mónað*, bildet gen. dat. sg. (*e*)*aloð, -að* (ganz spät und vereinzelt auch dat. *ealoðe*; north. gen. *alðes* Rit.), gen. pl. *ealeða*, ganz vereinzelt auch nach dem gen. dat. einen acc. sg. *ealað*.

b) Feminina.

§ 282. An kurzsilbigen gehören hierher *hnutu* nuss, *studu, stuðu* säule, *hnitu* niss. Als paradigma kann dienen *hnutu*:

Sing.		Pl.	
N.	hnutu	N.	hnyte
G.	hnute	G.	hnuta
D.	hnyte	D.	hnutum
A.	[hnutu]	A.	hnyte

Anm. Der unbelegte acc. sg. *hnutu* ist nach dem acc. *studu, stuðu* angesetzt; im gen. pl. begegnet spät auch *hnutena*. — Von *studu, stuðu* sind ausser dem nom. acc. (daneben die endungslose form *féurstud* in den alten north. Bedaglossen, O. E. T. 123, wofür später wieder *féorstuþu* erscheint; ähnlich *durustod* türpfosten) noch die dativformen *styde* (*styðe*), *stude* und *studa* belegt, von *hnitu* ausser dem nom. sg. noch der nom. acc. pl. *hnite*.

§ 283. Die langsilbigen sind im dat. sg. und nom. acc. pl. endungslos, haben aber *i*-umlaut wo er lautgesetzlich eintreten kann. Der gen. sg. lautet entweder dem dat. gleich, oder wird wie in der *ā*-declination ohne umlaut und mit der endung -*e* gebildet. Paradigma *bóc* buch.

Sing. N. V. A. bóc	Pl. N. V. A. béc
G. béc; bóce	bóca
D. béc	bócum

§ 284. So gehen noch *ác* eiche, *ʒát* geiss, *bróc* hose, *ʒós* gans, *wlóh* saum, franse, *burʒ* burg, *dunʒ* unterirdisches gemach, abgrund (?), *furh* furche, *sulh* pflug, *turf* rasen, *ʒrút* grütze, *lús* laus, *mús* maus, *ðrúh* korb, sarg, *cú* kuh, *éa* wasser, *neaht*, *niht* nacht, und das zweisilbige *mæʒeð*, *mæʒð* jungfrau.

Anm. 1. Doppelbildung des gen. sg. zeigen *béc* — *bóce* (ersteres der alten sprache eigen; Ps. *bǽc*), *byr(i)ʒ* — *burʒe*, *fyrh* — *fúre* (auch ohne umlaut *furh*); von *ác*, *ʒát*, *ʒós*, *mús* scheinen dagegen nur die längeren formen *áce*, *ʒáte*, *ʒóse*, *múse* vorzukommen, wie umgekehrt von *ðrúh* nur *ðrýh*. Nach art der mascc. gebildet ist der gen. *súles* zu *sulh* (anm. 3).

Anm. 2. Der dat. sg. erscheint bisweilen, namentlich in jüngeren texten, ohne umlaut, *ác*, *bóc*, *burʒ*, *furh*, *ʒrút*, *ðrúh* (so auch north. *bóc* L Rit. neben *bǽc* LR²).

Anm. 3. Die wörter auf *h* verlieren dasselbe vor vocalischer endung nach § 218: *furh*, gen. *fúre*, pl. gen. *fúra*, -*ena*, dat. *fúrum*; *sulh*, gen. *súles* (anm. 1), pl. gen. *súla*, dat. *súlum*; *ðrúh*, dat. pl. *ðrúm*; später findet sich auch nom. acc. *sul* (*súl?*), dat. *syl* (*sýl?*) ohne *h*.

Anm. 4. *ác* als name einer rune bildet nom. acc. pl. *ácas*. — *bóc* ist selten auch ntr.; urkundlich begegnet a. 837 ein umgelauteter dat. pl. *bǽcum*. — *wlóh* ist nach dem north. pl. *wlǽh* L (gen. *wʒlóana* ib.) hierherzustellen. — *burʒ* (*buruʒ*) hat im gen. etc. statt des alten und seltenen *byrʒ* meist *byriʒ*; später flectiert das wort auch ganz wie *bén* § 269, nur ohne umlaut: gen. dat. sg. *burʒe*, nom. acc. pl. *burʒe*, -*a*. R¹ hat nom. acc. pl. *burʒas*, das north. meist sg. nom. acc. *buruʒ*, seltener *burʒ* (*buriʒ*), gen. *burʒe* R², *buruʒ*, *burʒe*, -*a*, *byriʒ* L, dat. *byriʒ* L R² Rit., und *buruʒ* L, R², *burʒe* R², pl. nom. acc. *burʒas* L. — *dunʒ* ist nach dem allein belegten dat. sg. *þǽre dinʒ* Andr. 1272 und ahd. *tung* vermutungsweise hierhergestellt worden. — Neben *ʒrút* besteht auch ein regelmässig nach § 258, 1 flectierendes *ʒrytt*. — Für *ðrúh* erscheint bisweilen auch im nom. acc. sg. *ðrýh* mit umlaut. — *cú* hat gen. sg. *cú*, *cúe*, *cý*, *cús*, nom. acc. pl. *cý*, *cýe*, gen. *cúa, cúna, cýna*. — *éa* hat nur sehr selten im gen. sg., häufiger im dat. sg. die form *íe* (gen. auch *éas*); gewöhnlich flectiert es im sing. und stets im plural nach der *ā*-declination, sing. *éa*, plur. nom. gen. acc. *éa*, dat. *éam, éaum*, vgl. § 259, anm. — *neaht, niht* (angl. *næht*) und *mæʒeð, mæʒð* sind im ganzen sing. und nom. acc. pl. unveränderlich, doch hat *niht* auch gen. dat. sg. *nihte* (*neahte*, Ps. *næhte*) und einen meist nur adverbial gebrauchten gen. *nihtes* (auch *ánes nihtes* u. dgl., Ps. *næhtes*). Im north. ist *næht* (gen. sg. stets *næhtes* R² L Rit.) bisweilen masc.

Anm. 5.   Hierher gehört auch das zweisilbige *mioluc* (*miolc*) milch (Ps. north. *milc*), welches neben dat. sg. *mioluc, meol(u)c* und *meol(u)ce* auch eine scheinbar pluralische form *miolcum* besitzt.

Anm. 6.   Die frauennamen auf *-burʒ* wie *Éadburʒ, Wœrburʒ* flectieren regelmässig nach der *ā*-declination, gen. dat. acc. *-burʒe*.

Anm. 7.   Als consonant. feminina flectieren einige länder- und ortsnamen, wie *Cent, Cert, Í, Wiht*, gen. *Wihte*, dat. acc. *Wiht* u. s. w.   Die meisten ortsnamen fremden ursprungs sind aber indeclinabel und lassen ein bestimmtes geschlecht nicht erkennen. Vereinzelter begegnen auch unflectierte formen, wie *œt Exanceaster, œt Wynnefeld, œt Manneðorp, œt Folcstán* u. dgl., von einheimischen namen.

2. Stämme auf -r.

§ 285.   Die verwantschaftsnamen auf *-r*: *fœder* vater, *bróðor* bruder, *módor* mutter, *dohtor* tochter, *sweostor, swuster* schwester (nebst den pll. tant. *ʒebróðor* gebrüder, und *ʒesweostor* geschwister), flectieren im ws. und kent. folgendermassen:

Sing. N. V. A.	fæder	bróðor	módor	dohtor	sweostor
G.	fæder, -(e)res	bróðor	módor	dohtor	sweostor
D.	fæder	bréðer	méder	dehter	sweostor
Pl. N. V. A.	fæd(e)ras	bróðor, -ðru	(módru), -a {	dohtor, -tru, -tra	sweostor
G.	fæd(e)ra	bróðra	módra	dohtra	sweostra
D.	fæd(e)rum	bróðrum	módrum	dohtrum	sweostrum

Anm. 1.   Statt *-or* findet sich nicht selten auch *-er* (nicht aber *-or* neben den formen die im paradigma mit *-er* gegeben sind); selten *-ar*.

Anm. 2.   Synkope des *e* in den mehrsilbigen casus von *fœder* ist nur den älteren texten des ws. eigen; später wird das *e* fest.

Anm. 3.   Der gen. sg. der feminina *módor* und *dohtor* lautet spätws. bisweilen gleich dem dativ *méder* und *dehter*; umgekehrt erscheinen spät auch einige nicht umgelautete dative, wie *bróðer, dohter, -or*.

Anm. 4.   In den übrigen dialekten ist die flexion die folgende: a) Ps. sg. nom. acc. *feder*, gen. *feadur*, dat. *feder*, pl. nom. acc. *fedras* (*feddras*), gen. *fedra* (*feddra*), dat. *feadrum* (*feodrum, fedrum*); — R¹: nom. acc. *fœder*, gen. *fœder, fader*; *fœderes*, dat. *fœder*, pl. gen. *fœdera*; — north, R²: nom. acc. *fœder, feder, fador*, gen. *fœd(e)res, fœder, fœdur, fador*, dat. *feder, fœder, fœdre*, pl. nom. acc. *fœdras*, gen. *fœdra*, dat. *fœdrum*; — L: nom. acc. *fœder, fader*, gen. *fadores (fœdores), fad(e)res, fador*, dat. *fœder, -ir, feder, fader, federe*, pl. nom. acc. *fadoras, fadero*, gen. *fadora*, dat. *fad(o)rum*; — Rit.: nom. acc. *fœder (feder, fader)*, gen. *fadores (fador?)*, dat. *feder (fœder)*, pl. gen. *fadora, fœdera*, dat. *fœdorum*. — In der poesie begegnet vereinzelt ein dat. sg. *fœdere*.

b) Ps. nom. acc. *bróður*, dat. *brœðer*, pl. nom. acc. *bróður*, dat. *bróðrum*; — R¹: nom. acc. gen. dat. *bróþer*, pl. nom. acc. *bróþer, bróþre, brœþre*, dat. *bróþrum*; — north.: R²: nom. acc. *bróðer, -or*, gen. *bróðer*, dat. *bróðer, -or*, pl. nom. acc. *bróðer, -or, bróðro*, dat. *bróðrum, -om*; — L: nom. acc. *bróðer*, gen. *bróð(e)res, bróðer*, dat. *bróð(e)re, bróðer, brœðre, brœðer*, pl. nom. acc. *bróð(e)ro, bróð(e)ra, bróðre, bróðer*, gen. *bróðra, bróðero*, dat. *bróðrum*; — Rit.: *bróðer-*, pl. nom. acc. *bróðro*, dat. *bróðrum*.

c) Ps. sg. nom. acc. *módur*, gen. *módur, mœder*; — R¹: sg. nom. gen. dat. *móder*; — north.: R²: sg. nom. acc. *móder*, gen. *móder, -or, mœder*, dat. *mœder, móder*, pl. acc. *móder*; — L: sg. nom. acc. *móder*, gen. *mód(e)res, mœderes, móder*, dat. *móder, mœder*, pl. acc. *módero*; — Rit.: sg. nom. *móder*, dat. *mœder*.

d) Ps.: sg. nom. acc. *dohtur*, gen. *dœhter*, pl. nom. acc. *dohtur*, gen. *dohtra*; — R¹: sg. nom. acc. *dohter*; — north.: R²: sg. nom. dat. acc. *dohter*, pl. nom. *dohter*, dat. *dohtrum*; — L: sg. nom. acc. *dohter*, dat. *dohter, dœhter*, pl. nom. *dohtero*, dat. *dohterum*; — Rit.: sg. acc. *dohtor*, pl. nom. *dohtoro*.

e) R¹: sg. nom. *swuster*, pl. nom. *swœster, swuster*; — north.: R²: sg. nom. acc. gen. *swester*, pl. nom. acc. *swester, swestro*; — L: sg. nom. acc. *swœster, sœster*, gen. dat. *swœster*, pl. nom. acc. *swœster, swœstro, sœstro*; — Rit.: pl. dat. *sœsternum*.

3. Stämme auf -nd.

§ 286. Zu dieser gruppe gehören die substantivierten participia praesentis (die flexion der eigentlichen participia s. § 305 f.). Paradigmen der masculina: *fréond* freund, *hettend* hasser, feind.

Sing. N. V. A.	fréond	hettend	Pl. N. V. A. { friend / fréond	{ hettend, -de; -das
G.	fréondes	hettendes	G. fréonda	hettendra
D.	{ friend / fréonde }	hettende	D. fréondum	hettendum
I.	féonde	hettende		

Wie *fréond* (altws. auch *friond*; Ps. R¹ *fréond*, north. *fréond, friond* L R², *friond* Rit.) gehen noch *féond* feind (altws. auch *fiond*, Ps. R¹ *féond, fiond*, im pl. auch *fienda, -um* Ps.; north. *fiond* R² L Rit., in L auch einmal *fiend*; pl. ws. *fiend, féond*, gen. *féonda*; dazu die plurale *ʒefríend, ʒefiend* gegen-

seitige freunde bez. feinde), *ʒóddónd* woltäter (pl. *ʒóddénd*
El. 359). Alle zweisilbigen, wie *áʒend* besitzer, *démend* richter,
hǽlend, nerʒend heiland, *wealdend* herscher, *wíʒend* kämpfer,
flectieren wie *hettend*, d. h. nehmen im gen. pl. die endung der
adjectiva an.

Anm. 1. Im dat. sg. finden sich formen wie *friend, fiend* etc. in der ws.
prosa noch ziemlich oft, selbst in später zeit; dagegen herscht in der
poesie ausschliesslich die (wahrscheinlich bes. anglische) form *fréonde, féonde*
(in Ps. north. ist nur ein *frionde* L belegt). Von *téond* ankläger, findet
sich ein dat. *téonde*. — Der nom. pl. lautet im Ps. *fréond, féond, fiond*
nach § 159, 5, und so bisweilen auch in ws. texten; in R¹ *féondas, fiondas*;
north. *friondas, fréondas, -e* R², *fréondas, friondas, fréondo* L, und *fiondas*
R² L Rit. (auch *fiondes* L) und so auch öfters in der poesie *fréondas,
féondas.*

Anm. 2. Im nom. acc. pl. der mehrsilbigen sind *hettend* und adjectivisch gebildetes *hettende* die üblichsten formen; in der prosa nehmen ·
einige frühe die endung *-das* an, so *wealdendas, lufiendas, æfterfylʒendas*
schon bei Ælfred; einiges der art, wie *byrʒendas, éhtendas*, findet sich
auch in der poesie. — In jungen texten begegnet bisweilen eine neubildung des ganzen plurals nach dem gen., wie *wealdendras, wealdendra,
wealdendrum.*

§ 287. Feminina sind selten, und mit ausnahme von
swelʒend strudel, wol nur in der gelehrten literatur zu finden,
wie *londbúend* colonia, *ðéos wealdend* herscherin, *ðéos féond*
feindin (als übersetzung von *haec praesul, hostis*), *timbrend*
erbauerin, u. dgl. Ueber ihre flexion lässt sich nichts sicheres
ermitteln.

Anm. *swelʒend* hat im dat. acc. sg. *swelʒende*, ist also ganz in die
ā-declination übergetreten; ausserdem wird es in der jüngeren sprache als
ntr. und m. gebraucht.

4. Stämme auf *-os, -es.*

§ 288. Diese entsprechen den griech. neutris auf *-oς*, lat.
-us, -eris. Ihre anzahl ist im ags. eine ziemlich beschränkte,
da die meisten der ursprünglich hierhergehörigen wörter das
s des suffixes ganz aufgegeben haben und danach in andere
declinationen und zum teil in anderes geschlecht übergetreten sind.

Anm. 1. Hierher fallen wol alle alten neutra der ags. *i*-declination,
sowol die kurzsilbigen wie *spere, sife, ʒedyre* etc. § 263, 2 als die langsilbigen wie *flǽsc, hǽl, ʒehield* etc. § 267, a; vgl. auch *lemb, cælf* § 290,

anm. 1; ferner mit geschlechtswechsel die masculina *bere, eʒe, hete, siʒe* § 263, anm. 4 und die langsilbigen *hlǽw* (*hláw*), grabhügel, *hrǽw* (*hráw*) leiche, *ʒǽst* (*ʒást*) geist, north. *dǽʒ* tag. Hier ist das *s* des suffixes nach § 182 geschwunden; der vocal desselben erhielt sich als *i, e* bei den kurzsilbigen, während er bei den langsilbigen abfiel (§ 133). Die zweite suffixform mit dem vocal *o, a* wird noch durch einige umlautslose formen wiedergespiegelt, die neben jenen umgelauteten auftreten, wie *ʒefóʒ, ʒeheald* (§ 267, anm. 1), *hláw, hráw, ʒást* § 250, anm. 1. Auch *felt* filz, *sœl* saal (vgl. § 263, anm. 3), *helt* schwertgriff, fallen wol hierher.

Anm. 2. Ueber nebenformen mit *r* s. § 289, anm. 2.

Die wörter, welche mindestens noch reste des suffixalen *s* erhalten haben, zerfallen in zwei klassen:

§ 289. Die erste klasse umfasst diejenigen wörter, welche das suffixale *s* als *r* in allen formen festhalten, wie *salor* saal, *hocor* spott (?), *stulor* diebstahl; *dóʒor* tag, *éaʒor* meer, *ʒrandor* frevel, *hálor* heil, *hríðer, hrýðer* rind (spät auch *hrúðer*), *wildor* wild (daneben volksetymologisch umgebildet auch *wildéor, wilddéor*), *éar* ähre (aus *ahur*, north. auch *eher, œhher*).

Diese wörter sind im allgemeinen in die *o*-declination übergetreten, flectieren also nach § 238. 244 f., doch erscheint bisweilen noch ein endungsloser dat. instr. sing. (*dóʒor, hálor, hróðor, siʒor*, north. *eher, œhher*, neben häufigem *dóʒore, dóʒre, hróðre* u. s. w.). Als plurale erscheinen *dóʒor, hrýðeru, wildru, éar* (north. *ehera* und *ehras*).

Anm. 1. Das geschlecht von *salor, hocor, éaʒor, ʒrandor, hálor* lässt sich im ags. nicht direct feststellen; doch dürfen dieselben aus etymologischen gründen und nach analogie der übrigen wörter mit sicherheit als neutra angesetzt werden; *siʒor* sieg, das ebenfalls hierher gehörte, ist wie *siʒe* zum masc. übergetreten. — *éaʒor* und *ʒrandor* sind fast nur als erste teile von compositis belegt.

Anm. 2. Mehrfach begegnen *r*-lose nebenformen zu diesen wörtern, nach § 288: *sœl* — *salor*, *éaʒ*- — *éaʒor*, *hœl* — *hálor*, *hrið* (in composs. wie *hriðhiorde, hriðfald*) — *hríðer*, north. *dǽʒ* — *dóʒor*; *siʒe* — *siʒor* m.

Anm. 3. Als *s* ist das alte *s* des suffixes möglicherweise erhalten in *héns*- in dem ortsnamen *hénsbróc* 'Hoensbroech', wenn nämlich diese form dem altn. *hœns* hühner, entspricht; ferner mit metathese in *ðrústfel* ausschlag, aussatz, got. *þrútsfill*; vielleicht gehören so auch *húsc, húx* spott (für *húcs*) und *hocor* zusammen.

§ 290. Die zweite klasse wird gebildet durch einige wörter, welche das *r* im sing. im allgemeinen aufgeben, im

plural es dagegen im allgemeinen behalten, ohne dass jedoch
einzelne abweichungen von dieser norm ausgeschlossen wären.
Hierher gehören insbesondere die wörter *lǫmb* lamm, *cealf*
kalb, *ǽᵹ* ei. Ihre flexion ist folgende:

Sing. N. A.	lomb	cealf	ǽᵹ
G.	lombes	cealfes	ǽᵹes
D.	lombe	cealfe	ǽᵹe
Pl. N. A.	lombru	cealfru	ǽᵹru
G.	lombra	cealfra	ǽᵹra
D.	lombrum	cealfrum	ǽᵹrum

Anm. 1. Der sing. dieser wörter hat öfter *i*-umlaut, so stets Ps.
cœlf, north. *cœlf* und *celf* L und seltener *lemb* neben *lomb* Rit., vgl. § 288,
anm. 1 (der umlaut von *ǽᵹ* hängt dagegen von dem inneren ᵹ ab). — Neben
lomb kommt auch ein sing. *lombor* vor, neben *ǽᵹ* eine längere form *ǽᵹer*-
in *ǽᵹerfelma* eihaut, *ǽᵹerᵹelu* eigelb. — Der nom. acc. pl. heisst Ps. auch
calfur, *lombur* neben *calferu*, *lomberu* (aber gen. *lombra*, vgl. § 144, b.
243, 1), north. in R² *lombor*, in L *lomb(o)ro*, *lombor*, im Rit. *calfero*. —
Die spätere sprache bildet vielfach den ganzen plural ohne *r*, *lamb*, gen.
lamba, dat. *lambum* etc.; von *cealf* begegnet, ebenfalls spät, auch ein m.
plural *cealfas*.

Anm. 2. *cild* kind, flectiert im allgemeinen wie *word* § 238, hat
also pl. *cild* etc. (north. auch *cildo*); doch findet sich auch bisweilen ein
pl. *cildru*, *-eru*, gen. *cildra* (letzteres auch in R¹). Bei Ælfric erscheint
als regel pl. nom. acc. *cild*, gen. *cildra*, dat. *cildum*. North. ist *cild* ausserdem bisweilen masc. und bildet dann den pl. *cildas*, *-es* (neben *cildo*, gen.
cilda, dat. *cildum*; im Rit. pl. *cildo*, gen. *cildra*, *cildena*, in R² *cild*).

Anm. 3. An vereinzelten formen dieser art begegnen noch ein nom.
acc. pl. *bréadru* frusta, zu *bréad* brot; *hǽmedru* zu *hǽmed* coitus; *léower*,
léwera zu *léow* (*lœuw* urk.) schinken, gen. pl. *speldra* zu *speld* fackel (dat.
pl. *mǽdrum* zu unbelegtem *mǽd* mass?); north. *stǽner* L, *stǽnere* R² pl.
zu *stán* m. stein; an kurzsilbigen der pl. *scerero*, *-oro*, *-uru* Ep. Erf. Corp.
scheere, zu dem sonst regelmässig nach § 238 flectierenden *scear* pflugschar,
und das pl. tantum *hǽteru* gewand.

Capitel II. **Declination der adjectiva.**

§ 291. Das adjectivum hat im germanischen eine zwei-
fache declination, die sog. starke und die schwache. Die
letztere ist erst im germanischen neu gebildet worden, während
die erstere ursprünglich mit der declination der adjectiva und
substantiva in den verwanten sprachen übereinstimmte.

Die meisten adjectiva können nach beiden declinationen flectiert werden. Der eintritt der einen oder andern hängt meist von syntaktischen gründen ab. Die schwache form steht im allgemeinen nach dem artikel und bei substantivischem gebrauch des adjectivs; in der starken form dagegen steht das praedicative adjectivum und das attributive adjectiv ohne artikel (Lichtenheld, das schwache adj. im ags., ZfdA. XVI, 325 ff.).

Anm. 1. Nur stark flectieren alle pronomina ausser *self(a)* und *se ilca* § 339, die cardinalzahlen von 2 ab, soweit sie adjectivisch flectiert werden (§ 324 ff.), *óðer* der zweite § 328, und eine reihe von adjectiven wie *eall* all, *ʒenóʒ* genug, *moniʒ* mancher; nur schwach die comparative, die superlative auf *-ma* und die ordinalzahlen von 3 ab.

Anm. 2. *won, wona* fehlend, und *ʒewuna* gewohnt, sind bei meist nur praedicativem gebrauch gewöhnlich indeclinabel; doch finden sich einige formen mit starker flexion.

A) Starkes adjectivum.

§ 292. Die starke adjectivdeclination des germ. hat sich von ihrer ursprünglichen form, welche mit der substantiv-declination, wie bemerkt, identisch war, vielfach durch an-schluss an die pronominale declination entfernt. Hierdurch sind die unterschiede der drei vocalischen declinationen, welche das adjectiv wie das substantiv einst besass, stark zerrüttet worden. Es ist nur noch éine vocalische declination deutlich ausgeprägt, die der *o*-stämme (mit dem fem. auf *-ā*, wie beim subst., § 235). Unterabteilungen bilden wieder, wie beim sub-stantivum, die *jo*- und *wo*-stämme. Von der *i*- und *u*-declination dagegen haben sich nur dürftige reste im nom. erhalten, s. § 302 f.

1. Reine *o*-stämme.

§ 293. Hier sind wieder kurz- und langsilbige, sowie mehrsilbige zu unterscheiden. Die unterschiede ihrer para-digmen sind bedingt durch die auslauts- und synkopierungs-gesetze. Als paradigmen dienen: für die kurzsilbigen *hwæt* hurtig, scharf, für die langsilbigen *ʒód* gut, für die mehrsilbigen *hálíʒ* heilig. Die abweichungen von der substantivdeclination sind bei 1) und 2) durch cursivdruck hervorgehoben.

1) Kurzsilbige.

		masc.	ntr.	fem.
Sing.	N. V.	hwæt	hwæt	hwatu, -o
	G.	hwates		*hwœtre*
	D.	*hwatum*		*hwœtre*
	A.	*hwœtne*	hwæt	hwate
	I.	hwate		—
Pl.	N. A. V.	*hwate*	hwatu, -o	hwata, -e
	G.		*hwœtra*	
	D.		hwatum	

2) Langsilbige.

		masc.	ntr.	fem.
Sing.	N. V.	ʒód	ʒód	ʒód
	G.	ʒódes		*ʒódre*
	D.	*ʒódum*		*ʒódre*
	A.	*ʒódne*	ʒód	ʒóde
	I.	ʒóde		—
Pl.	N. V. A.	*ʒóde*	ʒód	ʒóda, -e
	G.		*ʒódra*	
	D.		ʒódum	

3) Mehrsilbige.

		masc.	ntr.	fem.
Sing.	N. V.	háliʒ	háliʒ	háliʒu, -o; hálʒu, -o; háliʒ.
	G.	hálʒes		háliʒre
	D.	hálʒum		háliʒre
	A.	háliʒne	háliʒ	hálʒe
	I.	hálʒe		—
Pl.	N. V. A.	hálʒe	háliʒu, -o; hálʒu, -o; háliʒ	hálʒa, -e
	G.		háliʒra	
	D.		hálʒum	

Anm. 1. Das *u* im nom sg. f. und nom. acc. pl. n. der kurz- und mehrsilbigen, *hwatu, háliʒu*, ist im allgemeinen älter als das -*o, hwato, háliʒo*.

Anm. 2. Der dat. sg. m. n. geht in sehr alten (kent.?) quellen bisweilen auf -*em* aus, *minem* etc. — Das -*um* desselben casus und des dat. pl. aller geschlechter geht später in -*un*, -*on*, -*an* über, *ʒódan, hálʒan* etc., vgl. § 237, anm. 6.

Anm. 3. Im spätws. zeigen auch die langsilbigen im nom. acc. pl. n. bisweilen die endung -*u*; gewöhnlich aber wird der nom. acc. pl. n. durch die formen des masc. ersetzt, *hwate, ʒóde, hálʒe* für *hwatu, ʒód, háliʒu, háliʒ*.

Anm. 4. Die *r*-casus, gen. dat. sg. f. und gen. pl., haben auch bei kurzsilbigen gegen die hauptregel von § 144 in der älteren sprache meist keinen mittelvocal. Im spätws. dagen wird -ere, -era mehr und mehr regel, und zwar ohne rücksicht auf die quantität, *sumere, sumera* wie *ʒódere*, *ʒódera* etc.; nur bei den mehrsilbigen bleibt -re, -ra, wie *háliʒre* u. s. w.

Anm. 5. Im north. geht der gen. sg. m. n. auch auf -*œs*, der gen. dat. sg. f. auch auf -*rœ* aus; der nom. pl. hat als endung -e, seltener -*œ*, -a, dagegen sehr häufig (namentlich im Rit.) -o.

§ 294. Nach *hwæt* gehen die wenig zahreichen kurzsilbigen adjectiva des ags., wie *til* tüchtig, *sum* irgend ein, *hol* hohl, *dol* toll, *tǫm* zahm, *bœr* baar, *blœc* schwarz, *ʒlœd* froh, *hrœd* hurtig, *lœt* langsam, spät, *wœr* vorsichtig, sowie die zusammengesetzten auf -*sum* -sam und -*lic* -lich.

Anm. 1. Das paradigma *hwæt* zeigt zugleich die änderungen, welchen der wurzelvocal *æ* nach § 49 f. unterliegt. Abweichend vom substantiv ist der vocal *æ* hier in der regel wirklich auf formen mit geschlossener wurzelsilbe beschränkt, *hwæt — hwates* gegen *dæʒ — dæʒes, fœt — fœtes* u. s. w. Doch finden sich verschiedentlich schwankungen; *strœc* (neben *strec*; oder *strœc*?) starr, hart, und *hrœð, hrœd* hurtig, schnell, bewahren oft das *æ* in offener silbe, selbst vor gutturalem vocal, wie *strœcum*; *blœc* schwarz, hat spätws. gewöhnlich *a* auch bei geschlossener wurzelsilbe, *blac, blacne, blacre, blacra* (bez. *blác* u. s. w.); ähnliches mehr vereinzelt auch bei anderen adjectivis.

Anm. 2. Im Ps. haben die adjectiva auf -*sum* nicht -*sumu*, sondern -*sum* im nom. sg. f., Zeuner s. 138. — Neben -*lic* steht vor vocalischer endung alt oft -*lec*-, § 43, 3.

§ 295. Wie *ʒód* gehen die meisten ags. adjectiva, wie *eald* alt, *hál* gesund, *héah* hoch, *róf* tüchtig, *fyrn* alt (alter *i*-stamm, wie der umlaut zeigt), und viele andere.

Anm. 1. Wörter auf *h* wie *ðweorh* quer, *ʒefearh* trächtig (von der sau), *sceolh* schielend (nur schwach *scéola*), *fáh* feindlich, *fláh* hinterlistig, *ʒemáh* ungestüm, *héah* hoch, *hréoh* wild, *scéoh* scheu, *tóh* zähe, *ʒewlóh* geschmückt, *wóh* krumm, böse, *rúh* rauh, verlieren das *h* in den mehrsilbigen formen; die mit vocal vor dem *h* contrahieren dann meist nach § 110 ff.; also *ðweorh — ðwĕores*, vgl. § 218. 242 (Ps. *ðwerh* nach § 164, 1, aber dat. sg. *ðweorum*, schwach *ðweora* mit *u*- und *o/a*-umlaut nach ausfall des *h*, Zeuner s. 85), aber *wóh*, nom. sg. f. *wó* (für *wōhu*), ferner *wós*, *wó(u)m, wóne, wó,* pl. *wóra, wó(u)m,* fem. *wóre* u. s. w. — *héah* hat im acc. sg. meist *héanne*, seltener *héane*, ganz selten *héahne*, gen. dat. sg. f. *héarre*, gen. pl. *héarra* neben *héare, héahre* und *héara, héahra,* § 222, 2, dat. *héam* neben *héaum*; angl. *héh*, § 163, aber dat. *héam* aus *hĕhum*, acc. *héane* § 165, anm. 3, schwach *héa* aus *hĕhą̈*, wie ws. — *rúh* hat gen. *rúwes* etc., vgl. § 116, anm.

In der späteren sprache erscheinen statt der contrahierten formen sehr gewöhnlich solche mit innerem *ʒ*, wie *héaʒes, héaʒum, héaʒe; wóʒes, wógum, wóge,* ebenso auch *rúȝes* etc. für *ríwes.* Hierin ist nicht ein fall grammatischen wechsels (§ 234) zu erblicken, sondern es hat eine umformung nach dem muster von adjectivis wie *ȝenóh — ȝenóȝes* stattgefunden, deren *h* nach § 214,1 erst aus älterem *ȝ* entstanden war.

Anm. 2. Wörter auf doppelconsonanten, wie *ȝrimm* grimmig, *still* still, *wǫnn* dunkel, *dimm* düster, *deall* berühmt, *eall* all, vereinfachen diesen nach § 231 vor consonantisch umlautender endung und meist auch im auslaut: *ȝrim(m), ȝrimme, ȝrimre, ȝrimra,* aber *ȝrimmes, ȝrimmum* etc. Jedoch bleibt *ll* auch oft vor consonanten, *eallre, eallra, eallne* etc.

§ 296. Zu den mehrsilbigen, welche wie *háliȝ* (north. auch *hǽliȝ*) gehen, gehören namentlich die ableitungen auf -*iȝ*, wie *éadiȝ* glücklich, *fámiȝ* schaumig, *hrémiȝ* lärmend, *mǫniȝ* mancher, pl. viele (north. auch *meniȝ*); auf -*el*, -*ol*, wie *lýtel* klein, *micel* gross, *yfel* übel, *hnitol* stössig, *sticol* stechend, *sweotol* deutlich; auf -*er*, -*or*, wie *fæȝer, fǽȝer* schön, *biter, bitter* bitter, *snotor, snottor* weise; auf -*en*, wie *hǽðen* heidnisch, *ȝilpen* prahlerisch, die stoffadjectiva wie *ȝylden* golden, *íren* eisern, *stǽnen* steinern, und die partt. praeteriti der verba, § 306, und viele andere.

Anm. 1. Die kurzsilbigen adjectiva dieser art, wie *moniȝ, micel, yfel* und viele participia praet., wie *coren, boren, slæȝen* etc. bilden den nom. sg. f. und den nom. acc. pl. n. meist ohne endung (vereinzelt mit *u* in der schlusssilbe, wie *micul* gross, *hefuȝ* schwer, Cura past.), doch finden sich auch formen wie *moniȝu, yfelu* u. dgl., und zwar bereits in alten denkmälern wie der Cura past., und namentlich im Ps., wo sie häufiger sind als die endungslosen.

Anm. 2. Die mehrsilbigen mit kurzer erster silbe behalten nach § 144 den mittelvocal in allen formen, wenn er alt ist: *sweotoles, sweotole,* aber nicht immer, wenn er erst in der endungslosen form aus silbenbildendem *r* entstanden ist, *fæȝeres* und *fæȝres (fæȝres?)* u. s. w.; *micel* wird dagegen stets, *yfel* sehr oft, wie die langsilbigen behandelt, d. h. sie synkopieren, *micles, yfles* etc. — Bei den langsilbigen tritt im nom. sg. f. und nom. acc. pl. synkope in den dreisilbigen formen in der älteren zeit nicht ein, also nur *háliȝu, lýtelu* (daneben vereinzelt formen mit *u,* wie *réotuȝu* weinend, *lýtulu*), nicht *hálȝu*; erst später finden sich formen wie *éowru, hlútru* u. dgl. In den übrigen formen mit vocalisch anlautender endung sollte bei den langsilbigen stets synkope eintreten, aber oft ist der mittelvocal aus den nicht synkopierenden formen wieder eingedrungen, je später, je häufiger. Am stärksten schwanken die adjectiva auf -*iȝ* (vor vocalischer endung auch oft -*eȝ*-). Die partt. praet. auf -*en* haben am seltensten synkope.

Anm. 3. Auch an die adjj. auf -*en* tritt die acc.-endung -*ne,* an die auf -*er* die endungen -*re,* -*ra* unmittelbar an: *ȝyldenne, írenne, fæȝerre, snotterra* etc. Gelegentlich, namentlich später, wird statt des *nn*, *rr* auch einfaches *n*, *r* geschrieben, *zyldene*, *fæzera*, *óðera*, § 231, 4. Bisweilen tritt hier sogar in der späteren sprache synkope des mittelvocals nach langer wurzelsilbe ein, *óðre*, *óðra* u. dgl., § 145 nebst anm.

2. *jo*-stämme.

§ 297. Die ursprünglich **kurzsilbigen**, wie *mid* medius, *nyt* nützlich, *zesib* verwant (vgl. got. *midjis*, *gasibjis*), flectieren ganz wie die reinen *o*-stämme auf doppelconsonanten, § 295, anm. 2; *mid*, gen. *middes*, f. *midre* u. s. w.

Anm. 1. *niwe* (*niewe*) neu, mit der nebenform *néowe* nach § 100, anm. 2. 159,5 (got. *niujis*), welches ursprünglich hierher gehört, hat im nom. -*e* wie die langsilbigen, und behält sein *w* vor consonanten: *niwne*, *niwre*, *niwra* oder *néowne* etc.

Anm. 2. *frio*, *fréo* frei, Ps. *fréa*, st. **frija-* (§ 114, 2. 166, anm. 6), hat im nom. sg. wurzel- und suffixvocal contrahiert, behielt aber in den mehrsilbigen formen ursprünglich die uncontrahierte form bei: *frio*, gen. *frizes*, dat. *frizum*, pl. *frize* etc. Doch werden statt dessen auch oft (im ws. fast regelmässig alle) formen direct nach dem contrahierten nom. gebildet, gen. dat. sg. f. *friore*, gen. pl. *friora*, acc. sg. m. *frione*, nom. acc. pl. m. *frio* etc. — Später findet sich nicht selten auch ein nom. *fréoh* und ebenso (*un*)*zebléoh* neben (*un*)*zebléo* (miss)farbig (zu st. **blija-*) nach dem muster der wörter auf *h*, § 295, anm. 1.

§ 298. Die ursprünglich **langsilbigen** gehen im nom. sg. m. n. auf -*e* aus; im nom. sg. f. und nom. acc. pl. n. haben sie -*u*, -*o*, im übrigen flectieren sie wie die reinen *o*-stämme. Paradigma *zréne* grün.

	masc.	ntr.	fem.
Sing. N. V.	zréne	zréne	zrénu, -o
G.	zrénes		zrénre
D.	zrénum		zrénre
A.	zrénne	zréne	zréne
I.	zréne		—
P. N. V. A.	zréne	zrénu, -o	zréna, -e
G.	zrénra		
D.	zrénum		

Anm. Wörter mit muta + liquida oder nasal vor dem *e*, wie *zifre* gierig, *sýfre* sauber, *fæcne* böse, schieben vor dem *r*, *n* einen vocal ein, wenn ein ungleicher consonant folgt: *sýferne*, *fæcenra*; dagegen heisst es acc. sg. m. *fæcne* für **fæcnne*, gen. pl. *sýfra* für **sýfrra* etc.

Wörter auf -*nne* wie *zinne* ausgedehnt, *ðynne* dünn, nehmen im acc. sg. m. kein weiteres *n* an, *zinne*, *ðynne*.

§ 299. Diese declination ist im ags. ziemlich stark vertreten. Beispiele: *blíđe* freundlich, *bréme* berühmt, *céne* kühn,
cýme zierlich, *dierne* dunkel, *drýʒe* trocken, *fǽcne* sündig, *ʒífre*
gierig, *ierre* erzürnt, *séfte* sanft, *swéte* süss, *sýfre* sauber; ferner
verbaladjectiva wie *ʒenʒe* gäng, *ʒenǽme* annehmbar, die auf
-*ede* (selten -*ode*, alts. -*ôdi*), wie *héalede* mit einem bruch be-
haftet, *hócede* hakig, *hoferede* bucklig, und -*ihte* (sehr selten
-*iht*, später auch -*ihtiʒ*), wie *stǽnihte*, *stánihte* steinig, *đyrnihte*
dornig, und die zahlreichen auf -*bǽre* -bar, wie *wǽstmbǽre*
fruchtbar.

Anm. 1. Einige adjectiva schwanken zwischen dieser declination und
der der reinen o-stämme, z. b. *smolt* und *smylte* ruhig, *stronʒ* und *strenʒe*
stark, *unlǽd* und *unlǽde* arm, elend. Neben *séfte* tritt spät auch umlautsloses *sófte* auf (im anschluss an das adv. *sófte* § 315, anm. 3).

Anm. 2. Nicht wenige adjectiva sind in diese declination erst aus
der *i-* oder *u*-declination übergetreten, s. § 302 f.

3. *wo-*stämme.

§ 300. Die wörter mit einfachem consonanten vor dem
w vocalisieren dieses im auslaut zu silbischem -*u*, -*o*, (-*a*), vor
consonantischer endung zu -*o*. Es gehören hierher z. b. *earu*
schnell, *ʒearu* bereit, *mearu* zart, *nearu* eng, *calu* kahl, *falu*
fahl, *salu* schmutzig, *ʒeolu* gelb, *basu*, *be(o)su* braun, *hasu*
graubraun, auch wol *cylu* (*cylew*) guttatus, und *medu in
medewa wín most. Ihr paradigma ist

		masc.	ntr.	fem.
Sing.	N. V.	ʒearu, -o	ʒearu, -o	ʒearu, -o
	G.	ʒearwes		ʒearore
	D.	ʒearwum		ʒearore
	A.	ʒearone	ʒearu, -o	ʒearwe
	I.	ʒearwe		—
Pl.	N. V. A.	ʒearwe	ʒearu, -o	ʒearwa, -e
	G.		ʒearora	
	D.		ʒearwum	

Anm. Vor dem *w* steht oft ein mittelvocal, *ʒearuwe*, *ʒearowe*,
ʒearewum etc. — Die späteren texte führen das *w* öfter durch: *ʒearuw*,
ʒear(u)wne, *ʒear(u)wre*, *ʒear(u)wra* etc. Vereinzelt finden sich ausserdem
formen wie *baswere*, *basne*, *basum* etc.

§ 301. Wörter mit langem vocal oder diphthong vor dem
w behalten das letztere im allgemeinen in allen formen, weichen

also von der flexion der einfachen *o*-stämme nicht ab. Beispiele: *sláw* stumpf, *ʒedéaw* tauig, *ʒléaw* klug, *hnéaw* sparsam,
hréaw roh, *ʒeséaw* saftig, *(ʒe)hléow* sonnig, apricus, *réow* wild,
rauh, *ðéow* dienstbar (in *ðéow man*, *wífman*, meist schwach
flectiert), *rów* sanft.

Anm. 1. Das plurale tantum *féawe* wenige (got. *fawai*) contrahiert
in der poesie gewöhnlich zu *féa*, dat. *féam* (*féaum*), ebenso stets im Ps.
und sonst wol mercisch (Chad); altws. nur im dat. pl. *féam* neben *féaum*
und wahrscheinlich nom. acc. pl. n. *féa* (aus * *fawum*, **fawu*). Sonst geht
das wort im sächsischen (und R[1]) regelmässig, nur dass es ws. meist im
anschluss an *fela* § 275 seinen nom. acc. *féawa* bildet.   In Lind. Rit.
Rushw.[2] fehlt das wort gänzlich.

Anm. 2. Das *w* ist durch contraction geschwunden in *wéa* leidvoll,
wenn dies zu ahd. *wêwo* etc. gehört, § 118, anm. 1; über *(un)ʒebléo* (miss-)
farbig, vgl. § 297, anm. 2. Sonst begegnen formen ohne *w* nur vereinzelt,
wie acc. *réone*, von *réow*.

4. *i*-stämme.

§ 302. Nur wenige reste kurzsilbiger wörter sind erhalten:
bryce zerbrechlich, *swice* trügerisch, *freme* tüchtig, *ʒemyne*
eingedenk (neben *ʒemun* nach der *o*-decl.). Ihre flexion ist
ganz die der ursprünglich langsilbigen *jo*-stämme, wie *ʒréne*
§ 298, d. h. sie behalten den einfachen consonanten in allen
formen und schieben kein *j* vor vocalischer endung ein. Von
langsilbigen gehört hierher nur noch *fyrn* alt (fast nur noch
im adverbial gebrauchten ntr. 'ehemals' gebraucht) und vielleicht *lýt* wenig, in *lýthwón* ein wenig, gen. *lýtes* in dem adv.
lýtis-ná, *lýtes-ná*, *lýtestne* beinahe.

Anm. Die übrigen langsilbigen *i*-stämme, deren *i* in den endungslosen formen abfallen sollte, sind in die flexion der langsilbigen *jo*-stämme
übergetreten, z. b. *bryce* brauchbar, *swéte* süss, *blíðe* freundlich, *ʒedéfe* geziemend, *ʒemǽne* gemein, vgl. got. *brûks*, *sûts*, *bleiþs*, *gadôfs*, *gamains*.

5. *u*-stämme.

§ 303. Die einzigen sicheren reste der adjectivischen
u-declination sind *wlacu* lau, neben *wlœc*, von welchem letzteren
ausschliesslich alle casus ausser dem nom. sing. (und acc. sg.
n.) gebildet werden, und ws. *cwucu*, *cucu* lebendig (für **cwiocu*,
§ 71), Ps.? (nur nom. pl. *cwice*), north. R[2] L *cwic* (§ 164, 2), in
der poesie *cwic(u)*, daneben selten formen von *c(w)ucu*.

Anm. 1. Die form auf -*u* steht für den nom. sg. und pl. aller geschlechter, auch acc. sg. f. und acc. sg. pl. ntr., und für den schwachen nom. sg. Sonst finden sich von der eigentlichen *u*-flexion nur noch der acc. sg. m. *cucune, -one*, auch *cucunne, cuconne* nach § 231, anm. 3, und weiterhin *c(w)ucene, c(w)ucenne*, auch *cwicen(n)e*. Alle übrigen formen, und so auch öfter der acc. sg. m., werden wie von einem nom. *c(w)uc* bez. *cwic* gebildet; im strengws. überwiegen durchaus die formen mit innerem *u*.

Anm. 2. Die langsilbigen *u*-stämme sind · meist in die *o*- oder *jo*-declination übergetreten; vgl. z. b. ags. *heard* hart, ȝléaw klug, mit got. *hardus, glaggwus*, und *eȝle* beschwerlich, *hnesce* zart (north. L *hnesc*, R² pl. *hnisca*, aber R¹ *næscum*), *twelfwintre* zwölfjährig, mit got. *aglus, hnasqus* und *twalibwintrus*. Bisweilen finden sich noch doppelformen, wie *smóð* sanft, *stronȝ* stark, ȝnéað geizig, neben *sméðe, strenȝe, unȝnýðe* (vgl. § 299, anm. 1).

B) Die schwache declination.

§ 304. Die schwache declination der adjectiva ist die-selbe wie die der substantiva; nur wird der gen. plur. fast stets durch die starke form auf -*ra* ersetzt. Paradigma ȝóda der gute.

	masc.	ntr.	fem.
Sing. N. V.	ȝóda	ȝóde	ȝóde
G.		ȝódan	
D. I.		ȝódan	
A.	ȝódan	ȝóde	ȝódan
Pl. N. V. A.		ȝódan	
G.		ȝódra, (-ena)	
D.		ȝódum	

Anm. 1. Vereinzelt gewähren späte texte auch nom. sg. m. auf -*an*, wie sē *forman dæȝ*, sē *téoðan dǽl*.

Anm. 2. Gen. pl. auf -*ena* (selten auch -*ana*, -*na*), ȝódena etc.. finden sich wol nur in der gelehrten übersetzungsliteratur, wie Cura past. Daneben finden sich vereinzelte ansätze zu bildungen auf -*an* (nach der analogie der übrigen casus auf -*an*) oder -*a* (nach der substantivdeclina-tion). Auch mischformen wie *háliȝrana* und *háliȝran* begegnen ganz ver-einzelt in urkk.

Anm. 3. Im dat. pl. erscheint frühzeitig oft -*an* statt -*um*, ȝódan, *lǽssan* etc., und zwar früher als im dat. der starken adjectiva und im dat. pl. der substantiva, § 237, anm. 6. 293, anm. 2 (z. b. schon überwiegend in Cura past.). Man hat darin sicher eine übertragung aus den übrigen casus auf -*an* zu erblicken.

Anm. 4. In einigen wörtern finden sich contractiönen; so *héa*, gen. *héan* zu *héah*, dat. sg. *hréon* zu *hréoh*; *wó*, *wón* zu *wóh*, etc., vgl. § 295, anm. 1.

Anm. 5. Die abweichungen des north. sind im wesentlichen dieselben wie bei der schwachen declination der substantiva, § 276, anm. 5.

C) Declination der participia.

§ 305. Das participium praesentis hat sich durchgängig der *jo*-declination der adjectiva angeschlossen, und kann auch schwach flectiert werden. Paradigma der starken flexion *ʒiefende* gebend:

		masc.	ntr.	fem.
Sing. N. V.		ʒiefende	ʒiefende	ʒiefendu, -o
	G.	ʒiefendes		ʒiefendre
	D.	ʒiefendum		ʒiefendre
	A.	ʒiefendne	ʒiefende	ʒiefende
	I.	ʒiefende		
Pl. N. V. A.		ʒiefende	ʒiefendu, -o	ʒiefenda, -e
	G.		ʒiefendra	
	D.		ʒiefendum	

Anm. 1. Bei praedicativem gebrauch steht das part. praes. gern in der unflectierten form, *ʒiefende* für *ʒiefendu*, *ʒiefendne* (andere casus als nom. acc. kommen nicht in betracht).

Anm. 2. Die declination der substantivierten partt. praes. s. § 286 f.

§ 306. Das participium praeteriti flectiert stark und schwach wie ein gewöhnliches adjectivum, z. b. zu *hátan* heissen, *ācéosan* erwählen, *nerian* retten.

		m. háten	n. háten	f. hátenu
stark	{	m. ācoren	n. ācoren	. f. ācoren(u)
		m. ʒenered	n. ʒenered	f. ʒenered(n)
schwach	{	m. ācorena	n. ācorene	f. ācorene
		m. ʒenereda	n. ʒenerede	f. ʒenerede

Anm. 1. Die form auf -*u* im nom. sg. f. und nom. acc. pl. ist selten und kommt auch bei langsilbigen (§ 296 mit anm. 1) meist nur in attributivem gebrauche vor. In praedicativer verwendung steht dafür meist die endungslose form: *háten*, *ācoren*, *ʒenered*.

Anm. 2. Bezüglich der synkope der endsilbenvocale in mehrsilbigen formen gelten die regeln von § 296 (vgl. auch § 402. 406).

D) Die steigerung der adjectiva.

1) Comparativ.

§ 307. Das ags. besitzt nur eine endung des comparativs, nämlich *-ra*, welches sowol dem got. *-iza* wie dem got. *-óza* entspricht.

Meist tritt diese endung an den positiv des adjectivums an ohne dass dieser *i*-umlaut erfährt: *earm* arm — *earmra*; *heard* hart — *heardra*; *glœd* froh — *zlœdra*; *fœzer* schön — *fœzerra*; *zearo* bereit — *zearora* (altws. auch *zearra*, später auch *zearuwra*, vgl. § 300, anm.). Mit *i*-umlaut bilden ihren comparativ nur wenige, wie *eald* alt — *ieldra*, *zréat* gross — *zríetra*, *zeonz* jung — *zinzra* (Ps. *zinzra* neben *iunzra*, *zunzra*, north. R² *zinzra* neben L *ziunzra*; vgl. auch § 157, anm. 1), *zehléow* sonnig — **zehlíewra*, *zehlíura*, *sceort* kurz — *scyrtra*, auch *brád* breit — *brǽdra* neben gewöhnlichem *brádra*; *héah* hoch, hat *híerra*, *hýrra* § 222, 2, neben *híehra* und *héahra* (spät kent. auch *hézra*), Ps. R² L *héra*, Rit. *hérra*.

§ 308. Die comparative flectieren einfach als schwache adjectiva, § 304.

Anm. Vereinzelt begegnet bei compositis steigerung beider teile: *lenzlífra* zu *lonzlífe* langlebig, *mánfealdra* zu *moniZfeald* mannigfaltig (über *lenZ-* und *má-* s. § 323; vgl. auch *lenZtoZran* prolixiora Scint., und *mácrœftiZra* neben *mácrœftiZ* in der poesie).

2) Superlativ.

§ 309. Der superlativ geht in seiner kürzesten form auf *-ost* (daneben auch *-ust, -ast*), seltener auf *-est* aus, z. b. *léof* lieb — *léofost*; *heard* hart — *heardost*, *hwœt* scharf — *hwatost*, *ríce* reich — *ríc(e)ost*, aber z. b. *stronZ, strenZe* stark — *strenZest*.

§ 310. Nur wenige adjectiva haben im superlativ, wie im comparativ, § 307, *i*-umlaut: *eald* — *ieldest*, *lonZ* — *lenZest*, *stronZ* — *strenZest* (Ps. auch *stronZest*), *Zeonz* — *ZinZest* (Ps. *ZunZesta*, L *ZinZesta* neben *ZiunZesta*), *sceort* — *scyrtest*; *héah* hat *híehst*, *hýhst* neben *héahest*, *héahst* und *héhst*, § 108, 2 (Ps. R² L Rit. *hésta*, L Rit. *heista*, L auch *heiZsta*, *heeist*, § 166, 6, vereinzelt spätws. auch *híZest*, kent. *héZest*).

Anm. Auch diese umgelauteten superlative haben die nebenform *-ust*, *-ost*, z. b. *lenZust*, oder später bisweilen verkürzung zu *-st*, wie *ZinZst*, *yltst*.

§ 311. Was die flexion angeht, so beschränkt sich die starke declination der superlative fast ganz auf jene endungslose form auf -ost, -est etc., welche für nom. voc. sg. und acc. sg. n. steht. Sonst sind stark flectierte formen selten. Gewöhnlich folgt der superlativ der schwachen declination.

Die umgelauteten formen haben dabei entweder den ausgang -esta, ieldesta, lenӡesta, ӡinӡesta (erst spät auch mit synkope yldsta, lenӡsta, ӡinӡsta, strenӡsta), selten -osta, usta, wie sélosta § 312, ǽrusta § 313, oder von je her verkürzt -sta, híehsta, hýhsta, níehsta, nýhsta (héahsta, héhsta u. s. w. § 108, 2). Aber auch die nicht umgelauteten mit -ost, wie heardost, léofost, verwandeln sehr häufig das o der endung in e, sobald es in das wortinnere tritt, heardesta, léofesta neben heardosta, léofosta (vgl. § 129).

3) Unregelmässige steigerung.

§ 312. Bei einigen adjectivis werden die fehlenden steigerungsgrade durch besondere steigerungsformen ersetzt, denen kein positiv zur seite steht:

ӡód	gut	comp.	bet(e)ra, bettra	superl.	bet(e)st, fl. betsta
—	—	„	sélla, sélra	„	sélest, -ost, sélesta (-osta)
yfel	böse	„	wiersa	„	wierrest(a), wiersta
micel	gross	„	mára	„	mǽst(a)
lýtel	klein	„	lǽssa	„	lǽst(a)

Anm. 1. Neben betest, betst (letzteres in ws. prosa die üblichste form) begegnet auch betost (vgl. § 310, anm.). — Für wiersa hat R¹ north. wyrsa, für wierresta Ps. R¹ north. wyrresta, § 156, 4. — Zu mára gehört als substantivische neutralform má, Ps. R¹ mǽ, L maa, mǽ, zu sélla, sélra besser (alt sǽlra) desgleichen sél (älter und in L sǽl). Für mǽst(a) heisst es north. mást(a). — Statt des in der ws. prosa allein üblichen lǽst, lǽsta hat R¹ north. R² L lǽsest, -a, und diese form findet sich auch in den poetischen texten (daneben L auch léasest [Rit. nur lǽsest], wie im comp. L Rit. léassa neben Ps. R² L Rit. lǽssa, R¹ léssa). Einmal begegnet ein altertümliches lǽresta mit grammatischem wechsel in den kent. gesetzen.

Anm. 2. Isolierte comparativformen sind wahrscheinlich auch elra der andere, elcra der letztere.

§ 313. In mehreren fällen ist aus adverbien und praepositionen ein comparativ und superlativ abgeleitet, ohne dass ein entsprechender positiv begegnet:

feor	fern	comp.	*fierra*	superl.	*fierrest(a)*
néah	nahe	„	*néarra*	„	*niehst(a), nýhst(a)*
ǽr	früher	„	*ǽrra*	„	*ǽrest(a)*
fore	vor	„	*furðra*	„	*fyrest(a)* der erste.

Anm. In der poesie begegnet *feor* einigemale auch als adj.; von *néah* erscheint in glossen einmal ein adj. dativ *néaʒum* proximis. — Ueber spätws. *néahst(a), néhst(a), néxt(a)* s. § 108, 2, über Ps. north. *nésta* (L auch *neista*) s. § 166, 6 (aber R¹ *néhsta, néxta, nǽhsta, nihsta*).

§ 314. Bei einigen wörtern findet sich ein superlativ mit einem *m*-suffix. Dies ist in seiner einfachsten form *-ma* nur in *forma* der erste, und *meduma* der mittelste, *hindema* der hinterste, letzte, erhalten; die übrigen haben die gewöhnliche superlativendung *-est* angefügt, gehen also auf *-mest* aus. Auch diese bildungen sind zum teil aus adverbien und praepositionen abgeleitet.

(*síð* spät)		comp.	*síðra*	superl.	*síðemest, síðest*
(*lǽt* spät)		„	*lǽtra*	„	*lǽtemest*
(*inne* innen)		„	*innerra*	„	*innemest*
(*úte* aussen)		„	{ *úterra*	„	{ *út(e)mest*
		„	{ *ýterra*	„	{ *ýt(e)mest*
(*ufan* von oben)		„	{ *yferra*	„	{ *yfemest*
		„	{ *uferra*	„	{ *ufemest*
				„	{ *ýmest*
(*nioðan* von unten)		„	*niðerra*	„	{ *niðemest*
				„	{ *nioðemest*
(*fore* vor)		„	*furðra*	„	*forma, fyrmest*
(*æfter* hinter)		„	*æfterra*	„	*æftemest*
(*mid* medius)		„	—		*midmest*
(*norð* nordwärts)		„	{ *norðerra*	„	*norðmest*
		„	{ *nyrðra*		
(*súð* südwärts)		„	{ *súðerra*		*súðmest*
		„	{ *sýðerra*		
(*éast* ostwärts)		„	*éasterra*		*éastmest*
(*west* westwärts)		„	*westerra*	„	*westmest*

Anm. 1. Neben den comparativen auf *-erra* erscheinen oft formen mit einfachem *r*, *innera, útera, ufera, niðera* etc., und bei langer wurzelsilbe auch verkürzte formen auf *-ra*, wie *innra, út(t)ra (ýttra), æftra, norðra* etc., § 145, anm. 231, 4.

Anm. 2. Statt *-mest* im superlativ (über *-myst* vgl. § 44, anm. 2) tritt später oft die schreibung *-mæst* (selten *-mast*) auf, welche auf anlehnung an den superlativ *mǽst* zu deuten scheint.

Anm. 3. *ýmest* gehört wol nicht etymologisch zu *yfemest*, sondern ist dem got. *auhmists* gleichzusetzen.

Anhang.

Bildung der adverbia.

§ 315. Die adverbia der adjectiva haben die endung -*e*, z. b. *heard* hart — *hearde*, *sóð* wahr — *sóðe*, *nearo* enge — *nearwe*, *sweotul* klar — *sweotule*, *hlútor* lauter — *hlútre*, *wíd* weit — *wíde*. Geht das adjectivum selbst schon auf -*e* aus, so lautet das adverbium ihm gleich: *clǽne* rein, *ʒedéfe* geziemend.

Anm. 1. So auch einige adverbia auf -*e*, denen kein adj. zur seite steht, wie *ǽdre* frühe, *some* ebenso, *snéome* schnell.

Anm. 2. Die adverbia der kurzsilbigen adj. mit *æ* § 294 schwanken zwischen *a* und *æ*, (*h*)*raðe* und (*h*)*ræðe* schnell, *smale* und *smæle* klein.

Anm. 3. Zu *séfte* sanft, *swéte* süss, *myrʒe* fröhlich, *enʒe* eng, heisst das adverb *sófte*, *swóte*, *murʒe*, *onʒe* (bang) ohne umlaut (auch einmal altertümlich *cláne* zu *clǽne* rein); ähnlich *smoltlíce* (vgl. § 316) zu *smylte* ruhig, dagegen zu *hádor* heiter, gewöhnlich *hǽdre*. — Zu *ʒód* gehört als adverbium *wel*.

§ 316. Sehr häufig wird statt und neben dieser bildung auch eine zusammengesetzte form auf -*líce*, -*líce* gebraucht: *hearde* und *heardlíce*, *sóðe* und *sóðlíce*, *sweotule* und *sweotullíce*. Diese bildungsweise nimmt später immer mehr überhand.

§ 317. Einige adverbia, zum teil ohne begleitendes adjectivum, gehen auf -*a* aus; z. b. *fela* sehr, *ʒéara* ehemals, *ʒiena* wieder, *ʒeostra* gestern, *ʒíeta* (auch *ʒíet*) noch, *sinʒǎla* (auch *sinʒǎle* und *sinʒǎles*) immer, *sóna* bald, *tela*, *teala* geziemend, die zahladverbia *tuwa*, *ðriwa* § 331, und north. *eðða*, *oðða* oder, wofür sonst *oððe* steht. Ob -*hweʒa*, § 344, hierher gehört, ist zweifelhaft.

§ 318. Mittelst der endungen -*unʒa*, -*inʒa*, -*enʒa* werden adverbia aus adjectiven, seltener aus anderen wörtern, gebildet. Beispiele: *dearnunʒa* heimlich, *eallunʒa* durchaus, *éawunʒa* öffentlich, *eorrinʒa*, *ierrinʒa* wütend, *hólinʒa* heimlich, *wéninʒa* vielleicht. Daneben stehen auch bildungen mit -*lunʒa* etc., wie *ʒrundlunʒa*, -*linʒa* von grund aus, *unmyndlunʒa* unerwarteter weise, u. dgl.

Anm. Die drei endungen wechseln sehr häufig bei demselben wort mit einander ab, ohne dass die wurzelsilbe dadurch beeinflusst wird. Die meisten zeigen gegebenenfalls *u*-umlaut des wurzelsilbenvocals; *i*-umlaut der wurzelsilbe ist selten, wenn nicht das grundwort schon den umlaut hatte, z. b. *œninʒa* neben *ánunʒa*, *áninʒa* durchaus; *semninʒa* neben *somnunʒa* plötzlich.

§ 319. Auch deutliche casusformen von adjectiven dienen bisweilen als adverbien. Accusativische adverbia dieser art sind z. b. *lýtel*, *lýt* wenig, *ʒenóʒ* genug, *fyrn*, *ʒefyrn* ehemals, *full* voll, sehr, *héah* hoch (dafür spät auch *héaʒe*, vgl. § 295), *unʒemet* (neben dat. *unʒemete* und gen. *unʒemetes*) ausserordentlich, sehr, und die auf -*weard* wie *upweard*, *súðweard*; genetivische: *ealles* durchaus, *nealles* (*nalles*, *nalas*, *nalœs*, *nals*) durchaus nicht, *elles* anders, *micles* sehr, *simbles*, *sinʒáles* immer, *samtenʒes* zusammen, *ʒéarlanʒes* ein jahr lang, *dœʒlanʒes* den tag über, *nihtlanʒes* die nacht durch, *unʒewisses* unbewusst, *wéas?* zufällig, *endemes* (später *endemest*) pariter, *lýtes*- in *lýtesná* (alt *lýtisna*, später *lýtestne*) beinahe, und das pronominale *hwœthuʒuninʒas* etc., § 394, anm. 2, etwas; ferner verschiedene auf -*weardes* -wärts, wie *upweardes*, *súðweardes*, auch mit praeposition, wie *tóʒeʒnes* entgegen, *tómiddes* in der mitte; dativische endlich sind *miclum* sehr, *lýtlum* wenig.

§ 320. Von substantivis kommen vorzugsweise genetive auf -*es* (auch von femininis) und der instrumental sing. und der dat. instr. pl. in adverbialem gebrauche vor; der genetiv z. b. in *dœʒes* des tages, *nihtes* des nachts, *ídœʒes* und spät *þýdœʒes* desselben tages, (*un*)*ðonces* (un)freiwillig, *ʒodes ðances* gott sei dank, *willes*, *selfwilles*, *unwilles* (un)freiwillig, *ʒewealdes* aus eigner macht, *unʒewealdes* ohne dafür zu können (diese auch mit adjectivis und pronominibus verbunden), *néades*, *níedes* gezwungen, *óðres healfes* auf der andern seite, *instœpes* (neben dat. *instœpe*) sofort, ferner in einigen bildungen mit praepositionen und adverbien, wie *tó œfenes* abends, *tó nónes* mittags, *tó úhtes* morgens, *tó ʒeflites* certatim, *tó médes* zum lohn, *tó ʒifes* gratis; *hú ʒerádes* wie, *ʒehú elles* sonstwie, *hú ʒéares* zu welcher zeit des jahres; der gen. pl. z. h. in *hú meta* wie, *hú nyta* wozu, *húru ðinʒa* praesertim, saltem, *œnʒe ðinʒa* irgendwie, *nœnʒe*, *náne ðinʒa* durchaus nicht, *œrest ðinʒa* zu aller erst; *œne síða* einmal, etc., § 331; der instrumental z. b. in *fácne* sehr, *sáre* (früher *sǽre* mit *i*-umlaut, vgl. § 237, anm. 2) schmerzlich; vom dat. pl. sind namentlich die bildungen auf -*mǽlum*, wie *dropmǽlum* tropfenweise, *stundmǽlum* zeitweise, aufzuführen.

Anm. Andere uneigentliche adverbialbildungen aus substantiven mit praepositionen werden hier übergangen.

§ 321. Von ortsadverbien zur bezeichnung der ruhe an einem orte, der bewegung nach, und der bewegung von einem orte her, sind die wichtigsten folgende:

wo?	wohin?	woher?
ðǽr da	*ðider*	*ðonan*
hwǽr wo	*hwider*	*hwonan*
hér hier	*hider*	*hionan; hine*
inne innen	*in(n)*	*innan*
úte aussen	*út*	*útan*
uppe	*up(p)*	{ *uppan* { *ufan*
— unten	*niðor*	*nioðan*
— vorn	*forð*	*foran*
— hinten	*hinder*	*hindan*
— osten	*éast*	*éastan*
— westen	*west*	*westan*
— norden	*norð*	*norðan*
— süden	*súð*	*súðan*
feor(r) fern	*feor(r)*	*feorran*
néah nahe	*néar*	*néan*

Die fehlenden ruheadverbia werden durch praepositionale umschreibungen wie *be-nioðan, be-foran, be éastan, on innan* u. dgl. ersetzt.

Anm. 1. Neben den adverbiis auf -*an* begegnen auch solche auf -*on* und in vollerer form -*ane*, -*one*, wie *ufon, ufane* etc. (bei diesem adv. auch noch *ufenan*). Im north. verlieren diese adverbia ihr auslautendes *n*, *ðona*, *hwona*, *ufa* etc.

Anm. 2. Für *ðǽr, hwǽr* erscheint spätws. *þár, hwár*. Zu *hwǽr* gehören noch die bildungen *ʒehwǽr, ǽʒhwǽr, áʒehwǽr, (ʒe)welhwǽr, welʒehwǽr* überall, *áhwǽr, óhwǽr* irgendwo, *náhwǽr, nóhwǽr* nirgends, mit den nebenformen *áwǽr, ówǽr* etc. (vgl. § 43, anm. 4. 57, anm. 2. 222, 2, später auch *áwár* etc.). Aehnliche bildungen begegnen auch von *hwider* und *hwonan*, wie *ǽʒhwider, ǽʒhwonan* und *óhwonan* (north. *óuuana*), etc. Eine emphatische nebenform von *ðǽr* ist *ðára* (*ðara*?), desgleichen zu *hwǽr, hwára* (*hwara*?) in *hwǽthwǽra* 'paulatim'.

Anm. 3. Neben *ðider* begegnet selten eine altertümliche form *ðǽder*, neben *hider* auch *hidere*. Aehnlich gebildet ist auch *ofere* desuper. Für 'hin und her' wird *hider* (*ond*, *ne*) *ðider* gebraucht, daneben auch *hidres ðædres* (*ðidres*, vereinzelt *hider ðideres*) mit genetivischer endung; für 'hüben' und 'drüben' *hidenofer* und *ʒeonofer*.

Nur ausnahmsweise findet sich eine steigerung eines solchen orts-adverbiums in *hideror oððe ʒŷt beheonon* als übersetzung des lat. citerius.

Steigerung der adverbia.

§ 322. Gesteigert werden im allgemeinen nur die adjectiv-adverbia, und zwar gelten als adverbia die endungslosen formen der adjectivischen comparative und superlative auf -*or*, -*ost*, z. b. *heardor* — *heardost, stronʒor* — *stronʒost, léoflicor* — *léoflicost.*

Anm. *seldan* selten, hat comp. *seldor* und *seldnor*, sup. *seldost.*

§ 323. Einige adverbia haben jedoch im comparativ eine besondere einsilbige form ohne specielle comparativendung, aber vom positiv meist durch *i*-umlaut geschieden. Es sind *bet* besser, *wiers, wyrs* schlechter, *má, mǽ* mehr, *lǽs* weniger *ǽr* früher, *sîð* später, *fierr* entfernter, *lenʒ* länger, *sél* (alt und north. *sǽl*) besser, *séft* sanfter, *ieð* leichter, *tylʒ* propensius, *end* früher (?); ausnahmsweise findet sich so auch *nŷr* näher, neben gewöhnlichem *néar*. Zum teil fehlen entsprechende positive.

Anm. Diese adverbien entsprechen den got. adverbien auf -*is*, -*s* wie *batis, seips*; die endung -*is*, -*s* ist nach § 133. 182 abgefallen.

Capitel III. **Die zahlwörter.**

1) Cardinalzahlen.

§ 324. Die drei ersten zahlen sind in allen casus und geschlechtern declinierbar.

1. *án* flectiert wie ein starkes adj. nach *ʒôd* § 293, 2, hat aber im acc. sg. m. gewöhnlich die form *œnne* (aus *ánina*, *ainina*, vgl. altn. *mīninō* auf dem runenstein von Strand; die verkürzung des vocals in *œnne* aus *ǽnne* wird erwiesen durch die schreibung *enne* Ps., R¹ und R², L, Rit.; doch auch *œnne* R¹ und seltener L) neben späterem *ánne*, und im instr. *œne* (so auch Ps. Rit.) neben jüngerem *áne* (so auch R² L).

Pluralformen finden sich in der bedeutung 'einzig' und in der formel *ánra ʒehwilc* 'jeder einzelne', schwache flexion in der bedeutung 'solus'.

2.   m a s c.   n t r.   f e m.

N. A. twéʒen   tú, twá   twá
G.   twéʒ(e)a, twéʒra
D.   twǽm, twám

Anm. 1. Ebenso flectiert *béʒen* beide, f. *bá*, ntr. *bú*, gen. *béʒ(r)a*, dat. *bǽm*, *bám*. Diese einsilbigen formen beider werden oft zusammen gebraucht; m. f. *bá twá*, n. *bú tú* (auch *bútwu*, *búta*), dat. *bám twám*.

Für *twéʒen* findet sich kent. *twǽʒen*; Ps. hat *twéʒen*, ntr. *tú*, gen. *twǽʒa*; R¹ *twǽʒen*, *twéʒe(n)*, *twá*, ntr. *tú*, *twá*, gen. *twéʒra*, dat. *twǽm*; north. R² *twǽʒe*, *twóʒe* (*tú*?), fem. *twá*, ntr. *tuu*, *twá*, *tuó*, *twǽʒ*, gen. *twǽʒra*, dat. *twǽm*; L *twǽʒe*, *-o* (*tuéʒe*, *tuóʒe*), *tuǽʒ*, *tuéʒ*, *twǽ*, *tué*, *tuu*, gen. *tuǽʒe*, *tuǽʒera* (*-ara*?), *tuǽra*, dat. *twǽm* (*tuǽm*), Rit. *twǽʒi*, *-o*; *tuu*, gen. *twǽʒra*.

béʒen hat altertümlich und north. *ǽ*: *bǽʒe* R² L (daneben *bǽʒo* L, aber *béʒen* und *bá* R²; fem. *bá* Rit., ntr. *bú* R¹), gen. *bǽʒa* urk., dat. *bǽm* (neben *bǽm*) urk. (north *bǽm* L).

Für *béʒen* findet sich später bisweilen die schreibung *beʒʒen*, die auf verkürzung des vocals *é* schliessen lässt.

3.   m a s c.   n t r.   f e m.

N. A. ðrí, ðrie, (ðrý́)   ðrío, ðréo   ðrío, ðréo
G.   ðríora, ðréora
D.   ðrim (ðrím)

Anm. 2. Die länge des *i* in *ðrim* ist nur für das north. (L) durch doppelschreibung festgestellt; späte texte haben auch *þrym*, *þreom*.

Im Ps. ist nur (nom.) acc. m. *ðréo* belegt, in R¹ desgl. *þréo*, dat. *þrim*; north. in R² *ðrío*, *ðría*, dat. *ðrim*, in L *ðrío* (*ðríu*), *ðréo*, *ðréa*, gen. *ðréa*, *ðréana*, dat. *ðrim* (*ðrím*?), *ðriim*, im Rit. *ðrío*, *ðréo*, *ðría*, *ðríʒa*, gen. *ðréa*.

§ 325. Die zahlen von 4—19 werden bei attributivem gebrauch in der regel nicht flectiert (zahlreiche ausnahmen im north.). Sie lauten:

4. *féower*, spätws. vereinzelt *féowor*, *-ur*; kent. *fíower* Mart., merc. Ps. R¹ *féower-*, north. R² *féower*, L *fé(o)wer*, *fé(o)uer*, *féuor*, *-oer*, *féwr*, *féor* (und *féar-* in *féarfald* vierfältig), Rit. *fover* neben *féo(v)rtiʒ* vierzig; dazu spätws. *fyðer-*, Ps. *feoður-*, R² L *feoðor-* in compositis wie *fyðerfóte* vierfüssig, etc.

5. *fíf*, allgemein, auch merc. north. in R¹, R², L, Rit. belegt.

6. *siex*, später *six*, *syx*, in jungen texten auch *seox*, *seax*; altkent. *siox-* neben *sex* urk., merc. north. *sex* R¹, R², L, Rit.

7. *siofon*, *-an*, gemeinws. *seofon*, *-an*, spät auch *syfon*, *-an*, *-en* (*sufon*); alt *sibun-* Corp., *sifun-* Ep.; merc. Ps. *seofen*, R¹ *seofun*, *siofun*; north. R² *siofu*, *-o*, L *seofo*, *-a* (vereinzelt *seofon*, *sefo*); vgl. auch unter 70.

8. *eahta*, spätws. *ehta*, § 108, 2; merc. *œhta* in Ps. *hundœhtatiʒ*, north. R² *œhtowe* (vgl. *ehtuwe* Räts.), L *œhto*, *-u* (*eahtu*), *œhtou*, *œhtuu*, Rit. *œhta*, *-o*; vgl. auch unter 80.

9. *niʒon, -an*, auch *niʒen* (schon ca. 840 urk.), spät auch *niʒun*, *nyʒon, -an*, vereinzelt *neoʒan*; merc. R¹ *niʒon*, north. flectiert R² *nione*, L *niʒona, -e*; vgl. auch unter 90.

10. *tíen*, gemeinws. *týn* und weniger streng ws. auch *tén*; ebenso kent. merc. *tén* urk., Ps., R¹, north. R² *tén, téo, téa*; L, Rit. *téa*; vgl. auch unter 100.

11. *en(d)lefan* altws. (Or.), gemeinws. *endleofan*, auch *-lefan, -lifan*, *-lyfan, -lufan*, auch mit *-un, -on* am schluss, oder mit *œn-, œnd-* am anfang; merc. R¹ *enlefan*, north. R² flectiert *œllefne*, L *œllef*.

12. *twelf*; altkent. *twelf, twœlf* urk., merc. R¹ *twœlf, twelf*, north. R² *twelf*, L *tuelf, twœlf*, Rit. *tvœlf*.

13. **ŏríotíene*, gemeinws. *ŏréotýne, -téne*, auch *ŏreottýne* u. ä., § 230, anm., spät vereinzelt *þrytténe*; kent. angl. nicht belegt.

14—19. *féower-, fíf-, siex-, siofon-, eahta-, niʒontíene, -týne, -téne* u. s. w. nach massgabe der verschiedenen formen für die einfachen zahlen 4—9.

Stehen diese zahlen allein, so bilden sie flectierte formen nach der *i*-declination, z. b. nom. acc. *fífe*, ntr. *fífu, -o*, gen. *fífa*, dat. *fífum* (dat. *eahtum* Beda).

Anm. Im Ps. sind solche formen nicht belegt; R¹ hat *fífe, téne*, *twelfe, féowerténe*, gen. *siofuna*; north. R² *fífe, siofune, -unœ, -one, œhtowe*, *nione, téne, œllefne, twelfe, fífténe* neben *sexu, -o, ténu, -o*, dat. *œhtowum*, *œllefnum, twelfum*; L *féwere, niʒone, téne* neben *seofona, -ana, niʒona* und *fé(o)wero (féuero), fífo, seofono, téno, (-u), tuœlfo (twelfo* etc.), *féowerténo*, gen. *twœlfa (tuelfa)*, dat. *féowrum, fífum, seofanum (seofonum, seofum)*, *ténum (téum, téwum), œllefnum, -om, twœlfum (twelfum* etc.), *fífténum*, Rit. *féoero, fífo, téno*.

§ 326. Die zehner von 20—60 werden gebildet durch verschmelzung der silbe *-tiʒ* (= got. *tigus* decade) mit der entsprechenden einerzahl; die von 70—120 ebenso, aber mit vortritt von *hund* (welches jedoch bisweilen fortfällt). Sie lauten:

20. *twéntiʒ* oder *twentiʒ*; north. R² *twœʒentiʒ*, L *tuœntiʒ, tuéntiʒ*.

30. *ŏrítiʒ*, später oft *ŏrittiʒ*; merc. R *ŏrítiʒ, ŏríttiʒ*, north. R² *ŏrítiʒ*, L *ŏrittiʒ, -h, ŏrít(e)ih*, Rit. *ŏríttiʒ*.

40. *féowertiʒ*, so auch merc. Ps. R¹ und north. R²; in L *féortiʒ, -h*, *féuortiʒ, féoertiʒ, féovertiʒ*, Rit. *féortiʒ, féovrtiʒ*.

50. *fíftiʒ*; so auch R², Rit.; in L *fíft(e)iʒ, -t(e)ih*.

60. *siextiʒ*, später *sixtiʒ, syxtiʒ* und weniger streng ws. auch *sextiʒ*; merc. north. R¹, R² *sextiʒ*, L *sext(e)iʒ, -tih, -diʒ, -deih*.

70. *hundsiofontiʒ, -antiʒ*, gemeinws. *hundseofontiʒ, -antiʒ*, später auch *-syfontiʒ* u. ä. (blosses *seofontiʒ* bereits im Or. neben *hundseofontiʒ*);

merc. Ps. *hundseofentiʒ*, R¹ *hundseofuntiʒ*, north. R² *hundsifontiʒ, -sifun-tiʒ*, L (*h*)*undseofontiʒ, hundseofuntiʒ, unse(o)funtiʒ, unseofontiʒ*, Rit. *hundseofontiʒ*.

80. *hundeahtatiʒ* (daneben einfaches *eahtatiʒ* bereits Or.); merc. Ps. *hundæhtatiʒ*, north. R¹ *hundæhtetiʒ*, L *hundhœhtatiʒ*.

90. *hundniʒontiʒ, -niʒantiʒ*, vereinzelt auch *-nioʒontiʒ, -nyʒontiʒ* u. ä.; merc. R¹ *hundniʒontiʒ*, north. R² *hundniontiʒ*, L *hundnéantiʒ, -tih, hund-néontiʒ*.

100. *hun(d)téontiʒ*; merc. R¹ *hundtéantiʒ, -téontiʒ*, north. R² *hun(d)-téantiʒ*, L *hun(d)téantiʒ, -h, -teiʒ*, Rit. *huntéantiʒ*.

110. *hundælleftiʒ-* Cura past., später *hundendlyftiʒ, hundend-, ·ænd-læftiʒ* u. ä.

120. *hundtwelftiʒ*; daneben später *hundtwentiʒ* mit gleicher bedeutung.

Diese zahlen sind ursprünglich (neutrale) substantiva und haben also den genetiv nach sich; doch treten sie bald auch in adjectivischem gebrauch auf; sie bilden oft einen gen. in singularischer form auf *-es, ðrittiʒes, fíftiʒes* u. s. w., haben aber sonst gen. *-teʒa, -tiʒa* neben *-tiʒra*, dat. *-teʒum, -tiʒum*. In späten texten werden sie zum teil ganz indeclinabel.

Anm. 1. Ps. hat an flexionsformen *hundæhtatiʒes* und *féower-, hundseofentiʒum*; R¹ *hundseofuntiʒum*; R² *twæʒen-, féower-, fíf-, huntéanti-ʒum*, L *sexteiʒes, ðrittiʒes* und *twæn-, fíf-, unseofuntiʒum*, Rit. *huntéantiʒes* und *féovr-, fíf-, huntéantiʒum*.

Anm. 2. Vortretende einerzahlen stehen (soweit erkenntlich) in der regel im neutrum und bleiben unflectiert, wie *þára twá and twentiʒra manna*; nur die einsilbigen dative *twǽm* und *ðrim* sind auch in dieser stellung gewöhnlich.

§ 327. Neben *hundtéontiʒ* besteht auch einfaches n. *hund* (*án hund*) und n. *hundred* (so auch R¹; north. R² *hundreð, -ed*, L Rit. *hundrað* neben *-æð* L) für 100.

Die zahlen 200—900 werden meist mit dem n. *hund* ge-bildet, *tú hund, ðrío hund* u. s. w., weniger gewöhnlich von *hundtéontiʒ* und *hundred*.

1000 heisst *ðúsend* n., gen. *-des*, dat. *-de*; für mehrere tausende gilt der pl. *ðúsendu* (*-o, -a*, vereinzelt *-e*), oft auch unflectiert *ðúsend*, gen. *-da* (vereinzelt *-dra*), dat. *-dum*; Ps. hat *ðúsend(u)*, dat. *-dum*, R¹ *þúsenda, -de*, R² *ðúsendo*, gen. *-da*, dat. *-dum*, L *ðúsend(o)*, dat. *-dum*, Rit. *ðúsendo, -da*.

Anm. 1. *hund* hat north. dat. *hundum* R² L, im älteren ws. dagegen mit singularischer flexion *hunde*, gewöhnlich aber ist das wort indeclinabel.

— Von *hundred* werden die plurale *hundredu* und *hundred* gebildet, der erstere jedoch nur bei absolutem gebrauche.

Anm. 2. Auch diese zahlen sind ursprünglich substantiva mit substantivischer rection, doch werden sie oft auch wie adjectiva behandelt und in der späteren sprache vielfach als indeclinabilia gebraucht.

Anm. 3. Zahlen die über die hunderttausende hinausgehen, werden im bedürfnisfall durch umschreibungen ausgedrückt, z. b. *tén ðúsend síðum hundfealde þúsenda* = eintausend millionen.

2) Ordinalia.

§ 328. Als ordinale der einzahl gilt *forma* (auch *formesta, fyrmest[a], fyrest[a]*; dazu R¹ north. *forðmest* und subst. *forwost* L, in R² *fœrmest, fœrðmest* und *forwest*) oder *ǽresta* (der erste von zweien heisst *ǽrra*), für die zweizahl *óðer* und *œfterra*. Die übrigen sind:

3. *ðridda*; merc. R¹ *þridde*, *-a, ðrydda*; north. R² *ðirda*, L Rit. *ðird(d)a* und selten L *ðridda*.

4. *féorða*, jünger auch *féowerða*; merc. R¹ *féorþa*, north. R² L *féarða* neben L *féorða*.

5. *fífta* (allgemein).

6. *siexta, sixta, syxta* etc.; merc. R¹ *sexta* und *syxta*, R² *sesta, sexta,* L Rit. *seista, sesta.*

7. *siofoða*, gemeinws. *seofoða, -eða* etc.; merc. R¹ *siofund[a]*, north. R² *siofunda*, L *seofunda, -onda.*

8. *eahtoða, -eða* (*ehtoða* etc. nach § 108, 2), spätws. auch *e(a)htéoða*; angl. *eahteʒeða* Beda, north. R² *œhtoða*, L *œhteða, -aðe* (*eahteða*).

9. *niʒoða, -eða* (später auch formen wie *niʒeoða, nyʒoða, neoʒoða* u. ä.); merc. R¹ *niʒoþa.*

10. *téoða*; Mart. Beda *teoʒeða*, north. R² *-teʒða* L *teiʒða, teiða.*

11. *enlefta* Or., später *endlifta, -lefta, -leofta, -lufta, œn(d)lyfta* u. s. w.; merc. R¹ *œllefta, ellefta*, north. L *œllefta.*

12. *twelfta.*

13—19 haben ws. *-téoða* (man beachte spätws. *ðreottéoða* neben *ðréotéoða* nach § 230, anm. 1, und *e[a]htéoða* neben *e[a]htatéoða*); daneben erscheint dialektisch *-teʒ(e)ða, -teoʒ(e)ða* (*eahtateʒða* Mart., *féower-, fíf-, seofenteʒða* neben *eahtateʒða* jMart., *féower-, seofonteoʒða* neben *fífteʒða* Beda), north. R² *fífteʒða*, L *fífteiða.*

20—120 enden altws. auf *-tiʒoða* (*-tioʒoða, -teʒoða, -teoʒða*), später finden sich neben *-tiʒoða* formen wie *-tiʒeða, -teʒeða, -teoʒoða* etc.: *twen-tiʒoða* etc. (*féowerteoʒþa* schon Or.), daneben vereinzelt *-teʒa, -tiʒa* (schon *féowerteʒa* Chron.) und spätws. öfter *-téoða* (schon *féowertéoða* Or.); daneben dialektisch *twenteʒða* Mart., *twentiʒða* Beda.

Für *hund, hundred* und *ðúsend* fehlen die ordnungszahlen; statt ihrer
werden umschreibungen angewant, wie *sē ðe byð on ðám twám hundredum
æftemyst* ducentesimus, *sē ðe bið æftemyst on ðúsendʒetele* millesimus
(Ælfric), etc.

Bei zusammengesetzten zahlen wird entweder nur das
letzte zahlwort in die ordinalform gesetzt: *án, twá* (so stets
in neutraler form), *ðrí ond twentiʒoða* u. dgl., oder das ordinale
der einerzahl steht voraus mit folgendem *éac* und dem dat.
des cardinale der zehnerzahl: *ðridda éac twentiʒum* der 23te,
siexta éac fíftiʒum der 56te, u. s. w.

Die flexion der ordinalia mit ausnahme des stark adjectivisch flectierenden *óðer* ist die der schwachen adjectiva § 304;
die superlativformen für die einzahl schwanken nach § 311.
Vorgesetzte einerzahlen werden (mit ausnahme des einsilbigen
dativs *twǽm, twám* und vielleicht *ðrim*) nicht flectiert.

3) Andere zahlarten.

§ 329. Von alten distributivzahlen erscheinen im ags.
nur noch reste.

Anm. 1. Zu dem got. *tweihnai* gehören die erstarrten poet. formen
twih und *twéonum* in bindungen wie *mid unc twih* 'unter uns beiden', *be
sǽm twéonum* 'zwischen den meeren'.

Gewöhnlicher sind diese formen mit der praeposition *be* zu den rein
praepositionalen *betwéoh, betwuh, betuh* (*betwih, betwyh* nur in anglisch
gefärbten texten, wie Beda, Ep. Alex., doch *betwyh* auch im Boeth.), angl.
betwíh Ps., R[1] [hier auch *betwíhc, betwíʒ*], R[2], *bi-, betuíh* L, *bituíh* Rit.)
und *betwéonum, -an* (selten später *betwýnan*; Ps. *betwínum*; dazu alt *bituíhn*
Corp., *bituíchn* Erf., *bituícn* Ep., merc. R[1] *betwíon, betwéon*, north. R[2] *bitwíon*,
L *bi-, betwíen, bituén*, Rit. *bitwíen, bitwín, bitwén*, poet. *betwéon*) zwischen,
verschmolzen.

In ähnlicher weise ist eine praeposition *betweox(n), betwux(n), betux*
(seltene alte nebenformen *betuoxn, betwiux*; später formen wie *betwyx*
Boeth.; merc. *betwix, betwihs* R[1]) zwischen, entstanden (vgl. ahd. *in, untar
zuiskêm*).

Anm. 2. Wahrscheinlich aus dem nordischen entlehnt ist der einmal
belegte acc. pl. m. *þrinna* 'je drei'.

Anm. 3. Sonst wird 'singuli' durch das adj. *ǽn-, ánlíepiʒe*, merc.
north. adverbiell *ánlepum* R[1], *ánlapum* L wiedergegeben; für 'bini, terni'
etc. gelten die dativischen formeln *twǽm ond twǽm* (auch adj. *ʒetwinne*),
ðrim ond ðrim, féower ond féower, ðúsendum ond ðúsendum (auch *þúsend-
fealde*) u. s. w.

§ 330. Multiplicativa werden durch composition mit dem adj. *-feald* gebildet: *ánfeald, twie-, twyfeald* (später auch *twifeald, twizfeald*), *ðrie-, ðryfeald* (auch *ðrío-, ðréofeald* u. ä.), *monizfeald* etc.

Anm. Im Ps. ist belegt *seofenfaldlice*, in R¹ *án-, hundtéantizfald*, in R² *feoðorfald*, in L *twu-, tuufald* (dazu *tuu-, tuifallice*), *féarfald, seofofallice, téafald*, im Rit. *tvifallico, ðrifald (ðriffald), seofafald, seofanfallice*.

Anm. 2. *twiefeald* und *ðriefeald* flectieren bisweilen im dat. auch das erste glied: *twámfealdum, ðrimfealdum, ðrimfealdre* etc. (vgl. auch *twémfældum* 'duplo' R¹).

Von *monizfeald* begegnet ein doppelt gesteigerter comparativ *máfealdra*, § 308, anm.

§ 331. An einfachen zahladverbien auf die frage: 'wie viel mal' bestehen nur *éne* einmal (selten genetivisch *énes*), *tuwa* (*tuwwa, tua*; auch *twiwa, twywa, tweowa* und *twuza, twiz*[*e*]*a*, spät auch *twia, twie* u. dgl.; north. R² *twiza, -e*, L *twiza, -o*) zweimal, und *ðriwa* (*ðrywa, ðreowa*; merc. R¹ *þriowa, þriuwa*, north. R² *ðrize*, L *ðriza, ðria*, Rit. *ðriza*) dreimal. Alles übrige, sowie auch nebenformen zu den eben genannten, wird durch umschreibung mittelst *sið* gang, weg, gebildet: *éne síða* (später erst *síðe*) einmal, *twém, ðrim, fíf, twentizum síðum* etc.; north. R² *siofo, téa síðum, huntéa*[*n*]*tizum síða*, L *féor, téa síðum* und *se*(*o*)*fo* (*seofa*), *undseofontiz, hun*(*d*)*téantiz síða* (*huntéantiz síðo*), oder auch *on énne sið* u. dgl.

Anm. 'Zum ersten, zweiten etc. male' heisst *forman, óðre, ðriddan síðe* u. s. w.

Capitel IV. **Pronomina.**

1) Persönliche ungeschlechtige pronomina.

§ 332.

	1. person.	2. person.
Sg. N.	ĭc	ðŭ
G.	mín	ðín
D.	mĕ̄	ðĕ̄
A.	mĕ̄ (mec)	ðĕ̄ (ðec)

	1. person.	2. person.
Du. N.	wit	ʒit
G.	uncer	incer
D.	unc	inc
A.	unc (uncit?)	inc (incit)
Pl. N.	wĕ	ʒĕ
G.	úre (úser, ússer)	éower, íower
D.	ús	éow, íow
A.	ús (úsic)	éow, íow (éowic)

Anm. 1. Die hier gegebenen formen sind die der ws. prosa, ausser den in klammern stehenden: diese finden sich statt oder neben den angegebenen parallelformen nur in mehr oder weniger dialektisch gefärbten texten, namentlich auch in der poesie.

Anm. 2. Neben. *ic* steht verneintes *nic, nicc* in der bedeutung 'nein'.

Anm. 3. Für *wĕ, ʒĕ* etc. steht die länge des vocals durch doppelschreibung und längezeichen in den hss. fest; doch vgl. § 121.

Anm. 4. Die angl. formen sind: a) **erste person:** merc. Ps. *ic, mín, mĕ, mec (mic, mĕ),* pl. *wĕ, úr, ús, úsic (ús);* R[1] *ic (nic), mín, mĕ, mec (mĕ),* du. *wit, —, unc, unc,* pl. *wĕ (wœ, wę) úre, ús, úsic (ús);* north. R[2] *ic (ih), mín, mĕ, mec,* pl. *wĕ, úser, ús, úsih;* L *ic (ih, ich), mín, mĕ, mec (meh, mech),* pl. *wĕ (wœ, wœ), úser, ús (úsic, -iʒ), úsic (-ich, -ih, -iʒ),* Rit. *ic, —, mĕ, mec (mehc),* pl. *wĕ, úser (úsra, úsiʒra), ús, úsiʒ;* — b) **zweite person:** merc. Ps. *ðú, ðín, ðĕ (ðę), ðec (ðe;* vereinzelt *ðœc),* pl. *ʒĕ, —, éow, éowic (éow);* R[1] *þú, þin, þĕ, þec (þœc; þĕ),* du. *ʒit,* dat. *inc,* pl. *ʒĕ, éower, éow, éowic (éow);* north. R[2] *ðú, ðín, ðĕ, ðec (ðeh),* pl. *ʒĕ (ʒee, ʒie, ʒi), íower (íowera, íowre),* dat. acc. promiscue *íow, íowih (íowh, íoh);* L *ðú, ðín, ðĕ, ðec (ðeh, ðech),* pl. *ʒie (ʒe, ʒee, ʒiœ, ʒœ), íwer (íuer; íurre, íuerra, -o),* dat. *íuh (íowh, íouh* etc., vereinzelt *íow, íw),* acc. *íuih (íwih, íowih);* Rit. *ðú,* dat. acc. promiscue *ðĕ, ðec,* pl. *ʒie,* dat. acc. promiscue *íuh, íuih (íwih, íwiʒh).*

Die formen *mĕ* und *mec, ðĕ* und *ðec* werden in den north. texten zwar noch einigermassen als dat. und acc. unterschieden, doch ist die trennung nicht mehr scharf; zu den formen mit *íw-, íu-* etc. vgl. § 156, 5.

2) Reflexivum.

§ 333. Ein selbständiges reflexivum besteht im ags. nicht mehr. Statt seiner werden die betreffenden formen des geschlechtigen pronomens der dritten person, § 334, gebraucht.

3) Geschlechtiges pronomen der dritten person.

§ 334.

	masc.	ntr.	fem.
Sing. N.	hĕ	hit	hío, héo
G.	his		hiere (hire, hyre)
D.	him		hiere (hire, hyre)
A.	hine, hiene	hit	híe (hĭ, hў̆)

Pl. N. A.   híe (hĭ, hȳ)
    G.   hiera (hira, hyra); hiora, heora
    D.   him

Anm 1. Die *i*-formen erscheinen im späteren ws. oft mit *y, hys, hym, hyne, hyt.*

Seltenere und zum teil dialektisch gefärbte nebenformen sind: nom. sg. f. *híe, hí, hiჳ* und umgekehrt acc. sg. f. *héo*; pl. nom. acc. *héo*, dat. *heom.*

Anm. 2. Aus dem kent. sind zu beachten sg. nom. f. *hía* urk., *hí* (neben *hío, héo*) kGl., gen. *hire* urk., *hiora, -e, hiere* kGl., dat. *hire* urk., kGl., pl. nom. acc. *hie, hía, hío* urk., *hí, hío* kGl., *híe, hío* kPs., gen. *hiora,* *heora, hira* urk., *hiora* kPs., dat. *heom* urk., *hiom* kPs.

Anm. 3. Die anglischen formen sind: merc. Ps. m. n. *hě* bez. *hit, his, him, hine* bez. *hit,* f. *híe, hire, hire, híe,* pl. *híe (hío; hě?), heara, him;* — R¹ m. n. *hě* bez. *hit, his, him (heom), hine (hinœ)* bez. *hit,* f. *híu (hío, héo), hire, -œ, hire, hío (héo, híœ, híe),* pl. *héo (hío, híœ, híę, híe, hýe, hý, hí; hě?), heora (hiora), heom (him);* — north. R² m. n. *hě (hee)* bez. *hit, his, him, hine* bez. *hit,* fem. *hío, hire (hir), hír, hía (híœ),* pl. *híœ (hía, híe), hiora (hiara), him;* — L m. n. *hě (hee)* bez. *hit, his (is), him, hine* bez. *hit,* f. *híu (hío, hía), hire (hirœ), hír (hire, -œ), hía (héa),* pl. *hía (héa, híe, híę, híœ, hĭ), hiora (hiara, heora, heara), him;* — Rit. m. *hě, his, him, hine,* f. gen. *hire (hir),* acc. *hía,* pl. *hía, hiora (hiara).*

4) Possessiva.

§ 335. Die possessiva werden von den stämmen des un-geschlechtigen pronomens und des verlorenen reflexivums ge-bildet: *mín* mein, *ðín* dein, *sín* sein, *uncer* unser beider, *incer* euer beider, *úre* unser, *éower (íower)* euer.

Neben *sín,* welches sich auf alle geschlechter und numeri zurückbeziehen kann und meist nur reflexiv gebraucht wird (wie lat. *suus*), treten auch die genetive des pronomens der 3. person, *his, hire,* pl. *hiera* in possessivem gebrauche auf.

Anm. Für *úre,* die typisch ws. form, steht in weniger streng ws. texten, zumal in der poesie, auch *úser, ússer* (einmal dat. *ússum* auch in Cura past.). Die angl. formen sind Ps. *úr,* R¹ *úre* (neben acc. sg. m. *úserne*), north. R² *úser,* L *úser, úsa,* Rit. gen. *úses* etc., s. § 336, anm.

Für *éower* (so auch Ps. R¹) hat das north. R² *íower,* L *íuer, íwer* etc., Rit. *íuer* (vgl. § 156, 5).

§ 336. Die flexion der possessiva ist die der starken ad-jectiva (*úre* wie *ჳréne* § 298, die *r*-casus sehr oft mit ein-fachem *r,* gen. dat. sg. f. *úre,* gen. pl. *úra*).

Anm. *úser* assimiliert gewöhnlich in den casus, welche synkope des mittelvocals haben müssen (§ 144; vgl. § 180), das *sr* zu *ss: ússes, ússum* für *úsres, *úsrum etc., aber úserne; das doppel-s dringt aber auch in die nicht synkopierten casus ein, ússer, ússerne, ússerra. Im north. fehlt diese assimilation (daher formen wie nom. acc. sg. f. oder nom. pl. etc. úsra L, úsera R²), dafür treten aber r-lose nebenformen auf, wie (nom. úsa L), úses, úsum R² L Rit., (nom. pl. úso L) etc.

iuer bildet in L Rit. die flectierten formen teils mit, teils ohne mittelvocal; daher einerseits formen wie iueres (iweres) neben iures etc., andrerseits in L auch solche wie acc. sg. m. iurrne, gen. pl. iur(r)a u. dgl.

Uebrigens ist die flexion von úser und iuer (iower) im north. vielfach äusserst unsicher, da die glossatoren oft geradezu beliebige formen hingeschrieben zu haben scheinen.

5) Demonstrativa.

§ 337. Das ursprüngliche einfache demonstrativpronomen sĕ, sío, ðæt hat im ags. meist nur noch die abgeschwächte bedeutung des bestimmten artikels. Seine flexion im westsächs. ist:

	masc.	ntr.	fem.
Sing. N.	sĕ	ðæt	sío, séo
G.	ðæs		ðǽre
D.	ðǽm (ðám)		ðǽre
A.	ðone	ðæt	ðá
I.	ðý; ðon		—
Pl. N. A.		ðá	
G.		ðára (ðǽra)	
D.		ðǽm (ðám)	

Anm. 1. Die eingeklammerten formen sind sprachgeschichtlich jünger und finden sich daher in den älteren quellen noch gar nicht oder doch nur seltener.

Anm. 2. Für sĕ steht in sehr späten texten öfter séo wie im fem. Noch später tritt þĕ, þéo für sĕ, séo ein.

Für ðǽre erscheint in der älteren sprache selten auch ðáre (kenticismus?, vgl. anm. 3), und vereinzelt ðǽr als dat. sg. Späte texte gebrauchen oft die formen þáre und þǽra.

Neben ðone begegnet auch ðæne und ðane, beide in jungen denkmälern häufig.

ðám geht spätws. in ðán über, vgl. § 187.

Die instrumentalform ðon (ðän) erscheint nur selten attributiv; sie steht hauptsächlich in comparativischen bindungen wie ðon má 'mehr als das' und adverbialen formeln wie for, bi ðon deswegen, æfter ðon nachher, u. dgl. (über sioððan, syððan s. § 107, anm. 5).

Anm. 3. Im kent. erscheinen neben den formen mit ǽ nach § 151,1 auch solche mit e, wie ðet, ðes, ðĕre, ðém (ðám); neben ðĕre begegnet auch ðǽre, im acc. ðane nebeu ðone, im instr. ðan neben ðon, im gen. pl. ðeara neben ðára (ðǽra).

Anm. 4. Die flexionsformen des angl. sind (mit ausschluss der überall gleich lautenden ðý, ðon): merc. Ps. m. n. sě bez. ðæt (ðet), ðes (1 ðæs), ðǽm, ðone, f. sie (1 séo), ðěre, ðěre, ðá, pl. ðá, ðeara, ðǽm; — R¹ m. n. sě (þě) bez. þæt, þæs (þas), þǽm (1 ðém), þone (þane, þæne, þęne, þene); f. sio (siu, séo; sie), þǽre (þáre, -a), þǽre (þára), þá, pl. þá, þára (þárœ, þǽrœ, -e), þǽm; — north. R² m. n. ðě (1 ðœ, selten sě) bez. ðæt, ðœs, ðǽm (ðán, ðǽn), ðone (ðonne, ðon; ðæne, ðene), f. ðio (ðe, ði?), ðǽre (ðǽr, ðáre), ðǽr (ðer), ða (ðœ), pl. ðá, ðára (ðǽra, -œ), ðǽm (1 ðán); — L m. n. sě (ðě; sœ, ðœ) bez. ðæt, ðœs, ðǽm (ðán, ðém), ðone (ðæne, ðene), f. sio (ðiu, ðio, ðýu, ðý; auch ðá?), ðǽre (ðǽra, -œ, ðǽr, ðára), ðǽr (ðǽre), ðá (ðio, ðiu, ðý), pl. ðá, ðára (ðǽra), ðǽm; — Rit. sě (ðě), ðœs, ðǽm (ðém), ðone, f. sio (ðio, ðiu), ðǽre, ðǽr, pl. ðá, ðára, ðǽm.

§ 338. Dem deutschen 'dieser' entspricht das zusammengesetzte demonstrativpronomen ðěs, f. ðios (ðéos), n. ðis. Seine älteste flexion im westsächs. ist folgende:

	masc.	ntr.	fem.
Sg. N.	ðěs	ðis	ðios, ðéos
G.	ðis(s)es, ðys(s)es		ðisse
D.	ðis(s)um, ðys(s)um; ðiosum		ðisse
A.	ðisne, ðysne	ðis	ðás
I.	ðýs, ðis		—
Pl. N. V.		ðás	
G.		ðissa	
D.		ðis(s)um, ðys(s)um; ðios(s)um	

Anm. 1. Das y ist iu den altws. quellen auf die angegebenen casus beschränkt; später tritt es nach massgabe von § 22 auch in den übrigen casus statt i auf.

Anm. 2. In der späteren sprache lauten der gen. dat. sg. f. þissere, der gen. pl. þissera, und bisweilen synkopiert þisre, þisra.

Anm. 3. Im kent. sind an abweichenden formen belegt dat. ðis(s)em, gen. dat. f. ðeosse, gen. pl. ðeassa urk.

Anm. 4. Die anglischen formen sind: a) merc. Ps. m. n. ðes bez. ðis, ðisses, ðissum, ðeosne, f. ðéos, ðisse, ðisse, ðás, pl. ðás, ðissum (ðeossum); — R¹ m. n. þes (þęs; ðéos, þios?) bez. þis, þisses, þissum, þisne (þeosne), f. þéos (þios), þisse, þisse (þissere), þás, pl. þás, þissa (-e, -ę), þissum (ein þassum); — b) north. R² m. n. ðes (ðœs; ðis?) bez. ðis, ðisses (ðasses), ðissum (ðassum), ðiosne, instr. ðisse, f. ðios, ðisser (ðisse, ðasse), ðisser (ðœsser), ðás (ðasse; ðios), pl. ðás, ðisra, ðissum (ðassum); — L m. n. ðes (ðœs; ðis?) bez. ðis (ðœs?), ðis(s)es, ðis(s)um (ðas[s]um), ðiosne (ðionne), instr. ðisse (ðissa, ðiss), f. ðios (ðius, ðýus, ðýs), dat. ðis(s)er (ðissœr, ðasser; ðis[s]a?), ðás (ðios, ðius, ðús, ðis), pl. ðás, ðisra (ðassa), ðis(s)um (ðas[s]um);

Rit. m. n. *đes* bez. *đis, đisses (-æs, đisis), đis(s)um (đassum), điosne,* f. *đios,* '—, *đisser, đás (đáss, đios)*, pl. *đás, đisra, đis(s)um.*

Anm. 5. Ursprünglich wurde dies pronomen durch anfügung einer partikel *-se, -si* (= got. *sai,* ahd. *sê,* ecce?) an die casusformen des einfachen demonstrativums gebildet. Im ags. sind aber nur noch reste dieser bildungsweise wie *đě-s, đio-s* (vgl. north. *đě, điu* § 337, anm. 4), *đá-s* erkenntlich, da die partikel ganz mit dem pronomen verschmolz und in die flexion mit hineingezogen wurde.

Anm. 6. Das pronomen *jener,* got. *jains,* ist im ags. so gut wie verschwunden; nur findet sich ein vereinzeltes *tó ʒeonre byrʒ* Cura past. 443, 25; ausserdem gehören dazu die adverbien bez. praepositionen *ʒeond* (*ʒind, ʒiend*) durch, *beʒeondan* jenseits, u. ä., § 74.

§ 339. Pronomen der identität (lat. idem) ist *sē ilca* (oder *ilca?*, vgl. die adverbia *idæʒes* desselben tages, *isiđes* zu gleicher zeit; in der Cura past. öfter *illca,* in späten texten bisweilen mit jungem mittelvocal *ilica, yleca*), welches wie ein schwaches adjectivum flectiert, nur spät auch gelegentlich starke formen entwickelt.

'Ipse' heisst altws. *self,* später gewöhnlich *sylf,* kent. *self* kGl. kPs. neben *seolf* urk., merc. Ps. *seolf,* R¹ *seolf, sylf, self,* north. R² *solf,* L *seolf (sulf),* Rit. *seolf (sœlf?);* das wort kann sowol stark wie schwach flectiert werden.

Anm. *sē selfa* heisst in der älteren zeit nur 'eben dieser, hic ipse'; erst spät findet es sich auch in der bedeutung von 'idem'.

6) Relativa.

§ 340. Das ags. besitzt kein eigenes relativpronomen. Zum ersatz dient entweder das einfache demonstrativpronomen *sě, sío, đæt* oder die partikel *đě,* sei es allein, sei es in verbindung mit demonstrativen pronominibus.

Anm. *sě, sío, đæt* kann sich natürlich nur auf eine dritte person zurückbeziehen. — *đě* steht verhältnismässig selten! allein; gewöhnlich weist es auf ein vorangegangenes demonstratives *sě, sío, đæt* zurück. Häufig tritt dies demonstrativum unmittelbar vor das *đě* (*sě đě, sío đě,* ntr. alt *đætte,* später auch *đæt đe* aufgelöst), bleibt aber in der rection des vorausgehenden satzes.

Seltener ist die verbindung mit einem persönlichem pronomen, welches dann dem *đě* nachgesetzt wird: *đě hě* qui, *đě his* cuius, *đě him* cui u. s. w.; auch kommen doppelbildungen wie *sě đě his* etc. vor.

Bezieht sich das relativum auf eine erste oder zweite person, so steht entweder einfaches *ðĕ* (*ic* ... *ðĕ*, *ðŭ* ... *ðĕ* oder *ðŭ ðĕ* etc.) oder es tritt die letztgenannte umschreibung ein: *ðĕ ic* ego qui, *ðĕ wĕ* nos qui, *ðĕ úsic* nos quos etc.

7) Interrogativa.

§ 341. Das einfache interrogativum *hwǎ*, *hwæt* (= got. *has*) hat nur masc. und ntr. sing. entwickelt. Das ntr. *hwæt* mit folgendem genetiv, z. b. *hwæt monna*, bedeutet 'was für ein'.

Sing. N. hwǎ		hwæt
G.	hwæs	
D.	hwǽm (hwám)	
A. hwone		hwæt
I. —		hwý, hwí

Anm. 1. Eine zweite form des instr., *hwon* (*hwan*), steht nur in adverbialen formeln wie *tó hwon* wozu, *for hwon* warum, etc., eine dritte, *hú*, nur in der rein adverbialen bedeutung 'wie'.

Anm. 2. Zur flexion vgl. im allgemeinen § 337. Neben *hwone* (selten *hwane*) kommt auch *hwæne* vor, namentlich in der späteren sprache.

Anm. 3. Kent. nebenformen sind *hwet* neben *hwæt*, § 151, 1, instr. *hwé* neben *hwí*, § 154. Der Ps. hat *hwet* (ein *hwęt*), R[1] *hwæt* (ein *huat*). North. steht neben consequentem *hwæt* R[2] in L *hwæt* (*huæt* etc.) und *huæd(d)*, *huætd*, *huædt*, im Rit. nur *hvæd(d)*, *hvætd*.

Anm. 4. Das zusammengesetzte *ʒehwǎ* jeder, § 347, bildet in der älteren zeit gen. dat. regelmässig *ʒehwæs*, *ʒehwǽm* etc., auch wo es sich auf ein fem. bezieht; später wird in diesem falle auch eine neugebildete femininform *ʒehwǽre*, *ʒehwáre* verwendet (vgl. Beitr. X, 485).

§ 342. Stark adjectivisch flectieren *hwæðer* (got. *hvaþar*) welcher von beiden? und die zusammengesetzten *hwelc* welcher (vgl. got. *hvileiks*) und *húlic* wie beschaffen?

Als correlativum zu *hwelc* gilt *swelc* solcher (got. *swaleiks*).

Anm. 1. Für ws. *hwæðer* heisst es kent. auch *hweðer* nach § 151, 1; merc. R[1] schwankt zwischen *hwæþer* und *hweþer* (Ps. fehlt), north. hat R[2] *hweðer*, L *hueðer* (*huæðer*, auch *huæðer*); die letzteren formen weisen auf eine grundform mit altem *ĕ* hin (vgl. ahd. *hwĕdar*).

Anm. 2. Für altws. *hwelc* heisst es später meist *hwilc*, *hwylc*. Das kent. hat *hwelc* neben *hwylc* urk. und *hwilc* kGl., das merc. im Ps. *hwelc*, in R[1] *hwelc*, *hwælc* und *hwilc*, *huylc*, das north. in R[2] *hwelc*, in L *huelc*, *huælc*, *huælc*, im Rit. *hvælc*, *hvælc*.

Anm. 3. Jüngere ws. nebenformen zu *hwelc* sind *hwilc* und *hwylc*. Dazu kent. *suelc*, *swælc*, *suilc* urk., merc. Ps. *swelc (im adv. *swelce*), R¹ *swilc*; north. R² *swelc*, L *swelc*, *swælc* (im adv. auch *suælce* und einmal *suilce*).

8) Indefinita.

§ 343. Das unbestimmte pronomen 'irgend ein' wird ausgedrückt durch *sum*, welches stark adjectivisch flectiert. In negativ- und fragesätzen können auch die interrogativa *hwā*, *hwæðer*, *hwelc* indefinit gebraucht werden. Die übrigen indefinita werden meist durch zusammensetzung gebildet.

§ 344. 1) Das indeclinable -*hwuᵹu*, -*huᵹu* etc. (s. anm.) bildet mit *hwæt* das substantivische *hwæth(w)uᵹu* 'etwas', mit *hwelc* das substantivische und adjectivische *hwelch(w)uᵹu* 'aliquis'.

Anm. 1. Die strengws. form ist hier im allgemeinen -*hwuᵹu*, -*huᵹu*; daneben steht, zumal in dialektisch gefärbten texten, auch -*hweᵹa*, -*u*, -*o*; -*hwiᵹa*, -*hwyᵹo*, -*u*. Ep. hat -*huuæᵹa*, Corp. -*hueᵹu*; R¹ -*hwuᵹu*; north. R² -*hwæᵹ(n)u*, -*o*, -*hweoᵹne*, -*hwoᵹu*, L *hwelc-*, *huælchuæᵹu*, -*o*, -*e* (dazu gen. *huælchuæᵹes*) und *huot-*, *huodhuæᵹu*, -*o*, -*huoᵹu*, -*o*, -*e*.

Anm. 2. Gleichbedeutend mit *hwæth(w)uᵹu* ist altws. *hwæthuᵹuninᵹas* Cura past. hs. H, -*hwuᵹununᵹes* hs. C und Boeth. neben -*hweᵹ(a)nunᵹes*, -*hweᵹuninᵹa* Boeth.

Das north. gebraucht auch *hwelc-*, *huælchuæne* L für 'aliquis'.

2) Dieselbe bedeutung haben *náthwā*, *náthwelc*, eigentlich 'nescio quis'.

3) 'Etwas' wird auch durch *áwuht* (*ðuht*, später oft *áht*), *ówuht* (*óht*) ausgedrückt.

Anm. 3. Formen mit *i* wie *áwiht*, *ówiht* sind kaum als strengws. zu betrachten (in der poesie sind sie häufig), vgl. § 164, 2 und R¹ *áwiht*, *ówiht* (R² nur *óht*), sowie § 348, anm. 2.

§ 345. Verallgemeinernde pronomina werden aus den interrogativen durch *swā* — *swā* entwickelt: *swā hwā swā*, *swā hwæðer swā*, *swā hwelc swā* wer auch immer, etc. Daneben spätws. *lócahwā*, *lóchwā* (vereinzelt *láhwā*), *lóchwæðer*, *lóchwylc* in gleicher bedeutung (vgl. ahd. *sihuuer*, *sihuuelíh*). Ueber andere ausdrucksformen an stelle verallgemeinernder pronomina s. Kluge, Beitr. VIII, 531 f.

Anm. Für *swā hwæðer swā* begegnet bisweilen *swā hwaðer swā* oder mit contraction *swæðer*, *swaðer*, ebenso *swilc* für *swā hwilc swā*.

§ 346. Lat. 'alteruter' ist *áhwæðer* (*áwðer*, *ǎuðer*, *áðer*, *-or*), *óhwæðer* (*ówðer*), das meist nur in negativsätzen gebraucht wird. So findet sich auch *áhwylc* und *áhwǎ*, *áhwæt*.

§ 347. 'Jeder' heisst *ǽlc*; ferner *ʒehwā* (nur substantivisch; die flexion s. § 341, anm. 4), *ʒehwelc* (auch *ánra ʒehwelc* 'jeder einzeln'), dazu *ʒehwǽðer* uterque, und verstärkt *ǽʒhwǎ*, *ǽʒhwelc*, *ǽʒhwǽðer* (verkürzt *ǽʒðer*). Seltener sind *œthwǎ*, *samhwelc*, *welhwǽt*, (*ʒe-*)*welhwelc*.

Für 'alles' dient ausser *eall* öfter die umschreibung *ǽlc wuht*, *ǽlcuht*, vgl. § 348, 2.

Anm. 1. Neben *ǽlc* steht kent. auch *élc* nach § 151, 1; der Ps. hat *ȳlc* (einmal auch *ǽlc*), R² *élc*, L Rit. *ǽlc*.

Anm. 2. Den ws. bildungen mit *ǽʒ-* entsprechen in den dialekten: kent. *ǽʒ-*, *éʒ-*, *éihwelc* etc. (§ 151, 1. 214, 2. 342, anm. 2), merc. Ps. *ǽʒhwelc* (vgl. *ǽʒhuuelc* Ep. Corp.), north. R² *éʒhwǎ*, *éʒhwelc*, L *éʒhuelc*, -*huœlc* (selten *ǽʒhuœlc*) und *éʒðer* (*éʒhðer*), Rit. *éʒhvœlc* (ein *ǽʒhvœlc*).

Anm. 3. Das *ǽ-*, *é-*, *œ̆-* entspricht dem got. *aiw*, ahd. *eo*, *io* § 174, 3 und ist aus *á-*, *ó-* durch das ursprünglich folgende *i* von *ʒi-* (vgl. ahd. *eo-gi-hwelîh* etc.) umgelautet.

§ 348. 1) Dem lat. 'ullus' entspricht *ǽniʒ*; für 'quidquam' begegnet north. auch *ǽniht* R² L (aus *ánwiht*, § 100, anm. 3; vgl. unten anm. 2).

2) 'Neuter' ist *náhwæðer* (*náwðer*, *nǎuðer*, *náðer*) oder *nóhwæðer* (*nówðer*), 'nullus' *nán* oder *nǽniʒ*, 'nihil' *náwuht* (*nǎuht*, *náht*) oder *nówuht* (*nóht*), auch *nán wuht* oder *nánuht* und *nán þing* (spät *náþinʒ*).

Anm. 1. *náwuht* etc. ist im sing. neutral; daneben begegnet ein pl. *nǎuhtas* und später in adjectivischem gebrauch *náhte*.

Anm. 2. Die in der poesie häufigen formen mit *i* wie *náwiht*, *nówiht* sind kaum als strengws. zu betrachten; vgl. § 344, anm. 3 und merc. Ps. *nówiht* (*nóht*), R¹ *náwiht* (*nauwiht*; daneben *nœht* und *nóht*), north. R² L *nówiht* (*nóht*) neben *nǽniht* (vgl. oben 1).

§ 349. 'Solcher' ist gewöhnlich *swelc* (*swilc*, *swylc* etc.), vgl. § 342; daneben begegnen auch *ðyslic*, *ðuslic* (assimiliert auch *ðyllic*, *ðullic*), und **ðœslic* (im adv. *ðœslíce* taliter, Blickl. gl.), aber nur in demonstrativer bedeutung, nie correlativ.

2. Abschnitt.

Conjugation.

Allgemeines.

§ 350. Das ags. verbum besitzt folgende formen:

1) Nur éin selbständig entwickeltes genus, das **activum**. Von dem im gotischen noch teilweise erhaltenen **medio-passivum** besteht nur noch die einzige form *hátte* mit dem pl. *hátton*, § 367, 2. Das passivum wird sonst mit dem hülfs-verbum *béon, wesan* § 427, seltener mit *weorðan* umschrieben.

2) Zwei tempora, ein **praesens** und ein allgemeines tempus der vergangenheit, das man **praeteritum** nennt. Das fehlende futurum (über *béon* s. § 427) wird meist durch das praesens vertreten, seltener mit dem hülfsverbum *sculan* umschrieben.

3) Zwei volle modi, einen **indicativ** und einen **optativ** (häufig **conjunctiv** genannt), dazu einen auf das praesens beschränkten **imperativ**.

4) Zwei numeri, **singular** und **plural**.

5) Drei verbalnomina, einen **infinitiv** des praesens, ein **participium praesentis** mit activer, und ein **participium praeteriti** mit intransitiver oder passiver bedeutung.

Anm. Spät finden sich auch vereinzelt dem lateinischen nachgebildete participia necessitatis, wie *tó dónde* faciendus, sowie in gleicher bedeutung gelegentlich adjectiva auf -*lic*, wie *dónlic* faciendus, *sendlic* dirigendus. In L dienen auch einfache partt. praes. zur wiedergabe der betreffenden lat. formen.

§ 351. Die germanischen verba pflegt man nach der bildung ihres praeteritums in zwei hauptklassen zu zerlegen:

1) **Starke verba**; diese bilden ihr praeteritum teils durch sog. **ablaut**, d. h. wechsel des wurzelvocals, wie got.

bindu ich binde, *band* ich band (ablautende verba); teils durch reduplication der wurzelsilbe, wobei gleichzeitiger ablaut nicht ausgeschlossen ist, wie got. *haita* ich heisse, *haihait* ich hiess; *lêta* ich lasse, *lailôt* ich liess (reduplicierende verba).

2) Schwache verba; diese bilden ihr praeteritum durch zusatz der silbe *-da, -ta* am ende (dentalpraeteritum), z. b. got. *nasja* ich rette, *haba* ich habe, *salbô* ich salbe, praet. *nasida, habaida, salbôda*; *bugja* ich kaufe, praet. *bauhta* etc. Die schwachen verba selbst zerfallen wieder in drei klassen, s. § 398.

Zu diesen beiden hauptklassen kommen noch einige kleinere gruppen, über die weiter unten, § 417 ff., berichtet ist.

1. Die endungen der verba im allgemeinen.

§ 352. Die endungen der starken verba im westsächsischen:

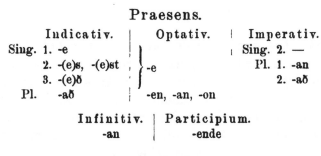

Praesens.

	Indicativ.	Optativ.	Imperativ.
Sing. 1.	-e		Sing. 2. —
2.	-(e)s, -(e)st	} -e	Pl. 1. -an
3.	-(e)ð		2. -að
Pl.	-að	-en, -an, -on	

Infinitiv.	Participium.
-an	-ende

Praeteritum.

	Indicativ.	Optativ.
Sing. 1.	—	
2.	-e	} -e
3.	—	
Pl.	-un, -on, -an	-en, -an, -on

Participium.

-en

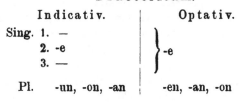

Anm. Ueber die passivformen s. § 367, 2.

§ 353. Die endungen der schwachen verba, klasse I und II (die von III s. beim vollen paradigma, § 415):

Praesens.

Indicativ.		Optativ.		Imperativ.	
I.	II.	I.	II.	I.	II.
Sing. 1. -e	-i(ʒ)e			Sing. 2. -e, —	-a
2. -(e)s, -(e)st	-as, -ast	-e	-(i)ʒe	Pl. 1. -an	-i(ʒe)an
3. -(e)ð	-að			2. -að	-i(ʒe)að
Pl. -að	-i(ʒe)að	-en	-i(ʒ)en		

Infinitiv.
I. -an, II. -i(ʒe)an

Participium.
I. -ende, II. -i(ʒ)ende

Praeteritum.

Indicativ.	Optativ.
Sing. 1. -de	
2. -des, -dest	} -de
3. -de	
Pl. -dun, -don, -dan	-den, -dan, -don

Participium.
I. -ed (-t), II. -od (-ad).

§ 354. Die endungen der starken verba und der I. klasse der schwachen sind im ganzen praesens mit ausnahme der 2. sg. imp. (vgl. § 362) dieselben. Die II. klasse der schwachen verba zeigt dieselben consonanten, aber abweichende vocale. Ferner decken sich wieder die endungen des ind. plur. sowie des ganzen opt. praet. bei allen verbis, wenn man von dem vorausgehenden *d*, *t* der schwachen verba absieht.

Anm. 1. Ueber die praeteritopraesentia, welche ihr praesens wie ein starkes praeteritum, ihr praeteritum wie ein schwaches praeteritum flectieren, s. § 417 ff.; die abweichende flexion der verba auf *-mi* s. § 426 ff.

Anm. 2. In den north. texten ist die flexion vielfach zerrüttet, sei es durch wirkliche zersetzungsprocesse in der sprache selbst, sei es durch blosses ungeschick der glossatoren in der wiedergabe der lat. formen der vorlage. Manche formen sind daher nicht mit sicherheit einer bestimmten stelle des paradigmas zuzuweisen (z. b. kann es zweifelhaft sein, ob eine form als ind. oder opt., als sing. oder pl. gemeint ist, u. dgl.).

§ 355. Als ursprüngliche endung der 1. sing. ind. praes. ist für alle mundarten *-u* bez. jüngeres *-o* anzusetzen, also z. b. *bindu, neriu, dǽmu, lóci(ʒ)u* oder *bindo* etc. Diese form der endung ist im anglischen (mit ausnahme von R¹, s.

anm. 2) in weitestem umfang erhalten. In den südlichen dialekten ist sie dagegen so frühzeitig durch die optativendung -*e* verdrängt worden, dass diese für das ws. und kent. als die normalform zu betrachten ist: *binde, neri(ʒ)e, déme, lóci(ʒ)e* etc.

Anm. 1. -*o* für -*u* überwiegt schon in Corp. (in Ep. ist nur *grǽtu* belegt), ebenso in den südengl. urkunden, soweit diese überhaupt die alte endung bewahrt haben (einzelne belege für -*o*, -*u* gehen bis tief in's 9. jh., doch überwiegt auch schon viel früher das -*e*). In der Cura past. steht nur noch ein einzelnes *cweðo* hs. H.

Anm. 2. Von den merc. texten hat Ps. ganz überwiegend -*u*, bez. bei den schwachen verbis der II. kl. -*iu*, seltener -*o* bez. -*io*, daneben je ein *ʒebidda, seʒcʒa* und einige -*e*-formen, die wahrscheinlich optative sein sollen. Dagegen herschen in R¹ die endungen -*e* bez. -*iʒe*, neben seltenen ausnahmen auf -*u*, -*o*, -*a*, wie *āʒeofu, dépu; hǽlo, hálsio; ðrówa, ꞌsæcʒa.*

Anm. 3. Im north. ist -*o* bez. -*iʒo* die eigentliche normalform (R² und L haben noch einige -*u*); daneben begegnen auch gelegentliche -*a*, wie R² *forléta, scomiʒa,* L *dǽma, ædéaua, ðrówa, ðola* bez. *ðróuiʒa, hálʒiʒa* etc., Rit. *sǽca, býa* bez. *ʒihǽlsiʒa, ʒidilʒa, ʒimyndʒa* (vgl. auch § 361, anm. 1), ferner z. t. nicht ganz selten -*e*-formen, die jedoch abermals als optativisch aufzufassen sein mögen.

Anm. 4. Vor dem pronomen *ic* wird der endungsvocal bisweilen apokopiert, namentlich in der formel *wénic* ich glaube, für *wéne ic*; north. *forʒeldiʒ, willic* L für *forʒeldo ic, willo ic,* etc., vgl. § 409, anm. 2.

§ 356. Die 2. sing. ind. praes. aller verba sowie die 2. sing. ind. praet. der schwachen verba geht ursprünglich auf -*s* aus; daher formen wie praes. *bindes, démes* (vgl. got. *bindis, dômeis*) oder *lócas* (vgl. got. *salbôs*), praet. *neredes, démdes* (vgl. got. *nasidês, dômidês*).

Diese formen auf -*s* herschen in den älteren quellen oft noch fast ausschliesslich, später werden sie durch solche auf -*st* verdrängt.

Anm. 1. Am frühesten setzt sich das *st* in den einsilbigen formen der verba contracta § 373 ff. und der verba auf -*mi* § 427 ff. fest; so begegnet schon in Corp. ein *ondést*. Im Ps. überwiegen die -*st* bei diesen verbis schon durchaus, während sie sonst ganz selten sind. Im north. sind die *st* bei den einsilbigen formen wenigstens häufiger als bei den mehrsilbigen praesensformen. In L und Rit. zeigt ausserdem das praet. eine grössere vorliebe für die -*st* als das praesens. In R¹ hat das -*st* bereits in allen fällen die oberhand gewonnen.

Von den südlichen mundarten hält das kent. die *s*-formen länger fest als das ws. Während die -*s* z. b. in kGl. noch häufig sind, hat die Cura past. solche fast nur noch ein praet., und auch da nur ziemlich selten;

sonst herscht bereits überall -*st*, oder nach § 196,1 -*sð*, wie in *hætst, sihst,*
eardast neþen *spriecsð, siehsð, eardasð* etc.

Anm. 2. Im north. dringt (begünstigt durch die verwirrung von *s*
und *ð* in der 3. sg., § 357) bisweilen das -*ð* der 3. sg. auch in die 2. sg.
ein; daher formen wie 2. sg. *āweceð, wyrcað* R², *ʒeléfeð, stǽnað* L, *ʒiseleð,*
ʒiléfeð, ricsað Rit. (über die *a* s. § 358, anm. 2); so auch einmal in R¹ *hæfeþ*.

Anm. 3. Bisweilen verschmilzt die 2. sg. mit dem pronomen der
2. person, namentlich öfter in dem formelhaften *wén(e)stu, wénsðu* zu
wénan denken.

§ 357. Die 3. sing. ind. praes. geht (wie der pl. ind.
praes. und die 2. pl. imp., § 360,1) normalerweise auf -*þ*, -*ð*
aus; daher formen wie *bindeð, démeð, lócað* (vgl. got. *bindiþ,*
dômeiþ, salbóþ) u. dgl.

Das -*þ*, -*ð* ist im allgemeinen fest (doch vgl. anm. 1. 2),
ausser wo nach § 359 verschmelzungen mit andern consonanten
u. dgl. eintreten. Nur im north. wechselt es stark und regellos (am stärksten in L) mit -*s*: *bindeð* und *bindes* u. s. w.

Anm. 1. Von den ältesten texten schreibt Ep. meist -*th* (*þ*), seltener
-*d* und -*t*, wie *cœlith, teblith, ʒinath* (*milciþ*) neben *ʒremid, borettid* oder
siftit, feormat; in Corp. sind formen auf -*t* wie *lisit, wunat* ebenso häufig
wie solche auf -*ð*, während -*th* und noch mehr -*d* (*siid, styntid*) zurück-
treten.

Anm. 2. In den altws. texten steht so gut wie ausschliesslich -*ð*,
(*þ*). Die Cura past. hat daneben nur einige vielleicht verdächtige -*d* und
in hs. H auch einige -*t*. Dagen sind die -*t* neben -*d* häufig in kGl. (vielleicht gehören sie überhaupt zu den charakteristicis des kentischen).

Ps. hat neben -*ð* auch ziemlich viele -*d*, vielleicht aber nur durch
nachlässige schreibung; R¹ hat neben -*ð*, -*þ* auch ein *th* (*biddeth*) und vereinzelte -*d*, -*t* (wie *cymid* oder *sǽcet, swerat*), aber keine *s*-formen.

Auch das north. zeigt in L neben -*ð*, -*s* einige undurchstrichene -*d*,
die aber eben wegen ihrer seltenheit wieder verdächtig sind. R² hat auch
einige *t*, wie *fallet, ʒiscinet, spillet*.

§ 358. 1) Der vocal der endung der 2. und 3. sing. ind.
praes. der starken verba und der ersten schwachen conjugation ist ursprünglich *i*; daher altags. formen wie 2. sg. *bindis,*
neris, dǽmis (vgl. got. *bindis, nasjis, dômeis*), 3. sg. *bindið, nerið,*
dǽmið (vgl. got. *bindiþ, nasjiþ, dômeiþ*) u. s. w.

Dies *i* ist in den ältesten texten noch oft erhalten, geht
aber dann, soweit es überhaupt erhalten bleibt (vgl. namentlich no. 2) nach § 44 in gemeinags. geschwächtes *e* über. Also

2. sg. *bindes(t), neres(t), démes(t),* **3. sg.** *bindeð, nereð, démeð* **u. s. w.**

Anm. 1. In Ep. herscht noch ganz das *i*, während es in Corp. bereits zu etwa einem drittel durch *e* verdrängt ist. In den urkk. des 9. jh. (für das 8. fehlen belege) ist das *e* schon fest, ebenso in den altws. und kent. texten sowie im Ps. (der neben *-eð* nur 2 *-œð* wie *dæmœð* hat. In R¹ und im north. finden sich dagegen noch vereinzelte *i*, wie *zescéadiþ, cymid* R¹, *cymið* R², *wænis, wyrcið* L, *ziscildis, -selið* Rit., etc.

Anm. 2. Im north. tritt neben dem gewöhnlichen *e* in folge von vermischung mit den endungen der zweiten schwachen conjugation auch *a* und seltener in L Rit. auch *œ* auf. Es stehen also neben einander formen wie 2. sg. *bindes* und *bindas, -œs* (ev. *bindeð, -að, -œð*), 3. sg. *bindeð, -es* und *bindað, -œð* bez. *bindas, -œs.* Diese verwirrung erstreckt sich auch auf R¹.

2) Die volle endung *-es, -eð* etc. für die 2. 3. sg. steht in den anglischen mundarten fast durchgehends fest, in den südlicheren mundarten ist dagegen deren *-e-* mehr oder weniger consequent synkopiert, und dies ist (trotz starkem schwanken der südlichen texte im einzelnen) ein wichtiges kriterium für die dialektscheidung.

Anm. 3. Die synkope hat in vorhistorischer zeit einen grösseren umfang gehabt als in den erhaltenen texten. Die volleren formen auf *-es,* *-eð* u. s. w. sind nämlich durchaus nicht immer directe fortsetzungen der ursprünglichen westgerm. formen, sondern zum guten teil ags. neubildungen. Das zeigt namentlich der mangel des *i*-umlauts bei den vollformen der starken verba, § 371.

Die folgenden angaben beziehen sich nur auf den tatsächlichen zustand der überlieferung.

Anm. 4. Synkope ist im strengws. und kent. bei den langsilbigen starken wie schwachen verbis die regel, und vollformen bilden daneben die ausnahme. Nur bei den verbis auf muta + liquida oder nasal stehen die vollformen auch strengws. durch (vgl. § 404, anm. 1); es heisst also auch dort z. b. *fréfrest, timbrest, dieglest, biecnest, -eð* zu *fréfran* trösten, *timbran* zimmern, *dieglan* verbergen, *biecnan* ein zeichen geben, etc. So auch altws. meist *nemnest, -eð* zu *nemnan* nennen, neben spätws. *nemst, nemð.*

Anm. 5. Von den kurzsilbigen verbis weisen die starken mit ausnahme der *jo*-verba § 372 im strengws. und kent. ebenfalls in der regel synkope auf. Bei den starken *jo*-verbis wie bei den kurzsilbigen schwachen schwachen verbis gelten vielfach besondere regeln:

a) Bereits in alter zeit synkopieren fast regelmässig die verba auf *p, t, c,* wie *stæpð, sit(t), set(t), ðrycð* von *stæppan* gehn, *sittan* sitzen, *settan* setzen, *ðrycc(e)an* drücken; auch wol die auf *s, h* (*þ*), wie *cnysð, hlihð* von *cnyssan* stossen, *hliehhan* lachen.

b) Die verba auf die stimmhaften laute *d, f* (= *ð*, § 192, 2) und *ʒ*
schwanken in älterer zeit noch öfter, wie *bitt* und *bideð*, *hefð* und *hefeð*,
leʒð und *leʒeð* zu *biddan* bitten, *hebban* heben, und *lecʒ(e)an* legen. Später
ist auch hier synkope die regel, abgesehen von den früh contrahierten *list*,
lið liegst, liegt, § 214, 4.

c) Die verba auf die liquidae und nasale *r, l, m, n* haben in der regel
keine synkope: *fereð*, *dweleð*, *fremeð*, *ðeneð* zu *ferian* gehen, *dwelian* verzögern, *fremman* vollbringen, *ðenian* dehnen, etc.; nur das verbum *sellan*,
siellan § 407, 1, hat bereits altws. meist synkope, *selð* (neben *seleð*).

A n m. 6. Weniger streng ws. texte, namentlich auch solche die aus
angl. vorlagen umgeschrieben sind, weisen oft einen grösseren procentsatz
von vollformen auf, ja dieser kann sich unter umständen bis zum mehr oder
weniger vollständigen ausschluss der kurzformen steigern. Ueber das verhalten der poetischen texte vgl. Beitr. X, 464 ff.

A n m. 7. Von den angl. texten hat Ps. nur wenige formen mit synkope, 2 mal nach *r, l*, 3 mal bei verba contracta: *ācers ðu*, *selð*; *ʒefīhð*
(*ʒefīht*), *ʒefǽht* zu *cerran*, *sellan*, *ʒefēon*, *fón*; in R¹ ist *cwið* 'dicit, inquit,
ait' häufig (das aber vielleicht als *cwīð* zu fassen und durch ausfall des *þ*
von *cwiþiþ* entstanden ist), sonst begegnen nur vereinzelte formen wie
selð, *cymð*, *ʒewyrð*, *bit* und *slæhþ*, *fæhþ* zu *sellan*, *cuman*, *weorðan*, *biddan*,
sléan, *fón*. Noch geringfügiger und zweifelhafter sind die spuren in den
north. texten (einmal *ʒehérs ðu* 'audis', *ʒehēht vel hæt* 'imperat' L).

3) In der zweiten schwachen conjugation ist *a* der normal-
vocal der endung, die also *-as, -að* lautet. Weiteres hierüber
s. § 412.

§ 359. Durch die synkope treten die consonanten des
wurzelauslauts in unmittelbare berührung mit dem *-s(t)* und
-þ, -ð der endung. Dies hat wieder eine reihe besonderer veränderungen der wortform zur folge, die teils die wurzelsilbe,
teils die endung betreffen. Die hauptsächlichsten fälle sind
folgende.

1) Gemination am schlusse der wurzelsilbe wird vereinfacht: *winnan — winst — winð*; *feallan — fielst — fielð*; *hlieh-*
han — hliehst — hliehð; *yppan — ypst — ypð* etc.

2) *d* wird vor dem *-s(t)* der 2. person phonetisch zu *t*:
biddan — bitst, rǽdan — rǽtst, nach consonanten *findan —*
fintst, stondan — stentst, wealdan — wieltst, andwyrdan —
andwyrtst u. s. w.; doch wird daneben oft in etymologischer
schreibung *d* gesetzt: *bidst, rǽdst, findst* u. s. w. Nach consonanten fällt das *d* in späteren texten auch oft ganz aus: *finst*,
stenst, hylst 'hältst', *ʒylst* 'giltst' (zu *healdan, ʒieldan*) u. dgl.

Anm. 1. Auch altes *t* nach consonant schwindet bisweilen vor dem *-s(t)* der 2. sg., vgl. spätws. formen wie *éhst, tihst, efst* neben *éhtst* u. ä. zu *éhtan* verfolgen, *tihtan* mahnen, *efstan* eilen, etc.

3) *d* und *t* verschmelzen mit dem *þ, ð* der 3· sg. zu *t*, wofür nach vocalen namentlich in älterer zeit auch öfter *tt* gesetzt wird: *findan — fint, berstan — birst, biddan — bit(t), bídan — bit(t), etan — it(t)*, schwach *sendan — sent, fœstan — fœst* (altws. auch *fœsð* nach § 196, 1), *ʒrétan — ʒrét(t), hwettan — hwet(t)* u. s. w.

Anm. 2. Gelegentlich findet sich in älteren texten auch in halb etymologischer schreibung *dt*, wie in *bidt*, oder bei verbis auf *d* auch einfaches *d*, wie *hýd* von *hýdan* verbergen.

Anm. 3. *breʒdan* schwingen, § 389, und das schwache *streʒdan* streuen, haben in der 3. sg. die formen *britt* (*bryt, bret*) und *stret(t)*.

4) *ʒ* wird nach langem vocal oder *r, l* nach § 214, 1 vor dem *-s(t)* und *-þ, -ð* namentlich in jüngeren texten häufig zu *h*: *stíʒan — stíʒst, stíʒð* und *stíhst, stíhð; swelʒan — swilʒst, swilʒð* und *swilhst, swilhð* (bez. *swelhst, swelhð*, § 371, anm. 3; über formen wie *swylcð* s. anm. 6).

Anm. 4. Nach kurzem vocal bleibt *ʒ* auch spätws. in der regel, und nur vereinzelt finden sich formen wie *wihð, wehð* zu *weʒan*.

Anm. 5. Für *nʒ* tritt spätws. nach § 215 nicht selten *nc* ein: *brinʒan — brinʒst, brinʒð* und *brincst, brincð* u. dgl. Ueber umgekehrte *nʒ* für etymol. *nc* s. § 215, anm. 1.

5) *c* nach vocal geht in der späteren sprache vor dem *-s(t)* und *-þ, -ð* in *h* über, doch fast nur in schwachen verbis: *sécan, tœcan, ðryccan*, 2. sg. *séhst, tœhst, þryhð* u. s. w.; gewöhnlicher wird aber auch hier die etymologische schreibung *cst, cð* beibehalten.

Anm. 6. Dass dem geschriebenen *cst, cð* der späteren sprache doch die aussprache *hst, hð* zukam, geht daraus hervor, dass auch für altes *hð* und *ʒð* (vgl. oben no. 4) bisweilen *cð* geschrieben wird, wie in *ʒeðicð, áfécð; flicð, forswylcð* zu *ʒeðéon* gedeihen, *onfón* empfangen, *flíeʒan* in die flucht schlagen, *swelʒan* verschlingen.

6) *þ + þ* wird nach consonanten stets, nach vocalen meist vereinfacht: *weorðan — wierð, cweðan — cwið, cýðan — cýð (cýðð)* u. dgl.

Anm. 7. Vor dem *-s(t)* der 2. sg. kann das *þ* in *t* übergehn oder erhalten bleiben (bez. wiederhergestellt werden): *sníðan — snitst* und *sníðst* etc.

In *weorðan* werden, und *cweðan* sprechen, schwindet das *ð* in der regel, *wierst* (*wyrst*), *cwist*; doch steht daneben spätws. auch *cwyðst*, *cweðst* neben *cwyst*, *cwest* etc.

7) *s*, *ss* und *st* verschmelzen mit dem -*s*(*t*) der 2. sg. zu einfachem *st*, und entsprechend *x* (= *hs*, § 221, 2) + *st* zu *xt*: *céosan — cíest*, *cyssan — cyst*, *restan — rest*, *weaxan — wyxt* u. dgl.

8) *s* + *þ* ergiebt nach § 201, 6 lautgesetzlich *st*, wie in *céosan — cíest* etc.; daher auch formen wie *weaxan — wiext* etc. Für dies *st* (*xt*) steht jedoch in gewissen altws. texten auch *sð* (*xð*), *cíesð*, *wiexð* u. s. w. Wo sonst solche *sð*, *xð* auftreten, sind sie als etymologische schreibungen zu betrachten.

Anm. 8. Durch den übergang von *sþ* zu *st* werden bei den verbis auf *s*, *ss*, *x* und *st* die synkopierten formen der 2. 3. sg. gleichlautend: *céosan — ðū* und *hē cíest*; *cyssan — ðū* und *hē cyst*; *weaxan — ðū* und *hē wiext*; *restan — ðū* und *hē rest*, u. s. w.

Anm. 9. Nach andern consonanten als *s* tritt *t* für *þ* nur sehr spärlich auf, am ehesten noch im kent., wie in *ofðrect*, *gehyðlēct* kGl., *flíht* Boeth., *drift*, *scýft* Metra, zu *ðryccan* drücken, *edlǽcan* wiederholen, *fléon* fliehen, *drífan* treiben, *scúfan* schieben; doch hat auch Cura past. ein *ypt* zu *yppan* eröffnen. Vgl. ferner angl. Ps. *gefiht*, *gefǽht* § 358, anm. 7.

§ 360. 1) Alle drei personen des ind. plur. praes. und die 2. plur. imp. gehen normaler weise auf -*að* aus (für *-*anþi*, *-*ǫnþ*, *-*ōþ*, § 186, anm. 3; das -*and* der 3. pl. des got. hat grammatischen wechsel): *bindað*, *neriað*, *démað*, *lóci*(*g*)*að* u. s. w.

Das -*ð* dieser formen ist in demselben umfange fest wie das der 3. sg., § 357; nur im north. wechselt es auch hier mit *s*: *bindað* und *bindas* etc.

Anm. 1. Selten und verdächtig (vgl. § 357, anm. 2) sind vereinzelte *d* wie in Ps. *sellad*, L -*delfad*. Etwas häufiger findet sich -*t*, wie in Corp. *teldat*, *flitat*, Cura past. hs. H *lǽrat*, *bodiat*, kGl. *beréfat* etc.

Anm. 2. Das *a* der endung ist in den südlichen texten und im Ps. fest bis auf vereinzelte ausweichungen wie *ríseð*, *tǿdéleð* kGl., *gehaldeð* urk., *gehāteð*, *gefealleð* Cura past. oder *belimpoð* urk., die wol mindestens zum teil als blosse schreibfehler anzusehen sind.

Dagegen ist im north. und R¹ *e* neben *a* stark verbreitet; verhältnismässig selten ist das so entstehende -*eð*, -*es* in R² und Rit., sehr gewöhnlich dagegen in L und in R¹, das ausserdem auch noch -*aþ*, -*ęþ* bez. -*igæþ* aufweist.

2) Folgt bei invertierter wortstellung auf eine beliebige 1. oder 2. plur. das zugehörige personalpronomen *wē*, *wit* bez.

ʒē, ʒit, so treten statt der vollen endungen des paradigmas öfters kürzere formen auf -e ein; daher z. b. *binde wē, wit* bez. ʒē, ʒit als pl. ind. oder opt. praes., *binde wē* als adhorttative 1. pl. imp., *binde ʒē* als 2. pl. imp.; oder *bunde wē, ʒē* als pl. ind. oder opt. praet. In ähnlicher weise erscheinen auch bei den verba contracta, § 373, und bei den verba auf -mi, § 426 ff., endungslose formen, wie *dó wē, ʒē* u. dgl.

Anm. 3. Im ws. steht -e als endung aller einschlägigen kurzformen fest; höchstens dass spätws. bei verbis der II. schwachen conjugation gelegentlich eine nochmalige verkürzung der 2. pl. eintritt, wie in *fandi-ʒē, forhti-ʒē* für und neben formen wie *fandiʒe ʒē, forhtiʒe ʒē* (so auch *forhtiʒē* R¹, *liorni-ʒē* R²). Zu beachten ist dass für den ʼind. *wē, ʒē habbað* die inversionsform *hæbbe wē, ʒē* etc. ist (mit optativvocal, vgl. anm. 4).

Auch das merc. hat nur -e, auch für -un (vgl. z. b. R¹ formen wie *ðurfe wē, scule ʒē*;ʼim Ps. ist nur adh. *wynsumie wē* zweimal belegt). Von den north. texten hat R² ausnahmsweise -a und -o in adh. *ʒonʒa wē*, ind. *cunno ʒē* (gegen *ʒiséʒe wē*); L -a (-æ), -u, -o, wie *walla wē, wyrca (-æ) wē, leornada (-æ) ʒie, maʒa ʒie* oder *nabbo wē; saldo ʒie, aru, nutu wē* u. dgl., vor ʒ auch i, wie *cunni, nuti, hæfdi ʒie* (dazu endungsloses *oncnǽu, oncnéaw ʒie*), gewöhnlich aber -e; das Rit. hat -e und -a (vereinzelt daneben adh. *iornv wē* ʻcurramusʼ).

Anm. 4. Ursprünglich betraf die kürzung nur die verbalformen auf -n, d. h. die adhortativen formen des praesens (das eig. adh. -an der 1. pl. wie das opt. -en, letzteres namentlich beim verneinten imp. gebräuchlich, vgl. § 362, 3), den opt. und das praet. (einschliesslich des praes. der praeteritopraesentia). Von diesen n-formen ist die kürzung dann analogisch auch auf die urspr. -að-formen übertragen. Dabei scheint namentlich der opt. als muster für den ind. gedient zu haben (vgl. ws. *hæbbe wē* anm. 3, aber auch formen wie ind. *habbon wē*, imp. *nallon ʒē* neben *nallað ʒē* R²).

Anm. 5. Die übertragung der kürzeren formen in den ind. und eigentlichen imp. hat nur im süden in grösserem massstabe stattgefunden: in der Cura past. herscht auch hier schon das -e vor. Die angl. mundarten weisen dagegen wol zahlreichere kurzformen für altes -en, -an, -un auf, erhalten aber altes -að *wē, ʒē* etc. meist noch unversehrt; doch hat ausnahmsweise R¹ ein ind. *sitte ʒit*, R² ein ind. *forstonde wē* (dazu vgl. ind. *habbon wē*, imp. *nallon ʒie* neben gewöhnlichem *nallað ʒie*); L je ein ind. *nabbo wē, walla wē* und *walli ʒē*. Etwas reichlicher sind im Rit. kurzformen belegt, wo das lat. grundwort einen ind. praes. erwarten lässt.

§ 361. Die älteste form der endung des opt. praes. ist im sing. -æ, im pl. -æn, wofür später nach § 44 gemeinags. -e bez. -en eintritt: *binde, nerie, déme, lóci(ʒ)e*, pl. -en etc.

Anm. 1. Diese -e, -en herschen durchaus im altws., bis auf einige vereinzelte -æn und -an. Das letztere wird später häufiger; auch dringt spätws. die endung -on, -un aus dem praet. ein (vgl. § 365).

In kGl. steht im pl. ein -on gegen sonst herschendes -an.

Ps. hat neben regelrechtem -e, -en auch je ein *āfremðœ* und *dóa*, R[1] im sg. meist -e, seltener -œ (-ę) und -a, im pl. fehlt das -n etwa in der hälfte der belege (vgl. north.); die n-formen sind: meist -an, seltener -en (-on), die n-losen: meist -e, seltener -œ.

Im north. schwindet das -n des plurals regelmässig, so dass dieser dem sing. gleich wird; als endung erscheint -a neben -e (in L auch -œ).

Anm. 2. Ueber den verlust des plural-n vor personalpronominibus s. § 360, 2 nebst anm. 3 ff.

§ 362. 1) Die 2. sing. imp. der starken verba ist endungslos, ausser bei den kurzsilbigen *jo*-verbis § 372. Diese haben wie die urspr. kurzsilbigen verba der I. schwachen klasse altags. die endung -i, gemeinags. -e, während die langsilbigen verba dieser art nach § 133, c endungslos sind (vgl. § 410, 3).

2) Die adhortative form der 1. plur. imp. auf -an ist ziemlich selten, in vielen denkmälern ist sie durch die entsprechende optativform auf -en ersetzt.

3) Die 2. plur. imp. ist der 2. pl. ind. gleich, s. § 360, 1; sie wird aber in negativsätzen oft durch den opt. ersetzt (vgl. § 360, anm. 4).

Anm. Ueber verkürzung der imperativformen vor den zugehörigen personalpronominibus s. § 360, 2 nebst anm. 3 ff.

§ 363. 1) Die normale endung des unflectierten infinitivs ist -an: *bindan, nerian, déman, lóci(ᵹ)an* etc. Diese gilt für alle südlicheren mundarten bis einschliesslich des Ps. In R[1] beginnt dann bereits der abfall des -n, der in den north. texten zur regel wird (§ 188, 2).

Anm. 1. Für -an haben die altws. denkmäler einige vereinzelte -on; in kGl. sind die letzteren etwas häufiger. Sie treten auch sonst sporadisch in weniger streng ws. texten auf. Im Ps. ist -an ganz fest.

In R[1] stehn neben überwiegendem -an selten -en, -on, -un, daneben verkürzte formen auf -e, seltener -a, -œ. R[2] L Rit. haben meist -a, seltener -e, L auch gelegentlich -œ: *binda* (-œ), *binde* u. s. w.

2) Die ursprünglichste endung des flectierten infinitivs ist vermutlich umgelautetes -enne gewesen (vgl. altsächs. inff. wie *liagannias* u. dgl.). Doch wird diese form bald mehr oder weniger durch -anne verdrängt, das sich enger an den unflectierten inf. auf -an anlehnt.

Anm. 2. Im Ps. fehlen formen auf -anne noch ganz, dagegen überwiegen sie bereits in den altws. texten ebenso wie in R[1] und im north.

Neben -*anne* tritt altws. bisweilen auch -*onne* auf (vgl. dazu in Corp. *zeléstunne*). Auch wird das *nn* nach § 231, 4 hie und da vereinfacht, so-dass formen auf -*ene*, -*ane* entstehn (auch in R¹ und north.). Spätws. herscht im allgemeinen wieder -*enne*; ganz junge texte haben endlich auch -*ende*.

Anm. 3. Selten steht in der prosa nach *tó* der unflectierte inf. statt des flectierten: *tó bindan* statt *tó bindenne*, -*anne* etc. Für die poesie sind die kürzeren formen, wie die metrik zeigt, in weiterem umfange an-zusetzen.

3) Die gemeinags. endung des part. praes. ist -*ende* = altags. -*ændi*, -*endi* Ep. (vereinzelt daneben *hlǽodrindi* Ep.), das aus westgerm. -*andi* umgelautet ist: *bindende*, *neriende*, *démende*, *lóci(z)ende* etc.

Anm. 4. Im strengws. ist -*ende* durchaus fest, in weniger streng ws. texten begegnet vereinzelt auch -*onde*; so auch einmal in kGl. *sáwon-dum* (neben häufigem -*ende*), kent. urk. *duzunde*.

Ps. hat nur -*ende*, R¹ daneben seltener -*ande*, -*onde* und -*ænde*. Auch north. stehen -*ende* (-*ænde*) und umlautsloses -*ande* einander gegenüber, letzteres namentlich bei der II. klasse schwacher verba, § 412, anm. 11.

§ 364. 1) Die 2. ind. sing. praet. der starken verba geht regelmässig auf -*e* für altags. *-*i* (= alts. ahd. -*i*) aus, die der schwachen verba auf urspr. -*dæs*, gemeinags. -*des*(*t*), vgl. § 356.

Anm. 1. Hie und da fällt das *e* der starken verba unmittelbar vor dem pronomen *ðū* ab: *cóm ðū*, *drunc ðū*, *ǽt ðū*, *druh ðū*, *zewic ðū* für *cóme*, *drunce*, *ǽte*, *druze*, *zewice ðū*.

Anm. 2. Im north. bilden einige reduplicierende verba (auf *t*) die 2. sg. ind. praet. auf -*es*, -*est*: *hěhtes*, *forleortes* (neben *forleorte*) L, *zihěhtest*, *zileortest* Rit., ebenso *forlétes* neben *séwe*, *zeséowe* R¹.

Anm. 3. Ueber *i*-umlaut der 2. sing. ind. praet. s. § 377.

2) Die älteste endung des ind. plur. praet. ist -*un*, wo-für später -*on* und -*an* eintreten.

Anm. 4. Von den ältesten texten hat Ep. nur -*un* (1 -*on* ist un-sicher bezeugt), Corp. dagegen bereits öfter -*on* neben überwiegendem -*un*. In den altws. texten ist -*un* bereits selten, namentlich im Or. Es herscht überall -*on* vor, daneben steht aber auch bereits -*an*, häufig im Or., selten in der Cura past. und Chron. In kGl. und kPs. sind -*on* und -*an* annähernd gleich stark vertreten.

Im merc. herscht -*un* vor; der Ps. hat daneben öfter -*on*, namentlich im schwachen praet. und wiederum zumal bei der II. klasse, ganz selten -*an*. In R¹ treten die -*an* neben -*un*, -*on* etwas stärker hervor, vereinzelt finden sich auch -*en* und -*œn*.

Von den north. texten hat R² häufig -*un*, daneben -*on*; dagegen herscht

-on in L und Rit.; L hat daneben einige *-un* (*-an, -en*), Rit. aber nur noch je ein *-an, -en.*

Apokope des auslautenden *-n* findet north. in R² L Rit. nicht statt (doch *bismœrœdu, cwómu* Ruthw.).

§ 365. Der opt. praet. hat im sing. die endung *-e*: *bunde, nerede, démde, lócode* etc., im plur. *-en*: *bunden* u. s. w., vom indicativ streng geschieden. Ziemlich frühzeitig beginnt aber das *-on, -an* des ind. auch in den opt. hinüberzugreifen (spät erst erscheint auch *-un*).

Anm. 1. Als älteste endung ist sing. *-*i, pl. *-*in anzusetzen, vgl. formen wie alts. ahd. *nâmi, nâmîn*; doch sind diese *i*-formen im ags. nicht direct belegt.

Anm. 2. In den altws. texten sind die *-on, -an* schon nicht mehr ganz selten; daneben stehen auch gelegentlich *n*-lose formen auf *-e*, die aber wol nur auf verderbnis beruhen.

Im Ps. ist die endung *-en* noch ganz rein erhalten, in R¹ dagegen schwankt die überlieferung zwischen *-en, -an, -un,* (*-on*) und *-e* mit verlust des *-n* wie im north.

Die north. normalform ist *-e* (vgl. § 188, 2), daneben in L auch *-o* und *-on* mit mehr oder weniger vollständiger anlehnung an den indicativ.

Anm. 3. In jüngeren texten (und so auch im Rit.) lautet die 2. sg. opt. der schwachen verba der 2. sg. ind. gleich, *neredest, démdest* etc.

§ 366. 1) Die participia praeteriti der nicht bereits mit einer praeposition oder partikel zusammengesetzten verba werden gewöhnlich mit der partikel *ʒe-* aus altags. *ʒi-* gebildet, wie im deutschen: *ʒebunden, ʒenered, ʒedémed, ʒelócoḍ* etc. Doch finden sich daneben auch formen ohne *ʒe-*.

Anm. 1. Der vortritt des *ʒi-, ʒe-* hängt ursprünglich von syntaktischen gesichtspunkten ab, ist aber auch im ags. zum teil bereits zum reinen formprincip erstarrt.

2) Das part. praet. der starken verba hat gemeinags. die endung *-en*, wie in (*ʒe-*)*bunden* u. dgl.; daneben tritt dialektisch bisweilen auch *-an, -on, -un* auf.

Anm. 2. Das gemeinags. *-en* entspricht teils einen altags. *-œn* (*-en*), teils einem altags. *-in*-, die in den ältesten texten noch neben einander vorkommen; vgl. z. b. Ep. *binumini, forleʒinum* neben *ʒibœn, āsolcœn, ʒibéatœn, āuunden* etc. In Corp. begegnet auch *-on*-, in *ʒeborone, ʒetoʒone.* Der hier vorliegende vocalwechsel gehört zum suffixablaut, § 128, 2.

Anm. 3. Die endung *-en* ist im strengws. fest, ebenso im Ps. und north. (bis auf einige north. *-œn*); dagegen hat R¹ neben *-en* auch *-œn, -an, -un,* R² *-on-, -un-* (*ʒibrocono, ʒicorone, ʒinumune*).

3) Ueber die endungen beim schwachen verbum s. § 402. 406. 414. 415 f.

2. Die starken verba.

A) Die flexion der starken verba.

§ 367. Paradigmen.

I) Regelmässige verba.　　　　　**II) Verba contracta.**

1) Activum.

Praesens.

Indicativ.

g. 1.	binde	fare	helpe	bidde	téo	téo	séo	sléa	fó
2.	⎰bindest ⎱bintst	fær(e)st	hilp(e)st	⎰bidest, ⎱bitst	tiehst	tiehst	siehst	sliehst	féhst
3.	⎰bindeð, ⎱bint	fær(e)ð	hilp(e)ð	⎰bideð, ⎱bit	tiehð	tiehð	siehð	sliehð	féhð
1.	bindað	farað	helpað	biddað	téoð	téoð	séoð	sléað	fóð

Optativ.

ing.	binde	fare	helpe	bidde	téo	téo	séo	sléa	fó
Pl.	binden	faren	helpen	bidden	téon	téon	séon	sléan	fón

Imperativ.

. 2.	bínd	(fær), far	help	bide	téoh	téoh	seoh	sleah	fóh
1. 1.	bindan	faran	helpan	biddan	téon	téon	séon	sléan	fón
2.	bindað	farað	helpað	biddað	téoð	téoð	séoð	sléað	fóð

Infinitiv.

bindan	faran	helpan	biddan	téon	téon	séon	sléan	fón

Participium.

bindende	farende	helpende	biddende	téonde	téonde	séonde	sléande	fónd

Praeteritum.

Indicativ.

. 1.	bond	fór	healp	bæd	táh	téah	seah	slóჳ, -h	fenჳ
2.	bunde	fóre	hulpe	bǽde	tige	tuჳe	sáwe	slóჳe	fenჳe
3.	bond	fór	healp	bæd	táh	téah	seah	slóჳ, -h	fenჳ
1.	bundon	fóron	hulpon	bǽdon	tiჳon	tuჳon	sáwon	slóჳon	fenჳe

Optativ.

g.	bunde	fóre	hulpe	bǽde	tiჳe	tuჳe	sáwe	slóჳe	fenჳ
1.	bunden	fóren	hulpe	bǽden	tiჳen	tuჳen	sáwen	slóჳen	fenჳe

Participium.

bunden	faren	holpen	beden	tiჳen	toჳen	sewen	slæჳen	fonჳ

2) Passivum.

Sing. Ind. 1. 3. hátte
Pl. 1—3. hátton

Anm. *hátte* entspricht dem got. *haitada* ich heisse, vocor; der pl.
hátton ist nach dem muster der schwachen praeterita gebildet.

Beide formen werden sowol mit praesentischer als mit praeteritaler
bedeutung gebraucht.

1) Praesens.

Regelmässige verba.

§ 368. Wie *bindan*, *faran* und *helpan* geht die ganze
menge der regelmässigen starken verba, sowol die ablautenden,
wie die reduplicierenden.

1) An *bindan* schliessen sich alle verba an, deren wurzelvocal weder *i-* noch *u-* oder *o/a*-umlaut erfährt, also von den
ablautenden verbis kl. I, § 382, kl. III, 1, § 386, 1, von den
reduplicierenden die mit dem wurzelvocal *ǽ* = germ. *ǣ*, got. *ê*,
§ 395, 2, a.

2) Nach *faran* gehen die starken verba der VI. ablautsreihe § 391, soweit sie inneres *a* vor einfachem consonanten
haben, das nach § 50 (bez. § 89, 3) mit *æ* wechseln kann.

Anm. 1. Ueber den wechsel von *a* und *æ* im ind. praes. s. § 371,
anm. 2, über entsprechende north. formen § 371, anm. 8, über etwaigen *u-*
oder *o/a*-umlaut § 370, anm. 1; über *scea-* für *scæ-* und *sca-* § 75, 1 und 76, 2.

Anm. 2. Für die 2. sg. imp. ist strengws. nur der vocal *a* belegt,
der sich an die mehrsilbigen formen mit berechtigtem *a* anschliesst (vgl.
§ 49, anm. 2): *far* (so schon Cura past.), *sac* etc. Von *sc(e)afan* findet sich
so *scaf* neben *scæf* und regelrechtem *sceaf*. Im angl. gelten dagegen die
lautgesetzlich zu erwartenden formen, Ps. *fer*, R¹ R² L Rit. *fær*.

Anm. 3. Im opt. und praet. praes. herscht ws. der vocal *a*, doch
begegnen vereinzelte partt. mit *æ*, wie *færende* Or. Im Ps. ist der opt.
nicht belegt (über das part. s. § 370, anm. 1). Im R¹ und north. gilt im
ganzen *æ*: R¹ *ondsæcę* und *færende*, R² *fære* und *fære*, *sæccende*, L *fære*,
sæcce (daneben ein ðu *hlada*) und *færende*, *drægend*, *scææccende*, Rit. *fære*
und *sæccende*.

Anm. 4. Im part. praet. schwankt das altws. zwischen *a* und *æ*
letzteres wird namentlich bei *hæfen* und den verbis mit inneren *ʒ* bevor-
zugt, doch findet sich im einzelnen viel schwanken: Cura past. *ʒedafen*,
-faren, *belaʒen*, *-sacen* (nur vereinzelt *ʒedæfen-*, *-færen*); meist *hæfen*,
seltener *hafen*, und nur *slæʒen*, *ðwæʒen*; Or. stets *faren*, meist *hæfen*,
slæʒen, seltener *hafen*, *slaʒen*, und *sæcen* neben *sacen*; Chr. hat nur *-slæʒen*.
Im späteren strengws. geht dagegen das *a* meist durch: *faren*, *calen*, *hafen*,

bacen, slaʒen; weniger strenge texte, namentlich auch die poetischen, haben daneben auch oft *æ*. Nach *sc* gilt allgemein ws. *ea*: *sceacen, sceapen* etc. (poet. *scæcen* weist auf angl. vorlage).

In kGl. begegnen nur einige *āhafen*. Ps. hat neben einem *ʒalen* nur *e*-formen (§ 151, 1): *scecen, sleʒen, hefen, scepen*; auch in R¹ und north. fehlt *a* ganz (abgesehen von dem part.-adj. *ʒefaʒen* L § 391, anm. 6): R¹ *færen, hæfen, slæʒen* (neben umgelautetem *unðweʒen*), R² *hæfen, slæʒen, ðwæʒen, sæcen*, L *hæfen, slæʒen, sæccen* (neben *hefen, ðueʒen*), Rit. *slæʒen, sc(e)æccen, scæpen* (neben *hefen*).

Ueber formen mit umlauts-*e* und andere vereinzelte abweichungen s. § 378, 2. 392, anm. 7.

3) Im übrigen kommen die verschiedenen regeln über die brechung, die umlaute, die einwirkungen der palatale und gutturale etc. in betracht.

§ 369. Verba mit brechung, wie *weorpan* § 388, *feallan* § 396, 1, a, behalten diese durch alle praesensformen, nur in der 2. 3. sing. ind. oft modificiert durch *i*-umlaut, s. § 371.

§ 370. *u*- und *o/a*-umlaut tritt im strengws. nicht ein, wol aber im kent. und angl., nach massgabe von § 103 ff. 160. In betracht kommen dabei 1) die 1. sg. ind. auf -*u*, -*o*; — 2) der inf. auf -*an*, der pl. ind. und imp. auf -*að*, und zum teil das part. praes. auf -*ende* (vgl. § 363, 3 nebst anm. 4).

Anm. 1. Die verba der VI. ablautsreihe mit innerem *a* wie *faran*, § 392, haben diesen umlaut im Ps. (vgl. § 160, 4) fast consequent durchgeführt: 1. sg. *fearu*, pl. *fearað, hleadað*, part. *fearende*, neben *ʒalendra*, und *tóscæcendes* nach § 162, anm. 2. R¹ hat dagegen regellos *a* und *æ* (vgl. § 371, anm. 8) neben einander, 1. sg. *sace, sæce*, inf. *faran, færan*, imp. *ascakeþ, fereþ*.

Anm. 2. Für die verba der IV. und V. ablautsreihe mit innerem *e*, wie *beran* § 390, *etan* § 391 lassen sich etwa folgende normalparadigmen aufstellen:

	wests.	Ps.	north.
Inf.	beran	beoran	beora, beara
Part.	berende	beorende	berende
Ind. sg. 1.	bere	beoru	bero
2.	bir(e)st	bires	beres
3.	bir(e)ð	bireð	bereð, -es
pl.	berað	beorað	beorað, bearað, -as
Opt.	bere	bere	bere
Imp. sg.	ber	ber	ber
pl.	berað	beorað	beorað, bearað, -as

Wo formen mit *eo*, wie *beoran, beoraŏ, beorende* in ws. texten auftreten, weisen sie auf weniger strengen dialekt oder auf einmischung hin.

Anm. 3.   Für das kent. sind in urkk. belegt 1. sg. *ʒeofu*, inf. *ʒeofan*,
(*ʒiaban*), *ʒeotan*; dazu mit übertragung des *eo* auch opt. *breoce*, pl. *aʒeofen*;
in kGl. begegnet imp. pl. *onʒiotaŏ*.

Anm. 4.   Im Ps. sind die *eo* streng nach dem paradigma durchgeführt,
und zwar analogisch auch bei den verbis auf guttural: *spreocu, -aŏ, -an*,
-ende (vgl. § 164, anm. 2); ausnahmen bilden nur je ein *sprecu* und *biʒetaŏ*.
In R¹ herscht dagegen starke verwirrung, indem die *eo*-formen schon sehr
durch solche mit einfachem *e* zurückgedrängt sind.

Anm. 5.   Im north. ist *eo* die normalform des umlauts für R², das
nur wenige *ea* hat, dagegegen *ea* die norm für L und Rit., in denen das
eo entsprechend zurücktritt.   Uebertragung des *eo* in die betr. formen der
verba auf guttural findet sich öfter in R², ist aber sonst nicht üblich (§ 164,
anm. 2).

Anm. 6.   Die 1. sg. hat north. ihren umlaut (der in R² noch einige
male bewahrt ist: *spreoco, cweoŏo*) in anlehnung an die *e*-formen des
praesens aufgegeben.   Auch sonst finden sich ansätze zu solchen ausgleichungen, indem entweder das *eo* oder das *e* gegen die ansätze des
paradigmas vordringt (also 2. 3. sg. ind. oder opt. oder part. mit *eo, ea*,
oder inf., ind. imp. pl. mit *e* u. dgl.).   Ob mit diesen verschiebungen das
nicht ganz seltene auftreten von *œ* statt *e* (§ 391, anm. 5) im zusammenhang steht, ist unsicher.

Anm. 7.   Dem ws. *cweŏan* entspricht north. in R² regelrecht *cweoŏa*
(*cweaŏa*), in Rit. *cvœŏa, cvœŏa* (1. sg. ind. *cviŏo*); L hat dafür in buntem
wechsel *cuœŏa* (*cœŏa*), *cueŏa, cueaŏa, cuœŏa, cuoaŏa* und *cuoŏa, coŏa*; für
ws. *wesan* heisst es aber gleichmässig in R² *wosa*, L *wos(s)a*, Rit. *vos(s)a*,
vgl. § 156, 2. 427, 3.

Anm. 8.   Wie die *e*-verba verhalten sich hinsichtlich des umlauts
auch die *i*-verba *niman* § 390, anm. 2, *ripan*, *wisan und north. *ʒrioppa*,
§ 382, anm. 3.

§ 371.   *i*-umlaut (einschliesslich des alten wechsels *e*: *i*,
§ 92) kommt lautgesetzlich der 2. und 3. sing. ind. praes.
zu und ist in diesen beiden formen in den südlichen mundarten
in weitem umfang erhalten, namentlich soweit er mit synkope
des endungsvocals (§ 358, 2) zusammengeht.   Oft aber hat sich
auch der umlautslose vocal der übrigen praesensformen ein-
gedrängt; die einzelnen mundarten gehen dabei weit auseinander.

Anm. 1.   Bei der verdrängung der umlautsformen sind zwei schichten
zu unterscheiden: eine ältere (bereits in den ältesten texten vertretene und
namentlich für das anglische charakteristische), bei der gleichzeitig die

volle form der flexionsendung -es(t), -eð hergestellt wird (vgl. § 358, anm. 3), und eine jüngere (auf den süden beschränkte), bei der synkopierte formen den umlaut verlieren.

Anm. 2. Die ältesten texte des strengwests. zeigen den umlaut aller überhaupt dessen fähiger vocale in allen auf ursprüngliche weise gebildeten formen; so bei den synkopierten formen der langsilbigen verba, wie *helpan — hilpð, weorpan — wierpð, weaxan — wiexð, feallan — fielð, stondan — stent, cndwan — cnæwð, hátan — hæt, flówan — fléwð, lúcan — lýcð, lútan — lýt, héawan — hiewð, céosan — ciesð* etc. Ebenso bei den kurzsilbigen verbis, mögen sie synkope haben oder nicht: *beran — bireð* und *birð, etan — itt, brecan — bricð, cuman — cymð* etc. Nur ist bei letzteren zu beachten, dass bei den verbis mit innerem *e* für *i* bereits vereinzelt das im spätws. weiter verbreitete *y* auftritt (*byrð, brycð, sprycð* Cura past. hs. C) und dass die verba mit innerem *a, ρ* die umlautsform *æ* haben (vgl. § 89, 3): *fær(e)ð, dræʒð, sæcð, spænð* zu *faran, draʒan, sacan, sponan* (doch hat Cura past. hs. H auch je ein *fereð* und *spenð*).

Neben diesen alten formen treten jedoch auch altws. bei langsilbigen verbis bereits einige neugebildete vollformen ohne umlaut auf, wie *weorpeð, háteð, flóweð* etc. (ein kurzsilbiges *heleð* Cura past. wird zu *helian* § 400, anm. 2 gehören). Nur vereinzelt erscheinen vollformen mit umlaut (2. sg. *hætest, wyrðest* Cura past.), und gekürzte formen ohne umlaut (*hréowð, weaxð, weoxð* Cura past. hs. H).

Anm. 3. Auch die jüngeren strengws. denkmäler bewahren den umlaut in der regel, soweit sie den vocal der endsilbe synkopieren; nur zeigen die verba mit *e* und *ea* in der wurzelsilbe im späteren ws. öfter umlautslosen vocal, *beran — berst — berð, etan — etst — et, helpan — helpst — helpð, feallan — fealst — fealð, weaxan — weaxð, wexð* (§ 108, 2), auch *béatan — béatst*. Sehr selten sind andere synkopierte formen ohne umlaut, wie *stant, flówð, lúcð*, für *stent, fléwð* (oder spätws. *fléowð* nach § 113, anm. 3), *lýcð*. Daneben dauern die umlautslosen vollformen fort, namentlich in weniger streng ws. texten (vgl. § 358, anm. 6).

Anm. 4. Da im kent. altes *ĕo* und sein *i*-umlaut *ïo* lautlich in *ĕo, ïo, ïa* etc. zusammenfallen (§ 159, 5), so treten bei allen verbis mit innerem *ĕo* scheinbar umlautslose formen für die 2. 3. sg. auf: so in kGl. formen wie *weorð, weorpð, siohð* (zu § 374) oder *biot, hréosð (hríosð, hríasð), tiohð* (zu § 374) zu *weorðan, weorpan, séon* bez. *béodan, hréosan, téon* (ausnahmsweise daneben einmal *flið* zu *fléon* fliehen).

Analogisch beseitigt ist in kGl. der alte wechsel zwischen *e* und *i* bei den verbis der III. ablautsreihe mit innerem *e*: *ʒelts, ʒelpð, swel(h)ð* zu *ʒeldan, ʒelpan, swelʒan* (*tret* 'calcabit' gehört eher zu dem swv. *treddan*). Sonst besteht der umlaut ungestört fort.

Anm. 5. Im anglischen wird der umlaut infolge der einführung der vollformen der endung mehr und mehr zurückgedrängt. Allgemein erhält er sich nur bei den verba contracta, § 373 f., und bei den verbis auf -*mi*, § 426 ff.

Anm. 6. Sonst kennt von den merc. texten der Ps. noch consequent den alten wechsel von *e* (*eo*): *i*: *beoran* — *bireð*, *cweoðan* — *cwið*, *ʒeldan* — *ʒildeð*, *streʒdan* — *strizdeð* (so auch *feolan* — *fileð* mit ausfall des *h*, § 218, 1); ferner den umlaut in *cuman* — *cymes*, *-eð*, § 390, anm. 2, und den nicht sicher zu beurteilenden wechsel von *a*, *ea* : *e* in *fearan* — *fereð*. Im übrigen gelten umlautslose vollformen: *weorpeð*, *falleð*, *stondeð*, *cnáweð*, *flóweð*, *lúceð*, *céoseð* etc.

R¹ hat dagegen nur noch *cuman* — *cym(e)þ*, *onsækeþ* (zu ws. *onsacan*), vereinzelt *ʒewyrð* zu *weorðan* (*ʒewyrfeþ* demolitur?); auch der wechsel von *e* : *i* ist aufgeben: *helpeð*, *bereþ*, *eteþ* etc. (nur noch vereinzelt *cwið*, § 358, anm. 7).

Anm. 7. Das north. hat als rest des wechsels von *e* : *i* ein isoliertes *cuiðestu* 'numquid' in L, ferner als reste des eigentlichen *i*-umlauts das paar *cuma* — *cymeð* und vielleicht den wechsel von *a* : *æ* bei den verbis der VI. ablautsreihe wie *fara* — *færeð* (vgl. aber anm. 8 f.). Doch heben sich wenigstens die verba mit innerem *e* und *i* vor einfachem consonanten durch den mangel des *u*- und *o/a*-umlauts vom inf. und den pluralformen § 370) ab: *beora*, *beara* — *bereð*, *eota*, *eata* — *eteð*, *nioma* — *nimeð* etc., soweit nicht doch auch hier verschiebungen eingetreten sind (s. § 370, anm. 6).

Anm. 8. Bei den verbis der VI. ablautsreihe ist das *æ* der 2. 3. sg. in R¹ und north. vielfach verallgemeinert worden: R¹ inf. *færan* neben *faran*, imp. pl. *fereþ* u. dgl., R² inf. *fara*, 1. sg. *færo*, opt. sg. pl. *fære*, imp. pl. *farað*, L inf. *fara* (*færa*), 1. sg. *færo*, imp. pl. *færas*, opt. *fære* u. ä.

Anm. 9. Ueber anomalien in der flexion von *cuman* s. § 390, anm. 2.

Verba auf -*jo*-.

§ 372. Wie *biddan* flectieren noch die verba *sittan*, *fricʒ(e)an*, *licʒ(e)an* § 391, 3, *hebban*, *hliehhan* (Ps. *hlæh[h]an*, north. *hlæh[h]a*, § 159, 3), *scieppan* (kent. angl. *sceppan*, north. *-a*, § 159, 1), *stæppan* (§ 89, anm. 1, aber Rit. *stepa*), *sceððan* § 392, 4, welche ihr praesens im germ. mit *jo* bildeten. Die abweichungen liegen nur im praesens. Dieses schliesst sich ganz an die flexion der kurzsilbigen schwachen verba erster klasse an (paradigma *fremman* § 409).

Dem paradigma *nerian* § 409 folgt das starke verbum *swerian* § 392, 4; dem paradigma der langsilbigen, *déman* (welches sich nur durch den durchgehenden umlaut der wurzelsilbe von dem der starken verba unterscheidet), das verbum *wépan* weinen, und vielleicht *ʒierran* § 388, anm. 1, und **hwésan* (**hwǽsan*?) § 396, 2, b.

Anm. North. ist auch der sg. imp. der kurzsilbigen meist endungslos: R² *sitt* und *site*, L *ʒbidd, liʒ, sitt* neben *suere*, Rit. *hef, ʒibidd* neben *ʒibidde.* So auch in R¹ *hef, swer* neben *bidde, liʒe, site.* Vgl. § 410, anm. 5.

Spätws. findet sich gelegentlich *-a* im imp. *swera* zu *swerian* nach analogie der II. klasse schwacher verba (vgl. auch § 400, anm. 3).

Verba contracta.

§ 373. Als verba contracta bezeichnen wir die verba auf vocal oder diphthong + *h*; dieses musste nach § 218 vor vocalen ausfallen, und infolge davon wurden die nachbarvocale contrahiert. Es gehören hierher die verba *téon, ðéon, wréon, léon, séon* abl. I, § 383, *fléon, téon* abl. II, § 384, *ʒeféon, pléon, séon* abl. V, § 391, 2, *fléan, léan, sléan, ðwéan* abl. VI, § 382, 2, und die reduplicierenden *fón, hón* § 395.

§ 374. Das *h* bleibt im wests. und kent. erhalten in der 2. und 3. sg. ind. praes., welche *i*-umlaut und gekürzte endung hat, und in der 2. sg. imp. (vgl. das paradigma § 367); im anglischen jedoch regelmässig nur im imp. sing. (vgl. § 166, 6. 222, 1 sowie § 358, anm. 7).

Anm. 1. Im kent. finden sich gelegentlich auch formen ohne *h*: kGl. *forsioð, āflið* zu *séon, fléon* neben *forsiohð, slehst, slęhð, onféhð, oferwrihð, ātiohð,* u. ä.

Anm. 2. Die formen des Ps. sind: 1) inf. *wréan,* praes. 3. sg. *wrið,* imp. sg. *wrih;* — 2) praes. 1. sg. *fléom* (vgl. § 426 ff.), 3. sg. *tið,* pl. *fléoð,* opt. pl. *flén,* imp. sg. *téh,* part. *fléonde;* — 3) inf. *séan, sian,* fl. *séonne,* praes. 1. sg. *sio, sie; ʒefio, ʒefíe,* 2. sg. *sist,* 3. sg. *sið, ʒefið* (einmal *ʒefihð* 20, 2 und *ʒefiht* 15, 9), pl. *siað, séað, sioð* und *ʒefiað, ʒeféað, ʒefioð;* opt. sg. *sé, ʒefee,* pl. *sén, ʒefén;* imp. sg. *seh, ʒefeh,* pl. *siað; ʒefiað, ʒefioð,* part. *sionde, siende;* — 4) praes. 1. sg. *sléa; ðwéa,* 2. sg. *slés, ðwés,* 3. sg. *sléð, ðwéð,* pl. *sléað,* opt. sg. *slé,* imp. *slœh, ðuęh;* — 5) inf. *fón,* praes. 1. sg. *fó, foo* (einmal *fóu* 115, 13), 2. sg. *foest,* 3. sg. *foeð* (einmal *foeht* 47, 4; d. h. *fœst, fœð, fœht*); pl. *fóð,* opt. *foe,* pl. *foen* (d. h. *fœ, fœn* oder *fóe, fóen?*), imp. sg. *fóh,* pl. *fóð,* part. *fónde.*

Anm. 3. In Rushw.¹ begegnen: 1) inf. *wriʒan,* part. *āsiendę,* praes. pl. *wréoþ;* — 2) inf. pl. *fléane,* part. *téonde,* praes. pl. *fléaþ, fléoþ,* imp. *fléoh, téoh,* pl. *fléoþ;* — 3) inf. *séon,* fl. *séonne, séenne,* part. *séonde, séende, sæcnde,* praes. 2. sg. *sís, sięs* und *sihst,* 3. sg. *sið, séoþ* und *sihþ,* pl. *séoþ, séaþ, séeþ,* opt. pl. *séo(n),* imp. *sih* und *seoh,* pl. *séoþ, séaeþ* (= *séæþ?*), und praes. 3. sg. und imp. pl. *ʒeféaþ* (vgl. § 391, anm. 6); — 4) inf. *slá(n)* und *sléan, slœan,* fl. *slœanne,* praes. 1. sg. *slœ,* 2. sg. *slœʒst,* 3. sg. *slœþ* und *slœhþ,* pl. *slœþ* und *slœʒþ, slœhþ; thuáð,* opt. *slœ,* imp. *sláʒ, þwáh.*

Anm. 4. Rushw.[2] hat folgende belege: 1) praes. 3. sg. *wrið*, imp. pl-*wríað*; — 2) inf. *téa*, fl. *fléan(n)e*, praes. 3. sg. *flés*, pl. *fléas*; — 3) inf. *séa*, fl. *séan(n)e*, *séana*, praes. 1. sg. *síom*, 2. sg. *sís(t)*, 3. sg. *síð (séað)*, pl. *séað*, *séas* und *sieð*, opt. *sii*, *sie*, pl. *sii*, *sie*, imp. sg. *sih*, *sœh*, adh. *siséa wē*, 2. pl. *séað*, *séas* und imp. *sefæs*, pl. *seféað* (vgl. § 391, anm. 6); — 4) inf. *slá(a)*, *ðwá*, *ðwæ̃*, fl. *sláanne*, part. *slǽnde*, praes. 1. sg. *slǽ*, *ðwǽ*, 2. sg. *slǽs*, *ðwǽs*, 3. sg. *slǽð*, *sláð*, pl. *sláð*, opt. sg. *slǽ*, *ðwǽ*, imp. sg. *sláh*, *ðwáh*, adh. *ofslá wē*.

Anm. 5. In Lind. sind belegt: 1) inf. *wrísa*, praes. 3. sg. *wrísað*, opt. *wría*, imp. pl. *w⁽ᵘ⁾ríað*; — 2) inf. *fléa*, *téa*, fl. *fléanne*, praes. 3. sg. *fliið*, pl. *fléað*, *fléas*, *flías*, imp. sg. *fléh*, pl. *fléas*; — 3) inf. *séa*, fl. *séanne*, part. *séende*, *sésende*, praes. 1. sg. *síum*, *séom (seium)*, 2. sg. *siis*, *siistu*, *sist*, 3. sg. *siið*, *-s*, *séað*, pl. *séað*, *-s*, opt. sg. *sii*, *síe*, pl. *see*, *séa*, *séœ*, *sése(?)*, imp. sg. *sih*, *seh*, *sœh*, *sœsh*, pl. *séað*, *-s*; — 4) inf. *sláa*, *slǽ (sléa?)* und *ðoá*, *ðuoá*, part. *slǽnde*, *slǽsende*, *slǽsende(?)*, praes. 1. sg. *slǽ*, *ðoá*, 2. sg. *slǽs(t)*, *ðvoás*, *ð⁽ᵘ⁾oás*, 3. sg. *slǽð*, *-s*; *ðwás*, pl. *slá(a)s*, *slǽð*, *-s*; *ðwás*; opt. sg. *sláœ*, *ðoá*, imp. sg. *sláh*, *ðudh*, adh. *ofslá wē*.

Anm. 6. Das Rit. hat: 1) inf. *siðía*, fl. *wrianne*, part. *ðiiende*, praes. opt. sg. pl. *siðii*, imp. pl. *wríað*; — 2) inf. fl. *fléanne*, part. *fleende*, praes. 3. sg. *fleeð*, *téð*, opt. sg. *flee*, *flii*, imp. pl. *fléas*; — 3) inf. *séa*, praes. 1. sg. *síum*, 2. sg. *siist*, 3. sg. *síð*, pl. *séað*, opt. sg. *sii*, imp. *sih*, *sísh*, *seh*, pl. *séað*; — 4) part. *slǽndum*.

Anm. 7. Ueber north. schwaches *seféasa* s. § 391, anm. 6. 414, anm. 5, c.

2) Praeteritum.

§ 375. Die praeterita der verba contracta weichen von denen der regelmässigen nicht ab, da hier das *h* entweder im auslaut steht (1. 3. sg. ind.) oder durch den grammatischen wechsel zu *s* oder *w* geworden ist.

§ 376. *u*-umlaut gebührt ursprünglich dem ind. pl. der starken verba erster ablautsreihe (§ 382), soweit die speciellen lautgesetze der einzelnen mundarten ihn fordern. Doch sind die alten verhältnisse vielfach durch ausgleichungen gestört worden (vgl. § 105. 160. 164, 2 etc.).

Anm. In den altws. texten ist das umgelautete *io* bereits ganz verdrängt, es heisst also sowol *sewiton* (zu § 105, 1), wie *drifon*, *scrifon* (zu § 105, 2); formen mit *io*, *eo* finden sich ws. daher nur vereinzelt in weniger strengen texten, namentlich öfter in der poesie.

In kGl. ist nur ein ausgeglichenes *sewiton* belegt.

Im Ps. ist dagegen die brechung zu *eo* (einmal *io*) consequent durchgeführt, auch analogisch bei den verbis auf guttural, wie *steosun*, *bisweocun*, während R¹ zwischen *eo*, *io* und einfachem *i* schwankt (s. § 164, anm. 2).

Das north. hat als umlautsform noch überall *io-* (§ 150, anm. 4). In R² folgen die beispiele, abgesehen von einem *fordrifen* mit abweichendem endungsvocal, noch ganz den lautlichen regeln: *-driofun, -fliotun, -hrionun, -on, āriosun* gegen *stiȝun, wriȝun* (§ 164, 2), L hat aber neben lautlich correcten formen wie *biodon, driofon*: *stiȝon, wriȝon* auch schon einige ausgeglichene formen mit *i*, wie *fordrifon, ȝehrinon, āwritton.* Im Rit. begegnen nur *ā-, ȝirioson.*

§ 377. *i*-umlaut gebührt eigentlich der 2. sg. ind. und dem ganzen opt. (vgl. alts. formen wie 2. sg. ind. *bundi*, opt. sg. 1. 3. *bundi*, pl. *bundin*); er findet sich aber fast nur noch in einigen optativen der praeteritopraesentia, § 422 ff., im regelmässigen verbum ist er aufgegeben.

Anm. Die wenigen umgelauteten formen die man etwa hierherstellen könnte, sind sehr zweifelhaft. In R² begegnet eine scheinbare 2. sg. ind. *ðwǣȝe* als übersetzung von 'lavabis'; in einer rubrik des Rit. 114 steht der opt. *wyrde* parallel dem opt. praes. *mǣȝe*; in der Cura past. 214, 7 ist *hlí(e)pen* dem sinne nach als opt. praes. zu fassen (gehört also wol zu einem swv. *hliepan* aus *hlaupjan*), ebenso ist für *swylte* (corrigiert aus *swælte*) R¹ 22, 24 praesentische bedeutung erforderlich. Dann bleiben nur noch einige formen mit *wyr* für *wur*, die vielleicht nur als umgekehrte schreibungen zu beurteilen sind (nach massgabe von § 72 nebst anm.): poet. *hwyrfe*, Dan. 221, R¹ je ein *wyrðe, ȝewyrde* 'fieret' (vgl. dazu R¹ ind. *wyrdun, -on, wyrðon, wyrpon* für *wurdun* etc. und ind. pl. *āwyrpeþ* für *āweorpaþ*).

3) Participium praeteriti.

§ 378. Der vocalismus dieser participia ist im ganzen fest. Nur ist folgendes zu beachten:

1) Bei den verbis der VI. ablautsreihe wechselt *a* und *æ*, *faren* — *fǣren* etc., § 368, anm. 4.

2) Als nachwirkung der alten endung *-in-* (neben *-æn, -en*, § 366, anm. 2) tritt bei einigen verbis bisweilen *i*-umlaut auf.

Anm. 1. Von den altws. texten hat die Cura past. von solchen formen (abgesehen von dem durchstehenden *ȝesewen*, § 73, anm. 1) in hs. C 2 *-sleȝen* gegen *-slæȝen* hs. H, in dieser 1 *-cymen*, 2 *-ðrǽwen* gegen *-cumen, -ðráwen* hs. H. In den altws. gesetzen begegnen *-sleȝen*, und *-tyȝen* (neben *-toȝen*, zu *téon* zeihen, § 383, anm. 3), in späteren texten öfter *-cymen, -ðweȝen, -sleȝen*. Vgl. dazu das participialadjectiv *ǣȝen* eigen, neben *áȝen*, got. *aigins* : ahd. *eigan*.

Für den Ps. fehlen hier sichere belege (doch s. anm. 2), da seine *sleȝen, āhefen* etc. nach § 151, 1 beurteilt werden können; R¹ hat *unðweȝen* (neben *-slæȝen* etc.), R² ein *ȝebrœcen*, Rit. *-hefen* (neben *-slæȝen* etc.); häufiger sind die umlaute in L: *ȝescyfen, ȝecnæden, ȝesuæren, ȝewœrden*, *āwœrpen*, *-hefen*, *-ðuᴣen*, auch wol *ᴣescryncan* etc. § 386, anm. 3); vgl. ferner anm. 2.

Anm. 2. Hierher gehört auch das angl. part. *dǽn* (poet. *-dén*) aus **dōin-* zu dem unregelm. *dón*, § 429. Diesem sind dann im north. noch einige formen von verbis contractis nachgebildet: *-fǽn*, *-hǽn* R² L Rit. (dazu poet. *-fén*), in L auch *-ðuǽn*, *ðuén*, s. § 392, anm. 7. 397.

Anm. 3. Nur ganz vereinzelt finden sich spuren auch eines *u*–umlauts (vgl. § 366, 2), wie *ᴣewreotene* in einer kent. urk. a. 871—889.

Anm. 4. In der Cura past. hs. C begegnet zweimal das part. *wieten* zu *witan* § 420, 1; dessen *ie* ist aber wol nur von den *ie*-formen des inf. etc. entlehnt. Die zahlreichen *ie* der hs. H in partt. der ersten klasse kommen nach § 22, anm. nicht in betracht.

B) Die tempusbildung der starken verba.

1) Ablautende verba.

§ 379. Die tempusstämme. Sämmtliche formen der ags. ablautenden verba lassen sich auf vier stämme (tempusstämme) zurückführen. Diese sind: 1) der praesensstamm; zu ihm gehören alle formen des praesens; 2) der erste praeteritalstamm; zu ihm gehört nur die 1. und 3. sg. ind. praet.; 3) der zweite praeteritalstamm; er umfasst die 2. sing. ind., den plur. ind. und den ganzen opt. praet.; 4) der stamm des part. praeteriti, aus dem nur dies selbst abgeleitet ist.

Als vertreter dieser vier stämme pflegt man anzuführen: 1) die 1. sg. ind. praes. oder den inf., 2) die 1. sg. ind. praet., 3) die 1. pl. ind. praet., 4) das part. praet.

§ 380. Der grammatische wechsel. Die verba welche im praesens auf eine stimmlose spirans ausgehn, lassen der regel nach im dritten und vierten stamm grammatischen wechsel eintreten; z. b. *céosan céas curon coren* § 384; *líðan láð lidon liden* § 382; *téon téah tuᴣon toᴣen* § 384; *séon seah sáwon sewen* § 391, 2. Häufig jedoch wird dieses verhältnis verschoben, namentlich dringt der grammatische wechsel öfters in den 2. stamm vor, wie in *sléan slóᴣ slóᴣon ᴣeslœᴣen* § 382, 2. Das einzelne hierüber s. bei den verschiedenen ablautsreihen.

§ 381. Die ablautsreihen. Der wechsel der wurzelvocale in den vier stämmen des verbums bewegt sich innerhalb bestimmter vocalgruppen oder -reihen, die man ablautsreihen nennt. Solcher reihen kennt das germanische verbum sechs. Sie haben, wenn wir die vocale nach der reihenfolge der vier stämme ordnen, folgende gestalt:

	1. stamm.	2. stamm.	3. stamm.	4. stamm.
1.	ī	ai	i	i
2.	eu	au	u	o
3.	ë, i	a	u	u, o
4.	ë, i	a	ǣ	o
5.	ë, i	a	ǣ	ë
6.	a	ō	ō	a

Anm. Ueber den wechsel von *ë* und *i*, *u* und *o* s. § 45, 2. 3.

Das viel mannigfaltigere system der ags. ablautsreihen ergibt sich aus diesem germanischen durch einführung der veränderungen, welche die germ. vocale im ags. erfahren haben (§ 49 ff.). Das einzelne hierüber geben die folgenden übersichten an.

Anm. (zu § 380—381). Im north., zumal in L, ist die starke flexion bereits in beginnender auflösung begriffen. Dies geht aus zahlreichen neubildungen im praet. und part. praet. hervor, die teils den grammatischen wechsel, teils den alten ablaut verwischen, teils endlich auf anlehnung an die schwache flexion beruhen. Das einzelne s. ebenfalls unten.

§ 382. Klasse I. Verba nach der ersten ablautsreihe *i — á — i* (*io, eo*, § 105. 160. 376) — *i* (*io, eo*, § 378, anm. 3), z. b. *ʒrípan, ʒráp, ʒripon* (*ʒriopun*), *ʒripen* greifen; mit grammatischem wechsel im 3. und 4. stamm, wie *sníðan, snáð, snidon, sniden* schneiden.

Anm. 2. a) Wie *ʒrípan* gehen noch *nípan* dunkel werden, *clífan* kleben, *drífan* treiben, *belífan* bleiben, *scrífan* vorschreiben, *tóslífan* spalten, *swífan* umgeben; *bítan* beissen, *drítan* cacare (?), *flítan* wetteifern, *hnítan* stossen, *scítan* cacare, *slítan* zerreissen, *besmítan* beschmutzen, *ðwítan* hauen, *ʒewítan* gehen, *ætwítan* schelten, *wlítan* schauen, *wrítan* schreiben; *bídan* warten, *ʒlídan* gleiten, *ʒnídan, cnídan* zerreiben (spätws. vereinzelt auch praet. *forʒnáð*), *hlídan* bedecken, *rídan* reiten, *slídan* gleiten, *strídan* schreiten, *wrídan* wachsen (?); *blícan* glänzen, *sícan* seufzen, *snícan* kriechen (?), *strícan* streichen, *swícan* verlassen, *wícan* weichen; **fíʒan* rösten (nur part. *áfíʒen*), *hníʒan* neigen, *míʒan* mingere, *síʒan* sinken, *stíʒan* steigen; *cínan* sich spalten, *ácwínan, dwínan* schwinden, *ʒínan* klaffen, *hrínan* berühren, *hwínan* zischen (?), *scínan* scheinen (praet. *scán, scéan* § 76), *ðwínan* weich werden (?); *spíwan* speien; *árísan* sich erheben, *ʒerísan* geziemen, *míðan* meiden, *wríðan* drehen, winden; — b) wie *sníðan* noch *liðan* gehen, *scriðan* schreiten (doch part. *scriðen* Guthl. 1012); zweifelhaft ist *œtcliðan* anhängen; über spätws. *frínan, frán* s. § 389, anm. 3.

Anm. 2. Vereinzelt werden auch von schwachen verbis starke praeteritalformen gebildet, *rán* zu *rínan* für *ríʒnan* regnen, Blickl. gl., *oferswáð* zu *oferswiðan* Saints 2, 4.

Anm. 3. Besondere unregelmässigkeiten zeigt das praes. des verbums *rîpan* ernten; für das ws. steht die quantität des *i* nicht fest, im angl. ist es kurz und daher dem *u-* und *o/a*-umlaut unterworfen (§ 370, anm. 8): Ps. *reopan*, 3. sg. *ripeð*, R¹ *hriopan*, 1. 3. sg. *ripe, -es*, R² 2. 3. sg. *ripes, -eð*, pl. *riopað*, opt. *ripe*, L *(h)rioppa*, 1. sg. *hrippo*, 2. *hrip(p)es*, 3. *hrioppað*, pl. *hriopað, rioppas*.

Ebenso flectiert north. in L auch *ʒrioppa* greifen: inf. *ʒrioppa*, 3. sg. *ʒripes*, opt. *ʒripa* etc.

Vermutlich gehört hierher auch das defective verbum *-weosan* vergehen: part. praes. *tóweosende*, part. praet. *forweren, forweoren (forworen* § 72) aus *wîsan*, vgl. das schwache *wisnian, weosnian*. — Ueber *lioran, léoran* s. § 384, anm. 3.

Anm. 4. North. neubildungen sind in R²: praet. pl. *āstāʒdun* (neben *stáʒ*, pl. *stiʒun*); in L: praet. *ʒripp(e)de* (neben *ʒráp*, opt. *ʒrioppa*), *stiʒ(e)de, -ade*, opt. *stáʒe, stáʒade* (neben ind. *stáʒ*, pl. *stiʒun*, opt. *stiʒe*), *duínde, hrín(a)don*, part. *ʒehrínad* (neben praet. pl. *hrinon*).

§ 383.   1) Die verba contrácta *tíon, téon* zeihen, *ðíon, ðéon* gedeihen, *wríon, wréon* bedecken (für *tîhan* etc., vgl. got. *teihan, þeihan*; über *ío, éo* s. § 84, 2. 114, 3; Ps. *wréan*, R¹ *wríʒan*, R² *wría*, L *wría, wríʒa*, Rit. *ðía, wría*, § 374, anm. 2 ff.) haben in einigen praesensformen das *h* ausfallen und danach contraction eintreten lassen (§ 373), behalten aber das *h* in der 1. 3. sing. praet. und verwandeln es nach § 380 durch grammatischen wechsel im dritten und vierten stamm in *ʒ*: *wríon, wréon — wráh — wriʒon, wriʒen*.

2) Im angl. ist dieser flexionstypus im wesentlichen rein erhalten geblieben (s. das verzeichnis der einzelnen formen in § 374); im ws. aber sind diese verba frühzeitig in die zweite ablautsreihe übergetreten, mit deren praesensformen ihre praesensformen lautlich zusammenfielen; also praet. *wréah*, pl. *wruʒon*, part. *wroʒen* wie *téah, tuʒon, toʒen* zu *tíon, téon* ziehen, § 384, 2.

Anm. 1. Dieser übertritt beginnt bereits altws. mit *téah, tuʒon* im Or. gegen part. *ʒeðiʒen* Cura past.

Die in den lexicis und älteren grammatiken oft angesetzten infinitive wie *tîhan* u. ä. existieren in der literatur nicht, sondern sind nur aus formen mit regelrecht erhaltenem *h* (§ 374) wie 3. sg. *tí(e)hð* fälschlich erschlossen.

Anm. 2. Bisweilen dringt das *ȝ* des 3. und 4. stammes auch in den 2. stamm ein: *ðáȝ, wráȝ*, in R¹ L *wríȝa* neben *wría*, § 374, anm. 3. 5, auch in den ersten.

Anm. 3. *ðíon, ðéon* bildet neben praet. pl. *ðiȝon, ðuȝon*, part. *ðiȝen, ðoȝen* auch noch ein praet. pl. *ðunȝon*, opt. *ðunȝe*, part. praet. *ðunȝen* nach kl. III, § 386.

tíon, téon zeihen, hat im part. praet. auch *tyȝen* mit *i*-umlaut, § 378, anm. 1, neben *tiȝen* und *toȝen*.

Anm. 4. Wie *tíon, téon* gehen in st. 1. 2. auch *líon, léon* leihen, *síon, séon* seiheu (got. *leihan*, *seihan), praet. *láh, léah*. Ausserdem begegnet nur das part. praet. *ásiwen, áseowen* (§ 73, 3 nebst anm. 3) und contrahiert *beséon*.

§ 384. Klasse II. Verba nach der zweiten ablautsreihe
éo — éa — u — o (got. *iu, au, u, u*). Beispiele:

1) für regelmässige verba: *béodan, béad, budon, boden* bieten, *céowan, céaw, cuwon, cowen* kauen, oder mit grammatischem wechsel im 3. und 4. stamm: *céosan, céas, curon, coren* wählen, *séoðan, séað, sudon, soden* sieden;

2) für verba contracta: *téon, téah, tuȝon, toȝen* ziehen; ebenso *fléon* fliehen (die angl. formen dieser verba im einzelnen s. § 374).

Anm. 1. So gehen noch a) regelmässig *créopan* kriechen, *dréopan* tröpfeln, *ȝéopan* in sich aufnehmen, *cléofan* spalten, *réofan* zerbrechen (nur part. *rofen, berofen*); *bréotan* brechen, *fléotan* fliessen, *ȝéotan* giessen, *ȝréotan* weinen, *hléotan* (er)losen, *néotan* geniessen, *réotan* fallen, *scéotan* schiessen (part. *scoten* und *sceoten*, § 76), *ðéotan* (neben *ðútan*, § 385) heulen, *áðréotan* verdriessen, *hréodan* schmücken (meist nur part. praet. *hroden*), *léodan* wachsen, *réodan* röten; *ábréoðan* vergehen, entarten (part. *ábroðen*); *réocan* (north. L *réca*), *sméocan* (north. *sméca*, R¹ *smica*) rauchen, riechen; *dréoȝan* erdulden, *fléoȝan* fliegen (Ps. *fléȝan, flíȝan*, north. L R² Rit. *fléȝa*), *léoȝan* lügen (Ps. *léȝan, líȝan*, R¹ *líȝan*); *bréowan* brauen, *hréowan* reuen; — b) mit grammatischem wechsel: *dréosan* fallen, *fréosan* frieren, *hréosan* fallen, *forléosan* verlieren.

Anm. 2. *héofan* klagen, hat im praet. unregelmässig *héof* nach art der reduplicierenden verba, daneben *héofde* (über spätws. *hréow* für *hréaw* s. § 119, anm.).

Von *réocan* begegnet spät auch das praet. *réohte*.

Spätws. sind die verba *fléon* und *fléoȝan*, deren formen sich im (2.), 3. und 4. stamm berührten, auch im praesens durcheinander geraten, so

14*

dass formen von *fléon* auch in der bedeutung 'fliegen', solche von *fléoȝan* auch in der bedeutung 'fliehen' gebraucht werden.

Anm. 3. Hierher gehört wol auch das defective stv. *léoran* gehen (part. *ȝeleorene* Ruine 7 verderbt für *ȝelorene*, da die metrik für *léoran* länge des *éo* fordert; für das reimwort *forweoren* ist *forworene* zu lesen, vgl. § 382, anm. 3). Gewöhnlich flectiert das (nur nordenglische) verbum schwach, praet. *léorde*, part. *ȝeléored* (north. *líora*, zu § 159, 5).

Anm. 4. Unklar ist das verhältnis der doppelformen *snéowan* und *snówan* eilen (beide nur poetisch), und *cnéodan* zuteilen (Beda) und *cnódan* (Cura past.). Die länge der wurzelvocale in *snówan* und part. *ȝecnóden* steht metrisch fest, und die verba wären danach wol zu § 396, 2, b zu stellen.

Anm. 5. North. findet sich ein stark gebildetes praet. *spéaft, spéoft* spie, welches hierher oder zu § 396, 2, a gehören könnte; nach dem part. *ȝespéoftad* aber wird man diese formen eher einem urspr. schwachen verbum zuteilen müssen.

§ 385. Die verba *slúpan* schlüpfen, *súpan* schmecken, trinken, *dúfan* tauchen, *scúfan* schieben, *lútan* sich neigen, *hrútan* schnarchen, *ðútan* (neben *ðéotan* § 384) heulen, *strúdan* rauben, *brúcan* brauchen, *lúcan* schliessen, *súcan, súȝan* saugen, *búȝan* sich biegen, *smúȝan* schmiegen, haben im praes. *ú* statt *éo* (vgl. got. *lúkan*), gehen aber sonst regelmässig: *lúcan, léac, lucon, locen.*

Anm. 1. Hierher gehören wol auch die im praes. nicht oder nur unsicher belegen **crúdan* drücken, pressen (3. sg. *crýdeð* Räts.), **sprútan* spriessen (vgl. neuengl. *crowd, sprout*); vielleicht auch *scúdan* eilen (nur part. *scúdende* Guthl., das auch zu einem swv. II **scúdian* gehören könnte).

Ferner gehören wol hierher die isolierten partt. praet. *áðrúten* geschwollen, *ȝeðrúen* verdichtet (wofür fehlerhaft zweimal *ȝeðuren* überliefert ist).

Anm. 2. Von *scúfan*, spätws. auch *scéufan, scéofan* geschrieben, § 76, 2; Rit. *scýfa*) lautet das part. praet. *scofen* und *sceofen*, in L *scyfen* mit *i*-umlaut, § 378, anm. 1, das praet. pl. in Rit. *scyufon*.

Anm. 3 (zu § 384—385). Die verba auf gutturale haben im anglischen nach § 165, 1. 163 im 1. und 2. stamm *é* für *éo* bez. *éa* (im Ps. und R¹ bisweilen auch *í* für *éo*, L *œ̃* für *éa*). Wegen der praesensformen der regelmässigen verba s. § 384, anm. 1, wegen der verba contracta § 374; für's praet. vgl. Ps. *léc, fléȝ, fléh, téh*, R² *bréc, béȝ, fléh, téh*, L *bréc (brœ̃c), béȝ, fléh (flœ̃h), tœ̃h*, Rit. *fléȝ (bréce, léce* s. anm. 4).

Anm. 4 (zu § 384—385). North. neubildungen sind: in R² praet. pl. *brécon*, in L praet. pl. *céason*, opt. *céase* (neben *curon, cure*), pl. *bré(i)con*, opt. *bréce*; praet. *súpedon* neben *séap*; in Rit. praet. ind. sg. 2 *léce*, opt. *bréce* neben 2. sg. ind. *luce*.

§ 386. Klasse III. Verba nach der dritten ablautsreihe, got. *i, a, u, u.* Diese klasse zerfällt im ags. in drei hauptunterabteilungen:

1) **Verba auf nasal + consonant** haben die ablautsreihe *i — ọ (a, § 65) — u — u,* z. b. *bindan, bọnd (band), bundon, bunden* binden.

Anm. 1. So gehen noch *findan* finden, *zrindan* schleifen, *hrinden* stossen, *swindan* schwinden, *ðindan* schwellen, *windan* winden, *ðrintan* schwellen, *sprintan* (nur L *zisprant* eructavit), *(on-)zinnan* beginnen, *linnan* aufhören, *sinnan* denken, *spinnan* spinnen, *winnan* arbeiten, *clinzan* sich zusammenziehen, *crinzan, crincan* fallen, *sinzan* singen, *sprinzan* springen, *stinzan* stechen, *swinzan* schwingen, *ðrinzan* dringen, *wrinzan* ausdrücken, -ringen, *drincan* trinken, *ācwincan* erlöschen, *scrincan, scrinzan* verdorren, *sincan* sinken, *slincan* kriechen, *stincan* riechen, *swincan* sich abmühen, *climban, climman* klimmen, *(ze)limpan* sich ereignen, *(h)rimpan* runzeln, *crimman* einfügen, *zrimman* wüten, *hlimman* brüllen, *scrimman?*, *swimman* schwimmen.

Anm. 2. Hierher gehören auch *iernan (irnan, yrnan,* Ps. R¹ *eornan,* north. R² L Rit. *iorna)* laufen, und *biernan (birnan, byrnan,* Ps. R¹ *beornan,* north. L *beorna, bearna,* Rit. *beorna, biorna)* brennen (intrans.), zu got. *rinnan, brinnan* mit metathese, § 179, praet. *orn, born,* jünger *arn, barn,* für **rọnn, *brọnn,* später auch regelmässig ablautend ws. *earn, bearn.*

Neben *iernan* steht regelmässiges *rinnan* rinnen (von flüssigkeiten), namentlich in *zerinnan* gerinnen (doch part. selten auch *zeurnen).*

Von *swinzan* begegnet ein altes part. *sunzen* Mart.

Isoliert stehen die formen *ðunzon, ðunzen* zu *ðéon* gedeihen, § 383, anm. 3.

Von *findan* lautet das praet. wests. auch *funde* nach art der schwachen praeterita.

Anm. 3. Von den angl. texten hat Ps. im praet. noch consequent das alte *ọ, dronc* etc., auch *orn* und *born;* R¹ schwankt zwischen *o* und *a* (letzteres steht auch in *arn).* Dagegen hat das north., das sonst das *ọ* vor nasalen durchführt, hier ausnahmslos *a: band, dranc, zelamp* etc., auch *arn, barn,* offenbar durch anlehnung an praett. wie *halp* § 387 (die formen mit *u,* wie *fund, drunc, zelump,* die sich in älteren ausgaben finden, beruhen auf falscher lesung).

Anm. 4. North. neubildungen sind: in R² sg. praet. (schwach?) *zibinde* neben *ziband,* pl. *ornun, drincon* (neben *druncon);* in L praet. pl. *onzannon,* part. pl. *onzindo* (neben praet. *onzann,* pl. *-zunnon),* praet. *ðrinzde,* part. *zeðrinzed* (neben *zeðrungen),* praet. *suin(c)zde,* part. *besuinzen, zesuin(c)zed* (neben praet. *-suanz,* part. *-suunzen).*

scrinca hat north. in L das praet. pl. *zescriunzon,* part. praet. *forscriuncen, zescriuncan, zescryncan;* vgl. dazu das adj. *unāscriuncan'* (d. h. *-anlic)* inmarcessibilis Rit.

§ 387. 2) Verba auf *l* + consonant haben die ablautsreihe *e — ea* (*a*, § 80; angl. regelrecht *a*, § 158, 2, doch s. unten anm. 5) — *u — o*, z. b. *helpan, healp* (*halp*), *hulpon, holpen* helfen.

Anm. 1. So gehen noch *delfan* graben, *belʒan* zürnen, *swelʒan* verschlingen, *beteldan* bedecken, *meltan* schmelzen, *sweltan* sterben, *bellan* bellen, *swellan* schwellen.

An vereinzelten formen begegnen noch *collen-* in *collenferhð* erregt, zu *cwellan* quellen, und *wollen-* in *wollentéare* weinend, zu *wellan* wallen; doch könnte das letztere wort auch zu *weallan* § 396, a gehören.

Anm. 2. Geringe abweichungen zeigen im ws. *ʒiellan* gellen, *sciellan* schallen (?), *ʒieldan* gelten, *ʒielpan* prahlen, *scielfan* schwanken (?), mit *ie*, *i*, *y* im praesens wegen des anlautenden *ʒ*, *sc* § 75 (kent. und angl. bewahren hier das *e* nach § 157, 2).

Anm. 3. *meolcan* melken, und *seolcan* erschlaffen (meist nur im part. praet. *ā-, besolcen*) haben ws. im praes. *eo* nach § 81, doch begegnet spätws. auch *melcan* mit anlehnung an die verba wie *helpan*.

Anm. 4. *féolan* (Ps. *fealan*) verbergen, übergeben (aus *feolhan* nach § 218, 1, vgl. got. *filhan*), hat im praet. *fealh* (Ps. *falh*; praes. 2. 3. sg. ws. *filhst*, *filhð*, aber Ps. 3. sg. *fileð* § 164, 2, opt. Ps. *fele*, Rit. *fela*). Der pl. praet. lautet selten *fulʒon*, gewöhnlich *fǽlon* (Ps. *félun*) nach § 390, das part. *folen*. Ein inf. *felʒan* etc., der oft angesetzt wird, existiert nicht.

Anm. 5. R¹ hat neben den praett. *ʒald*, *swalt* auch *dœlf* mit anlehnung an die praett. wie *bœr*, § 390.

Anm. 6. *sweltan* bildet in L das praet. schwach *suelte*, *suælte*.

§ 388. 3) Verba auf *r* oder *h* + consonant haben ws. kent. die ablautsreihe *eo — ea — u — o*, z. b. *weorpan, wearp, wurpon, worpen* werfen, oder *feohtan, feaht, fuhton, fohten* fechten; mit grammatischem wechsel *weorðan, wearð, wurdon, worden* werden. Ueber die angl. formen s. anm. 3 ff.

Anm. 1. So gehen noch *ceorfan* schneiden, *deorfan* sich abmühen, *hweorfan* sich wenden, *sceorfan* schürfen, *steorfan* sterben, *sweorfan* abwischen, *sceorpan* schrapen, *beorʒan* bergen, *beorcan* bellen, *sneorcan* excidere (nur praet. *ʒesnerc* Ps.), *sweorcan* dunkeln, *smeortan* schmerzen (nur part. *fýrsmeortendum* Or.), *ceorran* knarren (nur praet. pl. *curron* belegt).

Zu dem praet. pl. *ʒurron* Andr. 374 wird gewöhnlich inf. *ʒeorran* angesetzt; wahrscheinlicher ist die form mit dem nur im praesens belegten *ʒierran*, *ʒyrran* zu verbinden, d. h. diesem verbum praesensbildung mit *jo* (§ 372) zuzuerkennen (dagegen gehört der allein belegte north. imp. *serð* L wol zu einem swv. *serða*, ws. *sierðan* moechari, vgl. ahd. *serten*).

Isolierte participia praeteriti dieser klasse sind noch *ācworren* cra-
pulatus (vgl. subst. *metecweorra* übelkeit), und *flohtenfót* füsse mit schwimm-
haut habend.

Anm. 2. Ueber spätws. nebenformen des praes. wie *wurðan, wurpan*
(*worpan*) etc. s. § 72.

Anm. 3. Für *feohtan* heisst es im Ps. *fehtan*, north. R² L Rit. *fehta*
(daneben Rit. adj. *unāfæhtenlic*), für *beorʒan* in R¹ *berʒan* nach § 164, 1.
Als belege für das angl. praet. dienen Rit. *ʒifæht*, Ps. *ʒesnerc* (oben anm. 1,
vgl. § 162, 2).

Anm. 4. Für *weorpan, weorðan* lauten die north. formen *worpa,*
worða nach § 156, 2, für *hweorfan* begegnet im Rit. *hwarfa* (L nur praet.
pl. *ymbhurfon*).

In R¹ stehen neben regelmässigen formen mit *weor-* auch solche mit
ea, e, œ, æ, y, die wol auf rechnung des *w* zu setzen sind.

Anm. 5. Zu *ceorfan* lautet das praet. north. L *cearf*, R² *ceorf*; dagegen haben north. *worpa, worða* nach § 156, 3 meist *warp, warð* R² L
(so auch R¹ *warð* neben *wearð, wearp*); daneben hat L vereinzelte *wearp,*
wœarp, wearð, wœrð.

Ueber die umgelauteten partt. praet. *wœrpen, wœrden* s. § 378, anm. 1.

Anm. 6. North. neubildungen sind: in R² praet. pl. *worpadun* (neben
wurpon), in L praet. pl. *worpon, -un* (neben *wurpon, -un*).

§ 389. 4) Andere abweichungen, die sich aber zum teil ohne weiteres aus den lautgesetzen begreifen, zeigen folgende verba:

breʒdan schwingen	bræʒd	bruʒdon	broʒden
streʒdan streuen	stræʒd	struʒdon	stroʒden
berstan bersten	bærst	burston	borsten
ðerscan dreschen	ðærsc	ðurscon	ðorscen
friʒnan (er)fragen	fræʒn	fruʒnon	fruʒnen
murnan trauern	mearn	murnon	—
spurnan (spornan) treten	spearn	spurnon	spornen

Anm. 1. *breʒdan* und *streʒdan* verlieren im südengl. oft ihr *ʒ* mit
dehnung des vorausgehenden vocals, *brédan, bréd* etc., § 214, 3 nebst anm. 8.
Von *breʒdan* begegnet als part. praet. *breʒden* Phön. Blickl.

streʒdan ist nur im Ps. und R² rein als stv. erhalten: Ps. praet.
streʒd, 2. sg. *struʒde*, opt. *struʒde*, part. *stroʒden*, R² praet. *strœʒd*, part.
stroʒden; R¹ und north. mischen im praet. auch schwache formen ein: R¹
strœʒde, pl. *strœʒdun* (kein *strœʒd), L (praes. *streiʒda, strœʒda, straiʒda*),
praet. *strœʒd* und *struʒde*, 2. sg. *stroʒdes* corr. aus *struʒdes*, Rit. praet.
strœʒd und *strœʒde*, aber L Rit. part. *stroʒden*. In der strengws. prosa
scheint das wort nur schwach vorzukommen: praes. 3. sg. *strĕt(t)* Cura past.,
praet. *strĕdde*, part. *ʒestréd, ʒestréded* (für *streʒde etc.); vereinzelte aus-

nahmen wie praet. *stræʒd* (*stréd*) Beda, part. *stroʒden* Blickl. stammen
aus nichtsächs. vorlagen.

Ueber die 3. sg. *britt, strett* etc. s. § 359, anm. 3.

Anm. 2. *berstan* und *ðerscan* (north. L *ðærsca, ðearsca*, R² *ðarsca*,
Rit. *ðersca*) stehen mit metathese für *brestan* und *ðrescan* (§ 179), welche
letzteren ganz vereinzelt begegnen (*brustæn* R¹, *prescenne* Hpt. gl.)

Anm. 3. *friʒnan* (vgl. got. *fraihnan*) hat *i* als praesensvocal im ws.
und Ps. In den mehrsilbigen formen schwindet im ws. oft das *ʒ* nach
§ 214, 3: *frînan : fræʒn*. Dafür tritt spätws. nach dem muster der I. ablautsreihe *frînan, frán* ein. Doch bleibt meist pl. *frunon*, part. *frunen*, obwol
auch *frinon, frinen* belegt sind. Sonstige ungewöhnlichere nebenformen
sind *frinnan*, praet. *frenʒ*, pl. *frunʒon*, § 185.

In R¹ lautet das verbum *fræʒna* (nur 2. sg. *fræʒnast* belegt), north.
in R² *freʒna, fræʒna*, in L *freʒna, fræʒna, fraiʒna*; dazu in R² praet.
fræʒn, pl. *fruʒnun, -on* und *fræʒnun*, part. *froʒnen*, in L praet. *fræʒn*,
fraiʒn, pl. *fruʒnon* neben schwachem *freʒnde, fræʒn(a)de, fraiʒn(a)de*,
part. *froʒnen.*

Das *n* gehört bei diesem verbum ursprünglich nur dem praes. an (vgl.
got. *frah, frêhum*); ein rest der älteren flexion ist vielleicht in dem praet.
pl. *fruʒan* R¹ Mt. 12,10 und den participialformen *ʒefræʒen, ʒefreʒen, ʒe-
fruʒen* und *ʒefriʒen* erhalten, die aber auch zu *fricʒean* § 391, anm. 8 gehören könnten.

Anm. 4. Für *murnan*, welches allein belegt ist, wird oft falsch
meornan angesetzt. Als praet. findet sich einmal in der poesie schwach
murnde. North. schwache formen s. § 416, anm. 11, e.

Auch *spurnan* (*spornan*) herscht in der älteren sprache durchaus
als einzige praesensformen; erst spät findet sich einmal die neubildung
speornan.

Anm. 5. Vielleicht gehört hierher noch mit unregelmässigem praesensvocal *forcwolstan* verschlucken, von dem nur der inf. belegt ist.

§ 390. Klasse IV. Verba nach der vierten ablautsreihe,
got. *i, a, ê, u*, wests. *e — œ — ǽ — o* (kent. und Ps. *e, e,
é, o*, R¹ und north. *e, œ* (*e*), *é* (R¹ auch *ǽ*), *o*, § 150, 1. 151, 1),
z. b. *beran, bær, bǽron, boren* tragen.

Anm. 1. So gehen noch *cwelan* sterben, *helan* verhehlen, **hwelan*
tosen (?, nur *hwileð* und *hwelunʒ* clangor belegt), *stelan* stehlen, *scieran,
scyran* scheeren (praet. ws. nur *scear*, pl. *scéaron*, in den poetischen texten
auch *scær, scǽron*), *teran* reissen, *ðweran* rühren, und *brecan* brechen;
ferner gehört hierher das isolierte part. praet. *ʒedwolen* irrend; über *ʒe-
ðuren* s. § 385, anm. 1.

Anm. 2. Besondere unregelmässigkeiten zeigen:

| niman nehmen | nóm, nam | nómon, námon | numen |
| cuman kommen | c(w)óm | c(w)ómon | cumen (cymen) |

Von *cuman* lautet der opt. praes. nicht selten mit *i*-umlaut *cyme*, und dies *y* erscheint bisweilen auch noch in andern praesensformen, namentlich im anglischen. Hier gelten folgende flexionen: a) Ps.: part. *cumende*, praes. ind. sg. 1. *cumu*, 2. 3. *cymes*, *-eð*, pl. *cumað*, opt. *cyme*, imp. *cym*, pl. *cumað*; — b) R¹: inf. *cuman*, *-e*, part. *cumende* (*cymende*), praes. ind. sg. 1. *cume*, 2. *cymest* (*cumest*), 3. *cymeþ* (*cymaþ*, *cymþ*), pl. *cumaþ* (*cymeþ*, *-eð*), opt. *cume* (*cyme*), imp. *cym*, *cyme*, *cum*, pl. *cumaþ*, *-eþ* (*cymeþ*); — c) R²: inf. *cuma*, part. *cymende*, praes. ind. sg. 1. *cymo*, 2. 3. *-es*, *-eð* etc., pl. *cumað*, *cymað*, opt. *cyme*, imp. *cym*, pl. *cumeð*, *cymað*, part. praet. *cumen*; — d) L: inf. *cum(m)a*, *-œ*, *cyme*, part. *cym(m)ende* (*cummende*), praes. ind. sg. 1. *cym(m)o*, 2. 3. *cymes*, *-eð* etc., pl. *cymas* (*cumas*) etc., opt. *cymo*, *-e*, imp. *cym(m)*, pl. *cym(m)að* (*cumas*) etc., part. praet. *cum(m)en*; — e) Rit.: das *y* steht durch das ganze praes. durch, bis auf je 1 inf. *ʒicuma*, *cume* (im part. praet. stets *cum[m]en*).

Das praet. lautet altws. in der Cura past. und Or. meist *cóm*, in der Chron. aber gewöhnlich *cuóm*. R² hat nur *cóm*, Ps. nur *cwóm*, R¹ *cwóm* (1 *cóm*), L *cwóm* (1 *cómœ* opt.), Rit. *cvóm* (eine früher oft angesetzte pluralform **cwámon* ist nirgends belegt).

Die länge des *ó* in *c(w)óm* ist wie die des entsprechenden *nóm* von *niman* durch durch doppelschreibung und accente gesichert.

Im angl. herschen die formen *nóm*, pl. *nómun*, *-on* ganz ausschliesslich, im ws. und kent. ist daneben frühzeitig die neubildung *nam*, pl. *námon* eingetreten (schon Ep. *naamun*).

Anm. 3. Vielleicht gehört hierher noch *striman* in-, obniti (nur part. *strĭma[e]ndi* gl.).

Anm. 4. Ein umgelautetes part. praet. (§ 378, 2) findet sich north. in L *ʒibrœcen*.

Anm. 5. Ueber den *u-* und *o/a*-umlaut bei den verbis dieser ablautsreihe s. § 370, über praesensformen mit *œ* s. § 391, anm. 5.

§ 391. Klasse V. 1) Verba nach der fünften ablautsreihe, got. *i, a, ê, i*, wests. *e — œ — ǽ — e* (kent. und Ps. *e, e, é, e*, sonst angl. *e, œ, é, e*, § 150 f.), wie *metan, mæt, mǽton, meten* messen, oder mit grammatischem wechsel wie *cweðan, cwæð, cwǽdon, cweden* (vgl. anm. 4).

Anm. 1. So gehen noch *drepan* erschlagen (part. auch einmal *dropen* Beow. 2981), *screpan* schrapen, *swefan* schlafen, *wefan* weben, *fetan* fallen, *cnedan* kneten, *tredan* treten, *sprecan* (kent. und spätws. auch *specan*) sprechen, *wrecan* verfolgen, *weʒan* tragen; töten, *lesan* sammeln, *ʒenesan* genesen, mit grammatischem wechsel nur das defective *wesan* § 427, 3.

Isoliert steht das part. praet. north. *forrepen* reprehensus L.

Das verbum *pleʒan* spielen, tanzen, bildet nur im praes. starke formen (neben schwachem *pleʒian*); das praet. lautet ws. *pleʒode*, R¹ *pl(e)aʒade*, north. R² *plæʒede*, L *plæʒ(e)de*, *plæʒade*; im Ps. begegnen nur praesensformen von *plæʒian*, *plaʒian*; vgl. § 416, anm. 13, b.

Ganz zweifelhaft ist **hlĕcan* glomerari (3. pl. *hlĕcað* Cura past. 362, 20; dazu part. *tóhlocene* diuulsam Germ. 23, 398?; vgl. swv. *āhlŏcian* eruere, effodere).

Anm. 2. Ws. *ʒiefan* geben, *-ʒietan* erlangen, weichen nur nach massgabe von § 75 von der regelmässigen form ab: praet. *ʒeaf*, *-ʒeat*, pl. *ʒéafon*, *-ʒéaton* (vgl. jedoch auch § 109 nebst anm.), part. *ʒiefen*, *-ʒieten*.

Dem kent. und angl. ist diese diphthongierung nach § 157, 2 fremd bis auf einige north. *ʒeæf*, *-ʒeæt* und *ʒeaf*, *-ʒeat* neben *ʒæf*, *ʒæt* etc. in L. Dagegen hat das Rit. einige *ʒi-* neben *ʒe-*, wie imp. *ʒif*, part. *ʒifende* neben *ʒef* etc., § 157, anm. 2.

Anm. 3. *etan* essen, *fretan* fressen, haben im praet. sg. ws. *ǽt*, *frǽt* (vgl. got. *frêt*) und daher auch R^1 north. *ét(t)* (in R^2 auch ein *ʒieet*) mit langem *é*, § 150, 1 (ein vereinzeltes *æt* in L mag neubildung sein, vgl. anm. 10).

Anm. 4. Ueber den *u-* und *o/a*-umlaut bei den verbis dieser reihe s. § 370; über north. *wæ-* für *we-* s. § 156, 1, über north. *wo-* für *weo-* (speciell in *wosa*, § 427, 3) s. § 156, 2; über das praes. von *cwæða* etc. für ws. *cweðan* s. § 370, anm. 7; das praet. lautet in L *cuæð*, *cuæð* (*cæð*, *cwoð*), pl. *cuédon* (*cuǽdon*), *cuǽdon* u. ä., in Rit. *cvæð* (1 *cvoð*), opt. *cvǽde*.

Anm. 5 (zu § 390—391). Im praes. zeigen einige nördliche texte bisweilen *æ* statt *e*; so hat R^1 einmal *stælan* und oft (wegen des *w*) *cwæðan*, L *hæla*, *bærende*; *spræcca*, 1. sg. *wræco* u. ä.

2) Die verba *ʒefíon*, *ʒeféon* sich freuen, *plíon*, *pléon* wagen, *síon*, *séon* sehen, stehen für *-*fehan*, **plehan*, **seh(w)an* § 113, 2. 373. Ihre tempusbildung ist im ws.:

ʒeféon	ʒefeah	ʒefǽʒon	(ʒefæʒen)
pléon	pleah	—	—
séon	seah	sáwon	sewen, sawen.

Zur flexion der praesentia vgl. § 374.

Anm. 6. Ein inf. **ʒefeohan* existiert nicht; *ʒefæʒen* (north. L *ʒefaʒen*) froh, ist wie *fæʒen* eigentlich adjectivum, vgl. alts. *fagan*. Das praet. lautet merc. Ps. *ʒefǽh*, pl. Ps. R^1 *ʒeféʒun*, *-on* (vgl. anm. 7). Im north. flectiert das verbum meist schwach nach kl. II *ʒiféaʒa*, *-e* R^2 L (so auch 3. sg. *ʒeféaþ* R^1), vgl. § 374, anm. 3 ff. 414, anm. 5, c.

Anm. 7. Statt *sáwon* findet sich in nicht strengws. texten, namentin den poetischen hss., auch *sǽʒon*.

Im angl. lautet das praet. von *séon* nach § 162, 1 *sæh* (in L auch *sæʒh*; vgl. auch anm. 6), dazu pl. *séʒun*, *-on* (in R^1 auch *sáʒun* und *sǽʒun*), opt. *séʒe*, part. Ps. R^2 L *ʒeseʒen*, in L auch *ʒeséen*. Ausserdem wird in R^1 R^2 L auch das adj. *ʒeséne* sichtbar (§ 222, 2; in R^1 auch *ʒeséanæ*, *ʒesǽnæ*) als part. verwendet.

3) Die verba *biddan* bitten, *licʒ(e)an* liegen, *sittan* sitzen, bilden ihr praesens im germ. mit *jo* (vgl. got. *bidjan* und § 372), sind aber sonst regelmässig, praet. *bæd*, *læʒ*, *sæt*, part. *beden*, *leʒen*, *seten*.

Anm. 8.   Auch ðicჳ(e)an nehmen, empfangen, und *fricჳ(e)an* erfahren, haben diese praesensbildung, bilden aber, namentlich in der poesie, praet. *ðeah, ðáh* (daneben, besonders strengws. wie es scheint immer, schwach *ðiჳede, ðiჳde,* § 400, anm. 1, b. 401, anm. 1; von *fricჳean* ist das praet. nicht belegt), part. (*ჳeðeჳen,* wenn *áðeჳen* distentus gl. hierher gehört) und *ჳefriჳen, ჳefruჳen,* vgl. § 389, anm. 3.

Anm. 9.   Die verba auf ჳ haben nach § 57, anm. 3 im ind. pl. praet. ws. *á* neben häufigerem, an die übrigen verba angelehntem *ǽ: láჳon, wáჳon* und *lǽჳon, wǽჳon* (aber nicht *sáჳon neben *sǽჳon,* da die strengws. form *sáwon* lautet, s. oben anm. 7). Im kent. angl. herscht auch hier nach § 150, 1 das allgemeine ausserws. *é, léჳun* etc. (eine ausnahme in R¹ s. anm. 7).

Anm. 10 (zu no. 1—3).   In R¹ und north. findet sich im sg. praet. nicht ganz selten auch *e* für *æ:* R¹ *sprec, bed, sett, cweð,* R² *ჳef, bed,* L *sprec, ჳef, bed, set* etc.   Dies mag, zumal bei R¹, zum teil auf schwankender lautgebung beruhen; für L, das sonst *æ* und *e* genau scheidet, dürfte eher anlehnung an den pl. etc. anzunehmen sein, also *spréc* neben *spræc* etc.

§ 392.   Klasse VI.   1) Verba nach der sechsten ablautsreihe, got. *a, ó, ó, a,* ags. *a — ó — ó — a,* wie *faran, fór, fóron, faren* gehen; über partt. praet. mit *æ, e* s. anm. 7.

Anm. 1.   So gehen noch *alan* wachsen, *calan* frieren (fast nur part. *ofcalen), ჳalan* singen, *ჳrafan* graben, *sc(e)afan* schaben, *hladan* laden, *wadan* gehen, *draჳan* ziehen, *ჳnaჳan* nagen, *acan* schmerzen (nur praesensformen belegt), *bacan* backen, *sacan* streiten, *sc(e)acan* schütteln, *wascan* (*waxan,* § 204, 3) waschen.

Weiter gehören hierher die isolierten partt. *ჳedafen* (selten *ჳedæfen,* vgl. anm. 7) geziemend, *ჳeðracen* geschmückt (?); ferner vielleicht *clawan* sculpere, dessen praet. nicht belegt ist.

Anm. 2.   Praesensbildung mit *n* hat *wæcnan* erwachen, erwachsen, praet. *wóc* (daneben auch schwach *wæcnian* nach kl. II).

Anm. 3.   Die abweichungen von *sc(e)afan* und *sc(e)acan,* praet. *scóc, scéoc,* part. *sc(e)acen* (poet. *scæcen* § 368, anm. 4) erklären sich aus § 76. Die angl. formen sind: Ps. part. *scæcende,* part. praet. *scecen,* R¹ imp. pl. *áscakeþ,* R² imp. pl. *scæcas, ásceacað,* L *sceac(c)a* u. ä. (part. auch *sceæcende),* Rit. part. praet. *ásc(e)æccen.*

Anm. 4.   Altws. *sponan, spanan* verlocken (angl. nicht belegt), praet. *spón* bildet später das praet. *spéon* nach art der reduplicierenden verba, und in jüngeren texten auch ein entsprechendes praes. *spannan,* vgl. § 396.

Anm. 5.   *weaxan* wachsen (spätws. *wexan* nach § 108, 2) ist bereits altws. zur flexion der reduplicierenden verba übergetreten, praet. *wéox,* § 396; ebenso angl. R¹ *wexan* (pl. auch *wæxaþ),* praet. *wéox* und pl. *wéxon* (nach § 165, 1), dagegen hat north. R² *wexa,* L *wæxa* noch das alte praet. *wóx.*

2) Die verba contracta *fléan* schinden, *léan* tadeln, *sléan*
schlagen, *ðwéan* waschen (zu got. *slahan, þwahan*) behandeln
ihr praes. nach den regeln von § 374. Im praet. ist der
grammatische wechsel regelmässig in den sing. vorgedrungen:
daher 1. 3. sg. *flóȝ, lóȝ, slóȝ, ðwóȝ* mit *ȝ* nach dem pl. *lóȝon,*
slóȝon, ðwóȝon (§ 380; die jüngeren formen mit *h*: *lóh, slóh,*
ðwóh sind nach § 214, 1 zu beurteilen; vgl. übrigens auch unten
no. 4 *sceðð̣an — scéod*). Ebenso herscht der grammat. wechsel
im part. praet.: *slæȝen, ðwæȝen, beflaȝen, belaȝen* etc., § 368,
anm. 4 (north. ausnahmen s. unten anm. 7).

3) *stǫndan* stehen, hat das *n* nur im praes. und part.
praet.; also praet. *stód*, pl. *stódon*, aber part. *stonden.*

4) Die verba *swerian* (*sweriȝan, swerȝan* etc.; north. in L
swœri[ȝ]*a* neben *sweri*[ȝ]*a* nach § 156, 1) schwören, *hebban* heben,
hliehhan (*hlihhan, hlyhhan*, angl. *hlæhhan*) lachen, *stæppan*
(Rit. *stepa*) gehen, *scieppan* (*scippan, scyppan*, kent. angl. *scep-*
pan) schaffen, *sceðð̣an* schädigen, bilden ihr praes. mit *j*, das
den übrigen formen fehlt (§ 372): praet. *swór* (im jüng. Or.
einmal *swéor* 89, 25), *hóf, hlóȝ* (später *hlóh*; pl. *hlóȝon*), *stóp*;
scóp (*scéop*), *scód* (*scéod*; vgl. § 76, wegen des *d* oben no. 2),
part. *hafen, hæfen, sceapen* (§ 75, 1), u. s. w.

Anm. 6. *hebban* bildet spätws. auch ein schwaches praet. *hefde* und
part. *hefod.*

Neben *sceðð̣an* findet sich auch neugebildetes *sceaðan* ohne *j*, und
umgekehrt neben *scéod* auch ein schwaches praet. *sceðede*, § 400, anm. 1.

Anm. 7 (zu no. 1. 2. 4). Im part. praet. wechselt nach § 368, anm. 4
der wurzelvocal *a* mit *æ* (bez. *ea* nach *sc*); daneben stehen gelegentlich
formen mit umlauts-*e*, § 378, anm. 1.

Zu *swerian* heisst das part. sehr selten *swaren*, meist *sworen* (so auch
north. R² L Rit. neben umgelautetem *swœren* L); ebenso spätws. *ȝeðwoȝen.*

North. neubildungen sind in L *āhofen* neben *hæfen, hefen* und *ðuæn,*
ðuén, ðwéan neben *ðueȝ(e)n* (§ 378, anm. 2)

2) Reduplicierende verba.

§ 393. Beim reduplicierenden verbum kann man dieselben
vier stämme aufstellen wie beim ablautenden verbum, § 379;
doch sind sie hier nicht so deutlich unterschieden. Es haben
nämlich gleichen vocal der 1. und 4. stamm einer-, und der
2. und 3. stamm andererseits. Der grammatische wechsel

erstreckt sich, wo er überhaupt eintritt, über den 2., 3., und 4. stamm.

Das eigentliche charakteristicum der reduplicierenden verba liegt in der bildung ihres praeteritums.

§ 394. Im ags. sind die ursprünglich zweisilbigen reduplicierten praeterita (§ 351, 1) durchgehends zu einsilbigen formen verkürzt, aber in zwiefacher weise:

1) Nur wenige verba haben in den anglischen dialekten und in der poesie noch formen erhalten, welche auf die alte bildung mit reduplication deutlich zurückweisen:

inf.		praet.	(got.)
hátan	heissen	hĕht	(haíhait)
rǽdan	raten	reord	(raírôþ)
lácan	spielen	leolc	(laílaik)
ondrǽdan	fürchten	ondreord	(—)
lǽtan	lassen	leort	(laílôt)

Zu allen aber bestehen in den übrigen dialekten nebenformen nach no. 2.

Anm. 1. Die quantität des vocals von *hĕht* ist in keiner weise sicher zu ermitteln; man neigt jetzt dazu, das *e* für lang zu halten (vgl. § 396, anm. 1).

Anm. 2. *leolc* ist nur in der poesie belegt. Der strengws. prosa fehlen die reduplicierten formen bis auf ein, auch vielleicht nur eingeschlepptes, *hĕht* in der Chr. Dagegen findet sich *hĕht* neben gemeinws. *hét* auch in sicher südengl. dichtungen, wie dem einleitungsgedicht der Cura past. und den in Kent gearbeiteten Metris. Wo *hĕht* sonst in weniger streng ws. (prosa)texten vorkommt, ist es aus fremden vorlagen übernommen. Der aus dem angl. umgeschriebene Beda hat *hĕht* und *leort* neben *hét* und *lét*, R¹ hat ein *forleortun* neben gewöhnlichem *lét*, aber nur *dreord*, *reord*, *hĕht* (letzteres auch 14, 2, wo Kemble *hĕt* las). Der Ps. und das north. aber kennen hier fast nur die reduplicierten formen: Ps. R² L *hĕht*, *ondreord* (L *ondreard*), *leort*, Rit. *hĕht*, *leort*; ausgenommen ein aus *réddon* corrigiertes *rédon* in L (vgl. § 395, anm. 3).

2) Gewöhnlich führt aber die verkürzung zu völliger verschmelzung der reduplications- und der wurzelsilbe. Das product enthält entweder den vocal *ĕ* oder den diphthongen *ĕo*; z. b.

fón	fangen	fenȝ	fenȝon	fonȝen
hátan	heissen	hét	héton	honȝen
feallan	fallen	fĕoll	fĕollon	feallen
hléapan	springen	hléop	hléopon	hléapen

Anm. 3. Das *ĕo* unterliegt den üblichen dialektischen wandlungen; daher gelegentlicher wechsel mit *ŏo* (bes. kentisch, § 150, anm. 3) und namentlich north. *ĕa* neben *ĕo* in formen wie *fĕall*, *fĕoll* R² L Rit. u. dgl. (§ 150, anm. 1).

§ 395. 1) Den vocal *e* haben einige verba mit ursprünglichem *a* vor *n* + consonant, nämlich *blondan* mischen, praet. *blend*, und *fón* fangen, *hón* hangen (zu got. *fâhan*, *hâhan*, aus germ. *faṇhan*, *haṇhan*, § 67), praet. mit grammatischem wechsel *fenᵹ*, *henᵹ*, part. *fonᵹen*, *honᵹen*.

Anm. 1. Das *e* der praeteritalformen ist im altsächs. und altnord. nachweislich kurz; daher ist auch für das ags. ursprüngliche kürze zu vermuten, wenn auch später nach § 124 dehnung eintreten konnte.

Anm. 2. Vermutlich gehört hierher auch *āblonᵹan* erzürnen, von dem nur ein part. praet. *ābloncᵹne* indignati in L belegt ist.

2) Den vocal *é* haben einige verba die auf einen einfachen consonanten ausgehen. Ihr wurzelvocal ist:

a) ein ws. *ǽ*, kent. angl. *é* (= germ. *ǣ*, got. *ê*): (*on*)*drǽdan* fürchten, *rǽdan* raten, lesen, *lǽtan* lassen, *slǽpan* (*slápan*, § 57, anm. 3) schlafen.

Anm. 3. Ueber *dreord*, *reord*, *leort* neben *dréd*, *réd*, *lét* s. § 394, 1.

rǽdan ist ws. meist schwach, praet. *rǽdde*, part. *ᵹerǽdd* (§ 406), doch kommen auch starke formen vor, wie praet. pl. *rédon* Or., part. *rǽden* Blickl. R¹ hat praet. pl. *reordun*, R² *réddun* = L *réddon* corrigiert in *rédon* (§ 394, anm. 2), dazu part. L *ᵹeréded*.

Ebenso begegnet ws. schwach gebildetes (*on*)*slǽpte*, *ondrǽdde*. In der angl. prosa wird das praet. zu *slǽpan* stets schwach gebildet: Ps. *slépte*, R¹ *slépte* (*slépade*), L *slépde* (pl. auch *slépedon*), Rit. *slépde*.

b) ein *á* (= germ. got. *ai*), dem nicht ein *w* folgt oder vorausgeht (vgl. § 396, 2, c): *hátan* heissen, *lácan* springen, spielen, *scádan* (*scéadan* § 76) scheiden.

Anm. 4. Von *scádan*, *scéadan* lautet das praet. ws. neben *scéd* auch *scéad*. In der angl. prosa sind an praet.-formen nur belegt: R² ind. sg. *tóᵹiscéode* interpretabatur, L desgl. -*scéadade*, -*scéadde* (-*scéadda*), -*scéade*, pl. *scéad*(*ad*)*on*; Rit. 2. sg. *ᵹescéadest*, pl. *tóscéadon*.

§ 396. 1) Den diphthongen *ĕo* erhalten im praet. die verba mit ursprünglichem *a* vor *l* + consonant, sowie einige auf *n* + consonant: a) *feallan* fallen, *weallan* wallen, *fealdan* falten, *healdan* halten, *stealdan* besitzen, *wealdan* walten, *sealtan* salzen, *wealcan* walken (angl. *fallan*, -*a* etc., § 158, 2); — b) *bonnan* bannen, *sponnan* spannen, *ᵹonᵹan* gehen.

Anm. 1. Die quantität des *eo* im praet. ist nicht direct zu ermitteln. Auf grund gewisser entstehungshypothesen nimmt man jedoch jetzt wol meist länge an, trotz der folgenden consonantgruppe (vgl. § 394, anm. 1). Ueber north. *ĕa* für *ĕo* s. § 394, anm. 3. R¹ hat neben formen wie *hĕold*, *fĕollan* (*fĕallan*) auch pl. *fellun*.

Anm. 2. Für *ʒonʒan* heisst es north. in L *ʒeonʒa* (1. sg. ind. praes. auch *ʒiunʒo*, opt. *ʒiunʒa*), im Rit. *ʒeonʒa*, *ʒionʒa*, aber in R² *ʒonʒa* (nur einmal *ʒeonʒa*), § 157, 4. In der poesie begegnet ein inf. *ʒenʒan* Andr. 1097. Das praet. lautet in der poesie *ʒĕonʒ* (im Beow. auch *ʒanʒ*) oder *ʒenʒde*, in der prosa ist es ganz (auch im angl.) durch *éode* etc. § 430 ersetzt.

North. fehlt auch das part. praet. *ʒeʒonʒen*; dafür steht *ʒiéad* R² L.

Anm. 3. Ueber *weaxan* wachsen, s. § 392, anm. 5.

Anm. 4. Die formen *ʒien*(*ʒ*), opt. *ʒenʒe* und *spenn* in der aus dem altsächs. umgeschriebenen Gen. B sind nicht ags.

2) Den diphthongen *éo* erhalten die verba die auf einen einfachen consonanten ausgehen und zum wurzelvocal haben: a) urspr. *au* = ags. *éa*: *béatan* schlagen, *héawan* hauen, *hléapan* springen, *áhnéapan* abpflücken; — b) urspr. *ō* = ags. *ó*: *hrópan* rufen, *hwópan* drohen, *blótan* opfern, *wrótan* aufwühlen (praet. unbelegt), *flócan* plaudere (desgl.), *swóʒan* rauschen (desgl.), *swóʒan* überwältigen, ersticken (dazu part. *ʒeswóʒen* ohnmächtig), und mit *i*-umlaut (praesensbildung mit *jo*, § 372) *wépan* weinen, und vielleicht *hwésan (oder **hwǽsan?*) keuchen; ferner mit der lautfolge *ów*: *blówan* blühen, *flówan* fliessen, *ʒrówan* wachsen, *hlówan* brüllen, *rówan* rudern, *spówan* gedeihen; — c) *á* mit folgendem oder vorausgehendem *w*: *bláwan* blasen, *cnáwan* kennen, *cráwan* krähen, *máwan* mähen, *sáwan* säen, *ðráwan* drehen, *wáwan* wehen, bez. *swápan* wegfegen.

Anm. 5. Zu a) gehören noch die isolierten participia *éacen* gross (vgl. got. *aukan* vermehren) und *éaden* geboren; zu a) oder b) die isolierten praeterita *ʒenéop* Ex. 475 und *onréod* inbuit Corp. 1129; zu c) vielleicht *ráwan* spalten (part. praes. *ʒerǎwende*, part. praet. *ʒerǎwen*). Ueber *snówan*, *cnódan* und north. *spéofta, *spéafta s. § 384, anm. 4 f.

Anm. 6. Zu dem starken praes. *búan* wohnen, part. praet. *ʒebún*, *ʒebúen* (selten *býn*) fehlt ein starkes praet.; es wird durch *búde*, *búede*, north. *bý*(*e*)*de*, zu dem schwachen *bú*(*w*)*ian*, north. *býa*, § 416, anm. 11, d, ersetzt.

Anm. 7. Neben *sáwan* begegnet in der Cura past. hs. H auch umgelautetes *sǽwàn*.

Anm. 8. Bei den verbis auf *w* findet sich im praet. bisweilen *é* statt *éo*: altws. Cura past. *oncnéw, -on*, opt. *séwe*, Or. *oncnéwen*; merc. Ps. *oncnéw, -e, -un*, R¹ *héu*, 2. sg. *séwe*, pl. *bléwan*. Die north. formen dieser praett. sind: R² *bléow, séow*, pl. *oncnéowun*, aber 2. sg. *sǽwe*; L *bléuu, bléou*, pl. *bléwun, bléuun*; *oncnéw, -cnéu*; *-cnǽw, -cnéawu*, pl. *-cnéawn, -cnéaun*, verkürzt. (§ 360, anm. 3) *oncnéu, -cnǽu, -cnéaw ʒie*, opt. *cnéwa*; opt. *créawa*; pl. *hréwun, hrǽuun, hrówun*; ind. *séaw(u)*, pl. *séawun* (und schwach *séawde, sǽude*); opt. *spéua*; Rit. 2. sg. *ǽbléawe*, 3. sg. *ʒiflǽve* (?).

Im pl. praet. kann contraction eintreten: poet. *réon* aus *réowun* von *rówan*.

Anm. 9. Von north. *wǽpa* = ws. *wépan* lautet das praet. in R² regelmässig *wéop*, in L *wéop, wéap, wéæp, wǽap, wǽp* (und schwach *wǽpde*).

§ 397. Das part. praet. hat ursprünglich den vocal des praesens (doch steht *áswopen* R¹ von *swápan* § 396, 2, c). Grammatischer wechsel (und demgemäss anderer vocal) findet sich nur in den partt. *fonʒen* und *honʒen* zu *fón, hón* § 395, 1.

Anm. Neben L *honʒen* heisst das part. dieser verba north. in R² L Rit. *fǽn* und *hǽn* (dazu poet. *-fén*, vgl. § 378, anm. 2; aber Ps. nur *fonʒen*, R¹ *fonʒen, honʒen*).

3. Die schwachen verba.

§ 398. Die schwachen verba sind meist abgeleitete verba. Nach der verschiedenheit ihrer ableitungssuffixe unterscheidet man drei klassen:

1) die *jo-* (oder *ja-*) klasse. Ihr ursprüngliches praesenssuffix war indog. *-e-jo-*; daraus entwickelte sich im germ. über *-ija-* nach kurzer wurzelsilbe *-ja-*, nach langer wurzelsilbe *-ia-*, § 45, 8;

2) die *ō*-klasse. Ihr praesenssuffix war im germ. *-ō-ja-* wechselnd mit *-ō-*, § 411;

3) die *ē*-klasse (auch *ai*-klasse genannt). Diese war im indog. durch den stammausgang *-ē-* charakterisiert. Ueber die verschiedenen unterabteilungen dieser klasse s. § 415.

§ 399. An stämmen sind bei der schwachen conjugation nur drei zu unterscheiden: der des praesens, der des praeteritums und der des part. praeteriti. Die beiden letzteren berühren sich sehr häufig in ihrer form.

1) Erste schwache conjugation.

A) Ursprünglich kurzsilbige verba.

§ 400. Alle formen der regelmässigen verba dieser klasse haben *i*-umlaut.

Im übrigen zerfallen die verba dieser klasse (einschliesslich auch der zugehörigen unregelmässigen verba von § 407) nach der verschiedenen bildungsweise der formen ihres **praesensstammes** in zwei hauptabteilungen:

1) Verba auf *r*, wie *nerian* (*nerȝan, neriȝan, neriȝean* etc., § 175, 2) retten. Diese behalten in allen praesensformen den einfachen consonanten am ende der wurzelsilbe (§ 227) und abgesehen von der 2. 3. sg. ind. und der 2. sg. imp. (s. § 410) auch das ableitende *j* (§ 175, 3).

2) Verba auf andere consonanten, wie *fremman* vollbringen, *settan* setzen, etc. Diese verdoppeln ursprünglich in allen praesensformen ausser der 2. 3. sg. ind. und der 2. sg. imp. nach § 227 den wurzelauslautenden consonanten, werden dadurch in diesen formen langsilbig und verlieren somit das ableitende *j* (§ 175, 3).

Diese beiden gruppen sind namentlich im angl. noch wol von einander geschieden; im südenglischen wird dagegen das alte verhältnis vielfach durch ausgleichungen und neubildungen gestört.

Anm. 1. Wie *nerian* gehen z. b. noch *berian* schlagen, *derian* schaden, *erian* pflügen, *ferian* gehen, *herian* preisen, *āmerian* läutern, *scierian* anordnen, *ā-, bescierian* trennen, berauben (§ 75, 1), *werian* wehren, *ȝewerian* bekleiden; eindämmen, *byrian* gebühren, *onhyrian* eifern, *snyrian* eilen, *spyrian* fragen, *styrian* stören, und mit ausfall von *h* auch spätws. *þwyrian* adversari (für altws. **ðwierian*, aus **þwiorhjan*, § 218, anm. 2).

Wie *fremman* bilden ihr praesens ursprünglich:

a) die verba auf die nasale *m*, *n* und die liquida *l*, z. b. *ȝremman* erzürnen, *temman* zähmen, *trymman* befestigen; *ðennan* dehnen, *wennan* gewöhnen, *clynnan* klingen, *dynnan* tosen, *hlynnan* brüllen; **hellan* verbergen, **āsciellan* schälen, **syllan* suhlen; dazu *cwellan* etc. § 407, 1.

b) die verba auf die spiranten *s*, *þ*, *f*, *ȝ* (verdoppelt *bb*, *cȝ* nach § 190. 216, 1), wie *cnyssan* stossen, *hrissan* zittern; *sceððan* schädigen (auch stark, § 392, 4), *sweððan* umwinden, *wreððan* stützen; *āswebban* einschläfern, töten; *wecȝ(e)an* bewegen, *ðicȝ(e)an* empfangen (auch stark, § 391, anm. 8); *lecȝ(e)an* legen, *bycȝ(e)an* kaufen, § 407, anm. 7. 8.

c) die verba auf die verschlusslaute *d, t* und *c*, wie *hreddan* entreissen, retten, *ātreddan* erforschen; *cnyttan* knüpfen, *hwettan* antreiben, *lettan* hemmen, *settan* setzen, *spryttan* spriessen (?); dazu *cwecc(e)an* etc. § 407, anm. 9.

Anm. 2. Im Ps. ist der unterschied der beiden bildungsweisen noch ganz scharf durchgeführt, ebenso in R¹ und north., wenn man von gelegentlichem fehlen des *j* nach *r* in der ersten gruppe absieht (vgl. § 409, anm. 1; schwanken zwischen einfachem und doppeltem consonanten bei verbis der zweiten gruppe, § 410, anm. 3, gehört nicht hierher). Auch die poesie zeigt das alte system gut erhalten.

Im wests. halten die unregelmässigen verba von § 407 im praesens im allgemeinen den typus der zweiten gruppe fest (vgl. jedoch § 407, anm. 2). Bei den regelmässigen verbis wird dagegen schon sehr frühe die bildungsweise der ersten gruppe sei es teilweise, sei es ganz auf diejenigen verba der zweiten übertragen, welche auf einen dauerlaut (nasal, liquida *l*, spirans) ausgehen. So hat bereits die Cura past. neben *fremman, trymman, cnyssan* bereits einige formen wie *trymian*, und ausschliesslich solche wie *ȝremian, lemian, temian, behelian, sylian, wreðian*; dazu Or. *ðenian*, spätws. *beðian* baden, *āscylian, hrisian*, etc. Bei den meisten verbis auf *m, n, l, s, þ* sind also formen mit gemination strengws. überhaupt nicht belegt, nur *fremman, trymman, cnyssan* halten sich auch spätws. (daneben *fremian, trymian*).

Die verba mit *bb* und *cȝ* unterliegen dieser neubildung seltener: *swefian, heȝian* statt *swebban*, *hecȝan einhegen.

Anm. 3. In jüngeren wests. texten treten sodann sämmtliche verba auf *-ian* welche ursprünglich der *jo*-klasse angehören, vielfach in die flexion der II. schwachen klasse über: *nerian*, praes. *nerie, nerast, nerað*; *neriað*, praet. *nerode* wie *fremian*, praes. *fremie, fremast, fremað*; *fremiað*, praet. *fremode* etc.

Anm. 4. Seltener werden einzelne dieser verba, namentlich *fremman* und *trymman*, wie ursprünglich langsilbige behandelt und formen wie part. *ȝefremmed, ȝetrymmed*, praet. *trymde* gebildet.

§ 401. Bildung des praeteritums. 1) Die verba auf die verschlusslaute *d* und *t* haben im praet. die endung *-de* bez. *-te* ohne mittelvocal: *hreddan — hredde, lettan — lette* (vgl. § 402, 2). Ueber *settan* und die verba auf *c* s. § 407, 1.

2) Die verba welche auf dauerlaute (liquidae, nasale, spiranten) ausgehen, haben im praet. die endung *-ede* (aus altem *-idæ*, § 44, anm. 1) und einfachen (nicht geminierten) consonanten am wurzelende, z. b. *nerian — nerede, fremman* (*fremian*) *— fremede*, (*ðennan*), *ðenian — ðenede, cnyssan — cnysede, sceððan — sceðede, swebban — swefede* § 190, *wecȝ(e)an — weȝede* u. s. w. (über *lecȝean* legen, s. § 407, 1 nebst anm. 7).

Anm. 1. Gelegentlich finden sich auch hier formen ohne mittelvocal, wie *weȝde, ðiȝde, cnysde*, north. L *sceðde, bisueððun*; später erst wird auch wol der doppelconsonant des praes. in's praet. übertragen, *cnyssede* u. ä.

Anm. 2. Spätws. tritt für das *-ede* im praet. sehr gewöhnlich *-ode* ein, s. § 400, anm. 3.

§ 402. Bildung des participium praeteriti. 1) Die endung ist im allgemeinen altags. *-id*, gemeinags. *-ed* (§ 44, anm. 1); der endconsonant der wurzel erscheint wie im praet. einfach: *ȝenered, ȝefremed, ȝecnysed, ȝeswefed* u. s. w.

In den flectierten formen bleibt der vocal der endung nach § 144, a erhalten, *ȝeneredes* etc.

2) Besondere abweichungen zeigen die verba auf *d* und *t* (vgl. § 401, 1). Im angl. haben sie die volle endung *-ed* in der unflectierten form und vor consonantisch anlautender casusendung, dagegen synkope des endungsvocals in den flectierten formen mit vocalisch anlautender endung, z. b. *ȝeseted* (zu *settan* § 407, 1), flectiert *ȝesettum* etc., aber wieder *ȝesetedne, ȝesetedre, -ra*. Das strengws. führt dagegen die synkope ganz durch: *āhred(d), ȝelet(t), ȝeset(t)*, flectiert *ȝesettum* wie *ȝesetne, ȝesetre, -ra* u. dgl.; weniger streng ws. texte schwanken.

B) Ursprünglich langsilbige und mehrsilbige verba.

§ 403. Bildung des praesensstammes. Der ganze praesensstamm der zweisilbigen verba hat *i*-umlaut, wo der wurzelvocal dessen fähig ist (über formen mit *io, éo* neben *ie* etc. s. § 100, 2 nebst anm. 2). Das ableitende *j* fällt aus, ausser nach vocalen und diphthongen, wie in *cieȝan* rufen, § 408, anm. 13.

Beispiele für diese sehr stark vertretene klasse s. § 404 ff.

Anm. 1. Unter den mehrsilbigen verbis sind besonders die ableitungen auf *-ettan* (got. *-atjan*) zu bemerken, wie *bliccettan* blitzen, *líc(c)ettan* heucheln, *roccettan* rülpsen, *sporettan* spornen, ebenso die aus compositis verstümmelten *ondettan* bekennen, *ónettan* anreizen, *órettan* kämpfen, § 43, anm. 4. Diese haben nach § 227 gemination des ableitenden *t*, doch tritt dafür hier, nach schwacher silbe, auch oft einfaches *t* ein, § 231, 4.

§ 404. Bildung des praeteritums. Die endung des praet. ist *-de*, welches im allgemeinen unmittelbar an die wurzelsilbe antritt; der *i*-umlaut bleibt; z. b. *hieran — hierde, déman — démde*.

Anm. 1. Das -*de* ist durch synkope (nach § 144) aus vorhistorischem -*ida* entstanden. Diese synkope ist im ganzen sehr fest, nur schwanken die verba auf muta + liquida oder nasal stark, welche im praet. bei regelmässiger bildung silbische liquida oder silbischen nasal entwickeln würden (vgl. § 358, anm. 4).

a) *nemnan* nennen, hat *nemde* mit ausfall des *n* (so auch R¹ L); danében spätws. *nemnode* (vgl. § 406, anm. 4).

b) Auch bei den übrigen verbis mit kurzem vocal vor cons. + *l, m, n* ist synkope altws. die regel: *eʒlan* quälen, *seʒlan, siʒlan* segeln, *þrysman* ersticken, praet. *eʒlde, seʒlde, siʒlde, þrysmde* (vgl. poet. *oferfœðmde* von *oferfœðman* umgreifen); ebenso später oft *efnan, rœfnan* ausführen; daneben begegnen aber auch jüngere formen auf -*ede*, wie *bytlede* Cura past. zu *bytlan* bauen, *siʒelede* Chr., spätws. *efnede*. Angl. sind hier nur Ps. *ārefnde* neben *ārefnede*, L *ʒenœʒlede* und *ʒeefnade* belegt.

c) Bei den verbis mit langvocalischer oder geschlossener silbe vor der consonantgruppe steht altws. regelrecht -*ede*: *symblan* schmausen, *wrixlan* wechseln, *fréfran* trösten, *hynʒran* hungern, *timbran* zimmern, *ofersylefran* versilbern, praet. *symblede, wrixlede, fréfrede, hynʒrede, timbrede, ofersylefrede* (ausnahme ein *wyrsmde* Cura past. hs. C gegen *wyrmsde* hs. H zu *wyrsman, wyrmsan* eitern, § 185); vgl. ferner verba wie *dieʒlan* verheimlichen, *biecnan* ein zeichen geben, *forʒlendran* verschlingen, etc. Später wird dies -*ede* wie bei den kurzsilbigen (§ 400, anm. 3. 401, anm. 2) sehr gewöhnlich durch -*ode* ersetzt, und demgemäss treten dann auch praesensformen nach kl. II, wie *fréfrian, hynʒrian* (*hinʒrian* § 31, anm.), *timbrian* etc. auf.

Von den angl. texten hat der Ps. hier stets -*ade* nach kl. II, *deʒlade, bécnade, hynʒrade, timbrade,* R¹ mehrere *hynʒrade* neben einem *hynʒrede*; R² *deʒlde, deʒelde* neben *bécnede, hyncrede* und *bécnade, frœfrade, timbrade,* L *deʒelde, hyn(c)ʒerde, timberde* neben *frœfrede, léðrede* (zu *léðra* salben) und *bécnade, timbrade, ʒlendrade* (einiges andere ist zweifelhaft). Die formen mit -*a*- sind aber wenigstens im Ps. streng auf das praet. (bez. part. praet., § 406, anm. 5) beschränkt und haben keinerlei praesensflexion nach kl. II zur seite.

Anm. 2. Ueber north. formen auf -*ede*, -*ade* bei gewöhnlichen langsilbigen verbis s. § 406, anm. 6.

§ 405. Durch das zusammentreffen des *d* der endung mit dem endconsonanten der wurzelsilbe ergeben sich bei gewissen verbis kleine variationen der normalform, die sich übrigens nach den allgemeinen lautgesetzen leicht begreifen. Folgendes ist etwa zu beachten:

1) Ohne besondere veränderung lassen die endung -*de* antreten: a) die verba auf einfache liquida oder einfachen

nasal (ausser in der folge muta + liquida oder nasal, s. § 404, anm. 1), z. b. *hieran* — *hierde* hören, *dǽlan* — *dǽlde* teilen, *déman* — *démde* richten, *cwielman* — *cwielmde* töten, *wénan* — *wénde* erwarten, *bœrnan* — *bœrnde* verbrennen, etc.; — b) die verba auf die einfachen spiranten *f*, *s*, die auf *ȝ* (einschliesslich *nȝ*) und die auf vocal oder diphthong + *d*, wie *ȝeliefan* — *ȝeliefde* glauben, *liesan* — *liesde* lösen, *féȝan* — *féȝde* fügen, *fylȝan* — *fylȝde* folgen, *lǽdan* — *lǽdde* leiten, etc. Ueber die verba auf *w* s. § 408, 2.

Anm. 1. Zu a) gehören z. b. noch *féran* gehen, *lǽran* lehren, *stieran* steuern; *ǽlan* in brand stecken, *célan* kühlen, *hǽlan* heilen, *tǽlan* verfolgen; *flíeman* in die flucht schlagen, *ȝieman* sich kümmern, *hǽman* heiraten, *benǽman* berauben, *rýman* räumen; *hienan* höhnen, *lǽnan* belehnen, *mǽnan* klagen, *strienan* erwerben, *œrnan* sprengen, *ȝiernan* begehren, *wiernan* verweigern, und viele andere.

Verba auf *f* und *s* sind z. b. noch *drǽfan* treiben, *dréfan* trüben, *lǽfan* übrig lassen, *ālíefan* erlauben, *hwierfan* umwenden, *oftyrfan* steinigen; *beclýsan* umschliessen, *tócwýsan* erschüttern, *fýsan* eilen, *ȝlésan* glossieren, *rǽsan* stürmen, *tǽsan* zupfen, u. a.

Anm. 3. Die verba auf vocal oder diphthong + *ȝ*, wie *bieȝ(e)an* beugen, *drýȝ(e)an* trocknen, *féȝ(e)an* fügen, *āflieȝ(e)an* verfolgen, *forȝǽȝ(e)an* übertreten, *swéȝ(e)an* tönen, *wréȝ(e)an* rügen, etc. (über die verba mit *ȝ* aus germ. *j*, wie *cieȝ(e)an* etc., s. § 408, 3) und die auf *nȝ* (bez. *ncȝ*, § 215 nebst anm. 2) wie *ȝlenȝ(e)an* schmücken, *hrinȝ(e)an* klingen, *ymbhrinȝ(e)an* umringen, *lenȝ(e)an* verlängern, *menȝ(e)an* mengen, *sprenȝ(e)an* sprengen, *tenȝ(e)an* hineilen, sind regelmässig.

Bei den verbis auf *l*, *r* + *ȝ* wie *fylȝ(e)an* folgen, *ǽbylȝ(e)an* erzürnen, *bierȝ(e)an* kosten, *byrȝ(e)an* begraben, *āwierȝ(e)an* verfluchen, *āwyrȝ(e)an* erwürgen, etc. sind die secundären veränderungen des *ȝ* von § 213, anm. 214, 5 nebst anm. 11 zu beachten, die in erster linie das praet. (und part. praet.), dann aber auch das praes. betreffen. Daher formen wie north. praet. R[u] *fyliȝde*, *āweriȝdun* neben *fylȝde*, *bibyrȝdun*, L *beriȝde* (*biriȝde*), *āwæriȝde*, *āwᵘriȝde* (*fyleȝdon?*) neben *byrȝde*, *fylȝ(e)de*, oder spätws. praet. *fyliȝde*, *-wyriȝde* bez. *fylide*, *-wyride* und *fili(ȝ)de*, *-wiri(ȝ)de* (§ 31, anm.), und dazu praes. inf. *fyli(ȝ)an*, *-wyri(ȝ)an* bez. *fili(ȝ)an*, *-wiri(ȝ)an*, u. dgl.

Anm. 3. Auch die verba auf *d* (die mit vorausgehendem consonanten s. unten no. 5), wie *bǽdan* zwingen, *brǽdan* braten, *brǽdan* breiten, *cídan* streiten, schelten, *diedan* töten, *éaðmédan* demütigen, *fédan* nähren, gebären, *ȝefrédan* wahrnehmen, *hlýdan* lärmen, rufen, *hýdan* verbergen, *níedan* nötigen, *rǽdan* raten, lesen (vgl. auch § 395, anm. 3), *scrýdan* kleiden, *sprǽdan* ausbreiten, *ȝeðiedan* verbinden, *underðiedan* unterwerfen, *wǽdan* kleiden, *wédan* wüten, etc., sind meist ganz regelmässig, nur wird im north. das *dd* des praet. öfter vereinfacht, wie L *fǽde*, *lǽde*, pl. *brǽdon*, *cídon*, etc., Rit. 2. sg. *ȝilǽdest*, für *fǽdde* etc.

Anm. 4. Von verbis die auf die media *b* ausgehen (vgl. § 190) scheint nur *cemban* kämmen, mit dem praet. *cemde* belegt zu sein.

2) Die verba auf *þ, ð* sind in der älteren sprache regelmässig, verwandeln aber spätws. das *ðd* des praet. meist in *dd*: *cýðan* künden, praet. *cýðde*, spätws. *cýdde* (vgl. auch § 406, anm. 3).

Anm. 5. Hierher gehören z. b. noch *clǽðan* kleiden, *cwiðan* klagen, *āhýðan* zerstören, *lǽðan* anklagen, hassen, *néðan* wagen, *séðan* versichern, *oferswiðan* überwinden (vgl. § 382, anm. 2), *wrǽðan* zürnen, u. a.

3) Geminaten werden vereinfacht, z. b. *fyllan* — *fylde* füllen, *āfierran* — *āfierde* entfernen, *wemman* — *wemde* beflecken, *cennan* — *cende* erzeugen, *cyssan* — *cyste* (das *t* nach no. 4, b) küssen.

Anm. 6. So gehen z. b. noch *fiellan* fällen, *spillan* verderben, *stillan* stillen, *cierran* kehren, *mierran* stören, north. *cnylla* klopfen, *forestemma* hindern, u. a. (vgl. auch no. 4, b).

Anm. 7. Gelegentlich wird die geminata in etymologischer schreibung auch im praet. festgehalten, zumal north., wie L *fyllde*, *cerrde* u. dgl.

4) Die endung *-de* wird zu *-te* a) nach den tenues *p, t, c*, wie in *cépan* — *cépte* halten, *yppan* — *ypte* (zu no. 3) zeigen; *grétan* — *grétte* grüssen; *scenc(e)an* — *scencte* schenken, *wýsc(e)an* — *wýscte* wünschen, *iec(e)an* — *iecte* vermehren (über *ihte* etc. s. § 407, 2); — b) nach den stimmlosen doppelspiranten *ff* und *ss*, welche ihrerseits nach no. 3 vereinfacht werden, wie *pyffan* — *pyfte* puffen, *cyssan* — *cyste* küssen; — c) nach *x*, wie in *liexan* — *liexte* leuchten.

Anm. 8. So gehen z. b. noch mit *p*: *ciepan* kaufen, *bediepan* eintauchen, *drýpan* befeuchten, *hiepan* häufen, *beriepan* rauben, *āstiepan* berauben; *clyppan* umfassen, *rempan* eilen, *scierpan* schärfen, *scierpan* bekleiden, *wierpan* sich werfen, *cyspan* fesseln, *hyspan* spotten, etc.; mit *t* nach vocal (cons. + *t* s. no. 5): *bǽtan* aufzäumen, *bétan* büssen, *fǽtan* schmücken, *hǽtan* heizen, *hwítan* weissen, *métan* begegnen, *nǽtan* quälen, *rétan* erfreuen, *spǽtan* speien, *swǽtan* schwitzen, *wǽtan* benetzen, etc.; mit *c* nach consonanten (vocal + *c* s. § 407, 1. 2): *ādwǽsc(e)an* auslöschen, *ofðrysc(e)an* unterdrücken; *ācwenc(e)an* auslöschen, *drenc(e)an* tränken, *scenc(e)an* einschenken, *screnc(e)an* täuschen, *senc(e)an* senken, *tóstenc(e)an* zerstreuen, *swenc(e)an* plagen, *wlenc(e)an* stolz machen, etc.

wýsc(e)an (spätws. *wiscan* nach § 31, anm.) verliert spätws. im praet. bisweilen sein *c*: *wiste* neben *wiscte, wýscte*. Aehnlich steht in Ps. *gehnistun* für *gehnisctun* zu *hniscan* mollire.

Anm. 9. Hierher gehören auch die verba auf *-ettan*, § 403, anm., wie *ondettan*, praet. *ondette* u. s. w.

Anm. 10. Ganz vereinzelt erscheint spätws. in etymologischer schreibung hier auch -de, wie ādwescdon Ælfr. Can., hyspdun Matth. 27, 44; vgl. auch ʒiʒiscdœ oppilavit Ep., refsde Corp. zu refsan tadeln.

Etwas häufiger ist diese schreibung north. in L, zumal bei den neugebildeten schwachen praeteritis zu starken verbis, § 381, anm., wie slépde, ʒrippde, ʒrœppde zu slépa, ʒrípa; aber auch formen wie écde, screncde, ʒenéolécde, ʒemœtd(o)n, und solche wie styltde, styldte, stylde, ʒescyrdte, bœdte, pl. ʒefœsdon von stylta erstaunen, zaudern, scyrta kürzen, bœta büssen, fœsta fasten (zu no. 5); so auch Rit. slépde, ʒidrencde (dazu flectiertes part. pl. ʒisvœncdo).

5) Nach consonant + d, t geht das d der endung ganz verloren: sendan — sende senden, ʒyrdan — ʒyrde gürten, éhtan — éhte verfolgen, fœstan — fœste fasten, ðyrstan — ðyrste dürsten etc.

Anm. 11. Hierher gehören z. b. noch: a) mit consonant + d: byldan bauen, -ʒyldan vergolden, onhieldan neigen, behyldan schinden, ieldan aufschieben, scildan schützen, spildan verderben, wieldan walten; onbryrdan anstacheln, ʒyrdan gürten, hierdan härten, āwierdan verderben, ondwierdan antworten, ʒeendebyrdan einordnen; bendan beugen, blendan blenden, lendan landen, pyndan eindämmen, sciendan schänden, tendan zünden, wendan wenden, u. s. w.; — b) mit consonant + t: āʒyltan sich schuldig machen, sieltan salzen, wieltan wälzen, hiertan ermutigen, scyrtan kürzen, myntan denken; ācrœftan ersinnen, ʒedœftan ordnen, hœftan heften; āfyrhtan erschrecken, hyhtan hoffen, liehtan leuchten; erleichtern, ryhtan richten, tyhtan ermahnen; efstan eilen, fylstan helfen, hierstan rösten, hlœstan belasten, hlystan lauschen, hyrstan rüsten, lœstan leisten, lystan lüsten, mœstan mästen, nistan nisten, restan ruhen, forðrœstan zermalmen, āwéstan verwüsten, u. s. w.

Anm. 12. Nur selten schreibt man etymologisch formen wie beʒyrdde, fœstte, hyhtte u. dgl.

§ 406. Die endung des participium praeteriti ist wie bei den kurzsilbigen verbis (§ 402) gemeinags. -ed aus altags. -id (§ 44), daher auch hier der i-umlaut durchgeht. Für die anfügung der endung gelten dieselben regeln wie für die kurzsilbigen (§ 402), soweit die unflectierte form und die casus mit consonantisch anlautender endung in betracht kommen. Vor vocalisch anlautender casusendung wird dagegen bei den langsilbigen von hause aus stets synkopiert; dabei kommen wieder die regeln von § 405 zur anwendung.

Beispiele für die verschiedenen bildungstypen sind: inf. hieran, part. unflectiert ʒehiered, acc. sg. m. ʒehieredne etc., pl. ʒehierde, § 405, 1; cýðan — ʒecýðed, ʒecýðedne — ʒecýðe,

später ʒecýdde, § 405, 2; *fyllan* — ʒefylled, ʒefylledne — ʒefylde,
§ 405, 3; *scenc(e)an* — ʒescenced, ʒescencedne — ʒescencte § 405, 4;
ʒrétan — ʒeʒrét(ed), ʒeʒrét(ed)ne — ʒeʒrétte § 405, 4 nebst
§ 402, 2; *sendan* — ʒesend(ed), ʒesend(ed)ne — ʒesende; *éhtan*
— ʒeéht(ed), ʒeéht(ed)ne — ʒeéhte § 405, 5 nebst § 402, 2;
nemnan — ʒenemned, ʒenemnedne — ʒenemde; *timbran* — ʒe-
timbred (-od), ʒetimbredne (-odne) — ʒetimbrede (-ode), § 404,
anm. 1.

Anm. 1. Die regeln über die synkope in den flectierten casus sind
im Ps. noch streng eingehalten. Dagegen wird bereits altws. bisweilen,
sehr gewöhnlich aber in späteren texten die volle form *-ed* auf alle casusformen ausgedehnt, wie ʒedémede, ʒefyllede u. dgl. So auch bisweilen in
R[1] (ʒecerrede, ābœlʒede, āwœrʒede) und oft in R[2] L Rit.

Anm. 2. Umgekehrt zeigen verba auf *p* und *nc* spätws. bisweilen
verkürzung in der unflectierten form, wie beclypt, ʒescyrt, ʒeypt, ādrenct,
forscrenct, besenct, ʒeswenct, selten andere, z. b. forswœld, ʒebœrnd, ymb-
tyrnd, ʒeʒlenʒd, ʒeœbyliʒd (über ʒecýdd s. anm. 4); so auch R[1] einmal
forlœrd.

Anm. 3. Bei den verbis auf *d*, *t* gelten die synkopierungsregeln
von § 402, 2; es heisst also strengws. ʒelœd(d), ʒeʒyrd, ʒesend, acc. ʒelœdne,
ʒeʒyrdne, ʒesendne etc. Doch finden sich auch altws. einige neugebildete
vollformen auf *-ed*, wie ʒelœded, beʒyrded, ʒesended, ʒehœfted, āwésted und
namentlich öfter underðieded, ʒesciended. Im späteren strengws. sind solche
formen (wie oferbrœded, āwended Ælfr. Hom.) äusserst selten, während
weniger streng ws. texte auch hier schwanken.

Spätws. schliesst sich hier an die form ʒecýd(d) für älteres ʒecýðed,
die wol nach dem muster von flectierten formen wie pl. ʒecýdde aus ʒe-
cýðde (vgl. § 405, 2) neu gebildet ist.

Von den anglischen texten hat R[1] ein paar isolierte kurzformen in
befest und ʒesett (zu § 407, anm. 6) neben -lœded, -hýded, sended, -mœted,
-wœsted, -seted u. ä.

Anm. 4. Bei *nemnan* (vgl. § 404, anm. 1, a) bleibt im falle der
synkope des *n* nur ganz ausnahmsweise erhalten: pl. ʒenemnde Chr. Auch
finden sich formen wie ʒenemnede Cura past. Or.

Anm. 5. Bei den verbis auf muta + liquida oder nasal (vgl. § 404,
anm. 1, b und c) treten anglisch auch im part. *a*-formen auf, wie Ps. ʒedéʒlad, pl. ʒewetrade neben frœfred, timbred, L ʒedéʒlad neben déʒled,
timbred etc. (R[1] nur āfrœfred, wépned, R[2] ʒidéʒled, ʒifrœfred, wépned-).

Anm. 6. In R[1] und namentlich north. in L Rit. dehnen sich diese
a auch auf andere verba aus; so stehen in R[1] ʒefyllad, nemnad, wœrʒad
neben vielen *-ed*, north. besonders bei verbis auf *d*, *t*, wie L ʒesendad,
āwœndad, ʒewœdad; ʒebœtad, ʒemœtad, -fœstad, œhtad, ʒeondetad, Rit. ʒi-
scildad, ʒiwœndad, unāscendado; ʒirihtad, ʒiinlihtad, ʒehœftad, ʒibœtadum,

aber auch L ȝehwerfad, ȝecœlcad, ȝedrencȝad, ȝeliorad, Rit. ālēsad, ȝimen-ȝadum u. s. w.

Anm. 7. Bei den verbis auf d, t finden sich north. an stelle von flectierten casusformen mit synkope bisweilen auch formen mit n, die an die starken verba angelehnt sind: L ymbyrdeno, ȝesendeno etc., ȝewœlteno, ȝeseteno (insetna, onsetenum etc.), Rit. āwœrdeno, insetenum (R² hat nur zwei onsetnum zu setta § 407, anm. 6). Im Rit. geht diese neubildung noch weiter: ȝiléfeno, ȝiléseno für ȝiléfdo, ȝilésdo. Vgl. auch § 414, anm. 4.

C) Unregelmässige verba.

§ 407. 1) Einige verba liessen bereits im westgerm. oder selbst im germ. die endung des praet. und part. praet. ohne den mittelvocal -i- direct an die wurzelsilbe antreten. In folge davon haben diese formen im ags. in der regel auch keinen i-umlaut; doch ist dieser bei einigen verbis nach dem muster der regelmässigen verba der jo-klasse secundär eingeführt worden, an die auch sonst einige anlehnungen stattgefunden haben (namentlich north.).

Die hierher fallenden verba auf guttural nehmen, sofern ihre bildung ohne mittelvocal bis in's germ. zurückgeht, nach § 232 im praet. und part. praet. ht an; wurzelhafter nasal fällt vor diesem ht nach § 45, 5. 186, 1 aus.

Hierher gehören:

cwellan töten	cwealde	ȝecweald
dwellan hemmen, irren	dwealde	ȝedweald
sellan übergeben	sealde	ȝeseald
stellan stellen	stealde	ȝesteald
tellan erzählen	tealde	ȝeteald
settan setzen	sette	ȝeset(t)
lecȝean legen	leȝde	ȝeleȝd
bycȝean kaufen	bohte	ȝeboht
cweccean schütteln	cweahte	ȝecweaht
dreccean quälen	dreahte	ȝedreaht
leccean benetzen	leahte	ȝeleaht
reccean erzählen	reahte	ȝereaht
streccean strecken	streahte	ȝestreaht
ðeccean decken	ðeahte	ȝeðeaht
weccean wecken	weahte	ȝeweaht
læccean ergreifen	lǽhte	ȝelǽht
ræcean reichen	rǽhte, ráhte	ȝerǽht
tæcean lehren	tǽhte, táhte	ȝetǽht, ȝetáht
reccean sich kümmern	róhte	—

sécean suchen	sóhte	ʒesóht
ðencean denken	ðóhte	ʒeðóht
ðyncean dünken	ðúhte	ʒeðúht
wyrcean arbeiten	worhte	ʒeworht
brinʒan bringen	bróhte	ʒebróht

Anm. 1. Für *cwellan* heisst es north. R³ *cwella*, praet. *cwelede*, L *cwella*, *cwælla*, praet. *cuæl(e)de*, part. *-cwelled*.

Anm. 2. Neben *dwellan* — *dwealde* tritt in jüngeren texten auch *dwelian* — *dwelede, -ode* nach § 400, anm. 2 auf. Angl. sind nur L *ʒeduellas*, part. *dwælende* belegt.

Anm. 3. Für altws. *sellan* haben die späteren ws. texte meist *syllan* für **siellan* (vgl. den inf. *siollanne* in einer merc. urk. von ca. 840?). Ps. R¹ R² Rit. haben nur *sellan, -a*, L neben *sella* auch unerklärtes *sealla*; dazu treten in L Rit. auch einige praesensformen mit *i*, wie L *silo, sileð, -ið*, Rit. *sila, -sileð, -ið* neben den regelmässigen mit *e*.

Das praet. lautet angl. nach § 158, 2 *salde*, das part. *sald*; doch hat R¹ daneben auch ein *sælde* und L einige *sealde* mit anlehnung an das praesens *sealla*.

Anm. 4. Zu *stellan* begegnet im Or. ein vereinzeltes part. *onsteled* (neben *ästeald*); dazu north. praet. *ästelidæ* im hymn. Cædm. (sonst angl. nicht belegt).

Anm. 5. Ebenso begegnet auch zu *tellan* ein part. *ʒeteled* im Or. und in der poesie (auch im Beda). Ps. hat praes. *telest, -eð*, praet. *talde*, part. *ʒetald*, L praes. sg. 3. *telles*, part. *ʒeteled*, Rit. praet. *ʒitelede*.

Anm. 6. *settan* ist im ws. ganz in die flexion der regelmässigen verba, § 401, 1. 402, 2 übergegangen, und auch in den übrigen mundarten finden sich nur dürftige spuren eines umlautslosen praet. und part. Ps. hat *settan*, praet. *sette*, part. *ʒeseted*, pl. *ʒesette*; R¹ *settan*, praet. *sette* (einmal *sætte*), part. *-seted* und *-sett*; north. R² *setta*, praet. *sette* (*sete*), part. *-seted* (*-setet, -setted*), flect. *-setedo* neben *-set(t)e* und *onsetnum* (§ 406, anm. 7), L *setta*, praet. *sette* und *sætte*, part. *ʒeset(t)ed, -t*, daneben flect. *ʒesattedo* und *ʒeseteno* etc. (s. zu R²).

Anm. 7. Ueber ws. formen wie *léde, ʒeléd* neben *leʒde* etc. s. § 214, 3. Angl. sind belegt: R¹ *læʒde, -un*, part. *āleʒd*; R² praes. opt. *lecce* etc., praet. *leʒdun*, L praes. pl. *ʒelecʒas*, praet. *leʒdon*, part. *āleʒd*.

Anm. 8. Von *bycʒean* ist das praet. auch im Ps. R¹ R² L, das part. praet. auch in Ps. R¹ L Rit. belegt.

Anm. 9. Die verba auf *ecc* haben in Cura past. im praet. und part. praet. noch regelmässig den diphthong *ea*: *leahte, reahte, āstreahte, āweahte*, part. *ʒereaht*; in hs. H tritt aber dafür unter anlehnung an das praes. bereits z. t. *e* ein: *lehte, rehte, āstrehte*, part. *ʒereht* neben *reahte, āweahte*, praet. *āweaht*; im späteren ws. ist dies *e* durchgeführt.

Statt *wecc(e)an* gebraucht das spätws. häufig auch *wrecc(e)an* (so schon einmal in Cura past.).

Im angl. haben diese verba nach § 162, 1 im praet. und part. praet. *œ*, soweit nicht auch hier das *e* aus dem praes. eingedrungen ist oder andere neubildungen vorgenommen sind.   Belegt sind im Ps. praet. sg. *cweceð*; part. *leccende*; inf. *recenne* etc., praet. *rehte*, part. *ʒereht* (einmal *ʒerœht*); praes. *ðeces, -eð*, praet. *biðehton*; praes. *āwecce* etc., praet. *āwœhtes, āwehtes*, part. *āwœlht*; in R¹: praes. 3. sg. *rœccet*, imp. *ārecce*, part. *ʒereht*; *beþœht*; north. in R²: inf. *āwecca* etc., praet. *āwehte*, pl. *āwœhtun, ā-, ʒiwehtun*; in L: praet. *ʒecœcton*, part. *ʒecwœccad*; inf. *ārecʒanne*; praet. *unðehton*, part. *beðeht*; inf. *āwœcca, āwecce, āuœcce* etc., praet. *-wehte, wœhte, -wœhte*; aus dem Rit. belegt Lindelöf part. *cvœct*, praet. *-wœhte*.

Anm. 10.   *lœcc(e)an* hat im praet. statt ws. *lœhte* im north. *-lǻhte* R² L; zur verkürzung des vocals im praes. vgl. anm. 12.

Anm. 11.   Die verba auf *œc* haben im praet. und part. praet. ws. fast stets *œ*, doch hat Or. auch noch *ʒerǻhte, betǻhte*, part. *betǻht* neben *ʒerœhte, betœhte*; auch tauchen in sehr späten texten wieder formen wie *tǻhte* auf. Im Ps. ist nur das praes. imp. *ʒetœc* belegt, in R¹ praes. *rœceþ*, *ʒetœceþ*, praet. *ʒetǻhte*; north. steht *rǻhte* R² L Rit., *tǻhte* R² L, *betǻht* L durch.

Anm. 12.   *reccean* (zu germ. **rōkjan?*) hat wie *lœccean* anm. 10 im praes. kurzen vocal und danach auch westgerm. gemination vor *j*. Die theoretisch zu erwartende form **récean* scheint kaum sicher belegt zu sein (ein *rĕce wĕ* in Ælfr. Coll.), vgl. auch north. R² L *ne reces ðu* non ad te pertinet Mc. 4, 38 (nicht **rœces* mit *œ*, § 150, 4).

Anm. 13.   Von *séc(e)an* (Ps. R¹ *sœcan*, R² L *sœca*) und *ðenc(e)an* ist das part. auch in Ps. R¹ R² L belegt, *sóhte* auch im Rit., das part. *-sóht* auch in Ps. R² L; dagegen fehlen belege für praet. und part. praet. von *ðync(e)an* (in R¹ auch einmal praes. *ðincaþ*) im Ps. R¹ R² L Rit.

Anm. 14.   Zu *wyrc(e)an* begegnet ausnahmsweise das part. *ʒi-, ʒewarht* je einmal in Corp. und Or. (praet. *warhte*, part. *ʒewarht* auch Chad). Spätws. texte bieten statt *worhte, ʒeworht* bisweilen mit metathese *wrohte, ʒewroht*.

Das compositum *forwyrc(e)an* sündigen, bildet spätws. das praet. *forwyrhte*, part. *forwyrht*.

Für ws. *wyrcan* heisst es mit anderer ablautsstufe (vgl. § 164, 2) im Ps. stets *wircan* (nur ein sehr auffälliges *wyrctun* aptaverunt.in den Hymn.), in R¹ *wirce* neben *wyrca*, auch L hat einige *i*-formen: sonst herscht auch north. das *y* (eine 1. pl. *uĕ ʒewerco uerco* 'operemur opera' L ist sichtlich verschrieben; spätws. *wircan* gehört zu § 31, anm.). Praet. und part. *worhte, ʒeworht* sind im Ps. nicht belegt, wol aber in R¹ R² L Rit.; R² hat daneben ein *wrohte*, L einige *worohte*.

Anm. 15.   Das praes. *brinʒan*, welches der starken conjugation angehört, herscht im strengws., desgl. in Ps. R¹. Daneben steht auch schwach gebildetes *brenʒ(e)an* (alts. *brengian*); dies ist auch altws. bisweilen belegt, auch einmal in R¹, es herscht im kent. und north. (R² L Rit., doch hat L auch 1 *brinʒað*). Das praet. und part. ist überall *bróhte, bróht*, nur hat die poesie im part. stark gebildetes *brunʒen*.

2) Nach dem muster dieser verba nehmen auch die übrigen verba auf *c*, welche ursprünglich regelmässig flectierten, im praet. und part. praet. später gern *ht* an, behalten aber den *i*-umlaut; daher z. b. altws. *íec(e)an* vermehren, praet. *íecte*, part. *ʒeíeced*, pl. *ʒeíecte*, aber spätws. praet. *íhte*, *ýhte*, part. *ʒeíht*, *ʒeýht*, pl. *ʒeíhte*, *ʒeýhte* etc.

Anm. 16. Hierher gehören z. b. noch *ðrycc(e)an* drücken, *cnycc(e)an* knüpfen, *wlecc(e)an* erwärmen; *bepǽc(e)an* betrügen (altws. nicht belegt), *ʒewǽc(e)an* schwächen, *sýc(e)an* säugen, von mehrsilbigen *ólecc(e)an*, *ólicc(e)an* preisen, und die composita auf *-lǽc(e)an*, wie *néalǽc(e)an* sich nähern.

Anm. 17. Von den altws. texten hat die Cura past. part. *ólehte* neben *ólecte*, sonst noch regelmässig praet. *ðrycte*, *í(e)cte*, part. *-ðrycced*, *onwǽced*, pl. *-ðrycte* (*-ðryccede*, § 406, anm. 1); Or. hat *néalǽhte* neben *ʒeíeced*; bei Ælfric steht dagegen das *ht* durch: *íhte* (*ýhte*), *-þrihte*, *bepǽhte*, *ʒewǽhte*, *síhte*; *ólǽhte* (zum praes. *ólǽcan*, angelehnt an die verba auf *-lǽcean*), *néalǽhte*, part. *ʒeíht*, *ʒedyrst-*, *ʒeefen-*, *ʒerihtlǽht* etc.; nur ausnahmsweise finden sich bei ihm formen wie part. *ʒedéced*, *ʒerihtlǽced* zu *déc(e)an* beschmieren (?), *rihtlǽc(e)an* rechtfertigen.

Zu *wlecc(e)an* sind belegt die participialformen *ʒewleced*, *ʒewleht* und *ʒewlǽcced*, *ʒewlǽht*.

Im Beda begegnet auch ein umlautsloses praet. *ǽrendwreahte* zu *ǽrendwrecc(e)an* eine botschaft ausrichten.

Anm. 18. Von den angl. texten hat Ps. praet. *écte*, aber zu *néo-*, *nío-*, *néhlǽcan*, *néolican* das praet. *néo-*, *nío-*, *nialǽhte*; R¹ hat part. *ʒeéced*, und zum praes. *néo-*, *néaliceþ*, part. *ʒenéleccende* das praet. *-néolicte* neben *-néalehte*.

North. sind belegt: in R²: praet. *écte*, part. *-éced* (*néoliciʒa* flectiert nach kl. II: 3. sg. *néolicað*, *-as*, praet. *néolicade*, *néalocade*, part. *ʒinéolicad*); — in L: praet. *ʒeðryhton*, part. *ʒecnyht* neben praet. *tócnuicte*; ferner *écde* (auch *écte* und *écade*), part. *-éced* (auch *-écad*), und zu *néoléca*, *-laca* das praet. *néolécde* (selten *-lécte*, *-licde*, auch *-lécade*, *-lacede*, *-locedon*; *néa-*, *nélécde*); — Rit. praet. *-cnyhtest*, part. *-cnyht*, *-ðryht* neben praet. *-néolécdest*.

Anm. 19. Für einige isolierte formen kann man nur vermutungsweise ein volles paradigma ergänzen. So gehört zu dem poet. praet. *scyhte* verführte, wol ein praes. **scycc(e)an* (zu *scucca* verführer), zu dem part. *ʒecliht* collecta (Scint.) wol ein praes. **clycc(e)an*, zu *ofhǽhte* hackte ab (Ælfr. Ep. past.), *bedǽhte* tradidit (Hpt. gl.) die praesentia **hǽcc(e)an*, **dǽcc(e)an* (vgl. *lǽccean* oben no. 1 ?).

§ 408. 1) Die verba auf *rw* und *lw*, wie *ʒierwan* bereiten, *sierwan* berücken, *smierwan* schmieren, *wielwan* wälzen, verlieren vor dem urspr. *i* der 2. 3. sg. ind. praes. (§ 358), der 2. sg. imp. (§ 410), des praet. (§ 401) und des part. praet. (§ 402) nach § 173,2 lautgesetzlich ihr *w* und werden dadurch in diesen formen kurzsilbig. Vgl. z. b. von *ʒierwan* 2. 3. sg. *ʒierest, ʒiereð*, imp. *ʒiere*, praet. *ʒierede*, part. *ʒeʒiered*.

In der späteren sprache treten jedoch zahlreiche umbildungen auf, indem namentlich entweder das *w* durchgeführt. oder ganz getilgt wird, oder endlich nach § 400, anm. 2 formen nach der II. schwachen klasse (mit oder ohne *w*) gebildet werden. Die einzelnen verba schwanken hierin stark; bei einigen, wie *hierwan* verspotten, *nierwan* bedrängen, ist die altertümliche flexionsweise überhaupt nicht mehr zu belegen.

Anm. 1. Mit dem wechsel von *rw, lw* und einfachem *r, l* musste ursprünglich auch ein wechsel des wurzelvocals zusammengehen, da nur vor *rw, lw* brechung des grundlautes *a* bez. *ě, i* (in *smierwan*) eintreten konnte, z. b. *smierwan*, aber *smirest, smireð*, praet. *smirede*; doch sind von diesem wechsel wol nur bei *smierwan* (anm. 5) noch deutliche spuren erhalten. Bei *ʒierwan* musste er lautgesetzlich verschwinden (*ʒierwan* nach § 98, a, *ʒierede* nach § 98, b etc.)

Anm. 2. Am frühesten wird das *w* in der unflectierten form des part. praet. wiederhergestellt: vgl. Ep. *ʒiʒeruuid*, Corp. *ʒeʒerwid, ʒesmirwid*. Auch in der poesie ist *ʒeʒierwed, ʒeʒyrwed* neben *ʒeʒyred* oft metrisch sicher gestellt.

Anm. 3. *ʒierwan, ʒyrwan* bleibt im ws. meist der alten flexion getreu, doch findet sich auch ein part. *ʒeʒyrwed* (vgl. anm. 2), imp. *ʒier* und *ʒierwe* Cura past. neben *ʒyre*, sowie selten und spät formen wie 3. sg. *ʒyrað*, opt. *ʒyrie*, part. *ʒyriende*, endlich auch ein part. *ʒeʒyrwod*.

Der Ps. hat regelmässig *ʒerwan*, praet. *ʒerede*, part. *ʒered*. In R[1] und north. finden sich nur bei der bedeutung 'kleiden' noch einige hierher gehörende formen: R[1] part. praes. *ʒœrwende*, praet. pl. *unʒeredun*, part. praet. *unʒeʒeradne*; R[2] part. praet. *ʒeʒerwed*, L praet. pl. *ʒe-, onʒedon*, Rit. praet. *ʒiʒeride*; im übrigen ist dafür eingetreten R[1] *ʒearwiʒa* (dazu opt. pl. *iarwan*, praet. *iarwede*, part. *iarwad*), R[2] *ʒeorwiʒa*, L Rit. *ʒearwiʒa* nach kl. II (ein inf. *ʒeʒeruiʒa*, 3. sg. *ʒeruað*, *ʒeʒerues*, part. *ʒiʒerwad* L wird vielleicht nur auf ungenauer schreibung beruhen).

Anm. 4. *sierwan* geht in der altws. prosa regelmässig: Or. *sierwan*, praet. *si(e)rede*, part. *ʒe-, besi(e)red* (später auch *ʒesyrwed*); daneben steht aber bereits im Or. 3. pl. *-sieriað*, wozu später das praet. *syrode* (kPs. *beserode*) neben *syrede* begegnet. Gewöhnlich wird aber später das *w* durchgeführt: praes. 3. sg. *syrwð*, praet. *syrwde*, oder nach der ō-klasse *syrwian*, praet. (*syrwode*), pl. *syrwedon*.

Anm. 5. Auch von *smierwan* sind im älteren und jüngeren ws. noch zahlreiche reste der alten flexion erhalten, wie Cura past. praes. pl. *smi(e)rewað*, praet. *smirede*. Dazu tritt frühzeitig neugebildetes *smirian, smyrian* (schon imp. pl. *smiriað* Cura past. hs. H), das dann später auch nach der ō-klasse flectiert: praes. 3. sg. *smyrað*, imp. *smyra*, praet. *smyrode*, part.

ʒesmyrod. Ausserdem finden sich in nicht streng ws. texten öfter formen mit *e*, wie inf. *smerwan, smerian*, opt. *smeruwe, smerize*, praet. *smerede*, etc.

Im Ps. sind nur praes. sg. 3. *smireð*, praet. *smirede* belegt, in R[1] ein imp. sg. *smere*; als inf. wäre, wenigstens für Ps., **smeorwan* zu vermuten (nach § 159, 5). Das north. hat in R[2] inf. *smiranne*, praet. *smiride, -ede*, pl. *-edun*, in L inf. *smiriane*, praet. *smiriʒe*, pl. *smiredon*; im Rit. part. *ʒesmearvad.*

Anm. 6. *hierwan* und *nierwan* (angl. *herwan* Ps. R[1], *nerwan* Ps.) haben das *w* fast überall durchgeführt: ws. praes. sg. 3. *hyrwð* (R[1] *herweþ*), imp. *hyrw*, praet. *hyrwde* (Ps. *herwdun*), part. *ʒehyrwed* (Ps. *ʒenerwed*, pl. *ʒenerwde*) etc., gelegentlich auch formen der ō-klasse aufgenommen, *hyrwian, nyrwian*, praet. *hyrwode, nyrwode* etc. Nur vereinzelt finden sich in der poesie inf. *heri(ʒe)an* (?), praet. *nyruʒde* Blickl., (für **nyruwde*, vgl. ebda. praet. *heruwde*), part. (sehr spät) *ʒeniered.*

Anm. 7. Von **wielwan* sind praet. *wylede*, part. *bewyled, ʒewylwed* belegt, daneben formen nach der ō-klasse wie praes. sg. 1. *wylewiʒe*, part. praet. *bewylewud*, und inf. *wylian*, praet. *wylode*.

Unklar ist der vocalismus in **āʒælwan* erschrecken (part. *āʒælwede* Or., part. *āʒælwed, āʒelwed* Boeth.).

Anm. 8. *frætwan* schmücken, hat im praet. neben *frætwede*, part. *ʒefrætwed* (vgl. § 404, anm. 1) meist *frætwode*, part. *ʒefrætwod* nach kl. II; später finden sich auch praesensformen nach kl. II.

Anm. 9. Weiterhin scheint noch *ræswan* erwägen, vermuten, ähnliche flexion gehabt zu haben, da sich auch *ræsian* und praet. *ræswode* und *ræsode* findet.

2) Die verba auf langen vocal oder diphthong + *w* wie *lǽwan* verraten, *forslǽwan* verzögern, *ʒetríewan* glauben, *iewan* zeigen, führen das *w* im allgemeinen durch alle formen durch: praet. *iewde* (vereinzelt *ætíede*, § 174, 3), part. *ʒeíewed*, pl. *ʒeíewde* etc.

Anm. 10. Neben *iewan, ýwan* tritt schon altws. auch *éowan*, praet. *éowde* auf, sowie im praes. auch *éowian* nach der II. klasse, dem sich dann später auch ein praet. *éowode* zugesellt. Daneben steht in seltenerem gebrauch (und wol nicht in strengws. texten) auch *éawan*, namentlich im praet. *éawde.*

Das kent. hat *éwan* (= ws. *iewan*, § 159, 4) neben *éawan* (praes. sg. 3. *atéwð, atéauð* kGl.), der Ps. *otéawan*, praet. *otéawde* (nur je einmal *otéowan, otéowde*), R[1] *(æt)éawan*, praet. *éawde, éaude*; north. R[2] *(æt)éowa*, praet. *éowde*, part. *éowed* (einmal *ætǽwed*), L *(œd-, œt-* etc., *ʒe-)éawa*, praet. *-éawde, -éaude* und *-éavade* und part. *-éawed* und *-éawad* (ganz selten neben-formen wie inf. *æthéwene*, praes. sg. 3. *œdéuað*, imp. *œdeew*, praet. *œtéuwdœ*, part. *œtéuwed*, auch praet. *œdéadon, œwade*), Rit. *œdéawa*, praet. *-éawde* und *-éavade*, part. fl. *œðéawde* neben *œdéawad.*

Anm. 11. Zu ws. *lœwan* begegnet north. in R² das praet. *biléde*, L *beleede* mit ausfall des *w* nach § 174, 3.

Anm. 12. Hierher gehört vielleicht auch *ǒўwan* drücken, bedrängen (aus **pūwjan*?), praet. *ǒўwde*, part. **ʒeǒўwed*, fl. *ʒeǒўwde*. Daneben mit sehr auffälligem vocalismus praet. Or. *āpéwde*, part. pl. poet. *ʒepéwde*; andere formen s. anm. 18.

3) Die verba mit urspr. *aw, iw* zeigen starke unregelmässigkeiten.

Anm. 13. Das verbum *cieʒ(e)an*, *cíʒan* (*cýʒan*) rufen, nennen, geht auf eine grundform **kaujan* zurück und überträgt ws. das *ʒ* in alle formen, praet. *cí(e)ʒde*, part. *ʒecí(e)ʒed*, pl. *ʒecí(e)ʒde* u. s. w. Die angl. formen sind: Ps. *céʒan*, praet. *céde* (aus **kawida*, **kewida* mit ausfall des *w* nach § 173, 2), R¹ *céʒan*, *cǽʒan*, praet. *céʒde*, *cǽʒde*, einmal *ceiʒde*, part. *ʒecǽʒed*; north. R² *céʒa* (einmal imp. *ceiʒ*), praet. *céʒde*, selten *ceiʒde* und *céde*, part. *ʒicéʒed*, einmal *ʒiceed*, pl. *ʒicéʒde*; L *ceiʒa*, praet. *ceiʒde*, selten *ceiʒede*, part. *ʒeceiʒed*, selten *ʒeceyʒed*, *ʒecéʒed*, -*id*; *ʒeceiʒd*, *ʒeceid*, *ʒecéd*, fl. *ʒeceiʒ(e)do* etc.; Rit. *ceiʒa*, praet. -*ceiʒde*, -*ceide*, part. *ʒeceiʒed*, fl. *ʒiceiʒido*, *ʒiceiʒdo*, *ʒiceido*. Ueber die flexion des praes. s. § 409.

Anm. 14. Ebenso flectiert das nur poet. *héʒan* ausführen, vollenden (aus **haujan*, altn. *heyja*), praet. *héde*, part. *ʒehéd*; desgleichen ausserws. poet. *stréʒan* streuen (got. *straujan*), praet. *streidœ*, -*e* Erf. Corp. *strédun* R².

Anm. 15. Im ws. gilt für das letztere *strewian*, praet. *strewede*, später *streowian* (*streawian*), *streowede* oder *streowode* nach kl. II.

Denselben typus haben ferner das isolierte part. *ā-*, *ʒebeowed* zerrieben (ahd. *gibeuuit*) und die verba *si(o)wian* nähen, *spi(o)wian* speien (vgl. altn. *sýja*, *spýja* aus **siujan* etc.), bei denen aber die alte flexion fast nur noch in den ältesten denkmälern zu belegen ist (part. praet. -*siuuid* Ep., -*siowid* Corp., fl. instr. *bisiuuidi* Ep., *bisiudi* Corp.); später gehn sie nach kl. II, nur hat *spiowian* auch praet. *spiowde*, *spéowde* (neben pl. *spiowedan*: alles in der poesie).

Anm. 16. Wie die urspr. langsilbigen (vgl. namentlich anm˙.12) flectiert gewöhnlich *hlýwan*, *hléowan* erwärmen (vgl. altn. *hlýja* aus **hliujan*), praet. *hlýwode*, part. fl. *ʒehlýwode*; daneben begegnen aber auch praet. *hlýde*, part. *ʒehlýd* und in der poesie ein praes. pl. *hléoð*.

4) Eine weitere reihe von abweichungen zeigen die auch hier auftretenden verba contracta (vgl. § 373. 414, anm. 5).

Anm. 17. Hierher gehört mit urspr. vocalischem auslaut der wurzelsilbe **dían*, **déon* säugen: Ps. part. praes. *milcdéondra*, R¹ *díendra*, north. L part. *díendra*, praet. sg. 2. *ʒedíides* suxisti (in R² verderbt *deðedes*). Dagegen führt *hnǽʒ(e)an* wiehern (aus **hnaijan*) das *ʒ* durch, sg. 3. *hnǽʒð* etc.

Anm. 18. Grösser ist die anzahl der verba contracta mit dem urspr. wurzelauslaut *h*: *héan* erhöhen, praet. *héade*, part. *héad* (angl. *ʒeheed* Beda), *týn* lehren, *ǒўn* drücken (aus **pūhjan*, ahd. *dūhen*, vgl. *ǒўwan* oben anm. 12), **ǒrўn* drücken (praet. *ʒeǒrўde* expressit L, part. *ʒeǒrўd* gl.), *rўn* brüllen, *scýn antreiben (ahd. *scûhen*), praet. *týde*, part. *týd*, fl. *týde* (spät auch praet. etc. *tydde*, § 230, anm. 1); daneben inf. *ðéon* (vgl. § 117, 2 nebst anm.) und danach praet. *ðéode*, part. fl. *ðéode* (?). Ferner vereinzelte formen wie ʒewéð depravat, praet. ʒewéde (zu *wōhjan*), praet. pl. *tédan* (zu *tōhjan*): inf. *wén*, *tén*?

Uncontrahierte formen finden sich in den ältesten texten, wie praes. sg. 3 *fǽhit*, praet. pl. *fǽdun* Ep. zu *faihjan* malen; subst. part. *scýhend* Ep., *scýend* Corp. verführer, part. praet. *āþrýid* expilatam Corp. Später sind sie selten (es begegnen spätws. formen wie *ic ðýʒe*, praet. *ðýʒde*; in R¹ pl. *scýaþ*).

Flexion der schwachen verba erster klasse.

§ 409. *nerian* und *fremman* stellen die flexion der ursprünglich kurzsilbigen, *déman* die der ursprünglich langsilbigen dar (dazu kommen dann nach § 372 die praesentia der starken *jo*-verba). Beispiele für die erste klasse s. § 400, für die letztere § 403; über *ʒierwan* und *cieʒan* s. § 408, 1. 3. Ueber die gestalt der endungen im allgemeinen sind § 354 ff. zu vergleichen.

Praesens.
Indicativ.

Sing. 1.	nerie	fremme	déme	‖	ʒierwe	cieʒe
2.	neres(t)	fremes(t)	dém(e)st	‖	ʒierest	cieʒ(e)st
3.	nereð	fremeð	dém(e)ð	‖	ʒiereð	cieʒ(e)ð
Pl.	neriað	fremmað	démað	‖	ʒierwað	cieʒað

Optativ.

Sing.	nerie	fremme	déme	‖	ʒierwe	cieʒe
Pl.	nerien	fremmen	démen	‖	ʒierwen	cieʒen

Imperativ.

Sing. 2.	nere	freme	dém	‖	ʒierwe	cieʒ
Pl. 1.	nerian	fremman	déman	‖	ʒierwan	cieʒan
2.	neriað	fremmað	démað	‖	ʒierwað	cieʒað

Infinitiv.

nerian	fremman	déman	‖	ʒierwan	cieʒan

Participium.

neriende	fremmende	démende	‖	ʒierwende	cieʒende

Praeteritum.

Indicativ.

Sing.					
1.	nerede	fremede	démde	ȝierede	cíeȝde
2.	neredes(t)	fremedes(t)	démdes(t)	u. s. w.	u. s. w.
3.	nerede	fremede	démde		
Pl.	neredon	fremedon	démdon		

Optativ.

Sing.	nerede	fremede	démde	ȝierede	cíeȝde
Pl.	nereden	fremeden	démden	u. s. w.	u. s. w.

Participium.

Sing.	nered	fremed	démed	ȝier(w)ed	cíeȝed
Pl.	nerede	fremede	démde	u. s. w.	u. s. w.

Anm. 1. Ueber graphische nebenformen von *nerian* etc., wie *nerȝan*, *neriȝ(e)an* etc. s. im allgemeinen § 175. Der Ps. hat nur ȝ, wie in *ȝederȝan, onstyrȝan*, praes. 1. sg. ind. *herȝu, -o, nerȝu, biscerȝu, swerȝu, biwerȝu*, pl. *herȝað, ȝenerȝað, swerȝað*, opt. *nerȝe, herȝen*, part. *herȝende, ȝenerȝende, swerȝendan*; in R¹ begegnen inf. *sweriȝe, swerȝe* (und ein zweifelhaftes *sweriȝœ*, das wol opt. ist) und *ferȝanne*. North. sind belegt in R² inf. *sweriȝa*, fl. *herȝanne* und *smiranne* (zu § 408, anm. 5, vgl. auch § 400, anm. 2), part. *herȝende* und *herende* (vgl. auch § 412, anm. 11), in L inf. *suœri(ȝ)a, sueri(ȝ)a, sueriȝe; ȝestyriȝe, -eȝe*, fl. *herȝanne* und *smiriane*, part. *eriende, herȝende, herȝiendū* und *herende*, 3. sg. ind. praes. *suerias*. Das Rit. hat neben (ȝi)*heriað, ȝiherȝað* auch 1. 3. sg. ind. opt. praes. *ȝinere* ohne *j*.

Ueber südengl. formen wie *sécean, -eað, hnæȝean, -eað* etc. neben *sécan, sécað* etc. s. § 206, 3, b; in Ps. R¹ R² L Rit. fehlen diese -e- ganz.

Anm. 2. Vor dem pronomen *ic* fällt im north. öfter das *-e* der 1. sg. ind. praet. aus, *sœȝdiȝ* L, *éadiȝ, cerdiȝ* Rit., für *sœȝde ic, éade ic, cerde ic* etc., vgl. § 355, anm. 2.

§ 410. Die eigentlichen flexionsendungen waren ursprünglich in beiden klassen dieselben, und sind es noch im praeteritum. Die tatsächlichen unterschiede in der flexion des praesens im ags. sind folgende:

1) Das *j* des suffixes *-jo-* blieb vor unähnlichen vocalen bei den kurzsilbigen auf *r* wie *nerian* erhalten (gelegentliche analogische ausnahmen im north. s. § 409, anm. 1); bei den übrigen kurzsilbigen erzeugte es vor seinem ausfall (§ 177) im westgerm. nach § 227 gemination des wurzelauslautenden conso-

nanten, wie in *fremman*; bei den langsilbigen fiel es aus ohne gemination zu hinterlassen.

Anm. 1. Bei vorausgehendem vocal oder diphthong ist entweder das *j* ganz geschwunden und contraction eingetreten, wie in *héan*, *týn* etc. § 408, 4, praes. *héa*, *tý*, 2. sg. *héast*, *týst*, 3. sg. *héað*, *týð*, pl. *héað*, *týð* u. s. w., oder erhalten, wie im ws. *cíeʒan*, § 408, anm. 13 etc.

Im Ps. flectiert *céʒan* praes. ind. *céʒu*, **cést*, *céð*, *céʒað*, opt. *céʒe*, imp. *cé*, **céʒan*, *céʒað* etc. (vgl. § 408, 3), d. h. das *j* ist überall da geschwunden, wo die endung den vocal *i* enthielt. Dagegen hat R¹ praes. sg. 3. *cǽʒeþ*, imp. *cǽʒ*; north. R² praes. sg. 3. *(ʒi)céʒeð*, *-es*, *-að* (einmal *ʒiceeð*), imp. *ʒicéʒ*, L praes. sg. 3. *ʒeceiʒeð*, *-es*, *-að*, pl. *ʒeceiʒas*, *-es*, imp. *ʒeceiʒ*, *ʒeceiʒe*.

2) In den formen mit dem endungsvocal *i*, d. h. der 2. 3. sing. ind. praes. und der 2. sing. imp., fehlte das *j* des suffixes bereits im westgermanischen, es konnte daher hier auch keine gemination erzeugen. Daher zeigt das praesens der ursprünglich kurzsilbigen von hause aus einen geregelten wechsel zwischen geminiertem und einfachem consonanten.

Anm. 2. Besonders zu beachten sind bei diesem wechsel die bestimmungen der §§ 190. 216, wonach *cʒ* als verdoppelung von *ʒ*, und *bb* als verdoppelung von *f* eintritt: *lecʒ(e)an* — *leʒeð*, *swebban* — *swefeð* u. s. w.

Anm. 3. Der wechsel schwindet bei der umbildung der einschlägigen verba im ws. nach § 400, anm. 2. Da wo die gemination erhalten bleibt, reisst später z. t. verwirrung ein: *selest* und *sellest*, *seleð* und *selleð* u. dgl. Besonders stark ist dies im north. in L eingetreten.

3) Der imp. sg. der kurzsilbigen geht auf *-e* aus (got. *-ei*), *nere*, *freme*, bei den langsilbigen wird dies *e* nach § 133, c stets apokopiert, *dém*, *híer* etc.

Anm. 4. Spätws. begegnen sehr gewöhnlich auch formen wie *déme*, *hýre*; seltener bei ursprünglich kurzsilbigen verbis, wie *telle* (über altws. *ʒier* und *ʒierwe* etc. s. § 408, anm. 3). Von solchen finden sich auch vereinzelte formen nach art der langsilbigen, wie *cwell*.

Anm. 5. Während im Ps. die flexion des imp. noch ganz rein erhalten ist, herscht in R¹ und north. bereits ziemliche verwirrung. Zwar sind die endungslosen formen der langsilbigen meist erhalten, doch finden sich auch formen auf *-e*, wie R¹ *ʒelése*, *céʒe*, L *ceiʒe*, *ʒehére*, *-léore*, *sende*, Rit. *ʒirihte*, *ʒivǽnde*, *ʒeinlihte* (doch nicht in R²).

Bei den mehrsilbigen hat R¹ formen wie *swer*, *hef*; *sel* neben *sele*, *ǣpene* und mit übertragung der gemination *selle*, *sette*, *ǣrecce*, *bebycʒe*; north. R² *sitt*, *sel* neben *site*, *sete*, *(bi)byʒe*; L *ʒbidd*, *sitt*, *liʒ*; *byʒ*, *ʒener*, *sel*, *onsett* neben *suere*; *ʒenere* (und *-feriʒ* nach art von § 412, anm. 8); Rit. *ʒibidd*, *ǣhef*; *sel* neben *ʒinere* und *ʒibidde*, *ʒitrymme*.

4) Ueber die synkope in der 2. 3. sing. ind. praes. s. § 358, 2 nebst anm. 359.

5) Alle verba die im ws. ihren inf. auf *-ian* bilden, entwickeln im spätws. oft formen nach der II. klasse, s. § 400, anm. 2. 3.

2) Zweite schwache conjugation.

§ 411. 1) Die praesensformen dieser klasse gehen der hauptsache' nach auf einen gemeinschaftlichen stamm auf germ. *-ōja-* zurück; nur in der 2. 3. sg. ind. und 2. sg. imp. tritt dafür ein kürzerer stamm auf *-ō-* ein.

Im ags. ist das alte *-ōja-* über umgelautetes *-ēja-* zu *-eja-*, *-ija-* etc. geworden; daher z. b. inf. *lócian* schauen, aus **lōkōjan*, *-ējan* etc., opt. *lóciʒe* aus **lōkōjai*, *-ējœ* etc.

Das *ō* des praesensstammes erscheint dagegen regelrecht als *a*; daher 2. 3. sg. ind. *lócas(t)*, *lócađ*, imp. *lóca*, aus **lōkōs*, **lōkōþ*, **lōkō* etc. (abweichungen s. § 412, anm. 5. 8).

Anm. 1. Da das *i* der *ia*, *ie* etc. erst in relativ später zeit aus *ō*, *ē* hervorgegangen ist, so erzeugt es niemals *i*-umlaut: formen welche diesen umlaut haben, gehören nicht hierher, sondern zur dritten klasse, vgl. § 415 f., namentlich § 416, anm. 11.

Anm. 2. Auch *u*- oder *o/a*-umlaut kommt aus demselben grunde den formen mit *ia*, *ie* lautlich nicht zu; wo er trotzdem erscheint, wie in *cliopian*, *cleopian* neben *clipian* etc., § 416, anm. 14, c, ist er aus formen ohne *i* herübergenommen.

2) Praeteritum und participium praeteriti werden von dem kürzeren stamm auf *-ō-* gebildet. Für dies *ō* erscheint im ags. selbst entweder (wie im praes.) ein *a*, oder aber ein *u, o*; daher z. b. praet. entweder *lócade* oder *lócude, -ode*, part. *lócad* oder *lócud, -od*, zu älterem **lōkōda*, **lōkōd*. Genaueres hierüber s. § 413.

Anm. 3. Ueber das- eindringen von formen der II. klasse in die erste s. § 400, anm. 3.

Anm. 4. Die zahl der zu kl. II. gehörenden verba ist sehr gross, zumal von sehr vielen nominibus denominativa nach dieser klasse gebildet werden können. Es gehören hierher z. b. von kurzsilbigen *bodian* verkünden, *ceorian* klagen, *dwolian* irren, *holian* holen, *hopian* hoffen, *lađian* einladen, *lofian* loben, *lufian* lieben, *macian* machen, *monian* mahnen, *stician* stechen, *warian* beobachten, von langsilbigen *áscian* fragen, *céapian* handeln, kaufen, *costian* versuchen, *eahtian* achten, *eardian* wohnen, *earnian* ernten, *endian* enden, *fondian* nachgehen, *fundian* streben, *ʒearwian* bereiten, *ʒrápian* greifen, *herʒian* verheeren, *hiʒian* eilen, *behófian* nötig sein, *hwearfian* wandern, *léanian* lohnen, *lócian* schauen, *loccian* locken, *meldian*

melden, *offrian* opfern, *scéawian* schauen, *somnian* sammeln, *tiohhian* anordnen, *ðaccian* streicheln, *ðoncian* danken, *wealwian* sich wälzen, *weorðian*
ehren, *wincian* winken, *wísian* heimsuchen, *wondrian* wandern, *wuldrian*
verherrlichen, preisen, *wundian* verwunden, *wundrian* wundern, und viele
andere. Als besondere gruppen sind hervorzuheben die ableitungen a) auf
-(*e*)*cian*, wie *bedecian* bitten, *ástyfecian* ausrotten, *áswefecian* ausrotten;
ieldcian aufschieben, *ʒearcian* machen; — b) auf -(*e*)ʒ*ian*, meist von adjectivis auf -*iʒ* gebildet, wie *dyseʒian* töricht sein, *hef*(*e*)ʒ*ian* beschweren,
met(*e*)ʒ*ian* mässigen, *wel*(*e*)ʒ*ian* bereichern; *hálʒian* heiligen, *ʒemyndʒian*
gedenken, *sárʒian* schmerz empfinden, *scyldʒian* sich verschulden, *synʒian*
sündigen, *wérʒian* ermüden, *wítʒian* prophezeien; — c) auf -(*e*)*nian*, wie
ʒedafenian (Ps. *ʒedeafenian*, R¹ *ʒedafnian* und *ʒedæfnian*, north. *ʒedæfniʒa*)
geziemen, *faʒ*(*e*)*nian* sich freuen, *hafenian* halten, *op*(*e*)*nian* öffnen, *war*(*e*)-
nian sich hüten; *fæstnian* festigen, *lácnian* heilen, *wilnian* verlangen, *wítnian* strafen; — d) auf -(*e*)*sian*, wie *ef*(*e*)*sian* scheeren, *eʒ*(*e*)*sian* erschrecken;
bletsian segnen (§ 198, 4), *blíðsian*, *blissian* sich freuen, *clǽnsian* reinigen
(§ 185. 186, 2), *ʒítsian* begehren, *ʒrimsian* wüten, *hréowsian* bereuen, *iersian*
(*iorsian*) zürnen, *mǽrsian* bekannt machen, *miltsian* erbarmen, *rícsian*,
ríxian herschen, *unrótsian* unfroh sein, *untréowsian* ungläubig sein, u. s. w.

Anm. 5. Viele verba die im ags. ganz oder überwiegend nach der
ō-klasse flectieren, sind aus der alten ē-flexion hierher übergetreten; vgl.
z. b. *árian* ehren, *cunnian* versuchen, *folʒian* folgen, *honʒian* hangen, *hatian*
hassen, *lonʒian* verlangen, *lícian* gefallen, *sárian* schmerz empfinden, *scomian*
schämen, *sorʒian* sorgen, *sparian* sparen, *ðolian* dulden, *ðrówian* dulden,
wacian wachen, *wunian* wohnen, mit ahd. *êrên*, (got. *kunnan*, praet. *-aida*),
folgên, *hangên*, *hazzên*, *langên*, *lîchên*, *sêrên*, *scamên*, *sorgên*, *sparên*, *dolên*,
druoên, *wachên*, *wonên* etc., und namentlich die zahlreichen ableitungen
von adjectivis, wie *ácealdian* erkalten, *ʒestronʒian* stark werden (ahd. *ar-
caltên*, *strangên*) u. dgl.

Die formen dieser verba sind im folgenden ohne weiteres mit berück-
sichtigt, soweit sie mit denen der ō-verba zusammenfallen; die reste der
alten ē-flexion, die sich bei einigen erhalten haben, sind dann in § 416
zusammengestellt.

3) Das westsächs. paradigma dieser klasse ist:

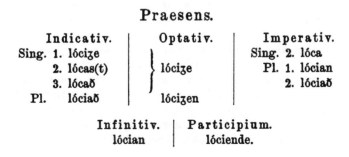

Praesens.

Indicativ.	Optativ.	Imperativ.
Sing. 1. lóciʒe		Sing. 2. lóca
2. lócas(t)	lóciʒe	Pl. 1. lócian
3. lócað		2. lóciað
Pl. lóciað	lóciʒen	

Infinitiv.	Participium.
lócian	lóciende.

Praeteritum.

Indicativ.		Optativ.
Sg. 1. lócode		
2. lócodes(t)	}	lócode
3. lócode		
Pl. lócodon		lócoden

Participium.

-lócod

Ueber die endungen der einzelnen formen vgl. die allgemeinen regeln von § 354 ff. Ueber verba contracta s. § 414,
anm. 5.

§ 412. Die flexion des praesens ist in den meisten mundarten ziemlich fest, namentlich im westsächsischen. Ueber
angl. besonderheiten beim flectierten inf. und beim part. praet.
s. anm. 3 und 9 ff. Sonst zeigt fast nur das north. (und z. t.
R[1]) bedeutendere abweichungen.

Anm. 1. Die *ia, ie* der endung sind, auch nach ausweis der metrik,
im allgemeinen zweisilbig (sie haben also silbisches *i*: *lō-ci-an* etc., nicht
unsilbisches *j*, **lōc-jan* oder **lō-cjan* etc.). In einigen texten finden sich
auf den *i* bisweilen accente, die vielleicht auf eine secundäre verschiebung
der quantität des *i* (*lōcīan* aus **lō-ci-jan*) hindeuten; so schon bei einem
schreiber der Cura past. hs. H formen wie inf. *ʒemīdlīan, ʒelācnīʒan*, pl.
clīepīaδ, opt. *forhradīen* etc.

Nur ausnahmsweise findet sich bei alten ō-verbis (über alte *ē*-verba
s. § 416, anmm. 2. 15) einsilbiges *ʒe* für zweisilbiges *ie*, zumal in gewissen
jüngeren texten, und zwar vermutlich als kenticismus; vgl. z. b. partt. wie
ʒnornʒende Blickl., inf. *hādʒenne, mótʒenne* Benet, u. ä.; doch auch schon
in Cura past. hs. H ein *lufʒe* (*ʒeliornʒen* s. § 416, anm. 15).

Anm. 2. In den altws. texten wird (wie im paradigma angedeutet)
meist *ia* geschrieben, weit seltener *-iʒea-* oder *-iʒa-* (letzteres fehlt in
Cura past. hs. C fast ganz); daneben steht ganz ausnahmsweise *ea*, wie
pleʒean Cura past., *herʒean* Or. Dagegen herscht in der 1. sg. ind. und
im opt. durchaus *-iʒe(n)* vor und *-ie, -ien* treten zurück; im part. überwiegt
dagegen wieder *-iende* über *-iʒende* (dazu vereinzeltes *herʒende* Or., *ỹδeʒende*
Cura past.; vgl. dazu vereinzelte spätws. parallelen wie *hléoδreʒendum,
mœʒereʒan* gl.); im flect. inf. (vgl. anm. 10) wechselt *-ienne* mit *-iʒenne*.

Im späteren ws. bleibt *ia* im ganzen vorherschend; dazu tritt noch *io*
im opt. pl. wie *lufion, leornion*, anm. 7 (nur ganz ausnahmsweise finden
sich schreibungen wie *wissiʒon, þéniʒeon*). Bei *ie* herscht schwanken. In
Ælfr. Hom. steht meist *iʒe*, auch im flect. inf. und im part., wie *bodiʒenne,
bodiʒende*, während in Ælfr. Gramm. das part. wieder auffallend viele *-iende*

neben -*iʒende* zeigt, bei sonst meist durchstehendem -*iʒe*. Bei andern texten ist oft eine regel überhaupt nicht zu entdecken.

Die kGl. gehen im ganzen mit dem altws.: consequent *ia*, meist -*iʒe* (*āfestniʒe, onscuniʒe, ʒetimbriʒe*, aber *liornie*), aber im part. stets -*iend(e)*. Ps. schreibt fast consequent -*iu* (1. sg.) wie *ia* und *ie* (nur je ein *ʒearwiʒu, ondettiʒað, -iʒen, ʒenyhtsumeʒende, ʒedeafineað*; über *ðiwʒen* s. § 416, anm. 15), in R¹ herscht dagegen sowol -*iʒe* (doch ein *wundriende*) wie *iʒa, iʒœ* (doch auch einige *ia* und ein *hálsio*).

Von den north. texten hat R² stets *iʒe, iʒo* und meist *iʒa*, selten *ia*; in L Rit. stehen *iʒe, iʒo* ebenfalls durch (bis auf verschwindende ausnahmen zu gunsten von *ie*), dagegen ist hier *ia* neben *iʒa* häufig.

Anm. 3. Eine hauptdifferenz zwischen dem angl. und den übrigen mundarten zeigt sich beim flectierten inf. und beim part. praes., s. anm. 10 f. Ausserdem weisen R¹ und das north. (und innerhalb des letzteren besonders L und Rit.) eine menge von neubildungen auf. Einerseits sind hier nämlich die formen mit und ohne -*i(ʒ)*- vielfach durch einander geraten (daher z. b. in L sg. *lufias*, pl. *lufas* u. ä. neben urspr. sg. *lufas*, pl. *lufias*); andererseits sind die *a* und *ia, ie* der endungen zu mischungen wie *-*aja*-, -*-*aje*-, historisch (-*aia*-), -*aʒe*, -*eʒa*- etc. verbunden worden (daher z. b. in L plurale wie *losaiað, duolaʒes, eardeʒað* neben dem alten *losiʒað* etc.); oder aber es sind selbständige neubildungen nach den mustern andrer verba vorgenommen (daher z. b. in L formen wie 1. sg. *ðrówa* neben *ðróuiʒo*, imp. *hálʒiʒ* neben *hálʒa* u. ä.).

Im folgenden sind diese abweichungen bei den einzelnen formen mit aufgeführt.

Anm. 4. Dem ws. kent. -*iʒe* der 1. sg. ind. entspricht im Ps. -*iu*, seltener -*io*, § 355, anm. 2; R¹ hat neben *āhsiʒe, somniʒe* ein *hálsio* und neugebildetes *ðrówa, þrówe* (*ʒetimbre* kann alte form sein, vgl. § 404, anm. 1). North. überwiegt in R² L Rit. -*iʒo*, wie *bodiʒo, somniʒo* etc.; daneben stehen formen wie R² *fulwo, ʒihálʒo, lufo*, selten *scomiʒa*; *lufa, milsa*; in L *ðróuiʒa, hálʒiʒa, uuldria, uorðiʒe; lufo, ʒeniðro; lufa, ðrówa, hálsa, milsa*; im Rit. *ʒihœlsiʒa, ʒiniosiʒe; ʒimyndʒa, ʒidílʒa*.

Anm. 5. Das *a* der 2. und 3. sg. ind. ist im ws. ganz fest (ein *ofersceadoð* Cura past. hs. C gegen -*að* hs. H ist verdächtig); die kGl. haben einige *o, e*: *onscunoð, ʒeþafoð, ofsticoð; ʒeþafeð, áreð*; ein vereinzeltes *edléaneð* im Ps. ist wieder verdächtig, ebenso wie ein vereinzeltes *ādrúʒiað*.

In R¹ finden sich dagegen neben -*ast*, -*aþ* etc. bereits ziemlich viele e-formen, wie *endeþ, ʒearweþ* etc. (auch *ʒearwœþ*) und ein paarmal -*ia*-, *áriað, prówiaþ*. North. herscht in R² in der 2. sg. -*as* (ein *ʒiowestu* zu *ʒiowian* begehren, § 416, anm. 15, b), in der 3. sg. meist -*að*, neben seltenem -*eð* (*ʒisomneð, lufeð, ʒidæfneð*) und wieder etwas häufigerem -*iʒað*, -*iað*, -*ias*, wie *ʒisomniʒað, áʒniʒað, clœnsiʒað; clœnsias, wundriað* etc. In L sind für die 2. sg. belegt formen wie *lócas, somnas* etc. (dies ist die normalform); *lufœstu, ondsuœrœstu; niveas; worðias*; in der 3. sg. herscht -*að*, -*as* nebst -*eð*, -*es* (und seltenem -*œð*, -*œs*, wie *lufœð, clioppœs*); daneben neubildungen namentlich auf -*iað*, -*ias*, seltener solche wie *somniʒað, -as*,

fæstnigeð, worðiges, syngieð; ágnezæð; déadazes, uorðazes, fæstnazið, costaið
und *sceomiazað.* Das Rit. hat in der 2. sg. neben *-as (-ast)* auch formen
wie *giiorses, eftnives; glaðias* (über solche wie *ricsað* s. § 356, anm. 2), in
der 3. sg. neben einigen *-eð* auch neubildungen auf *-iað* neben vereinzeltem
zihérsumaiað, zimilsazeð, ziárwyrðizeð.

Ueber den consonantischen ausgang der 2. 3. sg. s. § 356 f.

Anm. 6. Im ind. pl. und der 2. pl. imp. ist die endung *-iað* etc.
(vgl. anm. 2) fest im ws. kent. und Ps.; in R[1] stehen dagegen neben dem
gewöhnlichen *-i(z)aþ, -iaþ* (vereinzelt auch *scyldizat, lókizæþ*) auch neugebildete formen wie *zesomnaþ* etc. (vereinzelt auch solche wie *hreordeþ*
'redet'). Im north. hat R[2] meist *-izað, -izas,* neben seltenerem *-iað, -ias,*
und im ind. neubildungen auf *-að, -as,* wie *zisomnað, lufas.* In L herschen
noch die *-iað, ias* bez. *-izað, -izas* vor; dazu kommen einige *-izeð, -izes*
und ziemlich viele neubildungen wie *déadazeð, costazes; ágnezað, eardezas*
(seltene nebenformen: *losaiað, ágnazað, lufaziað, aldaziað, bodazæð, worðai-
zes, ágnezes, zetezðezes, clioppozað, scéawzias*), namentlich aber solche wie
zesomnað, -s (selten *-es: behófes*). Auch das Rit. hat neben gewöhnlichem
-i(z)að, -i(z)as einige neubildungen wie *zeblædsað, zimérsas, zifærscipeð.*

Ueber den consonantischen ausgang des ind. pl. vgl. § 360, 1, über die
verkürzung vor folgendem pron. pers. § 360, 3 nebst anmm.

Anm. 7. Der opt. sg. ist im ws. und kent. durchaus regelmässig.
Für den pl. sind die allgemeinen regeln von § 361 nebst anmm. zu beachten. Für altws. *-izen* heisst es also später auch *-ian* (so schon einmal
áscian Or.) und dann spätws. durchaus vorherschend *-ion* etc., während in
kGl. kPs. kH. *-ian* durchsteht.

Der Ps. hat regelmässig sg. *-ie,* pl. *-ien,* R[1] neben herschendem sg.
pl. *-ize* auch einige *-izæ* und sg. *folze, zetríowe,* pl. *iarwan.* Das north.
zeigt in R[2] sg. pl. *-ize,* seltener *-iza;* in L herscht umgekehrt *-iza, -ia*
neben selteneren sg. *-ize* und neubildungen wie sg. *zeríxaze, losaize,
déadeze* und *zeberhtna,* pl. *déadaze, lufaiza, -e;* im Rit. desgl. sg. pl. meist
-ia, -iza, selten *-ize,* und neubildungen wie sg. *zimilsaze, zitdleze, ziwlit-
zeza* und *zemyndze,* pl. *zithoncaze* und *ziearnizo.*

Anm. 8. Im imp. sg. ist die endung *-a* fest im ws., kent. und im
Ps. In R[1] steht neben *-a* ziemlich häufig *-e* (auch *-æ* in *lócæ*). North.
hat R[2] ein vereinzeltes *lócco* 'siehe' neben herschendem *-a;* L und Rit.
zeigen neben *-a* auch einige *-e* und häufig eine neubildung auf *-iz,* wie
driz, scéawiz, hálziz (vgl. auch § 410, anm. 5; ein *worðiza* 'adora' Rit.
ist wol als inf. verstanden, ein *zeðréat* L vielleicht nur verschrieben).

Ueber den imp. pl. s. anm. 6.

Anm. 9. Im unflectierten inf. ist *-ian* etc. (anm. 2) im allgemeinen fest im ws., kent. und Ps., vgl. § 363, 1 nebst anm. 1. R[1] hat
neben *-izan, -ian* auch *-ize* (und ein *andustriza*) sowie neugebildetes *stalle,
tinterza* für ws. *steallian* stehen, *tintrezian* quälen; in R[2] herscht *-iza*
(vereinzelt *-ia*) vor, daneben selten *-ize;* L hat meist *-ia, -iza* und *-ize,*
daneben neubildungen auf *-aze, -eza, -eze* wie *déadaze, wifeza, ágneze*
(vereinzelte nebenformen *lufazie, zeðréadtaize, uundraize, hriordazæ, ze-*

lécnæʒe, ʒehoroʒæ) und wie *ʒeréofa, milsa, ʒehdliʒa*. Im Rit. scheinen sich nur die regelmässigen -*ia*, -*iʒa* sicher belegen zu lassen (vgl. jedoch § 414, anm. 14, c).

Anm. 10.   Für den flectierten inf. gelten im ws. und kent. die allgemeinen regeln von § 363, 2: also altws. überwiegend -*ianne*, seltener -*i(ʒ)enne*, aber spätws. wieder vorwiegend -*i(ʒ)enne*, im kent. -*ienne* kGl. kPs. u. s. w.

Im angl. herschen dagegen formen ohne -*i*- durchaus vor. Der Ps. hat -*enne*, wie *earnenne* (daneben ein *to mildsiende* miserendi), R¹ schwankt: *scéawenne, bismerene* und *ʒitsanne*. Von den north. texten hat R² neben überwiegendem -*anne*, wie *endanne*, auch vereinzelt *bodiʒanne* (*wuniʒanne* neben *wunanne* s. § 416, anm. 16); in L überwiegt -*anne* (daneben vereinzelt *losane, embehtane* und *talanna*, auch verkürzt *scéawnne*), selten -*enne* (*ʒehǽlʒenne, pínenne, worðenne*) und -*ianne* (*bodianne, lufianne, worðianne*), das Rit. hat nur -*anne*.

Anm. 11.   Eine ähnliche doppelheit der bildung erscheint beim part. praes.   Im ws. und kent. herscht allgemein das zu erwartende -*i(ʒ)ende* (vgl. anm. 2). Im Ps. überwiegt ebenfalls noch -*iende*, daneben steht aber sehr gewöhnlich auch -*ende*, und zwar oft in denselben verbis, wie *blissiende* und *blissende*, etc. R¹ hat neben (*clipiʒende*), *wundriende* gewöhnlich -*ende*, wie (*clippende* § 416, anm. 14, c), *lókende* etc., ausnahmsweise auch *costænde* und *lócande, ondswarande*.   In R² geht -*ende* durch, in L wechselt es stark mit -*ande* (daneben auch vereinzelt *ondsuarænde* und verkürzte formen wie *scéaunde, ðróunde*) und seltener mit -*i*-formen wie *ʒeadriʒende* etc. (einmal auch *ʒidyrsʒindvm*, vgl. altes *hlǽodrindi* Ep.; *wuniʒende* etc. s. § 416, anm. 16).   Das Rit. hat neben -*ande* (*ricsande* etc.) auch *lufende, licxændum, wynsumændo* (*wuniʒende, lifiʒændra* s. § 416, anm. 2. 16).

Auch in der poesie sind die kurzformen dieser participia auf -*ende* öfter belegt, und, wie die metrik zeigt, auch ganz gewöhnlich für die überlieferten -*iende* einzusetzen; vgl. Beitr. X, 482.

Einige neubildungen ähnlicher art bei alten *jo*-verben s. § 409, anm. 1.

§ 413.   Im praeteritum ist -*ode* aus altags. -*udæ*, -*ude* die gewöhnlichste form des wests.; -*ade* ist hier seltener, dafür aber für das kent. und namentlich für das anglische charakteristisch.   Formen mit (geschwächtem) -*ed*- sind überall seltener, finden sich aber in allen dialekten.

Anm. 1.   Von den ältesten texten hat Ep. formen wie *ǽslacudæ, suicudæ* neben *ʒereʒnodæ, suornodun* und *ʒeniðradæ, líthircadæ*; in Corp. herscht -*ade* etc., nur vereinzelt finden sich *ʒemǽrcode, ðrówode, tioludun*, die z. t. zu alten *ē*-verbis gehören.

Anm. 2.   Im altws. ist -*ude* ziemlich selten, und offenbar als altertümlichkeit zu betrachten; pluralformen mit *u* fehlen hier ganz. Im spätws. treten dagegen die *u* (offenbar als umgekehrte schreibung für *o*) z. t. häufiger auf, und auch im pl., wie *lócude*, pl. *lócudon* etc.

Anm. 3. In der Cura past. ist sg. -*ude* durch beide hss. zugleich
2 mal bezeugt, *ʒrápude*, *ŏrówude*, desgl. -*ade* 3 mal, *ŏénade*, *bisnade*, *ʒesyn-*
ʒade, etwas öfter beide durch je eine hs., namentlich H. Normalform ist
-*ode*, pl. -*odon* etc., doch steht neben letzterem auch bereits öfter -*edon*,
das 5 mal durch beide hss. zugleich bezeugt ist, *hírsumedon*, *bodedon*, *ʒe-*
ŏafedon, *wunedon*, *bismredon* (also vorwiegend bei alten *ĭ*-verbis); ein sg.
-*ede* fehlt bis auf ein *ofermódʒede* hs. H.

Auch in der Chr. ist -*ode*, pl. -*odon* das gewöhnlichste, doch sind daneben sg. -*ude* und namentlich -*ade*, pl. -*edon* etwas stärker vertreten
(dazu auch ein pl. *oferherʒeadon*).

Im Or. hat der sg. meist -*ade*, der pl. -*edon*, doch auch nicht selten
sg. -*ode*, pl. -*odon*; daneben ausserdem 1 pl. -*adon*, 3 opt. pl. -*aden* und
4 sg. -*ede*.

Anm. 4. Die formen mit -*ed*- sind also offenbar zunächst im pl. (ind.
-*edon*, opt. -*eden* etc.) aufgekommen. Dort bleiben sie auch spätws. neben
dem normalen sg. -*ode*, pl. -*odon* (und seltenem -*ade*, -*ude*, pl. -*udon*, vgl.
anm. 2) einigermassen üblich, während sg. -*ede* durchaus zu den ausnahmen
gehört.

Anm. 5. Das kent. zeigt in kGl. *onscunede* (vgl. § 416, anm. 11),
ʒeŏafede, *offrede* neben überwiegendem -*ade*, im kPs. *lufedest* neben zwei
þingode und einem *beserode* (zu § 408, anm. 4).

Anm. 6. Im angl. ist -*ad*- durchaus die norm; -*ud*-, -*od*- ist, abgesehen von 5 *cleopude*, 8 *lufude* Ps. (daneben oft auch -*ade*) durchaus
selten: je 1 *duolude* Ps., *hleonudun* R¹, *trúʒude*, *ondsuearudon* L und *ʒi-*
ŏréotodon R², *ondsuorode*, *losodun*, *cliopodan* L. Wie die beispiele zeigen,
ist diese form der endung hauptsächlich auf urspr. *ĭ*-verba beschränkt (vgl.
§ 416 nebst anmm.)

Etwas häufiger ist in Ps. R¹ -*ed*-, und auch hier sind wieder die urspr.
ĭ-verba besonders beteiligt (vgl. z. b. Ps. 7 *cleopedun*, 10 *onscunedun* etc.,
neben denen kein pl. -*adun* begegnet).

Aehnlich liegen die verhältnisse im north., nur scheint wenigstens in
L -*edon* auch als schwächungsform für pl. -*adon* bei urspr. *ŏ*-verbis etwas
häufiger zu sein; vgl. beispiele wie *liccedon*, *worŏedun*, *ofwundredon* u. ä.

Anm. 7. Ausserdem hat L noch eine anzahl gelegentlicher neubildungen, wie *scéawde* (*scéaude*, *scéode*; vgl. § 416, anm. 17, b) zu *scéawiʒa*
schauen; *héafeʒde*, *untrymiʒdon* zu *héafiʒa* klagen, *untrymiʒa* krank sein
(zu § 416, anm. 11), oder umgekehrt *ellŏíodade* neben *ellŏíodeʒde*, -*iʒde* zu
ellŏíodʒiʒa in die fremde gehen.

Anm. 8. Ueber formen ohne mittelvocal wie *trúwde*, *ŏéowde* etc. s.
§ 416, anm. 17, b.

§ 414. Die endungen des part. praet. entsprechen im
ganzen denen des praet.; es gilt also ws. meist -*od*, ausserws.
meist -*ad* etc., doch finden sich im einzelnen mancherlei abweichungen.

Anm. 1. In Ep. sind an hierhergehörigen formen nur belegt *fetod*, *zefetodnœ*, *āfūlodan* (alles von altem *ŏ*-verbis, vgl. § 416, anm. 15, b und ahd. *fūlēn*), in Corp. *feotod*, *zefeotodne* neben herschendem *-ad* etc.

Anm. 2. In der Cura past. stehn neben dem normalen *-od*, flectiert *-ode*, *-oda* etc. auch 12 unflectierte *-ad*, und je ein *zeázenudu* (zu § 144, b) sowie *zewundedan*, *forrotedan* in beiden hss. zugleich (*un[ze]ŏinzed*, 2 *zewintrede* sind nach kl. I gebildet); dazu kommen in C allein 4 *-ude* etc., 2 *-edan*, in H allein 5 *-ade*, 4 *-udne*, *-udan* etc., 2 *-edan* etc. Die Chr. hat neben 13 *-od*, 4 *-ode* etc. auch 6 *zefulwad*, 2 *zewundad*, 1 *zeleapade* und 1 *zefulluhtud*, 3 *-horsude*, *-an*. Im Or. gilt unflectiert meist *-ad*, demnächst *-od* (2 *-ed*), flect. *-ade* oder *-ede* (je ein *zebrocode*, *zewundode*). Im spätws. gehen die *u*, *a*, *e* etwa denen des praet. parallel.

Anm. 3. Das kent. hat in kPs. nur *zeclænsod*, in kGl. meist *-ad*, fl. *-ade*, aber auch *witnod*, *zeliŏgod*, *zezearwod*, fl. *zesamnode*, *zemetzode*, *zewitnodum* und (bei alten *ŏ*-verbis) *onscunede* (§ 416, anm. 11, c. 15, a), *zeĝfenedan* (ahd. *âbandēn*).

Anm. 4. Anglisch gilt durchweg *-ad*, fl. *-ade* etc. als norm; doch hat der Ps. auch einige flectierte formen wie *zesinzālede*, *zewundedan*, *-edra* u. ä., R¹ ein fl. *zesomnede* neben mehreren unfl. *-ed*, wie *bewedded* (auch ein *zezearwæd*); R² unfl. *zidæfned*, *losed* (altes *ŏ*-verbum, § 416, anm. 11, b) und L Rit. ziemlich oft unfl. *-ed*, im Rit. auch ein fl. *ziondvardedo*. Dazu neubildungen wie Rit. *zicostized*, L *zeŏréaten*, *forbodan* nach dem muster der starken verba (vgl. § 406, anm. 7), u. ä.

Anm. 5 (zu § 412—414). Auch unter den *ŏ*-verbis finden sich einige verba contracta (vgl. § 373. 408, 4), bei denen in den formen ohne altes *j* wurzel und endungsvocal mit einander verschmelzen. Hierher gehören:

a) **bŏian*, **bŏzan* prahlen (3. sg. ind. poet. *bŏŏ*, daneben spätws. neugebildetes *bŏzaŏ* Scint.), **zŏian* klagen (part. *zŏiende*, 3. sg. ind. praes. *zŏaŏ* Beda), *scŏian*, *scŏzan* beschuhen (1. sg. ind. *scŏze*, *scéoze*, opt. pl. *-scŏzen*, imp. sg. *scéo*, pl. *scéozeaŏ*. part. praet. *-scŏd*, *scéod*, north. *zescæd* L, *ziscæd* R², imp. *ziscéo* Rit.); grundformen **skŏhŏjan* etc.

b) *twéoz(e)an* zweifeln (aus **twihŏjan*, vgl. ahd. *zwëhŏn*; praes. *twéoze*, *twéost*, *twéoŏ*, opt. *twéoze*, part. *twéozende*, poet. auch *-twéonde* nach § 412, anm. 11, praet. *twéode*; merc. R¹ praes. ind. pl. *twizaþ*, praet. sg. 2 *zetwiodestu*, pl. *twéodun*, north. R² praes. ind. sg. 3. *twias*, opt. *twioze*, praet. *twiade*, pl. *twiodun*, L praes. ind. sg. 3. *tuds*, *tuœs*, opt. sg. *zetuiza*, praet. *tuiade*, pl. *tuiaton*, *zetwiedon*, Rit. praet. sg. *zitvieda*), und vermutlich **téoz(e)an* anorden, bestimmen, von dem nur contrahierte formen belegt zu sein scheinen (praes. ind. pl. poet. *téoŏ*, praet. *téode*, altnorth. *tiadœ* hymn. Cædm., part. *-téod*); ferner *fréoz(e)an* lieben (got. *frijôn*), praes. ind. sg. 3. *fréoŏ*, pl. *fréozaŏ* (poet. auch *fréoŏ*), opt. *fréoze*, imp. sg. *fréo* etc.

c) north. auch *zeféaza* etc. sich freuen (= ws. *zeféon* § 391, 1 nebst anm. 6): R² inf. *ziféaza*, *-e*, praes. ind. sg. 1. *ziféo*, 3. *ziféaŏ*, part. *ziféa(a)nde*, *ziféonde*, praet. *ziféade*, *ziféode*, pl. *ziféadun*; L inf. *zeféaze* neben *zeféa*, praes. ind. sg. 1. *zeféo*, 3. *zeféaŏ*, *-s*, opt. sg. *zeféaze*, pl. *zeféaŏ*, part. *zi-*

féande, praet. *ʒeféade*, pl. *ʒeféadon*, part. praet. *ʒeféad*; Rit. inf. *ʒiféa(ʒ)ia*, *ʒiféaʒe* neben *ʒiféa*, praes. ind. pl. *ʒiféað*, opt. sg. *ʒiféaʒe*, pl. *ʒiféaʒa*, imp. pl. *ʒiféað*, part. *ʒiféande*).

3) Dritte schwache conjugation.

§ 415. Diese conjugation umfasst die wenigen reste die von der ursprünglichen *ē*-klasse, § 389, 3, im ags. übrig geblieben sind. Die klasse selbst zerfällt in zwei abteilungen:

1) In der ersten abteilung wechselten im praes. die germ. suffixformen -*ja*- und -*ai*- (oder -*ǣ*-, wie andere annehmen) in derselben weise wie bei der *ō*-klasse germ. -*ōja*- und -*ō*-. Das *j* der ersten suffixform bewirkte nach § 227 westgerm. gemition vorausgehnder einfacher consonanten, und späterhin der regel nach *i*-umlaut. Das *ai* der zweiten form erscheint ws. als *a* (vielleicht infolge einer frühzeitigen vermischung dieser klasse mit der *ō*-klasse), angl. mindestens z. t. als *e*. Das praet. fügt die endung -*de*, das part. praet. die endung -*d* direct (d. h. ohne westgerm. mittelvocal) an die wurzelsilbe an; daher z. b. inf. *secʒ(e)an* aus **saʒjan*, 3. sg. ind. praes. *saʒað*, north. *sæʒeð* etc. zu urspr. **saʒaiþ*, praet. *sæʒde*, part. *ʒesægd* u. s. w. Doch sind im laufe der zeit viele verschiebungen des alten systems eingetreten, namentlich auf dem wege der anlehnung an die flexion der I. oder II. schwachen klasse.

2) Die ursprünglichen formen der zweiten abteilung lassen sich nur vermutungsweise bestimmen. Wahrscheinlich entsprach dem bereits germ. -*ja*- der ersten abteilung hier ein erst westgerm. -*ī(j)a*-, das aus indog. -*ē-jo*- hervorgegangen war, und im urags. weiterhin zu -*i(j)a*- und zu einsilbigem -*ja*- verkürzt werden konnte. Dies -*(i)ja*- war alt genug, um *i*-umlaut, aber nicht alt genug, um westgerm. gemination zu erzeugen; daher z. b. formen wie north. inf. *lœsiʒa*, *lœsʒa* R² verloren gehn, anm. 11, zu st. **losējo*-, **losī(j)a*-. Die wechselform des suffixes war wie in der ersten abteilung im praes. *ai*, das denn auch hier ebenso vertreten erscheint wie dort. Ueber das praet. und part. praet. lassen sich bestimmte regeln nicht geben, zumal gerade diese zweite abteilung fast ganz in die *ō*-klasse übergetreten ist, so dass sich überhaupt nur spärliche reste der alten bildung finden, s. § 416, 2 nebst anmm.

§ 416. 1) Zur ersten abteilung gehören namentlich die verba *habban* haben, *libban* leben, *secʒ(e)an* sagen, *hycʒ(e)an* denken, ferner urspr. auch die verba contracta *ðréaʒ(e)an* drohen, schelten, *sméaʒ(e)an* denken, *fréoʒ(e)an* befreien, *féoʒ(e)an* hassen (westgerm. stammformen *habja-* : *habai-*, praet. *hab-*; *þrauja-* : *þrawai-*, praet. *þrau-*; *frija-* : *frï[j]ai-* etc.). Als paradigmen lassen sich aufstellen (in klammern stehen formen die sich im strengws. nicht oder nur seltener finden):

Praesens.

Indicativ.

Sing. 1. hæbbe	{ libbe (lifʒe)	secʒe	hycʒe	ðréaʒe	fréoʒe	
2. { (hafas[t]) hæfst	liofas(t)	{(saʒas[t]) sæʒst	{ hoʒas[t] hyʒ(e)st	ðréas(t)	fréos(t)	
3. { (hafað) hæfð	liofað	{(saʒað) sæʒð	{ hoʒað hyʒ(ð)	ðréað	fréoð	
Pl. habbað	{ libbað (lifʒað)	secʒ(e)að	hycʒ(e)að	ðréaʒ(e)að	fréoʒ(e)að	

Optativ.

Sing. 1. hæbbe	{ libbe (lifʒe)	secʒe	hycʒe	ðréaʒe	fréoʒe

u. s. w. wie *fremme* § 409.

Imperativ.

Sing. 2. hafa	liofa	{ (saʒa) sæʒe	{ hoʒa hyʒe	ðréa	fréo
Pl. habbað	{ libbað (lifʒað)	secʒ(e)að	hycʒ(e)að	ðréaʒ(e)að	fréoʒ(e)að

Infinitiv.

habban	{ libban (lifʒan)	secʒ(e)an	hycʒ(e)an	ðréaʒ(e)an	fréoʒ(e)an

Participium.

hæbbende	{libbende (lifʒende)	secʒende	hycʒende	ðréaʒende	fréoʒende

Praeteritum.

Sing. 1. hæfde	lifde	sæʒde	hoʒde	ðréade	fréode

u. s. w. wie *démde* § 409.

Participium praeteriti.

ʒehæfd	ʒelifd	ʒesæʒd	ʒehoʒod	ʒeðréad	ʒefréod

Anm. 1. *habban.* a) Mit der negation *ne* verschmilzt *habban* zu *nabban*, praes. ind. sg. 1. *næbbe*, 2. *(nafast)*, *næfst*, 3. *(nafað)*, *næfð*, pl. *nabbað*, opt. *næbbe*, praet. *næfde*, part. *ʒenæfd.*

b) Die formen *hafas(t)*, *hafað* bez. *nafas(t)*, *nafað* sind im strengws. äusserst selten (in Cura past. je 1 *hafas[t]*, *nafað* in beiden hss., ein *hafað* in hs. H), in dialektisch gefärbten texten können sie häufig sein. In der angl. dichtung herschen sie allein, im süden steht daneben auch *hæfst*, *hæfð* etc.; die angl. poesie hat ausserdem auch eine 1. sg. *hafu*, -o (-a).

c) Im ind. pl. praes. begegnen einige wenige *hæbbað*, *næbbað* in Cura past. hs. H; dagegen ist *æ* ws. regel in dem verkürzten *hæbbe wē*, *ʒē*, ebenso in dem negierten *næbbe ʒē* (doch ein *nabbe ʒē* Cura past. hs. H). Spätws. dringt das *a* des ind. auch gern in den opt. pl. ein: sg. *hæbbe*, pl. *habbon*, nach dem muster des ind.: sg. *hæbbe*, pl. *habbað.*

d) Im part. praet. findet sich spätws. vereinzelt *-hæfed* (öfter im Beda hs. Ca).

e) Dialektformen: kent. ist eine 2. sg. ind. praes. *hefst* kGl. gegen *hafest* kHymn. belegt; — merc. im Ps.: praes. ind. sg. 2. *hafast*, 3. *hafað*, pl. *habbað*, imp. pl. *habbað*, part. *nabbende*, praet. *hefde*, pl. *hefdun*, part. *hefd*; — in R¹: praes. ind. sg. 2. *hæfest* (*hæfeþ*), 3. *hæfeþ*, *næfeþ* (*hæfæþ*, *hefæþ*; *hæfð*, *næfð*), pl. *habbaþ*, *nabbaþ*, *habbe wē*, opt. *hæbbe*, imp. *hæfe*, pl. *habbaþ*, inf. *habbanne*, part. *hæbbende*, praet. *hæfde*, *næfde*; — north. in R²: praes. ind. sg. 1. *hafo* (*hæfo*, *hæfe*), 2. *hæfes* (*hæfest*, *hæfestu*, *hæfeð*), 3. *hæfeð*, -es (*ʒehabbað*), pl. *habbað*, -as, *habbon wē*, opt. sg. pl. *hæbbe*, imp. sg. *hæfe*, pl. *habbað*, -as, inf. *habba*, fl. *habbanne*, part. *hæbbende*, *næbbende*; — in L: praes. ind. sg. 1. *hafo* (*hafu*, *hæfo*, *hæfic*), *nafu*, 2. *hæfis*, -es, -eð (*hafis*), 3. *hæfeð*, -es (*hafeð*, -es), *hæfis*, -ið (*habbað*) und *næfis*, -eð, pl. *habbað*, -as (*hæbbas*), *nabbað*, -as, *nabbo wē*, opt. sg. pl. *hæbbe*, imp. sg. *hæfe*, pl. *habbað*, -as, inf. *habba* (*hæbbe*), fl. *habbanne*, part. *hæbbende*, *næbbende*, praet. *hæfde*, *næfde*; — im Rit.: praes. ind. sg. 1. *hafo*, 2. *hæfeð*, 3. *hæfeð*, pl. *habbað*, *habba vē*, opt. sg. pl. *hæbbe*, *næbbe*, imp. pl. *habbað*, inf. *habba*, part. *hæbbende*, *næbbende*, praet. *hæfdon*, *næfde*. Im Leid. räts. begegnet eine 1. sg. ind. praes. *hefæ.*

Anm. 2. a) In *libban* und *lifʒan* (*lifian*, *lifiʒean* etc.) zeigt sich doppelbildung des praesens nach § 415, 1 und 2. Dabei ist *libban* die eigentlich strengws. form, *lifʒan* die der übrigen dialekte, doch hat auch Cura past. hs. H ausnahmsweise ein *lifiendan* (in der Chron. scheint nur *lifʒende*, aber überhaupt keine form mit *bb* belegt zu sein), und ebenso finden sich später gelegentlich schwankungen auch in den strengws. texten. In der poesie ist *libban* auf die südengl. Metra (und die aus dem alts. übersetzte Gen. B) beschränkt.

b) In der 2. 3. sg. ind. praes. findet sich altws. einmal *i* für *io* (*lifað* Cura past. hs. C), später heisst es meist *leofað*, aber auch *lifað*, *lyfað* etc. Dialektisch dringt das *io*, *eo* auch in die alten *j*-formen ein, wie inf. *leofian*, 3. pl. *leofiaþ* Blickl.

c) Das praet. lautet spätws. meist *leofode* (daneben *lyfode*, vereinzelt auch *lifede* Beda hs. Ca).

d) Dialektflexionen: kent. ist im kPs. das part. *lifi(ʒ)ende*, *lifʒende* belegt, in urkk. opt. *lifiʒe*, part. *libʒendes*, praet. *oferlifde*; — merc.: im Ps.: praes. ind. sg. 1. *lifʒu*, 3. *leofað*, *liofað* (*leafað*), pl. *lifʒað*, opt. *lifʒe*, inf. *lifʒan*, part. *lifʒende* (ein *lifiende*), part. praet. *lifd*; — in R¹: praes. ind. sg. 3. *leofaþ*, pl. *lifʒaþ*, part. *lifʒende*, praet. *lifde*; — north. in R²: praes. ind. sg. 1. *lifo*, 3. *lifeð*, pl. *lifʒas*, inf. *lifʒa*, part. *lifʒende*; — in L: praes. ind. sg. 3. *liofað*, *-æð*, *-eð*, *lifeð*, *-es*, pl. *lifias*, *hlifiʒað*, opt. *(h)lifiʒe*, part. *lifi(ʒ)ende* (*lifiʒiende*, *hlifiʒiende* etc.), praet. *lifde*; — im Rit.: praes. ind. sg. 2. *liofas* (*-að*), 3. *liofað*, *lifað*, *-eð*, pl. *lifiʒað*, *lifað*, *liofað*, opt. sg. pl. *lifiʒa*, part. *lifi(ʒ)ende*, *lifiʒiende*.

Anm. 3. *secʒean*. a) Die altws. flexion ist regelrecht praes. sg. *secʒe*, *sæʒst*, *sæʒð*, pl. *secʒ(e)að* etc., praet. *sæʒde*, part. *ʒesæʒd* (über formen wie *sǽde*, *ʒesǽd* s. § 214, 3), nur dringt das *œ* bisweilen auch in die alten *ja*-formen ein, inf. *sæcʒ(e)an* etc. Im spätws. aber giebt das verbum den unterschied zwischen *e* und *œ* im praes. ganz auf und geht somit in die flexion der I. klasse über: praes. ind. *secʒe*, *seʒ(e)st*, *seʒ(e)ð*, pl. *secʒ(e)að*, imp. *seʒe*, pl. *secʒ(e)að* (doch praet. *sǽde* etc.). In weniger streng ws. texten, namentlich auch in der poesie, finden sich dann noch weitere mischformen (wie praes. *sæʒest*, *sæʒeð*, imp. *sæʒe*) und die dem strengws. ganz fremden *a*-formen *sagast*, *saʒað*, imp. *saʒa*.

b) Dialektflexionen: kent. in kGl. imp. *ne seʒe ðu*; — merc.: im Ps.: praes. ind. sg. 1. *secʒu*, *-o* (ein *-seʒcʒa*), 2. *āsaʒas*, 3. *seʒeð*, pl. *secʒað*, opt. *secʒe*, pl. *-en*, imp. sg. *seʒe*, pl. *secʒað*, inf. *seʒʒenne*, part. *secʒende*, praet. *seʒde*, part. praet. *seʒd*; — in R¹: praes. ind. sg. 1. *sæcʒe* (*sæcʒa*, *secʒe*), 2. *sæʒest*, 3. *sæʒeþ*, pl. *sæcʒaþ* (*secʒaþ*), opt. sg. pl. *sæcʒe*, imp. sg. *sæʒ*, *sæʒe*, *sæcʒe*, pl. *sæcʒaþ*, praet. *sæʒde*, part. praet. *sæʒd*; — north. in R²: praes. ind. sg. 1. *sæʒo* (*-e*), 2. *sæʒes*, 3. *sæʒeð* (*sæcʒað*), pl. *sæcʒað*, *-as* (*āsæʒas*), imp. *sæʒe*, inf. *sæcʒa* (*-o*, *sæʒe*), fl. *sæcʒanne*, praet. *sæʒde*, part. *āsæʒd*; — in L: praes. ind. sg. 1. *sæʒo* (*sæʒcʒo*), 2. *sæʒes* (*-eð*), 3. *sæʒeð*, *-es* (*sæcʒas*, *-es*), pl. *sæcʒað* (*sæʒas*), opt. sg. *sæʒe*, imp. *sæʒ*, *sæʒe*, pl. *sæcʒas*, praet. *sæʒde*, part. praet. *āsæʒd* (*āsæʒed*); — im Rit.: praes. ind. sg. 3. *sæʒeð*, pl. *secʒað*, opt. sg. pl. *sæcʒe*, imp. *sæʒi*, *-e*, part. *sæcʒende*, praet. *sæʒde*.

Anm. 4. a) *hycʒ(e)an* bildet bereits altws. sein ganzes praes. überwiegend nach dem paradigma der I. klasse: *hycʒe*, 3. sg. *hyʒ(e)ð* (doch ein *-hoʒað* Cura past. hs. H), imp. *-hiʒe* Boeth. hs. C (*-hoʒa* hs. B), im praet. tritt neben *hoʒde* bereits *hoʒode* auf (das später gewöhnlich ist); für das part. praet. ist altws. nur *-hoʒod* belegt.

Ausnahmsweise wird später die *ja*-flexion auch in's praet. übertragen, *-hyʒde* Blickl. gl., *-hyʒ(e)de*, *-hiʒ(e)de* Spelm. ps. Gewöhnlicher ist das verbum im strengen spätws. ganz in die II. klasse übergetreten, inf. *hoʒian*, praet. *hoʒode*, part. *-hoʒod* etc.

b) Dialektflexionen: merc. im Ps.: praes. ind. sg. 3. *-hoʒað*, pl. *-hycʒað*, praet. *-hoʒde* (in R¹ fehlt das wort); — north. in R²: praes. ind. sg. 3.

-hoʒað, inf. *-hycʒanne*, part. *-hyccende*; — in L: praes. ind. sg. 3. *forhoʒað*, (*foroʒas, forhycʒað*), pl. *hoʒað, -as*, inf. *-hycʒa*, fl. *hycʒanne*, part. *hycʒende*, praet. pl. *-hoʒdan*; — im Rit.: imp. pl. *hoʒað*, praet. sg. *hoʒade*, pl. *-hoʒdon*, part. praet. adj. pl. *bihoʒodo*.

Anm. 5. *ðréaʒ(e)an* und *sméaʒ(e)an*. Hier begegnen ws. vereinzelt kürzere formen wie inf. fl. *ðréanne* Cura past. hs. H, opt. pl. *sméan*, imp. pl. *sméaþ* Boeth. hs. B (ind. pl. *sméað* Metra), part. *sméande* Spelm. ps.

Dialektflexionen: kent. in kGl. praes. ind. sg. 2. *ðréast*, 3. *ðréað, sméað*, inf. *sméʒan*, fl. *smýʒenne*, part. *ðréaʒende*, part. praet. *ðréad*; — merc. im Ps.: praes. ind. sg. 1. *ðréʒu* (*ðréu*), *sméʒu*, 2. *ðréas(t)*, 3. *ðréað*, pl. *sméʒað*, opt. sg. *ðréʒe, sméʒe*, imp. sg. *ðréa*, part. *ðréʒende, sméʒende*, praet. *ðréade*, part. praet. *sméad*; — in R¹: inf. *ðreiʒa*; — north. in R²: praes. ind. sg. 1. *ðría*, 3. *-ðréað, sméoð*, pl. *sméoʒas*, imp. sg. *sméoʒe*, pl. *sméoʒas*, part. *sméa(n)dum*, praet. *ðréade* (*ðréode*), *sméode*, pl. *ðréatun* (*ðréodun*), *sméadun*; — in L: praes. ind. sg. 1. *ðréa*, 3. *ðréað* (*-ðráð?*), *sméað*, pl. *sméað, -s*, imp. sg. *-ðréa, sméaʒe*, pl. *sméas*, part. *sméande*, praet. sg. *ðréade*, *sméade*, pl. *ðréadon, sméadon* (*ʒesméawdon, ʒesméaudon*); im Rit: praes. ind. sg. 3. *-sméað*, pl. *sméað*, imp. *-ðréað*, inf. *-sméaʒa*, fl. *sméanne*, part. *-ðréandum, sméande*.

Anm. 6. *fréoʒ(e)an, fríoʒ(e)an* (§ 114, 2; *fréoʒean* lieben, s. § 414, anm. 5, b) flectiert merc. im Ps.: praes. ind. sg. 1. *fríʒu*, 2. *-fréas*, 3. *-fréað* (*-fríað, -fréoð*), imp. sg. *-fréa* (*-fría*), pl. *-fríʒað*, part. subst. *-fríʒend*, praet. *-fréode, -fréade* (*fríode, -fréde*), part. praet. *-fréod, -fréad, -fríad*; — in R¹: praes. opt. *ʒefréoʒe*; — north. in R²: praes. ind. sg. 3. *-fríað, -fríoð*, imp. sg. *fría*, part. praet. *-fríad*, pl. *-fríode*; — in L: praes. ind. sg. 3. *fríað, -fríʒeð, fréweð*, imp. *-fríʒ*, inf. *ʒefríʒa* (opt.?), part. *friende*, praet. *-fríʒade*, part. praet. *-fríod, -fréod, -fréuad*; — im Rit. praes. ind. sg. 1. *fría*, opt. *-fríe*, imp. *fría*, praet. *-fríade, fréode*, part. praet. *-fríad, -fríod*.

Anm. 7. *féoʒ(e)an, fíoʒ(e)an* (§ 114, 2; got. *fijan*) flectiert merc. im Ps.: praes. ind. sg. 3. *fíað*, pl. *fíʒað* (*fíað*), imp. pl. *fíað*, part. *fíʒende*, praet. *fíode* (*féode, fiede*, auch ein *fédest*); — in R¹: praes. ind. sg. 3. *fíað*, pl. *fíeʒaþ*, opt. *fíeʒæ*; — north. in R²: praes. ind. sg. 3. *fíað* (*ʒeféð?*), inf. *-fíoʒe*, praet. pl. *-fíadun*; — in L: praes. ind. sg. 3. *-fíið, -fíað, -fíeð, -fíweð*, inf. *-fíaʒe*, praet. pl. *-fíadon*; im Rit. ist das wort nicht belegt.

2) Die zweite abteilung bilden die übrigen alten *ē*-verba. Sie sind meist ganz oder bis auf geringe reste in die flexion der *ō*-verba übergetreten. Seltener ist übertritt zur *jo*-klasse oder doppelbildung nach beiden klassen.

Anm. 8. Kriterien für urspr. *ē*-flexion bei sonst gemeinags. *ō*-flexion sind insbesondere: a) das auftreten westgerm. gemination (vgl. anm. 10); — b) das auftreten von *i*-umlauten und ähnlichen vocalaffectionen (vgl. anm. 11 ff.); — c) das auftreten von einsilbigem *ʒa, ʒe* gegenüber dem zweisilbigen *ia, i(ʒ)e* etc. der II. klasse, § 412, anm. 1. 415, 2 (vgl. unten anm. 15); — d) das auftreten von angl. partt. praes. auf *-iende* etc. gegenüber dem *-ende, -ande* der II. klasse, u. ä., § 412, anm. 10 f. (vgl. unten anm. 16); —

e) das auftreten von praeteritis ohne mittelvocal (vgl. unten anm. 17);
— f) das auftreten abweichender endungsvocale (vgl. unten anm. 18).

Anm. 9. Ganz zur I. kl. gehört *fœstan* fasten (ahd. *fastên*), doppelbildung zeigt namentlich *fylჳ(e)an — fylჳde* und *folჳian — folჳode* folgen
(ahd. *folgên*), vgl. auch *tellan — tealde* § 407, 1 und *talian — talode* zählen.
fylჳ(e)an und *folჳian* stehen bereits altws. (z. b. in der Cura past.)
gleichberechtigt neben einander. Im Ps. und L gelten nur formen von
fylჳan, -a, ebenso in R² und Rit. abgesehen von je einem imp. sg. *folჳa*
R², opt. pl. *folჳiჳa* Rit. Stärker sind formen von *folჳian* in R¹ vertreten
(inf. *folჳian,* opt. *folჳe,* imp. *folჳa,* praet. *folჳade,* pl. *-adun, -edun,* neben
praes. ind. sg. 3. *fylჳeþ,* imp. *fylჳe, -œ,* part. *fylჳende, -œnde,* praet.
fylჳde, -ede).

Anm. 10. Westgerm. gemination (anm. 8, a) zeigen noch an
isolierten formen das poet. part. praes. *wœccende* zu *wacian* wachen (Ps.
praes. ind. sg. 1. *wœcio,* pl. *węciað,* praet. *wœcade* nach § 162, anm. 2; in
R¹ und north. ist die *jo*-flexion fast ganz durchgeführt: R¹ inf. *āwœccan*
[?], imp. pl. *wœccas, wac[c]eþ,* part. *wœcende;* R² inf. *ჳiwœcca, wœcce,* opt.
sg. *wœcce,* imp. pl. *wœccas,* part. *wœc[c]ende;* L inf. *wœc[c]a, ჳewœccœ,* fl.
wœccenne, imp. pl. *ჳewaccas,* part. *wœc[c]ende,* praet. *ჳewœhte;* Rit. opt. pl.
ჳivœcჳe, part. *vœccendo*), und das subst. part. *hettend* feind, zu *hatian*
hassen.

Ferner gehört wol hierher *hnappian* (ein)schlafen: altws. einmal daneben *hnœppiað* Cura past.; spätws. oft *œ*-formen in Spelm. ps. Im Ps.
flectiert das wort: praes. ind. sg. 1. *neapiu,* 2. *neppas,* 3. *hneap(p)að,* praet.
hneap(p)ade, pl. *hneapedun, -on.*

Anm. 11. *i*-umlaut (anm. 8, b) haben noch (neben anderen kriterien):
a) north. R² *ჳiðœlჳe,* praes. ind. sg. 3. *ჳiðolas (ჳiðœlჳas),* imp. pl. *ჳiðœliჳas,*
= gemeinags. *ðolian* dulden (ahd. *dolên*); — b) north. R² inf. *lœs(i)ჳa*
neben *losiჳa, losiჳe,* fl. *losanne,* praes. ind. sg. 3. *losað, -as, -eð (lœsiჳað,
losiჳað),* pl. *lœsiჳað, -as,* opt. *lœs(i)ჳe,* pl. *lœsiჳe,* imp. *losa,* part. *losed*
neben *losad,* = gemeinags. *losian* verloren gehn; — c) angl. *(on)scynian*
etc. neben gemeinags. *onscunian* scheuen (Ps. meist formen von *-scunian,*
aber 2 mal praet. *scynedun;* L inf. *scyniჳa,* praes. ind. sg. 3. L Rit. *on-
scynað;* in R¹ R² nicht belegt); — d) north. *býa* neben gemeinags. *búan* etc.,
§ 396, anm. 6, ahd. *búen* (in Ps. R¹ nicht belegt; R² inf. *býa,* praes. ind.
sg. 2. *býes,* praet. *býede,* dazu *býend* f. colonie; L inf. *býa,* fl. *býenna,* praes.
ind. sg. 3. *býeð,* pl. *býeð, -es,* imp. pl. *býes,* praet. *-býde,* pl. *bý(e)don,* part.
praet. *unbýed, -id* neben praes. ind. sg. 2. *búes* und *biend* f.; Rit. praes.
ind. sg. 1. *býa,* 3. *-býað,* opt. *-býe,* imp. *ჳiinbýa* (?), part. *býende*); —
e) north. *on(d)spyrn(iჳ)a* neben *on(d)spurn(iჳ)a* etc., zu gemeinags. *spurnan*
§ 389, anm. 4: R² praes. ind. sg. 3. *onspyrnas,* opt. pl. *ondspyrniჳe,* part.
praet. *onspyrned,* pl. *onspyrnade* neben praes. ind. sg. *on(d)spurneð,* pl. *on-
spurnað;* L: praes. ind. sg. 3. *ondspyrneð, -að, -as,* opt. *-spyrne,* pl. *-spyr-
niჳa,* part. *-spyrnende,* part. praet. *-spyrned, -ad* (dazu die neubildungen
imp. sg. *ჳeondspyre,* part. *ondspyrendo*) neben praes. ind. sg. 3. *spurnað,
-as,* part. *-spurnendra,* praet. pl. *ჳeondspurnedon,* part. praet. *ჳeondspurnað,*

-edo; — f) north. *untrymiʒa* krank sein, werden, neben gemeinags. *untru-*
mian: Ps. part. praet. *ʒeuntrumad*, fl. *-ade* und *-ede*, aber R² praet. *un-*
trymede, -ide, pl. *intrymedun* neben sg. *untrumade*, L inf. *untrymmia*,
part. *untrymiende*, praet. *untrymade*, pl. *untrymiʒdon* (vgl. § 413, anm. 7).

Nur mehr vereinzelt findet sich *i*-umlaut in north. praet. R *ʒitryʒade*
= L *trúʒude* zu *trúʒian*, gemeinws. *trúwian* glauben (ahd. *trúën*), und
praes. ind. sg. 3. L *dryʒeð* = R² *drúʒað* aruit, neben R² praet. *drúʒade*,
part. *ʒidrúʒad*, L praet. *-drúʒde* neben *-drúʒade* (dies auch R¹), part. *ʒe-*
drúʒad; vgl. ferner das isolierte part. *soerʒendi* (d. h. *soerʒendi?*) Ep., zu
sorʒian sorgen (ahd. *sorgên*).

Nur im inf. belegt ist north. R² *clyniʒa* klopfen, das auch vielleicht
hierher gehört.

Anm. 12. Ferner erklärt sich aus dem wechselnden vocalismus der
endung der wechsel von *eo* und *io* in altws. *leornian* (selten *liornian*)
lernen (ahd. *lirnên, lërnên*) und north. R² *liorniʒa*, L *leorniʒa* (einmal auch
ʒelearnade), seltener *liorniʒa*.

Anm. 13. Auch das auftreten von *œ* statt *a* weist öfter auf alte *ë*-
flexion hin (vgl. den vocalismus von *habban, secʒean* etc. mit dem von
verbis wie *macian, laðian* etc.). Hierher gehören: a) north. Rit. inf. *spœria*,
praet. *ʒispœrede* neben gemeinags. *sparian* sparen (ahd. *sparên*; Ps. praes.
ind. sg. 3. *spearað*, imp. *speara*, praet. *spearede*); — b) north. *plœʒiʒa*
tanzen etc., R² praet. *plœʒede*, L *plœʒ(e)de, plœʒade* (Ps. praes. ind. pl. *plœʒiað*,
part. *plœʒiendra* neben imp. pl. *plaʒiað*, R¹ praet. *pleaʒade* neben pl.
plaʒadun gehören zu § 162, anm. 2; vgl. übrigens § 391, anm. 1); —
c) north. *ondswœriʒa* neben gemeinags. *ondswarian, -sworian*: in R² meist
inf. *-sworia* etc., nur 2 *-swarade*; aber L inf. *onsuœreʒa*, praes. ind. sg. 2.
ondsuœrœstu, pl. *ondsueriʒeð*, part. *ondsuœrendum*, praet. *on(d)suœrede, ʒe-*
ondsuœrde (vgl. anm. 17) neben praes. ind. pl. *ondsuariʒes*, opt. pl. *ond-*
suariʒa, imp. pl. *ondsuareð*, part. *ondsuarœnde, -ende*, praet. *ondsuarede*,
-ade, -aide, -suarde, ondsuearede, -ade, pl. *-adun, -udon* und *ondsuorade*,
-ode (auch R¹ hat ein pl. *ondswœriʒaþ* neben vielen *a*-formen). — Ueber
hnœppian und *hnappian* s. anm. 9.

Anm. 14. a) Von verbis mit innerem *i* gehören ferner hierher *bifian*
beben (daneben *bifian* Reimlied), *clifian* kleben, *ʒinian* gähnen, *hlinian*
lehnen, *tilian* streben, arbeiten (zu ahd. *biben, klëbên, ginên, hlinên, zilên*).
Diese haben nach massgabe von § 105, 2. 107, 4. 160 in den formen mit
u, o oder *a* in der endung *u-* bez. *o/a*-umlaut, also z. b. altws. inf. *tilian*,
praes. ind. sg. 1. *tilie*, 2. *tiolast* (*tielast?*), 3. *tiolað* (*tielað?*), pl. *tiliað*, opt.
tilie, imp. sg. *tiola* (*tiela?*), pl. *tiliað*, praet. *tiolode*, doch wird im ws. schon
frühe das *i* verallgemeinert (schon *tilað* Cura past. hs. H, *tilode* hs. C neben
formen mit *io*). Spätws. erscheint öfter *y*, wie *ʒynian, hlynian* u. ä. (schon
ein opt. *hlyniʒen* Cura past. in beiden hss.). In weniger streng ws. texten
dehnt dagegen das *io*, *eo* öfter sein gebiet aus; man findet also formen
wie *beofian, cleofian, ʒeonian, hleonian* u. ä.

Dialektflexionen: merc. R¹: part. praes. *bifʒende*; praes. ind. sg. 3.
œtclifað; praes. ind. pl. *hleoniʒaþ*, part. *hlenʒendes*, praet. sg. *hlionede*,

hleonede, pl. *hlionadun̄*, *hleonudun*; — north. in R²: praet. pl. *bi[f]ʒedon*; praes. ind. sg. 3. -*hlionaδ*, pl. *hlioniʒaδ*, imp. *hliona* (*hloniʒa*), part. *hlingen-dum*, *hlioni(ʒ)endum*, *hlionendra*, -*dum*; — in L part. praes. *bifi(ʒ)ende*, praet. pl. *bifʒedon*; praes. ind. sg. 3. -*hlinaδ*, pl. *hliniʒaδ*, imp. *hliniʒ* (*hlina*), part. *hlinʒende* etc. (*hlinʒindi*, *hlinizendum*, *liniʒiendo*), *hlionʒende* (*lioniandra*), praet. *hlionade* (*hlinade*, -*lionede*), pl. -*lionodon*, part. ʒ*ehlionad*; — im Rit. part. *bibʒiende*.

b) Ferner gehört hierher north. L ʒ*iwiʒa*, ʒ*iwʒe* verlangen (wol zu ahd. ʒ*ewên*): praes. ind. sg. 2. ʒ*iues*, -*aδ*, -*as*, 3. ʒ*iueδ*, -*œδ*, -*aδ* (-*iaδ*, -*ias*), pl. ʒ*iuiʒas* (ʒ*iuaδ*) etc., imp. ʒ*iuiʒ*, pl. ʒ*iuiaδ* etc., part. ʒ*iwiʒende*, ʒ*iuien-dum*, ʒ*iuʒiende* (ʒ*iwende* etc.), praet. ʒ*iude*, ʒ*iuede*, -*ade*, -*ude*, pl. ʒ*iuade*, -ʒ*iu(u)don*, opt. ʒ*iude*, ʒ*iuiade*; in R² lautet das verbum inf. ʒ*iowiʒia* etc. und geht regelmässig nach der ō-klasse (einmal ʒ*iowestu*, § 412, anm. 5; vgl. ahd. ʒ*ewôn*).

c) Zweifelhafter ist, ob ws. *clipian* nennen, rufen, urspr. hierher ge-hört. Es flectiert altws. ganz wie *tilian* oben a, hat aber auch schon einige formen mit *eo* wie inf. *cleopian* in Cura past.; spätws. überwiegt *clipian*, *clypian*, doch findet sich auch *cleopian*. Im Ps. geht *cleopian* (mit durchstehendem *eo*) im ganzen nach der ō-klasse, hat aber im praet. 5 -*ude*, 15 -*ede* neben nur 6 -*ade*, im pl. nur -*edun*, -*edon*; in R¹ sind die partt. *clipiʒende* neben *clippende* zu beachten, neben praes. ind. sg. 3. *cliopaþ*, *cleopaþ*, praet. *cliopade*, *cleopade* etc. North. folgt das wort, in R² *cliopiʒa*, L *cliopia*, ganz der flexion der II. klasse.

d) Zu got. *witan*, praet. *witaida* stellt sich ferner das poet. *bewitian* beobachten etc., und das häufige part. praet. *witod*, *weotod* bestimmt (dazu das adv. *witodlíce* gewiss, north. R² *wutudlíce* [1 -*witud*-], L *wutedlíce* etc.).

Anm. 15. a) Einsilbige -ʒe- etc. (anm. 8, c) zu sicher alten ē-verbis sind schon in den ältesten quellen belegt; so zu *tilian*, ʒ*inian*, *hlinian* anm. 14, *onscunian* anm. 11 in Ep. *tilʒendum*, Corp. *onhlinʒu*, *wiδerhlinʒendœ*, ʒ*eonʒendi*, *anscunʒendi*, sowie *dobʒendi* (zu ahd. *tobên* toben), und so wol auch *seobʒendi* zu *seofian* klagen. Die Cura past. hat dagegen nur ein vereinzeltes ʒ*eliornʒen* in hs. H, vgl. § 412, anm. 1; der Ps. ein *δiwʒen* opt. pl., zu *δeowian* dienen (vgl. anm. 17, b); R¹ *bifʒende*, *hlenʒendes*; north. R² ʒ*iδœlʒe*, *lœsʒa* etc. anm. 11, *bi(f)ʒedon*, *hlinʒendum*, L *bifʒedon*, *hlinʒende*, ʒ*iuʒiende*, Rit. *bibʒiende* anm. 14, ʒ*ivʒaδ*, poet. *hlinʒende* Guthl. Die ent-sprechenden formen von *lifʒan* s. anm. 2.

b) Hierher gehört auch das verbum *fetian* holen, das strengws. über *fetjan* nach § 196, 3 zu *fecc(e)an* geworden ist, ausserhalb des strengws. aber die alte form beibehält. Seine flexion ist inf. *fetian* — *feccan*, praes. ind. sg. 1. *fetiʒe* — *fecce*, 2. *fetast*, 3. *fetaδ*, pl. *fetiaδ* — *feccaδ*, opt. *fetiʒe* — *fecce*, imp. sg. *feta*, pl. *fetiaδ* — *feccaδ*, praet. *fette* (auch *fetode* nach kl. II), part. *fett* und *fetod* (Ep. *fetod*, Corp. *feotod*; north. R² L ʒ*i-*, ʒ*efotad* für *feotad*, praes. ind. pl. 3. L *fatas* für *featas*, vgl. § 156, 2. 3).

Anm. 16. Im part. praes. ist bildung mit -*i(ʒ)*- etc. (anm. 8, d) im gegensatz zum part. der ō-verba, § 412, anm. 11, north. oft bezeugt: R² *wuniende* (vgl. ahd. *wonên* wohnen), *hlioni(ʒ)endum, hlinʒendum* (neben *hlionendum* u. ä.), L *wuni(ʒ)ende, wunʒiende, uuniande, bifl(ʒ)ende, hli(o)nʒende* etc., *ʒiwiʒende (ʒiuʒiende* etc.) neben formen wie *ʒiwende, ôolende* etc., Rit. *wuniʒende (lifʒende* etc. s. anm. 2).

Beim flectierten inf. lässt sich ein analoger unterschied zwischen *ô*- und *ê*-verbis kaum constatieren. R² hat *wuniʒanne* und *wunanne* (vgl. *bodiʒanne* § 412, anm. 10), L ein einziges *wuniañ.*

Anm. 17. Praeterita ohne mittelvocal (anm. 8, e) finden sich unregel-mässig verstreut namentlich bei einigen verbis auf ʒ und *w*: — a) ws. *swiʒian* schweigen (vgl. ahd. *swîgên*) neben *swuʒian* (zu § 71; beide formen neben einander im altws.; später gewöhnlich *swuʒian, suʒian* und *suwian*) flectiert regelmässig nach der II. klasse, und weist nur vereinzelt abweichende formen auf, wie namentlich das part. *swiʒende.* Anglisch erscheint das wort stets mit *i* (dessen länge metrisch feststeht); das praet. lautet im Ps. und R¹ *swiʒade*, aber north. R² L *swiʒde* neben *swiʒade* (inf. *suiʒa* L?). Weitere kurzformen dieser art sind north. L -*druiʒde* anm. 11, *plæʒde* anm. 13. — b) Zu *trúwian* trauen (vgl. ahd. *trûên*) erscheint vereinzelt ein praet. *trúwde* (so in Cura past. hs. H) neben gewöhnlichem *trúwode*, zu *ôeowian* dienen (vgl. anm. 15) praet. *ôeowde*, Ps. *ôéawde*, pl. *ôéowdun* neben *ôiowedun*, north. L *ʒíude* etc. anm. 14, b (danach gebildet auch L *scéawde* etc. § 413, anm. 7).

Andere kurzformen treten nur vereinzelt auf, so in L praet. *ʒeond-suærde, ʒeonsuarde* anm. 13.

Anm. 18. Besonderheiten im vocalismus der endungen, die vielleicht ebenfalls als kriteria für alte *ê*-flexion dienen können, s. weiterhin § 413, anm. 3. 6. 416, anm. 1. 3.

Anm. 19. Sehr unregelmässig ist die flexion von *hreppan* berühren, welches vielleicht auch dieser klasse angehört: inf. *hreppan* (vereinzelt *hrepan* und spät *hrepian*), praes. ind. sg. 1. *hreppe*, 2. *hrepest* und *hrepast*, 3. *hrepeô* und *hrepaô*, opt. *hreppe*, imp. sg. *hrepa*, praet. *hrepede, hrepode* und *hreopode*, part. *hrepod.*

4. Kleinere gruppen.

1) Verba praeteritopraesentia.

§ 417. Die verba praeteritopraesentia des germanischen sind entsprungen aus ursprünglich starken verbis, deren altes praeteritum (perfectum) praesensbedeutung angenommen hat (wie lat. *memini, novi, coepi*, gr. *οἶδα*), während ein eigentliches praesens fehlt. Ihre formen bestehen aus:

1) einem urspr. starken praeteritum mit praesentischer bedeutung (perfectpraesens);

2) einem neugebildeten dentalpraeteritum (§ 351, 2) mit praeteritaler bedeutung.

§ 418. Die flexion des ersteren ist im ganzen die der starken praeterita; doch haben sich mehrfach ältere formen erhalten; namentlich die 2. sing. ind. auf -*t* und der *i*-umlaut im opt. — Das dentalpraeteritum folgt ganz der flexion der schwachen praeterita.

§ 419. Die praeteritopraesentia schliessen sich in dem baue ihres perfectpraesens an die ablautsreihen der starken verba an. Hiernach ergiebt sich folgende übersicht:

§ 420. Erste ablautsreihe.

1) Praes. sg. ind. 1. 3. *wát* weiss, 2. sg. *wást*, pl. *witon* (alt auch *wiotun, wietun*), opt. *wite*, imp. sg. *wite*, pl. *witað*, inf. *witan* (alt auch *wiotan, wietan*), part. *witende*, praet. *wisse, wiste*, part. *ʒewiten* (daneben altes part. praet. *ʒewiss* adj. certus). Ebenso flectiert das compositum *ʒewitan*.

Mit der negation *ne* verschmelzen diese formen zu *nát, nást, nyton, nyte, nysse, nyste*.

Anm. 1. Der Ps. hat *wát* (*nát*, 1 *wǽt*), *wást, weotun* (*neoton*), opt. *wite* (*nyte*), imp. *wite*, pl. *weotað*, part. *weotendum*, praet. *wiste* (*nysse, nyste*); — R¹: *wát*, pl. *witan, wutan* (*niton, nytan*), opt. *wite* (*nyte*), imp. *witað, wite ʒē*, part. *witende*, praet. *wiste*, part. praet. *witen*; — north. R²: *wát* (*wátt*; 1 *wǽt*; *nát, nátt*), *wástu* (*nástu*), pl. *wuttun, wuton, wutað, -as*, 1 *wittas* (*nuttun, nut[t]on*), opt. *wito, -e*, imp. pl. *wutað, -as*, inf. *wuta*, praet. *wiste* (*nyste*); — L: *wát* (*nát*), *wást* (*nást*), pl. *wuton, -að, -as, witteð*, verkürzt *wuto, uut(t)o, uutu wē, ʒie, wuti ʒē* (*nutton, nuuton*, verk. *nutto, nutu, nuutu, nuti*), opt. *witto, -a, -e* (*nyta, -e*), imp. *wut(t)að, -as, -eð*, inf. *wutta*, fl. *wuttanne, wutanne* etc., part. *wittende, uitende*, praet. *wiste* (*nyste*); — Rit. *wát, vást, wuton* (*nuton*), *wutas ʒie* (imp.?), opt. pl. *witto*, inf. *wutta*, part. *witende*, praes. *wiste* (*nyste*).

2) *áʒ* (*áh*, § 214, 1) habe, 2. sg. *áhst*, pl. *áʒon* (spät *áʒað* Scint.), opt. *áʒe*, imp. *áʒe*, inf. *áʒan*, praet. *áhte*, part. praet. *áʒen* und *áʒen* adj. eigen (vgl. § 378); mit der negation *náh, náʒon, náhte* etc.

Anm. 2. R¹ hat inf. *áʒan*, praes. pl. *áʒun*, praet. *áhte*, R² *áh*, opt. *áʒe*, L *áh*, 2. sg. *áht*, pl. *áʒon, -an*, opt. *áʒa, háʒe*, praet. *áhte*. Im Ps. und Rit. sind flexionsformen nicht belegt.

§ 421. Zweite ablautsreihe.

3) *déaʒ* (*déah* § 214, 1) tauge, 2. sg. unbelegt, pl. *duʒon*, opt. alt *dyʒe*, gewöhnlich *duʒe*, inf. *duʒan*, part. *duʒende* (alt

duʒunde urk.).   Anglisch ist nur die 3. sg. *déʒ* L (§ 163) belegt.

§ 422.   Dritte ablautsreihe.

4) *on(n)*, *an(n)* gönne (dazu die composita *ʒeonn* gönne und *ofonn* misgönne), pl. *unnon*, opt. *unne*, imp. *unne*, inf. *unnan*, praet. *úðe*, part. praet. *ʒeunnen*.

Anm. 1.   In Ps. R¹ R² fehlt das wort; L hat *onn*, opt. (inf.?) *ʒe-wunna*; Rit. praes. ind. sg. 2. *giunne* (*giw[u]nne*, *givvnne*), opt. *ʒiunne*, *-a*, imp. *ʒionn* und *ʒiunne*, inf. *ʒiwunna*, part. *unnende*, praet. *ʒiúðe* (*ʒehúðe*).

5) *con(n)*, *can(n)* kenne, verstehe (dazu das compositum *onconn* klage an), 2. sg. *const*, *canst*, pl. *cunnon*, opt. *cunne*, inf. *cunnan*, praet. *cúðe*, part. praet. *oncunnen*; daneben altes part. praet. *cúð* adj. bekannt.

Anm. 2.   Der Ps. hat praes. pl. *cunnun*, opt. *cunne*, praet. pl. *cúðun*; R¹ *conn*, *const*, pl. *cunnun*, *-an* und *-að*, *-eþ*, inf. *ʒecunnan*, praet. *cúþe*, part. praet. *ʒecúð*; north. R² *con*, pl. *cunnun*, *-an*, *cunno* ʒī, praet. *cúðe*; L *conn* (1 *cann*), pl. *cunnon*, verkürzt *cunno*, *-i*, daneben *ʒecunnas*, inf. *ʒe-cunna*, praet. *cúðe*; Rit. hat keine flexionsformen.

6) *ðearf* bedarf (dazu das compositum *beðearf*), 2. sg. *ðearft*, pl. *ðurfon*, opt. alt *ðyrfe*, gewöhnlich *ðurfe*, inf. *ðurfan*, praet. *ðorfte*; daneben das part. *ðearfende* adj. bedürftig (vereinzelt *þyrfendra* egentum gl.).

Anm. 3.   Ps. hat 2. sg. *biðearft*, R¹ *ðearf*, pl. *ðurfun*, *ðurfe* wē, part. *þurfende*, *þorfende*; north. R² 3. sg. *biðorfeð* (auch pl.?), part. *ðorfende*, L 3. sg. *ðorfað*, pl. *wē ðurfu* und (*be*)*ðorfeð*, part. *ðorfende* (auch *ðorfondo* etc., ein *ðærfen*), Rit. part. *ðorfende*.

7) *dear(r)* wage, 2. sg. *dearst*, pl. *durron*, opt. alt *dyrre*, gewöhnlich *durre*, praet. *dorste* (inf. nicht belegt).

Anm. 4.   Im Ps. und Rit. fehlt das wort. R¹ hat praet. *durste* und *dyste* (l. *dyrste*); north. Ruthwellkreuz praet. *dorstæ*, R² praet. (*ʒi*)*darste*, pl. *darstun*, L *darr*, praet. *ʒi-*, *ʒedarste*, pl. *darston*.

§ 423.   Vierte ablautsreihe.

8) *sceal* soll, spätws. oft *sceall* (*scyl* Scint.), 2. sg. *scealt*, pl. *sculon* und *sceolon* (spätws. auch *scylon* Scint.), opt. altws. *scyle* und *sciele*, *scile*, später *scule*, *sceole*, inf. *sculan*, *sceolan*, praet. *sceolde* (seltener *scolde*; einmal pl. *sculdon* in Cura past.).

Anm. 1. Im Ps. fehlt das wort. R¹ hat *sceal, scal*, 2. sg. *scealt, scalt*, pl. *sculon, scule ʒē*, opt. *scyle*, praet. *sculde* (ein *scalde*), opt. *scylde*; north. hymn. Cædm. pl. *scylun*, R² *sceal*, pl. *sciolun*, opt. *scile*, praet. pl. *scealdun*; L *sceal* (ein *scœl*), *scealt*, pl. *sciolun, -un, scilon* (ein *ʒē sciolo*), opt. *scile, -o*, praet. *scealde*, Rit. (in rubriken) *scal* neben *sceall*.

9) *mon, man* gedenke (ebenso die composita *ʒemon, onmon*), 2. sg. *monst, manst*, pl. *munon*, opt. alt *myne*, gewöhnlich *mune*, imp. *ʒe-, onmun* und *ʒemyne, ʒemune*, inf. *munan*, part. *munende*, praet. *munde*, part. praet. *ʒemunen*.

Anm. 2. Das spätws. hat einzelne neubildungen nach art der regelmässigen starken praesentia, wie praes. ind. sg. 1. *ʒemune*, 2. *ʒemunst*, 3. *ʒemanð*, pl. *ʒemunað*, imp. sg. *ʒemune*, pl. *-að*.

Im angl. ist diese verwirrung schon weiter durchgeführt. Der Ps. hat praes. ind. sg. 1. *ʒemunu*, 2. *ʒemynes* (opt.?), opt. pl. *ʒemynen*, imp. sg. *ʒemyne*, pl. *ʒemunað*, inf. *ʒemunan*, praet. *ʒemundes*; R¹ praes. ind. sg. 2. *ʒemynest*, praet. *ʒemunde*; north. R² imp. sg. *ʒimyne*, pl. *-as*, L praes. ind. sg. 3. *ʒemynes*, pl. *ʒemynas*, imp. sg. *ʒemyne* und *ʒemona* (oder inf.?), pl. *ʒemynas* corr. aus *ʒemonas* und (opt.) *ʒemynǎ ʒie*, praet. *ʒemýste* (für *ʒemynste*, zu § 186, 1), Rit. imp. sg. *ʒemyne*.

§ 424. Fünfte ablautsreihe.

10) *mæʒ* kann, 2. sg. *meaht*, spätws. *miht*, pl. *maʒon* (altws. selten *mæʒon*), opt. *mæʒe*, pl. *-en* (spätws. auch *maʒe, -on* und ganz jung *muʒe*), inf. spätws. vereinzelt *maʒan*, part. spätws. *maʒende*, praet. *meahte* (*mehte*, § 108, 2), spätws. *mihte* mit *i*-umlaut, der wahrscheinlich vom opt. praet. ausgegangen ist.

Anm. Der Ps. hat im praes. *meʒ*, pl. *maʒun, mæʒon*, opt. *meʒe*; R¹ *mæʒ, mæht*, pl. *maʒun, -on*, opt. *mæʒe*; north. R² sg. 1. 3. *mæʒ(e)*, pl. *maʒun, -on, -an* (ein *mæʒun*), opt. *mæʒe*; L sg. 1. 3. *mæʒ* und *mæʒe* (*-æ, -i, -o*), 2. *mæht*, pl. *maʒon, mæʒon* (*maʒo, -a*), opt. *mæʒe*, pl. *-o*; Rit. sg. *mæʒ*, pl. *mæʒon, -o, maʒon*, opt. *mæʒi* (*-e*). Das praet. lautet angl. überall *mæhte* Ps. R¹ R² L Rit.

11) *be-, ʒeneah* es genügt (nur in der 3. person üblich), *-nuʒon*, opt. *-nuʒe*, praet. *benohte* (inf. nicht belegt; anglische belege fehlen überhaupt).

§ 425. Sechste ablautsreihe.

12) *mót* darf, 2. sg. *móst*, pl. *móton*, opt. *móte*, praet. *móste* (inf. nicht belegt).

Anm. Angl. belegt sind nur in R¹ *mót*, praet. pl. *móstun*, in L *mót*, pl. *móto wē*, praet. pl. *móston*.

2) Verba auf *-mi*.

§ 426. Die 1. sg. ind. praes. des indogerm. verbums gieng entweder auf *-ŏ* oder auf *-mi* aus (vgl. die gr. verba auf *-ω* und *-μι*, wie φέρω und τίθημι etc.). Zu den verbis auf *-ŏ* gehören alle regelmässigen germ. verba; von den verbis auf *-mi* haben sich nur dürftige reste gerettet; sie zeichnen sich dadurch aus, dass die 1. sg. ind. auf *-m* ausgeht.

Im ags. gehören hierher noch folgende verba:

1) Das verbum substantivum.

§ 427. Das verbum substantivum bildet seine formen von den vier wurzeln *es* und *er, or* (ind. und opt. praes.), *bheu* (ind. und opt. praes. mit futurischer bedeutung, infinitiv und imperativ) und *wes* (infinitiv, part. praes. und praeteritum). Die flexion ist folgende:

1) wurzel *es* und *or*:

Praesens.

	altws.	Ps.	north.	altws.	Ps.	north.
Sing. 1.	eom	eam	am			
2.	eart	earð	arð	síe, sí	síe	síe, sé
3.	is	is	is			
Pl.	—	earun	aron, -un			
	sint	sind	sint	síen, sín	síen	síe, sé
	sindon, -un	sindun, -on	sindon, -un			

Durch verschmelzung mit der negation *ne* entstehen ausserdem die formen *neam* (*nam*), *narð*, *naron* anm. 4, und gemeinags. *nis*.

Anm. 1. Altws. findet sich neben *eom* vereinzelt *eam* Or., im pl. mehrere *sient*, *siendon* in Cura past. hs. H, aber nur ein *siendon* in hs. C; im opt. überwiegen durchaus die formen *síe*, *síen*, die nach ausweis der metrik in den poet. texten (und daher doch auch wol sonst in der älteren sprache) als zweisilbig anzusetzen sind.

Anm. 2. Spätws. lautet die 3. sg. ind. oft auch *ys* (*nys*), der pl. meist *sind* (*synd*), *sint* (*synt*), seltener *sindon* (*syndon*; poet. *seondon* ist kenticismus, vgl. anm. 3), der opt. meist *sý*, pl. *sýn* (daneben *sí*, *síg* etc.); in weniger streng ws. texten auch *sío*, *séo* etc.

Anm. 3. Kentisch ist die 2. sg. *eart* in kHymn. belegt; der pl. lautet in kGl. *sint* (*siont*, auch *sin*, *sion*), in kUrkk. neben *sint* öfter *si(o)ndon*, *-an*, *seondan*, der opt. in kGl. *sío* (seltener *sí*), kHymn. *sío*; in kUrkk. steht *sio, séo* neben *się, sé*, pl. *sion* neben *sien*. Jüngere kent. gefärbte texte haben auch ind. pl. *send* für *synd*, § 154.

Anm. 4. Der Ps. hat ausser den im paradigma angeführten formen noch ind. sg. 1. *neam*, 3. *nis*, und der 1. sg. opt. neben *sie* auch je ein *siem, sion*. Im ind. pl. ist *sind* die gewöhnlichste, *earun* die seltenste form.

In R¹ ist die flexion diese: ind. sg. 1. *eam* (je ein *nam, næm*), 2. *eart* (je ein *earð; arþu*), 3. *is* (*his; nis*), pl. *sindun, -on* (selten *syndun, -on, sendun, -on*) und seltener *sint*, ein *arun*, opt. sg. 1. *séo*, 2. 3. *sie, siæ* (*sia, sé, sý, sýœ*), pl. *sie* (*siæ, sý*) und *sien, sięn*.

North. ist in R² ferner belegt 2. sg. ind. *is* (selten, vgl. § 356, anm. 2), 3. negiert *nis*, in L neben 2. sg. *arð* vereinzelt auch *arst* und *his*, im pl. verkürzungen wie *aru wę, aro ʒē* etc., selten auch *sind*, im opt. auch *się, see, sœ*; dazu negiert *nam, narð, nis, naron, naro ʒie*. Das Rit. hat *am, arð, is*, pl. *aron* (*aro ʒie*), *sint, sind, sindon*, opt. *sie, sé*, negiert *nis, naro ʒie*.

Die formen *eam, earð* und *earun* begegnet vereinzelt auch in der poesie.

2) wurzel *bheu*:

Praesens.

	Indicativ.			Optativ.		Infinitiv.
	altws.	Ps.	north.	altws.	north.	bíon, béon
Sing. 1.	(bío, béo)	bíom	bíom	bío,	bía,	
2.	bist	bis(t)	bist	béo	bíe	**Participium.**
3.	bið	bið	bið			(bíonde, béonde)
Pl.	bíoð, béoð	bíoð	bi(o)ðun, -on / bíað	bíon, / béon	—	**Imperativ.**
						Sing. bío, béo
						Pl. bíoð, béoð

Anm. 5. Die eingeklammerten formen der 1. sg. ind. und des part. praes. sind altws. nicht belegt, aber nach dem späteren *béo, béonde* mit sicherheit anzusetzen; über den wechsel von *io* und *éo* vgl. § 114, 2.

Anm. 6. Für die 2. 3. sg. ind. ist (trotz dem etymologisch entsprechenden lat. *fīs, fīt*) im ags. *bist, bið* mit kurzem *i* anzusetzen. Dafür zeugt nicht nur das spätws. sehr häufige *byst, byð*, sondern namentlich auch der north. pl. *bioðun, -on*, dessen *io* nur *u*-umlaut zu dem parallelen *bíðun, -on* sein kann, dem wiederum das sing. *bið* zu grunde liegt.

Anm. 7. In der 2. sg. ist *bis* ohne *t* (§ 356, anm. 1) nur noch im Ps. einige male belegt, neben vorherschendem *bist*.

Anm. 8. Das kent. zeigt keinerlei sachliche abweichung von dem wests. paradigma (urk. inf. *bían* neben *bíon* nach § 150, anm. 3). Der Ps. hat neben vielen *bíom* auch 2 *béom*, 1 *béam* und 1 *bío*, im pl. einige wenige *bíað*, im imp. sg. ein *bía* neben vielen *bíoð, bío* (*bið* als pluralform dürfte blosser schreibfehler sein). Opt. und part. sind nicht belegt. Die flexion von R¹ ist: praes. ind. sg. *béom, bist, bið, -þ* (auch 2 *béoþ* nach dem pl.), pl. *béoþ, -ð*, seltener *bioþ, -ð* und einmal *biðon*, öfter umgelautet *beoþan*, opt. sg. *béo*, pl. *béon*, imp. sg. *béo*, pl. *béoþ (bíoþ)*, inf. *béon*.

North. begegnet in R² neben *bið* auch ein *bíað* (über *is* neben *bist* s. anm. 3); im pl. herscht *bioðun, -on* (einmal *bioðo*), *bíað* ist selten (opt., imp., inf. nicht belegt). L hat neben *béom, biom* auch ein *bíum*, neben *bið* ein *bíeð*, im pl. neben zahlreichen *biðon* (2 *biðo*) auch ein *bioðon*, 2 *bíað*; die opt.-formen *bía, bie* und inf. *bían* sind nur je einmal belegt (imp. fehlt). Im Rit. begegnen *biom,* '*bist, bið*, pl. *biðon*. Der pl. *bíað* steht auch im Leid. rätsel (und in Corp.).

In der poesie erscheinen die formen *béoð, béon* öfter an stellen wo das metrum zweisilbige formen verlangt; s. Beitr. X, 477.

3) wurzel *wes*:

Praesens.

Inf. wesan | Part. wesende

Imp. sg. wes, Pl. wesað

Praeteritum.

	Ind.	Opt.
Sing. 1.	wæs	} wǽre
2.	wǽre	

u. s. w. regelmässig als starkes verbum, § 391.

Auch hier finden sich verschmelzungen mit der negation, praet. sg. *næs*, 2. *nǽre*, pl. *nǽron*, opt. *nǽre*.

Anm. 9.   Für *wæs, næs* begegnen auch die enklitischen nebenformen *was, nas*, § 49, anm. 1 (altws. oft in Chr.).

Anm. 10.   Die abweichungen der nichtsächs. mundarten ergeben sich ohne weiteres aus den einschlagenden lautgesetzen; so z. b. Corp. part. *ætweosendne* neben inf. *wesan* (im Ps. ist vom praes. nur der ind. sg. belegt), Ps. praet. *wes, wére*, pl. *wérun* etc., in R¹ inf. *wesa*, imp. pl. *wesaþ*, praet. *wæs, wére* und *wǽre*, pl. *wérun, wǽrun* etc.

Die north. flexion ist in R²: inf. *wosa*, imp. sg. *wes*, pl. *wosað*, praet. *wæs* (ein *was*), *wére*, pl. *wérun, -on* und *wǽrun* etc., opt. *wére*, negiert *næs*, *néron*, opt. *nére*; in L: inf. *wosa (wossa)* etc., imp. sg. *wæs (uæs*; ein *wes*), pl. *wosað, -as*, praet. *wæs (wæss)* etc., *wére*, pl. *wéron, wǽron* etc. (seltener *wǽron* u. ä., auch einmal *ymbwǽson*), opt. *wére, wǽre* (selten *uǽre* etc.), negiert praet. *næs(s)*, pl. *néron, nǽrun*, opt. *nére, nǽre* etc.

2) Das verbum *wollen*.

§ 428.   Das verbum **wollen** besass im germ. vom praesens ursprünglich nur einen optativ mit indicativischer bedeutung; im ags. sind dazu ein neuer optativ und ein (nur verneint vorkommender) imperativ geschaffen worden. Das praeteritum wird schwach gebildet. Die flexion ist im westsächsischen folgende:

Praesens.

	Indicativ.	Optativ.	Infinitiv.
Sing. 1.	wille		willan
2.	wilt	} wille (wile)	
3.	wile (wille)		Part.
Pl.	willaδ	willen	willende

Praeteritum.
wolde

(flexion wie *nerede* etc. § 409).

Anm. 1. Im altws. ist *wille* als 3. sg. ind. ziemlich selten, *wile* als opt. erst spärlich belegt. Spätws. zeigen alle praesensformen oft den vocal *y, wylle, wylt* etc.

Anm. 2. Mit vorausgehender negation verschmilzt das verbum *willan* fast stets, und damit gestaltet sich auch der vocalismus der einzelnen formen etwas abweichend. Die altws. formen der Cura past. sind: praes. ind. sg. 1. *nylle* (in hs. H auch *nelle,* Or. *nele*), 3. *nyle* (hs. H auch *nylle, nele, nile*), pl. *nyllaδ* (hs. H und Or. auch *nellaδ*), opt. *nylle, nyle* (hs. C auch ein *nele*), pl. *nyllen,* praet. *nolde*); im späteren ws. herschen die *e*-formen, *nelle* etc., vor.

Anm. 3. Kent. belege sind: in kGl. opt. sg. *wille,* kPs. ind. sg. 1. *wille,* praet. *wolde,* in urkk. ind. sg. 1. *wille* und *willa,* 3. *wile, wille,* opt. *wille,* pl. *willęn,* praet. (Cod. aur.) *nolδan* (l. *-dan*).

Anm. 4. Stärkere abweichungen weist das angl. auf: a) merc.: im Ps.: praes. ind. sg. 3. *wile,* pl. *willaδ,* part. *wellende,* praet. *walde;* negiert imp. sg. *nyl,* pl. *nyllaδ,* praet. *nalde;* — in R¹: praes. ind. sg. 1 *wille* (ein *ne wylle*), 2. *wilt(u),* 3. *wile (wille),* pl. *willaδ,* opt. *wille (wile),* praet. *wolde, walde;* negiert praes. ind. sg. 1. *nyllic* (neben *ne wylle*), 3. *nyle* (opt.?), pl. *nylleþ,* imp. pl. *ne wellaδ, nellaþ,* praet. *nolde,* pl. *noldan, naldun;* — north. in R²: ind. sg. 1. *wyllo, willo,* 2. *wylt, wilt,* 3. *wyl, wil, will,* pl. *wallaδ, -as, wallon wē,* opt. sg. pl. *welle,* imp. pl. *wallaδ, -as,* praet. *walde;* negiert ind. pl. *nallan wē,* imp. sg. *nelle* (eig. opt.), pl. *nallaδ, -as, nallon ȝē;* — in L: ind. sg. 1. *willo (wille, willic; wœllo, -e),* 2. *wilt (willt),* 3. *wil (will),* pl. *wallaδ, -as, walla wē, walli ȝē* (auch eine 3. pl. *uallon;* ein ȝie *wœlle* vultis ist eher opt.), opt. *wœlle, -a, -e, welle, -œ,* (imp. pl. *ne wallaδ, ne wœllaδ ȝie*), praet. *walde* (ein 3. sg. ind. *walda*); negiert: ind. sg. 1. *nuillic, nwillic,* 2. *nuilt,* pl. *nallaδ, -as, -es, nallo wē;* imp. sg. *nœlle, nelle,* pl. *nallaδ, -as (-eδ; nalle ȝie)* und *nœllaδ, -as (-œs, -eδ, -es; nœlle ȝie), nellaδ, -as,* praet. *nalde;* — im Rit.: ind. sg. 3. *vil,* pl. *vallaδ,* opt. *vœlle,* praet. *walde;* negiert: ind. sg. 2. *nylt,* imp. sg. *nœlle,* pl. *nœllaδ,* praet. pl. *naldon.*

3) Das verbum *tun*.

§ 429. Das verbum *dón* tun, bildet seine formen in folgender weise:

Praesens.

	Indicativ.				Optativ.	
	wests.	Ps.	R³	wests.	Ps.	R³
Sg. 1.	dó	dóm	dóm		doe	
2.	dést	dǿst, -s	dǿs	dó	(dóa, dó)	doe
3.	déð	dǿð	dǿð, -s			
Pl.	dóð	dóð	dóað, -as	dón	doen	doe

	Imperativ.			Part. praes.		
Sg. 2.	dó	dóa, dó	dóa, dó	dónde	dónde	doende
Pl. 1.	dón	dón,	—			
2.	dóð	dóð	dóað			

	Infinitiv.			Part. praet.		
⎰ dón	dón, dóan	dóa	-dón	-dǿn	-dǿn
⎱ fl. dónne	dónne	dóanne			

Praeteritum.

	Indicativ.				Optativ.	
Sg. 1.	dyde	dyde	dyde			
2.	dydes(t)	dydes, -est	dydes(tu)	dyde	dyde	dyde
3.	dyde	dyde	dyde			
Pl.	dydon	dydun	⎧ dydun, -on ⎨ ⎩ dédun	dyden	dyden	⎧ dydon? ⎨ ⎩ dédun?

Anm. 1. Im wests. sind abweichungen vom paradigma äusserst selten. Altws. findet sich in Cura past. hs. C ein opt. *doe*, der wol als *dǿ* zu fassen ist, in hs. H ein part. *weldoendum* (-*dǿndum*?). Der ind. pl. *dǿdon*, opt. *dǿde* und das part. praet. *ǥe-, fordǿn* die in den poetischen texten vorkommen, sind der ws. prosa fremd (*dede*, pl. *dedon* in hs. C II der Cura past. sind kenticismen für *dyde* etc. nach § 154).

Anm. 2. Bei den formen mit *oe* ist nicht immer zu entscheiden, ob *ǿ* oder *óe* zu lesen ist, da die hss. eine ligatur *œ* nicht kennen. Wo formen mit *é* daneben bestehen, ist im ganzen die lesung *ǿ* wahrscheinlich, dagegen *oe* neben *óa, óœ* im allgemeinen eher also *óe* zu fassen (vgl. auch § 430, anm. 1).

Anm. 3. Die kent. flexion stimmt im ganzen zur ws.: kGl. 3. sg. *déð, dét*, imp. *dó*, praet. opt. *dede* (vgl. anm. 1), part. *(on)dón*, kPs. 3. sg. *ǥedéð*, imp. *ǥedoo*, kHymn. imp. *ǥedó*. In den kent. urkk. finden sich inf. *dón* und *ǥedóan*, opt. sg. *ǥedoe*, pl. *ǥedoen* (ein *ǥē ǥedéó*, vgl. § 27, anm.?), einmal *ǥedón*.

Anm. 4. Im Ps. ist die 2. sg. *dǽs* ohne *t* nur noch einmal belegt, während *dydes* häufiger ist als *dydest* (*dóð* als 3. sg. ist wol nur schreibfehler), auch opt. sg. *ic dó* und *dóa* begegnen je nur einmal; das herschende *doe* dürfte, wie überhaupt anglisch, als *dǽ* aufzufassen sein; inf. *dóan* ist nur einmal belegt.

Die flexion in R¹ ist: ind. sg. 1. *dóm* (2 *dó*), 2. *dǽst*, 3. *dǽþ*, pl. *dóaþ* (ein *dóeþ*) und *dóþ, -ð*, opt. sg. *dó* (ein *dóa*), pl. *dóan, dóa,* imp. sg. *dó,* pl. *dóaþ, -eþ, dóð,* inf. *dóan, dóa,* fl. *dóanne,* part. *dónde, doende* (*dǽnde?*), praet. *dyde,* 2. *dydest,* pl. *dydun, -on,* part. praet. *-dóan,* ein *ʒedoen* (*ʒedǽn?*).

Das north. hat in R² neben den im paradigma gegebenen formen noch: öfter *doe* als übersetzung einer lat. 1. sg. ind. (doch ist die form höchst wahrscheinlich als opt. zu fassen); in der 3. sg. einige *dóað,* im pl. einige *dóeð, -es,* im imp. pl. ein *undúað.* Im imp. sg. ist *dó,* im praet. pl. *dédun* die seltenere form.

L flectiert: ind. sg. 1. *dóam,* seltener *doom, dóm* (auch *dó, dóa, dóe* oder *dǽ,* die z. t. vielleicht optt. sind), 2. *dóas, -ǽs* (*dóað*) neben *dǽs, dǽst,* 3. *dǽð, -s* neben *dóað, -as, -ǽð,* pl. *dóað, -as, -eð, -es,* opt. *dóe* (*dǽ?*) neben *dóa* (ein *doā,* d. h. *dóam*), imp. *dó, doo, dóa,* pl. *dóað, -as, -ǽð, -eð, -es,* inf. *dóa, dóœ, dóe,* fl. *dóan(n)e, dóenne,* part. *dóende* (*dǽnde?*), praet. *dyde* etc., im pl. selten *dédon,* opt. *dyde,* pl. selten *dédon,* part. *-dǽn.*

Rit.: ind. sg. 1. *dóm,* 2. *dǽst* (ein *dóst*), 3. *dǽð,* pl. *dóað, -as, -ǽð, -eð,* opt. *dóe* (*dǽ?*), imp. sg. *dó,* pl. *dóað, -eð,* inf. *dóa,* part. *dóende* (*dǽnde?*), praet. *dyde,* pl. *dydon,* part. *-dǽn.*

Anm. 5. In der poesie sind statt der überlieferten einsilbigen praesensformen oft zweisilbige formen einzusetzen, s. Beitr. X, 477.

4) Das verbum *gehen.*

§ 430. Das verbum *ʒán* gehen (neben *ʒonʒan,* § 396, anm. 2) flectiert westsächsisch so:

Praesens.

Indicativ.	Optativ.	Imperativ.
Sg. 1. ʒá		Sg. 2. ʒá
2. ʒǽst	ʒá	Pl. ʒáð
3. ʒǽð		
Pl. ʒáð	ʒán	Infinitiv.
		gán, fl. ʒánne

Praeteritum.

Indicativ.	Optativ.
Sg. 1. 3. éode	éode

(flexion wie *nerede* etc. § 409).

Participium praeteriti.

ʒeʒán

Anm. 1. Für *œ* setzen die älteren hss. oft *ae*, das an sich auch als *áe* gedeutet werden könnte (vgl. § 429, anm. 2); unten ist nur in solchen formen direct *œ* gesetzt worden, wo die hss. selbst die ligatur *œ* neben *ae* bieten.

Anm. 2. An kent. abweichungen ist höchstens das praet. *íode* neben *éode* (§ 150, anm. 3) zu erwähnen.

Anm. 3. Der Ps. geht im ganzen mit dem ws., hat aber in der 1. sg. ind. neben *ȝá* auch einmal *ȝán*; der opt. ist nur einmal als *ȝae*, d. h. wol *ȝœ́* belegt; der inf. fehlt; als part. praes. erscheint *ȝánde*.

R¹ hat: ind. sg. 1. *ȝá*, 2. *ȝœ́s þu*, *ȝœ́st*, 3. *ȝœ́þ*, -*ð* (ein *ȝáð*), pl. *ȝœþ* (2 *ȝáþ*), opt. sg. *ȝá*, pl. *ȝœ́n* (ein *ȝán*), imp. sg. *ȝá* (ein *ȝae*, d. h. *ȝœ́*), pl. *ȝœ́þ*, -*ð*, seltener *ȝáþ*, -*ð*, inf. *ȝá*, *ȝœ́*, praet. *éode* (3 *éade*); part. praet. fehlt (nur -*ȝonȝen*).

Anm. 5. Die north. flexion ist: in R²: ind. sg. 1. *ȝœ́* (ein *ȝaa*), 2. *ȝœ́st(u)*, 3. *ȝœ́ð*, -*s* und *ȝá(a)ð*, -*s*, pl. *ȝáð*, -*s*, opt. *ȝaa*, *ȝœ́*, imp. sg. *ȝaa*, pl. *ȝá(a)ð*, -*s*, inf. *ȝáa*, praet. *éode*, seltener *éade*, part. *foreȝíad*; — in L: ind. sg. 1. *ȝœ́*, *ȝae*, *ȝáœ*, 2. *ȝást* (*ȝáð*), *ȝáœs*, *ȝaes*, 3. *ȝaað*, *ȝœ́ð*, *ȝaeð*, -*s* (*ȝœeð*), pl. *ȝaað*, *ȝœ́ð*, *ȝaeð*, -*s*, opt. *ȝœ́*, *ȝae*, imp. sg. *ȝá(a)*, *ȝáœ*, *ȝae*, pl. *ȝa(a)ð*, *ȝaeð*, -*s*, inf. *ȝaa*, *ȝœ́*, *ȝae*, praet. *éade*, seltener *éode*, part. *ȝeéad* etc.; — im Rit.: ind. sg. 1. *ȝœ́*, 2. *ȝœ́st*, 3. *ȝœ́ð*, pl. *ȝá(a)ð*, -*s* (ein *ȝeœð*), opt. *ȝœ́* (*ȝae*), imp. pl. *ȝá(a)ð*, inf. *ȝaa*, praet. *éade*.

Verzeichnis einiger abkürzungen.

ae. = altenglisch.
Ælfr. Gramm., Hom. etc. = Ælfrics grammatik, homilien etc. (s. § 2, anm. 5).
AfdA. = Anzeiger für deutsches altertum und deutsche litteratur.
ags. = angelsächsisch.
ahd. = althochdeutsch.
altn. = altnordisch.
alts. = altsächsisch.
angl. = anglisch.
anv. = anomales verbum.
Archiv = Archiv für das studium der neueren sprachen.
Beitr. = Beiträge zur geschichte der deutschen sprache und literatur.
Ben. = Die ags. prosabearbeitungen der Benedictinerregel hg. v. A. Schröer. I.
   II. Kassel 1885—1888.
Benet = The rule of S. Benet, ed. by H. Logeman. London 1888.
Chr. = Chronik (s. § 2, anm. 5).
Corp. = Corpusglossen (s. § 2, anm. 4).
Cura past. = Cura pastoralis (s. § 2, anm. 5).
Ep. = Epinaler glossen (s. § 2, anm. 4).
Ep. Al. = Epistola Alexandri (Anglia IV, 139 ff.).
Erf. = Erfurter glossen (s. § 2, anm. 4).
germ. = germanisch.
hs. = handschrift.
gl. = glossen.
Hpt. gl. = glossen zu Aldhelm, ZfdA. IX, 401 ff.
jMart. = jüngeres Martyrologium (in Cockayne's Shrine, London 1864 ff.,
   s. 44 ff.).
kent. = kentisch.
kGl., kHymn., kPs., kUrk. = kent. glossen, hymnus, psalm, urkunden
   (s. § 2, anm. 4).
L, (Lind.) = Lindisfarne gospels (s. § 2, anm. 2).
Leid. räts. = Leidener rätsel.
Mart. = älteres Martyrologium (z. b. in Sweet's Oldest English texts s. 177 f.).
merc. = mercisch.
MLN. = Modern language notes.
north. = northumbrisch.

Or. = Orosius (s. § 2, anm. 5).

Ps. = Psalter in der hs. Vesp. A. I (s. § 2, anm. 3).

QF. = Quellen und forschungen zur sprach- und culturgeschichte der germ. völker, hg. von W. Scherer u. a.

R^1 (Rushw.[1]) und R^2 (Rushw.[2]) = die beiden teile der Rushworthglosse zu den evangelien (s. § 2, anm. 3).

Rit. = Rituale von Durham (s. § 2, anm. 3).

Scint. = Defensor's Liber scintillarum, hg. von E. W. Rhodes, London 1889.

Spelm. ps. = Spelmans psalter.

stm., stf., stn., stv. = starkes masculinum, femininum, neutrum, verbum.

swm., swf., swn., swv. = schwaches masculinum, femininum, neutrum, verbum.

urk. = urkunden (s. § 2, anm. 1).

ws. (wests.) = westsächsisch.

ZfdA. = Zeitschrift für deutsches altertum.

ZfdPh. = Zeitschrift für deutsche philologie.

Literatur.[1])

Bauer, H., Ueber die sprache und mundart der ae. dichtungen Andreas, Gûôlâc, Phönix, Hl. Kreuz und Höllenfahrt Christi. Marburg 1890.

Bouterwek, K. W., Die vier evangelien in altnorthumbr. sprache (Gütersloh 1857), einleitung s. CXII—CLXIV.

Brate, E., Nordische lehnwörter im Ormulum. Beitr. X (1884), 1—80.

Braunschweiger, M., Flexion des verbums in Älfrics grammatik. Marburg 1890.

Bremer, O., Relative sprachchronologie. Indogerm. forschungen IV (1894), 8—31.

Brenner, O., Zur aussprache des ags. Beitr. 20 (1895), 554—559.

Bright, J. W., The etymology of *firmetton* and *frimdig*. American journal of philology VIII (1888), 471 f.

—, The etymology of *endemes(t)*. MLN. I (1886), 38 f.

—, The Anglo-Saxon *bâsnian* and *wrâsen*. MLN. III (1888), 73.

—, An additional note on the etymology of *gospel*. MLN. V (1890), 90 f.

—, Lexical notes. MLN. V (1890), 241 f.

—, An outline of Anglo-Saxon grammar, in dessen Anglo-Saxon Reader[3], New York 1894, IX—LXXIX.

ten Brink, B., Zum engl. vocalismus. ZfdA. XIX (1876), 211—228.

—, *Eode*. ZfdA. XXIII (1879), 65—67.

—, Beiträge zur engl. lautlehre. I. Altengl. *g* (*ȝ*). — *hénȝ* und *heht*. Anglia I (1878), 512—526. II, 177 f.

—, Das altengl. suffix -*ere*. Anglia V (1882), 1—4.

—, Anzeige von Elene her. v. Zupitza, AfdA. V, 55—57.

Brown, E, M., Die sprache der Rushworth glossen zum ev. Matthäus und der mercische dialekt. I. II (II mit engl. titel). Göttingen 1891 f.

—, Anglo-Saxon phonology. MLN. VII (1892), 310 f.

Brück, F., Die konsonantendoppelung in den me. komparativen und superlativen. Bonn 1886.

---

[1]) Ein verzeichnis der älteren gesammtdarstellungen der ags. grammatik s. bei R. Wülker, Grundriss zur geschichte der ags. litteratur. Leipzig 1885, s. 93 ff. Hier sind in erster linie solche arbeiten der neueren zeit aufgeführt, welche unsere kenntnis des ags. im ganzen oder einzelnen insbesondere durch materialnachweise gefördert haben.

Brühl, C., Die flexion des verbums in Aelfrics Heptateuch und buch Hiob. Marburg 1892.

Bülbring, K. D., Anzeigen, Indog. forschungen, anzeiger III (1894), 140 bis 144. Anglia, Beibl. VII (1896), 65—74.

Cook, A. S., Vowel-length in King Alfred's Orosius. American journal of philology V (1884), 318—324.

—, Vowel-length in Old English. Ebda. VI (1885), 296—309. VII (1886), no. 1.

—, The Northumbrian ebolsonʒ. Academy 1886, no. 744, s. 92.

—, List of the strong verbs in part. II. of Ælfric's Saints. MLN. II (1887), 117 f.

—, Notes on Old English words. MLN. III (1888), 11—13.

—, The phonological investigation of Old English. Boston 1888.

—, Notes on the vocalism of Late West Saxon. Transactions of the American philol. association XX (1889), 175 f.

—, A first book in Old English. Boston 1894.

—, A glossary of the Old Northumbrian gospels (Lindisfarne gospels or Durham book). Halle 1894.

Cosijn, P. J., De taalvormen van Aelfreds Pastoraal. Taalkundige bijdragen II (Haarlem 1879), 115—158. 240—246.

—, Uit de Pastoraal. Ebenda II, 246—259.

—, De oudste westsaksische chroniek. Ebenda II, 259—277.

—, De instrumentalis singularis op -mi. Tijdschrift voor Nederl. taal- en letterkunde II (Leiden 1882), 287 f.

—, Kurzgefasste altwestsächs. grammatik. I. Leiden 1881; 2. verb. aufl. I. II. Ebenda 1893.

—, Altwestsächsische grammatik. I. II. Haag 1883—1886.

—, Gard en gaarde. Tijdschrift voor Nederlandsche taal- en letterkunde XIII (1894), 19—21.

Cremer, M., Metrische und sprachliche untersuchung der ae. gedichte Andreas, Gûðlâc, Phoenix (Elene, Juliana, Christ). Bonn 1889.

Davidson, Ch., Differences between the scribes of Beowulf. MLN. V (1890), 85—89 (vgl. ebenda 245 f. 378 f.).

—, The phonology of the stressed vowels of 'Beowulf'. Publications of the Modern language association of America VI (1891), 106—133.

Dieter, Ferd., Ueber sprache und mundart der ältesten engl. denkmäler, der Epinaler und Cambridger glossen mit berücksichtigung des Erfurter glossars. Göttingen 1885.

—, Altengl. ymbeaht = got. andbahts. Engl. studien XI (1888), 492.

—, Vocalismus und consonantismus des altenglischen, in der Laut- und formenlehre der altgerm. dialekte ... hg. von F. Dieter. I. Leipzig 1898.

Fischer, Fr., The stress-vowels of Ælfric's Homilies. Publ. of the Modern language association of America IV (1889), no. 2.

Foster, Gr., Judith. Studies in metre, language and stile. (QF. 71). Strassburg 1892.

Fricke, R., Das altenglische zahlwort. Erlangen 1886.

Frucht, Ph., Metrisches und sprachliches zu Cynewulfs Elene, Juliane und Crist. Greifswald 1888.

Gieschen, L., Die charakteristischen unterschiede der einzelnen schreiber im Hatton ms. der Cura pastoralis. Greifswald 1887.

Groschopp, F., Christ und Satan. Anglia VI (1683), 268—276.

Hart, J. M., Anglo-Saxonica. MLN. I (1886), 175—177. II (1887), 281 bis 285.

—, The Anglo-Saxon ȝíen, ȝíena. MLN. VII (1892), 122 f. (vgl. ebenda 246 ff. 251 f.).

Hellwig, H., Untersuchungen über die namen des nordhumbr. Liber vitae. I. Berlin 1888.

van Helten, W., Grammatisches. Beitr. XV (1891), 455—488. XVI (1892), 272—317. XVII (1693), 272—302. 550—573. XX (1895), 506—525.

Hempl, G., The etymology of O. E. *æbre, æfre*, E. *ever*. MLN. IV (1889), 417 f.

—, The etymology of *yet*, O. E. ȝíet. Academy XL (1892), no. 1024, s. 564.

—, Old English *ēa* = Germanic *æ*, and Old English shortening before *h* + consonant. MLN. VII (1892), 394 f.

—, Old English etymology. Boston 1893.

—, The etymology of *nymðe, nemne* etc. MLN. IX (1894), 313—315.

Hilmer, H., Zur altnorthumbr. laut- und flexionslehre. I. Lautlehre. Goslar 1880.

Holthausen, F., Zur ags. comparation. Beitr. XI (1886), 556.

—, Miscellen. Beitr. XIII (1888), 367—372.

Holtzmann, A., Altdeutsche Grammatik. I, 1. 2. Leipzig 1870—75.

Hoops, J., Ueber die ae. pflanzennamen. Freiburg i. Br. 1889.

Hruschka, A., Zur ags. namenforschung. I. II. Prag 1884 f.

Hulme, W. H., Die sprache der altengl. bearbeitung der Soliloquien Augustins. Darmstadt 1894.

—, Quantity-marks in Old English manuscripts. MLN. XI (1895), 17—24.

Jellinek, M. H., Ueber einige fälle des wechsels von *w* und *g* im alts. und ags. Beitr. XIV (1889), 580—584.

Kent, Ch. W., The Anglo-Saxon *burh* and *byriȝ*. MLN. III (1888), 351 bis 353.

Kluge, Fr., Zur altgerman. sprachgeschichte (1880). Zs. f. vergl. sprachf. XXVI (1883), 68—103. 328.

—, Anglosaxonica. Anglia IV (1881), 101—106.

—, Sprachhistorische miscellen. Beitr. VIII (1882), 506—539.

—, Die german. consonantendehnung. Beitr. IX (1884), 149—186.

—, Zur germ. sprachgeschichte : Ags. vocalquantitäten. Beitr. XI (1886), 557—562.

—, Zum ae. sprachschatz. Engl. studien IX (1886), 35—42.

—, Englische etymologien. Engl. studien IX (1886), 505. X (1887), 180. XI (1888), 511 f. XX (1895), 333—335.

—, *Gærdas, bócstafas, béc*. ZfdA. XXXIV (1890), 210—213.

—, Geschichte der englischen sprache, in Paul's Grundriss der germ. philologie I (Strassburg 1891), 780—920. I² (1898), 926 ff.

—, Germanisches. Indog. forschungen IV (1894), 309 f.

—, Ne. *proud — pride*. Engl. studien XXI (1895), 334 f.

Kluge, Fr., Anzeigen, Anglia IV (1881), anz. 14—20. V (1882), anz. 81—86. Literaturbl. f. germ. und rom. phil. 1885, 59. 1887, 112—115. Engl. studien XIII (1889), 505—508.

Kolkwitz, M., Zum Erfurter glossar. Anglia XVII (1895), 453—465.

Konrath, M., Zur laut- und flexionslehre des mittelkentischen. Archiv LXXXVIII (1892), 47—66. 157—180. LXXXIX (1892), 153—166.

Körner, K., Einleitung in das studium des angelsächsischen. I. Ags. laut- und formenlehre. 2. aufl. bearb. von A. Socin. Heilbronn 1886.

Lea, E. L., The language of the Northumbrian gloss to the gospel of St. Mark. Anglia XVI (1894), 62—206.

Leiding, H., Die sprache der Cynewulfschen dichtungen Crîst, Juliana und Elene. Göttingen 1887 (rec. Deutsche lit.-ztg. 1888, 1114 f.).

Lindelöf, U., Die sprache des Rituals von Durham. Helsingfors 1890.

—, Über die verbreitung des sog. *u-* (*o-*)umlauts in der starken verbal-flexion des ae. Archiv LXXXIX (1892), 129—152.

—, Beiträge zur kenntnis des altnorthumbrischen. Mémoires de la société néo-philologique à Helsingfors I (1893), 219—302.

—, Glossar zur altnorth. evangelienübersetzung in der Rushworth-hand-schrift. Helsingfors 1897 (= Acta soc. scient. Fenniae tom. XXII, no. 5).

Lindström, P. E., Zur etymologie von *preost.* Engl. studien XX (1895), 147 f.

Logeman, H., The rule of S. Benet, London 1888, s. XXXVIII—LXIII.

—, Stray gleanings. Anglia XII (1889), 528 (vgl. ebenda 606).

—, The Northumbrian *ebolsung.* MLN. IV (1889), 151—154.

—, Mediæval Latin and the sounds of Old English. Academy 1889, no. 855, s. 191.

—, The etymology of *gospel.* MLN. VIII (1893), 89—93.

Lübke, H., Anzeige, AfdA. XII (1886), 265—271 (vgl. dazu Anglia IX, 617 bis 621).

Luick, K., Untersuchungen zur engl. lautgeschichte. Strassburg 1896.

—, Anzeigen, Anglia, Beibl. IV (1893), 101—109. VI (1896), 129—133.

Mather, Fr. J., Anglo-Saxon *nemne* (*nymðe*) and the Northumbrian theory. MLN. IX (1894), 152—156.

Mayhew, A. L., Synopsis of Old English phonology. Oxford 1891.

Miller, Th., The Old English version of Bede's Ecclesiastical history, I (London 1890), einleitung.

Mitchell, Fr. H., Ælfrics Sigewulfi interrogationes in Genesim. Krit. bearbeitung nebst ... sprachl. bemerkungen. Zürich 1888.

Möller, H., Anzeige, Engl. studien XIII (1889), 247—315.

Morsbach, L., Anzeigen, Anglia, Beiblatt VII (1897), 321—338. Lite-raturblatt 1889, 95—101.

Nader, E., Anzeige, Engl. studien XI (1888), 148—151.

Napier, A., Ein altengl. leben des hl. Chad. Anglia X (1888), 131—156.

—, Altenglische glossen. Engl. studien XI (1888) 62—67.

—, A sign used in OE. mss. to indicate vowel shortness. Academy 1890, no. 909 s. 221 f. (vgl. ebenda no. 910, s. 239, no. 911, s. 254, no. 920, s. 406).

Napier, A., Eine mittelengl. Compassio Mariae. Archiv LXXXVIII (1892), 181—189.

—, Dasselbe, engl., erweitert, in dessen History of the Holy Rood-tree, London 1894, s. 75—86.

—, Notes on the orthography of the Ormulum, ebda. s. 71—74.

—, Old English *nemne* (*nymðe*). MLN. IX (1894), 318.

Nehab, J., Der altengl. Cato, Berlin 1879, s. 15—41.

Otten, G., The language of the Rushworth gloss to the gospel of Matthew. I. II. Leipzig (Nordhausen) 1890 f.

Paul, H., Untersuchungen über den germ. vocalismus. Halle 1879 (abdruck aus Beitr. IV, 315—475. VI, 1—261).

Platt, J., Zur altengl. declination. Engl. studien VI (1883), 149 f.

—, Nachträge zu Sievers' ags. grammatik. Ebenda VI, 290 ff.

—, Angelsächsisches. Anglia VI (1883), 171—178.

—, Zum consonant. auslautsgesetz. Beitr. IX (1884), 368 f. [Zu diesen aufsätzen vgl. die erklärungen Anglia VI, 474. VII, 222. Beitr. X, 494].

Pogatscher, A., Zur lautlehre der griech., lat. und roman. lehnwörter im altenglischen. (QF. 64). Strassburg 1888.

—, Angelsachsen und Romanen. Engl. stud. XIX (1894), 329—352.

—, Anzeige, Gött. gel. anz. 1894, 1011—1016.

—, Ueber die chronologie des ae. *i*-umlauts. Beitr. XVIII (1894), 465—474.

Priese, P., Die sprache der gesetze Aelfreds des Grossen und könig Ines. Strassburg 1883.

Sarrazin, G., Angelsächsische quantitäten. Beitr. IX (1884), 365—367. 585 f.

Schröer, A., Die ags. prosabearbeitungen der Benedictinerregel. Kassel 1888, s. XLI ff.

Schwerdtfeger, G., Das schwache verbum in Aelfrics Homilien. Marburg 1893.

Sievers, E., Zur altangelsächs. declination. Beitr. I (1874), 488—504.

—, Zur accent- und lautlehre der german. sprachen. Beitr. IV (1877), 522 bis 539. V (1878), 63—163.

—, Das verbum *kommen*. Beitr. VIII (1882), 80 f.

—, Zur flexion der schwachen verba. Beitr. VIII (1882), 90—94.

—, Der angelsächs. instrumental. Beitr. VIII (1882), 324—333.

—, Miscellen zur angelsächs. grammatik. Beitr. IX (1884), 197—300.

—, Zur verbalflexion. Das pronomen *jener*. Beitr. IX (1884), 561—568.

—, Zu Codex Jun. XI. Beitr. X (1885), 195—199.

—, Zur rhythmik des german. alliterationsverses. Beitr. X (1885), 209—314. 451—545.

—, Altangels. *f* und *b*. Beitr. XI (1886), 542 ff.

—, The etymology of *endemes*(*t*). MLN. I (1886), 93—95.

—, Anzeige, ZfdPh. XXI (1889), 354—365.

—, Zu Cynewulf. Anglia XIII (1891), 10—21.

—, Zu den ags. glossen. Ebenda XIII (1891), 310—315.

—, Zur texterklärung des Beowulf. Anglia XIV (1892), 142—144.

—, Zur geschichte der ags. diphthonge. I. Beitr. XVIII (194), 411—416.

Skeat, W. W., Principles of English etymology. I. II. Oxford 1887—1891.

Smith, C. A., An Old English grammar and exercise book. Boston 1896.

Sohrauer, M., Kleine beiträge zur altengl. grammatik. Berlin 1886.

Storch, Th., Ags. nominalcomposita. Strassburg 1886.

Svensson, J. V., Om språket i den förra (merciska) delen af Rushworth-handskriften. I. Ljudlära. Göteborg 1883.

Sweet, H., King Alfred's West-Saxon version of Gregory's Pastoral care, London 1871, p. XIX—XLII.

—, History of English sounds. London 1874. 2. aufl. Oxford 1888.

—, An Anglo-Saxon reader. Oxford 1877. 7. aufl. 1894.

—, An Anglo-Saxon primer, with grammar, notes and glossary. 8. aufl. Oxford 1896.

—, First steps in Anglo-Saxon. Oxford 1897.

—, Dialects and prehistoric forms of English. Transactions of the Philol. society 1875—76, 543 ff.

—, Old English etymologies. Engl. studien II (1879), 312—316.

—, Disguised compounds in Old English. The preterite of 'cuman'. English etymologies. Anglia III (1880), 151—157.

—, History of English sounds and dialects. I. Proceedings of the Philol. society, 5. Dec. 1879. II. Ebenda, 16. Apr. 1880. III. Ebenda 3. Juni 1881.

—, English etymologies. Ebenda, 3. Juni 1881. 2. Febr. 1883.

—, History of g in English. Ebenda.

—, Old-English contributions. Ebenda, 3. März 1882. 6. Febr. 1885.

—, Anzeige, Gött. gel. anzeigen 1882, no. 38, s. 1186—1191.

Sweet, M., The third class of weak verbs in primitive Teutonic, with special reference to its development in Anglo-Saxon. American journal of philol. XIV (1893), 409—456.

Tessmann, A., Aelfrics altengl. bearbeitung der Interrogationes Sigewulfi presbyteri in Genesim des Alcuin, Berlin 1891, s. 9—18.

Vance, H. A., Der spätags. Sermo in festis S. Mariae mit rücksicht auf das ae. sprachlich dargestellt. Jena 1894.

Varnhagen, H., Anzeige, Deutsche lit.-zeitung 1890, 466.

—, Zur etymologie von *preost*. Engl. studien XVI (1892), 154 f.

Vietor, W., Die northumbrischen runensteine. Marburg 1895.

Wells, B. J., Long vowels and diphthongs in Old Germanic and Old English. Transactions of the American philol. association XVIII (1887), 134—157.

—, Strong verbs in Ælfric's Judith. MLN. III (1888), 13—15.

—, Strong verbs in Ælfric's Saints I. II. MLN. III (1888), 178—185. 256—262.

Wolff, R., Untersuchung der laute in den kent. urkunden. Heidelberg 1893.

Wood, F. A., Apparent absence of umlaut in Old English. MLN. VI (1895), 347—350.

Wyatt, A. J., Notabilia of Anglo-Saxon grammar. London 1890.

—, An elementary. Old English grammar (Early West Saxon). Cambridge 1897.

Zeuner, R., Die sprache des kentischen psalters (Vespasian A. I.). Halle 1881.

—, Wortschatz des sog. kentischen Psalters. I. Gera 1891.

Zupitza, J., Kentische glossen des neunten jahrhunderts. ZfdA. XXI (1877), 1—59. XXII (1878), 223—226.

—, Anzeige, AfdA. II (1876), 1—19.

—, English etymology in 1881 and 1882. Transact. of the Cambridge philol. society II, 243—259.

—, Catchpoll in Old English. Academy 1886, no. 706, s. 325 (vgl. ebenda no. 716, s. 61; no. 718, s. 95; no. 719, s. 113.

—, Altengl. glossen zu Abbos Clericorum decus. ZfdA. XXXI (1887), 1—27.

—, Mercisches aus der hs. Royal 2 A 20 im British museum. ZfdA. XXXIII (1889), 47—66.

Register.

Die zahlen beziehen sich auf die paragraphen der grammatik. Für 'anm.' steht 'a.' o h n e vorhergehendes komma. Die stichwörter sind im allgemeinen in westsächsischer form angesetzt; doch sind bei abweichenden dialektformen, wo es erforderlich schien, verweisungen angebracht worden. Unfestes *i*, *y* s. eventuell unter *ie* oder *i*; *io* unter *eo* (ev. *ie*), *a* vor *m*, *n* unter *o*; *sca*, *sco* unter *sc(e)a-*, *sc(e)o*; *ð* (und gleichbedeutendes *th*) steht nach *d*. Von der lautlehre sind die accentbeispiele von § 121—124 ausgeschlossen.

á adv. 62 a. 118, 1, a. 174, 3.

a- für on- 188 a. 3.

abbud stm. 10. 197 a.

ac conj. 49 a. 1. 210, 3.

ác f. 284 u. a. 1. 2. 4.

acan stv. 392 a. 1.

acas s. æx.

ache 217 a. 3.

ácsian s. áscian.

ácumba swm. 57 a. 3.

adela swm. 50 a. 1.

adesa swm. 50 a. 1.

ádl stf. 183 a. 201, 3. 254, 1.

Adsur, Adzur s. Atsur.

áð stm. 62. 239, 1, a.

áðer, áðl s. áhwæðer, ádl.

æ (æw) stf. 118, 2. 173, 2 u. a. 1. 174 a. 3. 269 u. a. 3.

æ- in composs. 57 a. 3.

æbylʒð (æbiliʒð) stf. 31 a. 213 a.

æbylʒ(e)an swv. 405 a. 2. 406 a. 2.

æc s. éac.

æcer stm. 14. 49. 138. 139. 207 u. a. 2.

æces, æcumba s. æx, ácumba.

æcyrf stmn.? 267, a.

ædr (æddr-) stf. 201 a. 1. 229.

ædre adv. 315 a. 1.

æththæ s. oððe.

Æðel- 199 a. 1.

Æðelbriht npr. 179, 2.

æðele adj. 50 a. 2.

Æðelʒeard npr. 212 a. 1.

æðelinʒ stm. 50 a. 2.

æðm stm. 57, 2.

æf- adv. 51. 130.

æfæst (æwfæst) adj. 118 a. 2.

æfdæll stn.? 263 a. 3.

æfde s. habban.

æfen stnm. 57, 2. 248, 2 u. a. 2. tó æfenes adv. 320.

æfenian swv. 414 a. 3.

æf(e)st stf. 43 a. 4. 186 a. 3. 266.

æfnan swv. 89, 2 u. a. 2. 144 a. 2. 193 a. 404 a. 1, b.

æftemest sup. 314. 328.

æfter praep. 4 a. 2. 154 a. 314.

æfterfylʒend m. 286 a. 2.

æfte(r)ra comp. 145 a. 231, 4. 314 u. a. 1. 328.

æfwerdla swm. 99 a.

æʒ n. 175, 2. 290.

æʒðer, æʒen s. æʒhwæðer, áʒen.

æʒerfelma swm. 290 a. 1.

æʒerʒelu stn. 290 a. 1.

æʒhwá pron. 347 u. a. 2.

æʒhwæðer (æʒðer) pron. 214 a. 5. 347 u. a. 2.

æʒhwær adv. 321 a. 2.

æʒhwelc, -hwilc pron. 100 a. 3. 214 a. 5. 214, 2. 347 u. a. 2.

æʒhwider, æʒhwqnan adv. 321 a. 2.

Æhcha npr. 220 a. 1.

æhher stm.? 220. 222 a. 4. 228. 289 (vgl. éar).

æht stf. 269.

æhtatiʒ, æhtowe etc. s. eahtatiʒ, eahta etc.

æl- s. el-.

ælan swv. 405 a. 1.

ælc pron. 43 a. 4. 347 u. a. 1. ælc(w)uht n. 347.

ældra, -du s. ieldra, -du.

æled stm. 244, 1.

onǽlet stn. 248, 2.

Ælförýð npr. 199 a. 1.

Ælf(h)elm, Ælf(h)ere npr. 217.

Ælfréd npr. 57 a. 2. 80 a. 3.

Ælfwini npr. 263 a. 5.

ællefne, ællefta, hundælleftiʒ s. endleofan etc.

ælmeslic adj. 196 a. 4.

bærnet stn. 231, 4.
bærs stm. 179, 1.
bærst s. berstan.
bǽtan swv. 405 a. 8.
bǽzere stm. 205 a. 1.
balca swm. 80 a. 3.
ballice s. bealdlice.
Balthh(æ)ard npr. 201,2.
balu stn. 103 a. 1. 134, d.
249 u. a. 1.
balzam subst. 205 a. 1.
bán stn. 12. 239, 1, b.
barn s. biernan.
basu adj. 300 u. a.
bátwá s. bézen.
béacen stn. 99. 108, 2.
141. 163. 243 a.
béada s. béodan.
beadu stf. 103 a. 2. 134, d.
174, 2. 260 u. a. 1.
béaʒ stm. 63. 108, 2.
163. 214, 1.
beald adj. 201, 2.
bealdlice adv. 198, 3.
bealu s. balu.
béam stm. 37, 1. 150
a. 1.
béan stf. 35 a. 2.
beara s. beran.
bearʒ stm. 162, 2.
bearn stn. 239, 1, b.
bearna s. biernan.
bearu stm. 103 a. 1.
134, d. 174, 2. 249.
béatan stv. 366 a. 2. 371
a. 3. 396, 2, a.
béaw stm. 250, 1.
béc s. bóc.
bécen, -on, -un s. béacen.
ʒebed stn. 104, 3. 241.
bed(d) stn. 231, 1. 247, b.
ʒebedda swf. 278 a. 4.
bedecian swv. 411 a. 4.
beðian swv. 400 a. 2.
béʒ s. béaʒ.
bézen, bá, bú num. 60 a.
324 a. 1.
belʒ s. bielʒ.
belʒan stv. 213. 214.
387 a. 1.
bellan stv. 387 a. 1.
bén stf. 269.
benc stf. 269.
bend stmf. 266 u. a. 1.
bendan swv. 405 a. 11, a.
ben(n) stf. 258, 1.
ʒebenn stn. 267, a.

béo, bío swf. 114, 2. 166
a. 7. 278 a. 2.
béo-, biobréad stn. 166
a. 7.
béoc s. bóc.
béod stm. 64. 150 a. 2.
béodan stv. 40, 1. 150
a. 1. 2. 3. 371 a. 4.
384, 1.
béodern stn. 43, 3, a.
beofian s. biflan.
beofor stm. 104, 2.
béom stm. s. béam.
béon, bíon anv. 114, 2.
150 a. 6. 350, 2. 427, 2
u. a. 5—8.
beora(n) s. beran.
beorcan stv. 388 a. 1.
beorʒ stm. 214, 1.
beorʒan stv. 164, 1.
181, 1. 213. 388 a. 1. 3.
beorht adj. 164, 1 u. a.
4. 179, 2. 221, 1.
beorhtnian swv. 412 a. 7.
beorna(n) s. biernan.
Beornice npr. 264.
beosu s. besu.
béot, bíot stn. 43 a. 4.
114 a. 1.
béotian, bíotian swv. 166
a. 6.
béow stn. 250, 1.
*be(o)wian swv. 408
a. 15.
bera swm. 107, 2.
beran stv. 17. 53. 54, b.
107, 2 u. a. 2. 131.
134, b. 160, 1. 164
a. 2. 186 a. 3. 296
a. 1. 366 a. 2. 370
a. 2. 371 a. 2. 3. 6. 7.
390. 391 a. 5.
bere stm. 128, 1. 133, b.
263, 1 u. a. 4. 288 a. 1.
bere(r)n stn. 43, 3, a.
berʒ s. bearʒ.
berʒa(n) s. beorʒan und
bierʒ(e)an.
berht, berhta, berhtniʒa
s. beorht, bierhtan,
beorhtnian.
berian swv. 400 a. 1.
berie swf. 175, 2.
beriʒa s. bierʒ(e)an.
berstan stv. 79 a. 2.
359, 3. 389 u. a. 2.
besiʒ s. bysiʒ.
besu adj. 300.

bet adv. 133 a. 1. 182.
323.
bétan swv. 405 a. 8. 10.
406 a. 6.
béte swf. 58 a. 2.
bet(e)ra, bettra comp.
228. 312.
bet(e)st(a), bezt(a) sup.
205, b u. a. 1. 312 u.
a. 1.
bí adv. 24 a. 33 a.
bía, bían s. béo, béon.
bicʒ(e)an s. bycʒ(e)an.
bídan stv. 201, 4, b.
359, 3. 376 a. 382
a. 1, a.
biddan stv. 54, b. 197.
198, 4, a. 205, b. 355
a. 2. 357 a. 2. 358
a. 5, b. 7. 359, 2. 3
u. a. 2. 367. 372 u.
a. 391, 3 u. a. 9.
bíe s. béo.
bíecnan swv. 99. 358
a. 4. 404, 1, c.
bíeʒ(e)an swv. 31 a. 405
a. 2.
bielʒ stm. 159, 3. 266.
ābielʒ(e)an swv. 406 a. 1.
bíeme swf. 276 a. 3, a.
278.
bíen s. béan.
bierce swf. 206 a. 2.
bierʒ(e)an swv. 164, 2.
405 a. 2.
bierhtan swv. 164, 2 u.
a. 4.
bierhtu f. 164, 2.
biernan stv. 65 a. 1. 79
a. 2. 179, 1. 231 a. 1.
386 a. 2. 3.
bĭfian, biofian swv. 105
a. 3. 416 a. 14, a.
15, a. 16.
biʒ, bíʒan s. bí, bíeʒan.
bíʒenʒ(e)a swm. 24 a.
biʒonʒ (biionʒ) stm. 212
a. 1.
bíleofa swm. 107, 4.
bindan stv. 45, 2. 3 u.
a. 2. 54, b. 134, c.
144 a. 1. 190. 198, 4, a.
201, 4, b. 205, b u. a. 2.
355 ff. 367. 368. 386
u. a. 3. 4.
onbindan stv. 56 a. 1.
binn stm. 273 a. 1.
birciæ, birʒa(n), birhtan,

abútan s. on.
onbútan adv. 188 a. 3.
butor stm. 128 a. 2.
bútu, búwian (býa) s.
  bézen, búan.
bycȝ(e)an swv. 31 a. 400
  a. 1, b. 407, 1 u. a. 8.
  410 a. 5.
byden stf. 254, 2.
bydla s. bytla.
byðme 196 a. 2.
ābyffan swv. 192, 1.
byȝe stm. 263, 1.
byldan swv. 405 a. 11, a
  (s. bytlan).
ȝebyrd stn. 267, b; ȝe-
  byrdu f. 267 a. 4.
byrðen stf. 145. 231, 4.
  258, 1.
byre, ȝebyre stm. 263, 1.
byrȝ(e)an swv. 405 a. 2.
byrȝend m. 286 a. 2.
byrian swv. 400 a. 1.
byrst stm. 266.
býsen stf. 269.
bysiȝ adj. 154.
bytla (bydla) swv. 196, 2.
bytlan swv. 404 a. 1, b.
  (s. byldan).

cæ- s. auch cea-.
cæfester 75 a. 1. 89, 3.
cæȝ stf. 76, 1. 175, 2.
  206 a. 5. 258 a. 5.
  276 a. 4.
cæȝa(n) s. cíeȝ(e)an.
cælcan s. cielc(e)an.
cæppe swf. 75 a. 1.
cærse swv. 75 a. 1. 179, 1.
  231 a. 1.
cahhettan s. ceahhettan.
calan stv. 76, 1.   357
  a. 1.   368 a. 4.   392
  a. 1.
cálend stm. 12. 50 a. 5.
calu adj. 103. 300.
carcern stn. 10. 79 a. 3.
caru stf. 103 u. a. 2. 252
  a. 4. 253.
cásere stm. 76, 1. 207.
  248, 1.
Cásinȝ npr. 215.
cassuc stm. 10.
cawl stm. 6 a. 1.
ce- s. auch cie-.
ceaf stn. 36, 3.   75, 1.
  103 a. 1.   206 a. 5.
  240 a. 3.

ceaflas stm. 75, 1. 183 a.
ceafor stm. 103 a. 1.
  139 a.
ceahhettan swv. 220.
ceald adj. 198, 2. 207.
ācealdian swv. 411 a. 5.
cealf n. 109.   128, 1.
  133, b. 182. 288 a. 1.
  290 u. a. 1.
cealfádl stf. 183 a.
cealfre swf. 192, 2.
céap stm. 206 a. 5.
céapian swv. 411 a. 4.
cearcern, cearu s. car-
  cern, caru.
ceaster stf. 75, 1. 139.
  157, 3. 252 a. 1. 254, 1.
cefr s. ceafor.
céȝa(n), ceiȝa s. cíeȝ(e)an.
célan swv. 76, 1. 405
  a. 1.
celf s. cealf.
cellendre 76, 1. 93, 1.
cemban swv. 76, 1. 405
  a. 4.
cemes stf. 76, 1.
cempa swm. 76, 1. 276
  a. 3, a. 277.
cén stm. ? 58.
céne adj. 76, 1. 206 a. 5.
  207 a. 2. 299.
cennan swv. 19, 2. 76, 1.
  207 u. a. 2. 405, 3.
Cénréd npr. 6 a. 1.
Cent npr. 76, 1. 284
  a. 7. 206 a. 5.
céo (cíæ) swf. 38. a. 2.
  114, 2. 277 a. 2. 278
  a. 2.
Céolbreht npr. 179, 2.
ceole swf. 75 a. 3. 107
  a. 1. 278.
ceorfan stv. 75 a. 3. 109.
  150 a. 3. 388 a. 1. 5.
ceorian swv. 75 a. 3.
  107 a. 1. 411 a. 4.
ceorl stm. 75 a. 3. 150
  a. 3. 206 a. 5.
ceorran stv. 388 a. 1.
céosan stv. 42. 63. 64.
  100, 1, b. 109. 181, 2.
  201, 6. 202. 207.
  234, a. 296 a. 1. 306
  u. a. 1. 359, 7. 8 u.
  a. 8. 366 a. 3. 371
  a. 2. 6. 380. 384, 1.
  385 a. 4.

céowan stv. 206 a. 5.
  384, 1.
cépan swv. 76, 1. 405,
  4, a.
cerf s. ceorfan.
Cert npr. 284 a. 7.
cés, cester, ceyȝa, chýæ
  (cíæ, -an) s. céosan,
  ceaster, cíeȝ(e)an, céo.
cídan swv. 405 a. 3.
cí(e)cen stn. 165, 2.
ciefes stf. 75, 1. 98, b.
  254, 2.
cíeȝ(e)an   swv. 31 a.
  155, 3. 159, 4. 175, 2.
  176. 403. 405 a. 2.
  408 a. 13. 409. 410
  a. 1. 5.
cielc(e)an 406 a. 6.
ciele stm. 75, 1.   206
  a. 5. 263, 1.
cíepan swv. 405 a. 8.
cierm stm. 159 a. 1. 266.
ciernel stn. 159 a. 1.
cierr stm. 266.
cierran swv. 154 a. 157, 2.
  178, 2, a.   358 a. 7.
  405 a. 6 u. 7.   406
  a. 1. 409 a. 2.
cíese stm. 75, 2. 206 a. 5.
cietel stm. 75, 1.
cíȝan s. cíeȝan.
cild stn. 206 a. 5. 207.
  290 a. 2.
Cilling npr. 215.
cínan stv. 382 a. 1, a.
cin(in)ȝ, cinn s. cyning,
  cynn.
cinu swf. 107, 5.   278
  a. 1.
cípe swf. 58 a. 2.
cirpsian swv. 204, 3.
clá s. clawu.
clǽðan swv. 405 a. 5.
clǽȝ stf. ? 175, 2.
clǽne adj. 185. 315.
clǽne (cláne) adv. 315
  u. a. 3.
clǽnsian   (clǽnsnian;
  clǽsnian, clásnian)
  swv. 185. 186, 2. 411
  a. 4. 412 a. 5. 414 a. 3.
cláne, clásnian s. clǽne
  adv., clǽnsian.
clauster 6 a. 1.
clawan stv. 392 a. 1.
clawu (clá), cléa (cléo)
  stf. 73, 1.   110 a. 1.

ácwínan stv. 382 a. 1, a.
ácwincan stv. 386 a. 1.
cwíst, cwoða, cwœða s.
  cweðan.
forcwolstan stv.? 389
  a. 5.
ácworren part. 388 a. 1.
c(w)ucian swv. 164, 2.
c(w)ucu adj. 71. 105, 1
  u. a. 1. 134, a. 164, 2.
  172 a. 208. 231 a. 3.
  303 u. a. 1.
c(w)udu stn. 105, 1. 249.
tōcwýsan swv. 405 a. 1.
ʒecý stn.? 248 a. 1.
cycene swf. 93, 2.
cýðan swv. 76, 1. 96, b.
  359, 6. 405, 2. 406
  u. a. 2. 3.
cýðð(u), cýð f. 201, 5.
  255, 3.
cylu, cylew adj. 300.
cyma s. cuman.
cyme stm. 76, 1. 263, 1.
cýme adj. 299.
cymen stm. 95.
Cymesinʒ npr. 215.
cymma s. cuman.
ʒecynd, -e, -u stnf. 267, b
  u. a. 4. 269 a. 4.
cyne- 207 a. 2.
Cyneberht npr. 221 a. 1.
Cyneʒils npr. 183, 2, b.
cyninʒ stm. 4 a. 2. 31 a.
  206 a. 5. 207 a. 2.
cynn stn. 31 a. 76, 1.
  134 a. 177, a. 206
  a. 5. 207 u. a. 2. 246.
  267, a u. b.
cýo s. céo.
cyre stm. 234, a. 263, 1.
cyrfet stm.? 192, 2.
cyrran s. cierran.
cyspan swv. 405 a. 8.
cyssan swv. 76, 1. 202.
  203. 206 a. 5. 226.
  231, 2. 359, 7 u. a. 8.
  405, 3. 4, b.
cyst stm. 76, 1.

dá swf.? 278 a. 2.
*dæcc(e)an swv. 407
  a. 19.
dǽd stf. 91. 269 u. a. 5.
ʒedǽfen s. ʒedafen.
ʒedǽfnian s. ʒedafenian.
ʒedǽftan swv. 405 a.
  11, b.

dæʒ stm. 14. 49. 50, 1.
  2. 151, 1 u. a. 162
  a. 1. 187. 197. 213.
  214, 2 u. a. 3. 237
  a. 2. 4. 240. 294 a. 1.
dæʒes adv. 320. tó
  dæʒ(e) adv. 237 a. 2.
dæʒlanʒes adv. 319.
Dæʒmund npr. 214, 2.
dæʒred stn. 57 a. 2.
dæiʒ s. dæʒ.
dǽl stm. 90. 240. 266.
dǽlan swv. 151, 1. 360
  a. 2. 405, 1, a.
dǽrstan sw. pl. 179, 1.
ʒedafan stv. 368 a. 4.
ʒedafen part. 392 a. 1.
ʒedafenian swv. 50 a. 1.
  411 a. 4. 412 a. 2. 5.
  414 a. 4.
dahum s. dæʒ.
dalc stm. 80 a. 3.
daroð stm. 103 u. a. 2.
  245.
Dávid npr. 194.
déadian swv. 412 a. 5.
  6. 7. 9.
déað stm. 273 u. a. 1.
ʒedeafenian s. ʒeda-
  fenian.
déaʒian swv. 214 a. 5.
déaʒol s. díeʒol.
deall adj. 295 a. 1.
déar s. déor.
dearnunʒa adv. 318.
dearoð s. daroð.
dear(r) anv. 178, 2, b.
  234, a. 422, 7 u. a. 4.
déaw stmn. 250, 1.
ʒedéaw adj. 301.
déc(e)an swv. 407 a. 17.
ʒedéfe adj. 302 a. 315.
ʒedéfe adv. 315.
deʒ, déʒlan, dei(-), délan
  s. dæʒ, díeʒlan, dæʒ(-),
  dǽlan.
delfan stv. 360 a. 1. 387
  a. 1. 5.
déma swm. 276 a. 3, b.
  277.
déman swv. 94, a. 150, 4.
  177, b. 355 ff. 372.
  404. 405, 1, a. 406
  a. 1. 409. 410, 3 u.
  a. 4.
démend m. 286.
demm stm. 266.
dén part. s. dón.

dene stm. 263, 1.
Dene npr. 263, 1 u. a. 2.
denu stf. 69. 253.
déofol, díofol stn. 114, 2.
  144, a u. a. 1. 150
  a. 7. 166 a. 6. 192 a. 2.
déofollic adj. 145 a.
*déon, *díon swv. 408
  a. 17.
déop adj. 229.
déor stn. 64. 150 a. 1.
  3. 239, 1, b.
déore s. díere.
deorfan stv. 388 a. 1.
Déosdedit npr. 64 a.
Dére npr. 264.
derian swv. 400 a. 1.
  409 a. 1.
derne s. dierne.
díabul, díaful, díawul
  s. déofol.
*dían s. *déon.
díedan swv. 405 a. 3.
díeʒlan swv. 214 a. 2.
  358 a. 4. 404, 1, c. 406
  a. 5.
díeʒol adj. 214 a. 5.
  128, 3. 147.
díʒollic, díʒelic adj.
  231, 4.
(be)díepan swv. 355 a. 2.
  405 a. 8.
díere adj. 159, 5.
dierne adj. 159, 2. 299.
díhlan s. díeʒlan.
dihtiʒ s. dyhtiʒ.
dile stm. 263, 1.
dilʒ(i)an swv. 355 a. 3.
  412 a. 4.
dimm adj. 295 a. 2.
dinor stm. 58 a. 2.
díobul, dío(v)l, díow(u)l,
  dívol, díu(bo)l, díul s.
  déofol.
dœ́ s. dón.
dǽʒ n. (north.) 288 a. 1.
  289 a. 2.
dofian swv. 416 a. 15, a.
doʒʒa swm. 216, 2.
dóʒor n. 289 u. a. 2.
dohtor f. 93, 1. 150, 4.
  285 u. a. 3. 4, d.
dol adj. 294.
dóm stm. 44 a. 1. 94, a.
  106. 131. 133, c.
  237 a. 1. 2. 238.
dón anv. 68. 94 a. 133, a
  u. a. 2. 350 a. 356

292 Register.

109. 157, 3. 160, 1.
4. 240 a. 3.
Géatan npr. 276 a. 3, b.
ʒeatwe stf. 43 a. 4. 75, 1.
260 u. a. 1.
Geddinʒas npr. 215.
ʒef (= ʒeaf), ʒéfon, on-
ʒeʒn, tóʒeʒnes, ʒelden
s. ʒiefan, onʒéan, tó-
ʒéanes, ʒylden.
āʒelwan swv. 408 a. 7.
onʒén, ʒén(a), ʒend s.
onʒéan, ʒien(a), ʒeond.
-ʒenʒa swm. 76, 1.
ʒenʒan s. ʒonʒan.
ʒenʒe adj. 299.
ʒéo adv. 74. 157 a. 1.
175, 1.
ʒeoc stn. 39, 3. 74. 157
a. 1. 207 a. 2. 239, 1, b.
āʒéode, fulʒéode s. ʒán.
ʒeofan, ʒeofu s. ʒiefan,
ʒiefu.
ʒeofon stm. 104, 2.
ʒeoʒuð stf. 74. 157 a. 1.
176 a. 1. 186 a. 3. 212
a. 2. 254, 2. 269 a. 4.
ʒeohhol stm. 220 u. a. 1.
ʒéola swm. 220.
ʒeolo adj. 75 a. 3. 81
a. 2. 104, 1. 300.
ʒeoloca swm. 75 a. 3.
81 a. 2.
ʒéomor adj. 40, 2. 68.
74. 157 a. 1.
ʒeon pron. 74. 338 a. 6.
ʒeond praep. 74. 100
a. 1. 338 a. 6.
beʒeondan adv. 74. 338
a. 6.
ʒeonʒ adj. 39, 3. 74.
100 a. 1. 157 a. 1.
175, 2. 307. 310.
ʒeonʒa, ʒeonian s. ʒon-
ʒan, ʒinian.
ʒeonofer adv. 321 a. 3.
ʒéopan stv. 384 a. 1, a.
ʒeorn adj. 75 a. 3. 212
a. 2.
ʒeornan, ʒiorna s. ʒier-
nan.
ʒeornest s. eornest.
ʒeorn(n)es stf. 231, 3.
*ʒeorran? stv. 388 a. 1.
ʒeorwiʒa s. ʒearwian.
ʒeostran, ʒioster- s.
ʒiestran.
ʒéot s. ʒíet.

-ʒeotan s. -ʒietan.
ʒéotan stv. 109. 212.
384 a. 1, a.
Geoweorða npr. 72 a.
ʒeowian, ʒi(o)wian swv.
156, 5. 412 a. 5. 416
a. 14, b. 15, a. 16. 17, b.
ʒér s. ʒéar.
ʒés s. ʒós.
ʒésne s. ʒǽsne.
ʒesthús stn. 75 a. 2. 97 a.
ʒestor-, ʒet (stn.), -ʒet
(praet.), ʒét (praet.),
ʒí 'iam', ʒí (pron.),
ʒiaban, ʒib, ʒie s.
ʒiestran, ʒeat, -ʒietan,
ʒéotan, ʒéo, ðú, ʒiefan,
ʒif, ðú.
ʒiccian swv. 100 a. 1.
ʒicciʒ adj. 100 a. 1.
ʒídsian s. ʒítsian.
ʒiecða swm. 100 a. 1.
ʒied stn. 75, 3. 247, b.
ʒié(e) 'iam' s. ʒéo.
ʒiefan stv. 36, 3. 37, 3.
42, 3. 44 a. 1. 75, 1.
2. 3. 109. 150 a. 3.
157, 2 u. a. 2. 191.
192, 2. 196, 1. 212.
232, a. 305 u. a. 1.
355 a. 2. 366 a. 2. 370
a. 3. 391 a. 2. 9.
ʒiefu stf. 75, 3 u. a. 3.
104, 1. 134, b. 150
a. 3. 157, 2. 160, 1.
206 a. 3. 252 u. a. 4.
253 a. 1. 2. 259 a. 260
a. 2. 268. 278 a. 1.
tó ʒifes adv. 320.
ʒield stn. 75, 3.
ʒieldan stv. 75, 3 u. a. 2.
157, 2. 212. 355 a. 4.
359, 2. 371 a. 4. 6.
387 a. 2. 5.
ʒiellan stv. 75, 3. 387
a. 2.
ʒielp stmn. 75, 3 u. a. 2.
ʒielpan stv. 42, 3. 75, 3.
387 a. 2.
ʒieman swv. 405 a. 1.
ʒiemunʒ stf. 212 a. 1.
ʒien(a) adv. 42 a. 74
a. 1. 317.
ʒiend, beʒienda, s. ʒeond,
beʒeondan.
ʒierd stf. 133, c. 157, 2.
177, b. 257. 258, 2.

ʒiernan swv. 159, 5. 405
a. 1.
ʒierran stv.? 372. 388
a. 1.
ʒierwan swv. 173, 2.
212 a. 1. 408, 1 u. a. 1.
2. 3. 409. 410 a. 4.
ʒi(e)st stm. 75, 1 u. a. 1.
98, b. 157, 2. 159, 1.
202. 266.
ʒiestran(-) adv. 160, 3.
179, 1. 317.
ʒíet(a) adv. 42 a. 74
a. 1. 175, 2. 317. ʒýt
beheonan adv. 321
a. 3.
be-, onʒietan stv. 8 a. 4.
75, 1. 2. 3. 109 u. a.
157, 2. 3. 160, 2. 198
a. 2. 370 a. 3. 4. 391
a. 2.
ʒif conj. 157, 2. 175, 2.
191.
ʒífre adj. 298 a. 299.
ʒift stf. 212. 232, a.
ʒiftu stn. pl. 267 a. 2.
ʒíʒ, ʒiʒoð s. ʒíw, ʒeoʒoð.
ʒilpen adj. 296.
-ʒils npr. 183, 2, b.
ʒim(m) stm. 69.
ʒinan stv. 382 a. l, a.
ʒind, ʒinʒs. ʒeond, ʒeonʒ.
ʒinʒra comp. 307.
ʒinʒest(a) sup. 310 u. a.
311.
ʒinian (ʒionian) swv.
357 a. 1. 416 a. 14, a.
15, a.
(on)ʒinnan swv. 226.
386 a. 1. 4.
ʒinne adj. 298 a.
ʒisc(e)an swv. 405 a. 10.
ʒit s. ðú.
ʒítsian swv. 198, 4, a.
205, b. 411 a. 4. 412
a. 10.
ʒiunʒ, ʒiunʒo s. ʒeonʒ,
ʒonʒan.
ʒíw stm. 250 a. 2.
ʒiwiʒa s. ʒeowian.
ʒladian swv. 160, 4. 412
a. 5.
ʒlæd adj. 144 a. 1. 212.
294. 307.
ʒlǽm stm. 266.
ʒlǽren adj. 234, a.
ʒlæs stn. 234, a.
ʒleadian s. ʒladian.

minte swf. 69.

miriȝð s. myrȝð.

mis(t)lic adj. 43, 3, b. 196, 4.

mittý conj. 201, 4, b.

mixen stn. 84, 1. 164, 2.

módȝeðǫnc stm. 199 a. 1.

módor f. 229. 285 u. a. 3. 4, c.

módrie, moddrie swf. 229.

moððe swf. 199 a. 2. 226.

mohðe, -a s. moððe.

móna swm. 68. 277.

mónað m. 26, 2. 68. 281, 1 u. a. 4. 281, 2.

on ȝemǫnȝ adv. 188 a. 3. amanȝ s. ǫn.

mǫnian swv. 411 a. 4.

mǫniȝ (mæniȝ; meniȝ) adj. 65 a. 2. 135, 3. 291 a. 1. 296 u. a. 1.

mǫniȝfeald adj. 214, 5. 308 a. 330 u. a. 2.

mǫniȝfealdlice (-fallice) adv. 198, 3.

mǫn(n) m. 25, 2 u. a. 65. 89, 4. 5. 226. 231, 1. 281, 1.

mǫnna swm. 281 a. 1.

Mǫnneðorp npr. 284 a. 7.

mǫnunȝ stf. 135, 1. 254, 2.

morað stn. 199 a. 3.

morð stn. 199, 2.

morȝen (merȝen; marȝen) stm. 10. 11. 93, 1. 213 a. 214 a. 10. 11. 237 a. 2. 244, 1. tó morȝen, tó merȝen adv. 237 a. 2.

morne(s) s. morȝen.

moru swf. 218 a. 2. 278 a. 1.

mót anv. 425, 12 u. a.

mótian swv. 412 a. 1.

múð stm. 30, 2. 186, 1, b. 239, 1, a.

ȝemun adj. 302.

munan anv. 186, 2, a. 423, 9 u. a. 2.

Muncȝíu s. Muntȝíof.

munt stm. 70.

Muntȝíof npr. 192, 2. 196, 3.

munuc stm. 70. 93, 2. 128 a. 2.

murcnian swv. 55.

murnan stv. 55. 389 u. a. 4.

mús f. 133, b. 284 u. a. 1.

muxle swf. 204, 3.

mycel, mýȝð s. micel, mæȝð.

ȝemynd stnf. 267, b. 269 u. a. 4.

ȝemyndȝian swv. 355 a. 3. 411 a. 4. 412 a. 4. 7.

myne stm. 263, 1.

ȝemyne stn. 263, 2.

ȝemyne adj. 302.

mynecen(u) stf. 93, 2. 258 a. 2.

mynet stm. 70. 93, 2.

mynster stn. 70. 93, 2.

myntan swv. 405 a. 11, b.

myrȝð stf. 213 a.

myrȝe adj. 315 a. 3.

nabban swv. 10. 110 a. 4. 217. 360 a. 3. 416 a. 1, a.

nacod adj. 50, 1. 144, a.

náðer s. náhwæðer.

náðinȝ n. 348, 2.

næbre s. næfre.

nædl stf. 140. 201, 3. 254, 1.

nædre swf. 276 a. 3, a. c. 278.

næðl s. nædl.

næfre adv. 192 a. 2.

næȝl stm. 49. 140.

næȝlan swv. 89, 2. 404, 1, b.

néhsta, næht s. níehsta, niht.

benæman swv. 68 a. 1. 405 a. 1.

ȝenæme adj. 299.

næniȝ pron. 348, 2. nænȝe ðinȝa adv. 320.

næniht n. 100 a. 3. 348 a. 2.

næp stm. 57, 1.

næron, næs s. wesan.

næs stm. 89 a. 1.

nætan swv. 405 a. 8.

náht s. ná(w)uht.

náhwæðer, náwðer, ná(u)ðer pron. 348, 2.

náhwǽr, náwer adv. 43 a. 4. 57 a. 2. 321 a. 2.

nalas, nalæs, nals, nalles, nealles adv. 319.

nán pron. 348, 2. ná(n) ðinȝ n. 348, 2. náne ðinȝa adv. 320.

nán(w)uht n. 348, 2.

nas s. wesan.

náthwǽ, náthwelc pron. 344, 2.

náwer s. náhwǽr.

ná(w)uht, náht (náwiht) n. 6 a. 1. 71. 172 a. 267 a. 3. 348, 2 u. a. 1. 2.

néades adv. 320.

néah adj. 313 a. 1.

néah adv. 57, 2, d. 82. 108, 2. 163 u. a. 2. 165 a. 3. 222 a. 1. 313. 321.

be-, ȝeneah anv. 424, 11.

néahȝebúr stm. 214 a. 4.

ȝeneahhe adv. 82. 108, 2. 220 u. a. 1.

néahst(a), neaht s. níehst(a), niht.

néalǽc(e)an swv. 150 a. 2. 165 a. 3. 222 a. 1. 405 a. 7. 407 a. 16. 17. 18.

néalic adj. 222 a. 1.

néalica(n) etc. s. néalǽc(e)an.

nealles, neam s. nalas, eom.

néan adv. 112. 321. fornéan 150 a. 3.

néar adv. 84 a. 2. 112. 321. 323.

néarra comp. 313.

nearu stf. 260 u. a. 1.

nearu adj. 103 a. 1. 174 a. 1. 300. 315.

nearwe adv. 315.

néat stn. 99.

néawest stf. 222 a. 1.

neb stn. 247, b.

Nebrod npr. 187 a.

néchebúr, néd, nédl s. néahȝebúr, níed, nædl.

néðan swv. 405 a. 5.

néðl s. nædl.

nefa swm. 107, 2. 277 u. a. 1.

néh, ȝenehhe, néhhebúr, néhlæca(n) etc., néhsta s. néah, ȝeneahhe,

scíeran stv. 75, 1. 2. 3
u. a. 1. 2. 390 a. 1.
(ā-, be)scierian swv. 400
a. 1. 409 a. 1.
scierpan 'schärfen' swv.
405 a. 8.
scierpan 'bekleiden'
swv. 405 a. 8.
scildan swv. 358 a. 1.
405 a. 11, a. 406 a. 6.
scildiȝ s. scyldiȝ.
scínan stv. 37, 3. 357
a. 2. 382 a. 1, a.
ȝescince stn. 206, 3, b.
scip stn. 241.
-scipe stm. 98 a. 263, 1.
scipincel stn. 248 a. 4.
sciptearo, -tara stn.
43, 2, a. 249 a. 4.
scítan stv. 382 a. 1, a.
āsclacian, scléacnes,
sclép, sclincan, sclí-
tan, scméȝan, scnícan
s. āslacian, sléacnes,
slǽpan, slincan, slí-
tan, sméȝ(e)an, sní-
can.
sco- s. sc(e)o-.
ȝescóe s. ȝescíe.
scrǽf stn. 240.
screnc(e)an swv. 405 a. 8.
406 a. 2.
screpan stv. 391 a. 1.
scride stm. 263, 1.
scríðan stv. 382 a. 1, b.
scrífan stv. 376 a. 382
a. 1, a.
scrimman stv.? 386 a. 1.
scrincan, scrinȝan stv.
378 a. 1. 386 a. 1. 4.
scrúd n. 281, 2.
scruf s. scurf.
scrýdan swv. 405 a. 8.
scua swm. 76, 2. 116.
scucca swm. 76, 2. 220
a. 2.
scúd(i)an v. 385 a. 1.
scúfan stv. 76, 2. 359
a. 9. 378 a. 1. 385 u.
a. 2.
sculan anv. 36, 3. 75, 1.
76 a. 2. 157, 3. 202.
350. 360 a. 3. 423, 8
u. a. 1.
sculdor stm. 76, 2.
onscunian swv. 412 a. 2.
5. 413 a. 5. 414 a. 3.
416 a. 11, c. 15, a.

scúr stm. 76, 2.
scurf stm.? 179, 2.
scuwa s. scua.
ȝescý s. ȝescíe.
*scycc(e)an swv. 407
a. 19.
scyððan, scýfa s. sceð-
ðan, scúfan.
scyfe stm. 263, 1.
scý(h)end m. 408 a. 18.
scyld stf. 76, 2. 269.
scyldȝian swv. 411 a. 4.
scyldian swv. 412 a. 6.
scyldiȝ adj. 31 a.
*scýn swv. 408 a. 18.
scyndan swv. 76, 2.
onscynian, scynnes s.
onscunian, scíenes.
scyrtan swv. 405 a. 10.
11, b. 406 a. 2.
scyrtra comp., scyrtest
sup. 307. 310.
scyte stm. 76, 2. 263, 1.
sē, séo, ðæt pron. 4 a. 2.
65 a. 2. 114, 1. 133, a.
150 a. 6. 7. 166 a. 6.
182. 187. 337 u. a. 2.
340.
séa s. séon.
séað stm. 273.
sealf stf. 191. 192 a. 2.
sealfian swv. 9 a. 102.
129. 192, 2.
sealh stm. 223 a. 1. 242, 1.
sealla s. sellan.
sealt stn. 158, 2.
sealtan stv. 396, 1, a.
séa(n), ȝeséane s. séon,
ȝesíene.
searo stn. 103 a. 1. 150
a. 3. 174, 2. 249.
seatul s. setl.
séaw stn. 250, 1.
ȝeséaw adj. 301.
seax stn. 108, 2, 162, 1.
seax num. s. si(e)x.
Seaxe, -an npr. 261.
264 u. a. 276 a. 3, a.
séc s. séoc.
séc(e)an swv. 94, a. 125.
206, 3, b. 221 a. 1. 355
a. 3. 357 a. 2. 359, 5.
407, 1 u. a. 13. 409
a. 1.
secȝ stm. 177, a. 216, 1.
231, 1. 246. 247.
263 a. 6.
secȝ stf. 258, 1.

secȝ(e)an swv. 17. 89
a. 1. 162 a. 1. 214, 3.
216, 1 u. a. 1. 355 a. 2.
409 a. 2. 415, 1. 416, 1
u. a. 3. 13.
sedl- s. setl.
séðan swv. 405 a. 5.
seðel s. setl.
sefa swm. 107, 2 u. a. 2.
277.
séft adv. comp. 186, 1, a.
323.
séfte adj. 94, c. 299.
315 a. 3.
seȝcan, seȝȝan etc. s.
secȝ(e)an.
seȝlan swv. 404 a. 1, b.
seȝn stm. 54 a.
seh s. séon.
sehðe interj. 164, 1 u.
a. 1.
seista s. si(e)xta.
sel stn. 263 a. 3.
sél comp. 312 a. 1. 323.
seld s. setl.
seldan adv., seld(n)or
comp., seldost sup.
322 a.
sele stm. 263, 1 u. a. 3.
Seleberhtinȝ- npr. 215.
sélest(a), sélost(a) sup.
311. 312.
self(a) pron. 81. 194.
291 a. 1. 339.
selfwilles adv. 320.
selh s. seolh.
sélla s. sélra.
sellan, syllan (sealla)
swv. 44 a. 1. 80 a. 2.
158, 2. 159, 3. 177, a.
183, 1. 227. 356 a. 1.
358 a. 1. 5, c. 7. 360
a. 1. 3. 407, 1 u. a. 3.
410 a. 3. 5.
sellic adj. 81. 198, 3.
sélra, sélla comp. 180.
312 u. a. 1.
selua s. self(a).
ȝeséman swv. 68 a. 2.
semninȝa adv. 318 a.
semtinȝes adv. 100 a. 5.
senc(e)an swv. 405 a. 8.
406 a. 2.
sendan swv. 89, 4 u. a. 5.
198, 5. 359, 3. 405, 5.
406 u. a. 3. 6. 7. 410
a. 5.
sendlic adj. 350 a.

ȝeséne s. ȝesíene.
senep stm. 69.
senȝ(e)an swv. 206 a. 5.
senoð stm. 69. 199 a. 3.
séo swf. 113, 2. 278 a. 2.
séo pron. s. sē.
séoc adj. 64. 165, 1 u. a. 1.
seodo s. sidu.
séoðan stv. 384, 1.
seoððan s. sieððan.
seofa s. sefa.
seofian swv. 416 a. 15, a.
seofoða, siofoða swm. 105, 2.
seofoða, siofoða num. 105, 2. 328.
seofon, siofun num. 105, 2 u. a. 4. 150 a. 5. 192 a. 2. 325 u. a. 331; vgl. sibun-.
seofonfealdlice (seofo- fallice) adv. 198, 3. 330 a. 1.
seofonténe num. 315.
seofontéoða num. 328.
hundseofontiȝ num. 326 u. a. 1. 331.
seohhe swf. 220.
āseolcan stv. 81. 366 a. 2.
seolf s. self.
seolfor, siolufr stn. 105, 2 u. a. 4.
seolh stm. 81. 164, 1. 242, 1.
seollan, siollan s. sellan.
seoloc, sioluc stn. 105, 2.
séon stf. s. síen.
séon, síon stv. 'sehen' 40, 3. 57, 2, a. 73, 1 u. a. 1. 82. 83. 84, 1 u. a. 2. 108, 2. 113, 2. 151 a. 162, 1. 164, 1 u. a. 1. 166, 2 u. a. 2. 5. 166, 6. 173. 218, 2. 221 a. 4. 222, 1. 223. 234, d. 356 a. 1. 367. 371 a. 4. 373. 374 a. 1—5. 378 a. 1. 380. 391, 2 u. a. 7. 9.
séon, síon stv. 'seihen' 73, 3. 114, 3. 357 a. 1. 373. 374 a. 3. 383 a. 4.
beséon part. 383 a. 4.
seonu, seowen, seowian, seox s. sinu, séon 'seihen', siwian, si(e)x.

serðan swv. 388 a. 1.
sess stn. 232, d.
sesta s. si(e)xta.
ȝeset stn. 104, 3 u. a. 1. 241.
setl stn. 140. 183, 2, a. 196, 2 u. a. 1.
settan swv. 19, 2. 89, 1. 177, a. 195. 227. 358 a. 5, a. 400, 2 u. a. 1, c. 401, 1. 402, 2. 406 a. 3. 7. 407, 1 u. a. 6. 410 a. 5.
ȝesewen s. séon 'sehen'.
sex, sían, siaro s. seax u. siex, séon, searo.
sibb stf. 134 a. 177, a. 190. 231, 1. 252 a. 2. 257. 258, 1.
ȝesib(b) adj. 297.
sibunsterri stn. 159 a. 1 (vgl. seofon).
sícan stv. 382 a. 1, a.
sice stm. 263, 1.
sicol stm. 105, 3.
sicor adj. 58 a. 2. 105, 3.
side swf. 58 a. 2.
sídfeaxe adj. 100 a. 7.
sidu stm. 105, 3 u. a. 5. 271.
síð stm. 186, 1, b u. a. 1. 327 a. 3. 331.
síð adv. 314. 323.
siððan s. sieððan.
síðe(me)st sup. 314.
síðfæt, -fat stm. 49 a. 1.
síðra comp. 314.
sie opt. s. eom.
si(e)ððan conj. 107 a. 5. 199, 2. 337 a. 2.
ȝesi(e)hð stf. 84, 1. 100 a. 1. 164, 2.
sielf s. self.
*síellan s. sellan.
siellic s. sellic.
sieltan swv. 405 a. 11, b.
sien, síon stf. 269 a. 4.
ȝesíene adj. 222, 2. 391 a. 7.
sierwan swv. 174 a. 1. 408, 1 u. a. 4. 413 a. 5.
si(e)x num. 83. 108, 1. 164, 1. 221, 2. 325 u. a.
si(e)xta num. 155, 3. 164 a. 1. 221, 2. 328.
si(e)xténe num. 325.

si(e)xtiȝ num. 214 a. 1. 326 u. a. 1.
sife stn. 263, 2. 288 a. 1.
siftan swv. 193, 1. 199 a. 1. 357 a. 1.
sifun- s. sibun-.
ȝesiȝ stmn.? 263 a. 5.
sízan stv. 382 a. 1, a.
siȝe stm. 128, 1. 133, b. 182 u. a. 261. 263, 1 u. a. 4. 5. 288 a. 1. 289 a. 2.
siȝ(e)bé(a)ȝ stm. 263 a. 5.
siȝ(e)fæst adj. 263 a. 5.
Siȝelhearwan npr. 214, 4.
Siȝ(e)mund, -réd, -wine npr. 263 a. 5.
siȝlan swv. 404 a. 1, b.
siȝor m. 128, 1. 182 a. 289 u. a. 2.
ȝesihð, sihðe, Sílhear- wan s. ȝesiehð, sehðe, Siȝelhearwan.
simbles adv. 319.
sín pron. 59. 335.
sincan stv. 386 a. 1.
sincaldu f. 100 a. 7.
sinewealt adj. 105, 3.
sinȝăla, -le(s) adv. 317. 319.
sinȝălian swv. 414 a. 4.
sinȝăl(l)ic adj. 231, 4.
sinȝan stv. 386 a. 1.
sinnan stv. 386 a. 1.
sinu stf. 105, 3. 260 u. a. 2.
sittan stv. 14. 49. 54, b. 151, 1. 202. 232, d. 358 a. 5, a. 360 a. 5. 372 u. a. 391, 3 u. a. 9. 410 a. 5.
síu, -siwen s. sē, séon 'seihen'.
siwian swv. 73 a. 3. 408 a. 15.
six s. si(e)x.
slá swf. 118, 1, b. 278 a. 2.
slá, sléa? swf. 278 a. 2.
slá s. sléan.
āslacian swv. 210, 1. 413 a. 1.
slǽ(an) s. sléan.
slæȝe s. sleȝe.
slǽpan stv. 57, 2 u. a. 2. 3. 58. 150, 1. 202. 210, 1. 395, 2, a u. a. 3. 405 a. 10.

sprǽdan swv. 405 a. 3.
spreaca s. sprecan.
ʒesprec stn. 241.
sprecan stv. 53. 164
a. 2. 180. 202. 356
a. 1. 370 a. 4. 6. 371
a. 2. 391 a. 1. 5. 9.
sprecol adj. 104, 3.
sprenʒ(e)an swv. 405
a. 2.
spreocan s. sprecan.
sprinʒan stv. 215. 386
a. 1.
sprintan stv. 386 a. 1.
sprútan stv. 385 a. 1.
spryttan swv. 400 a. 1, c.
spura swm. 55.
spurnan stv. 55. 389
u. a. 4.
spynʒe swf. 31 a. 215
a. 2.
spyrian swv. 400 a. 1.
staðelian swv. 50 a. 1.
129. 201 a. 2.
staðol stm. 50 a. 1. 103.
129. 144, a. 201 a. 2.
stæð stn. 240.
stæððan swv. 89 a. 1.
227.
stæf stm. 240.
stæfnan swv. 89, 2 u.
a. 2.
stǽlan swv. 201 a. 2.
stǽlwierðe adj. 201 a. 2.
stǽnan swv. 356 a. 1.
stǽnen adj. 17. 296.
stǽner n. pl. 290 a. 3.
stǽnihte s. stánihte.
stæpe stm. 89 a. 1. 263, 1.
stæppan stv. 89 a. 1.
358 a. 5, a. 372. 393, 4.
stalle s. steallian.
stalu stf. 103.
stán stm. 17. 62.
stánhíewet, -hífet stn.
192 a. 4.
stánihte adj. 299.
stapol stm. 103. 245.
stealdan stv. 396, 1, a.
steallian swv. 412 a. 9.
stearra s. steorra.
stede (styde) stm. 263, 1
u. a. 5.
stedefæst (stydfæst) adj.
263 a. 5.
stefn stm. 89 a. 2. 193, 2.
stefn stf. 69. 141. 193, 2.
stefnan s. stæfnan.

stela swm. 107, 2.
stelan stv. 19, 1. 390
a. 1. 391 a. 5.
stellan swv. 407, 1 u.
a. 4.
forestemma swv. 405 a. 6.
stemn s. stefn.
stenc stm. 210, 4. 266.
tóstenc(e)an swv. 405
a. 8.
stenʒ stm. 266.
stéopfæder m. 64 a.
stepa s. stæppan.
stéor stf. 100, 2.
stéora(n), stíora(n) s.
stíera(n).
steorfan stv. 388 a. 1.
steorra swm. 79, 1. 150
a. 1. 178, 2, a. 226.
276 a. 3, c. 277.
stéup- s. stéop-.
sticce stn. 206, 3, b.
stice stm. 263, 1.
stician swv. 105, 3. 164, 2.
411 a. 4. 412 a. 5.
sticol adj. 296.
stíele stn. 222, 2. 248, 1.
stiell stm. 266.
ástíepan swv. 405 a. 8.
stiera, stíora swm. 100, 2.
stieran, stíoran swv.
40, 1. 100, 2. 159, 5.
405 a. 1.
stíʒan stv. 54, a. 62.
105, 3. 164 a. 5. 214, 1
u. a. 1. 5. 359, 4.
376 a. 382 a. 1, a. 4.
stiʒe stm. 263, 1.
stí(ʒ)ráp stm. 214, 6.
stiʒu stf. 105, 3.
stí(ʒ)weard stm. 214, 6.
stí(ʒ)wita swm. 214, 6.
still adj. 295 a. 2.
stillan swv. 405 a. 6.
stincan stv. 215 a. 1.
386 a. 1.
stinʒan stv. 386 a. 1.
stinʒð s. stincan.
stíráp, -ward, -wita s.
stíʒráp etc.
stoc(c) stm. 226.
stondan stv. 198, 4, a.
202. 205, b u. a. 2.
359, 2. 360 a. 5. 371
a. 2. 3. 6. 392, 3.
stów stf. 259.
stræc adj. 294 a. 1.

strǽt stf. 17. 57, 1.
150, 1.
strawberie s. stréaw-
berie.
stréaw stn. 111, 1 u. a. 1.
119 a. 250, 2 u. a. 3. 4.
stréawberie swf. 111 a. 1.
streawian s. strewian.
strec adj. 294 a. 1.
strecc(e)an swv. 407, 1
u. a 9.
streʒʒa s. streʒdan.
stréʒan swv. 408 a. 14
(vgl. strewian).
streʒdan stv. 214, 3 u.
a. 8. 359 a. 3. 371
a. 6. 389 u. a. 1.
strenʒ stm. 266.
strenʒð(u) (strenð[u]) f.
135, 1. 184 a. 215.
255, 3.
strenʒe adj. 299 a. 1.
303 a. 2. 309. 310.
strenʒ(e)o, -u f. 206, 3, b.
268. 279 u. a. 3.
strenʒra comp., strenʒest
sup. 89, 4. 309. 310.
ʒestréon stn. 100, 1, b.
stréow, streowian, strét
s. stréaw, strewian,
strǽt.
strewian swv. 73 a. 1.
408 a. 15.
strícan stv. 382 a. 1, a.
strídan stv. 199 a. 1.
382 a. 1, a.
stride stm. 263, 1.
stríenan swv. 100, 1, b.
405 a. 1.
stríman v. 390 a. 3.
stronʒ adj. 89, 4. 299
a. 1. 303 a. 2. 309.
310.
stronʒian swv. 411 a. 5.
stronʒor, stronʒost adv.
322.
strúdan stv. 385.
strýta swm. 96, a.
studu, stuðu f. 133, b.
282 u. a.
stulor n. 289.
stund stf. 254, 1.
stundmǽlum adv. 320.
stycce stn. 248, 1.
styde etc. s. stede etc.
ástyfecian swv. 411 a. 4.
styltan swv. 405 a. 10.
styntan swv. 357 a. 1.

wæccende s. wacian.
wæccer adj. 228.
wǽc(e)an swv. 407 a. 16. 17.
wæcian s. wacian.
wæcnan stv. 392 a. 2.
wæd stn. 240.
wǽdan swv. 405 a. 3. 406 a. 6.
(ȝe)wǽde stn. 156, 1, c. 248, 1.
wǽdelnes (wǽðelnes) stf. 201, 3.
wǽdla (wǽðla) swm. 201, 3.
wǽȝ stm. 266.
wǽȝe stn. 248, 1.
wæȝn stm. 141. 214, 3.
wǽhte s. wecc(e)an.
wæl stn. 240.
wæla s. wela.
wælhréow, -hréaw adj. 43, 2, a. 217.
wælle, wælta(n), wǽmn, wǽmnian, wǽn s. wiella, wieltan, wǽpen, wǽpn(i)an, wæȝn.
wǽpen stn. 141. 156, 1, c. 189. 243, 3. 244, 2.
wǽp(en)man m. 188, 1.
wǽpn(i)an swv. 189. 406 a. 5.
wær adj. 178, 2, c. 294.
wǽras s. wer.
Wǽrburȝ npr. 284 a. 6.
ǽwærȝan, wærc s. ǽwierȝ(e)an, weorc.
wærna swm. 179, 1.
wæsma swm. 221, 2.
wæstm stm. 142. 196, 1. 221, 2.
wæstmbǽre adj. 299.
wǽtan swv. 405 a. 8.
wæter stn. 148. 243, 3. 245.
wætran swv. 406 a. 5.
wæx(an), wala s. weax-(an), wela.
Waldere npr. 217.
walla s. willan.
-waran sw. pl. 263 a. 7. 276 a. 2. 3, c. 277.
-waras pl. 263 a. 7.
waras north. s. wer.
warð s. weorðan.
-ware, -a pl. 263 a. 7.
war(e)nian swv. 50 a. 1. 411 a. 4.

warian swv. 411 a. 4.
waroð stm. 103 u. a. 2.
warp s. weorpan.
-waru stf. 263 a. 7.
was s. wesan.
wascan stv. 10. 204, 3. 392 a. 1.
wáwan stv. 62 a. 396, 2, c.
waxan s. wascan.
wē s. ic.
wéa swm. 62 a. 118 a. 1.
wéa adj. 301 a. 2.
weahsan (weahxan), Weal s. weaxan, Wealh.
ȝewealc stn. 267 a. 1.
wealcan stv. 396, 1, a.
weald stm. 273.
ȝeweald stn. 43, 2, b.
wealdan stv. 205 a. 2. 359, 2. 396, 1, a.
wealdend m. 286 u. a. 2.
wealdend f. 287.
ȝewealdes adv. 320.
Wealh, wealh npr. stm. 35 a. 2. 80 a. 1. 98, a. 218, 1. 223. 242, 1.
weal(l) stm. 239, 2.
weallan stv. 80 a. 2. 81 a. 1. 98, a. 387 a. 1. 396, 1, a.
wealwian swv. 411 a. 4.
wéamétto f. 201, 4, b.
wearan s. waran.
-weard adj. 43, 2, b. 3, a u. a. 3.
-weard(es) adv. 319.
wearoð s. waroð.
wéas adv. 319.
weax stn. 162, 1.
weaxan stv. 82. 98, a. 108, 2. 162, 1. 165, 1 u. a. 1. 201, 6. 221, 2 u. a. 3. 359, 7. 8 u. a. 8. 371 a. 2. 3. 392 a. 4. 396 a. 3.
webb stn. 190.
wecc(e)an swv. 89, 1. 162 a. 3. 356 a. 2. 407, 1 u. a. 9.
wecȝ stm. 247, a.
wecȝ(e)an swv. 400 a. 1, b. 401, 2 u. a. 1.
ȝewéd stn. 267, a.
wédan swv. 405 a. 3.
wédan s. wǽdan.
wed(d) stn. 247, b.

beweddian swv. 414 a. 4.
wéde s. wǽde.
weder stn. 148.
wéðla s. wǽdla.
ȝewef stn. 263 a. 3.
wefan stv. 53. 107, 2. 190. 391 a. 1.
weȝ stm. 156, 1. 164 a. 2. 171 a. 1. 172 a. 214, 2. 241 a. 1. on-weȝ adv. 188 a. 3 (aweȝ s. on).
weȝan stv. 57 a. 3. 214 a. 1. 359 a. 4. 391 a. 1. 9.
weiȝ s. weȝ.
wel adv. 156, 1, a. 315 a. 3.
wela swm. 104, 1. 107, 2 u. a. 2. 156, 3. 160 a. 2. 276 a. 2. 3, a. c. 277.
Wéland npr. 58.
welcnu pl. 243 a.
wel(e)ȝian swv. 411 a. 4.
weleras stm. 104 a. 2.
welȝehwǽr, (ȝe)welhwǽr adv. 321 a. 2.
welhwæt pron. 347.
(ȝe)welhwelc pron. 347.
*wellan stv. 387 a. 1.
welle s. wiella.
wellyrȝæ, wellere swf. 176.
wemman swv. 405, 3.
wén stf. 68 a. 2. 269.
*wén? swv. 408 a. 18.
wénan swv. 355 a. 4. 356 a. 3. 358 a. 1. 405, 1, a.
wendan swv. 156, 1, b. 405 a. 11, a. 406 a. 3. 6. 410 a. 5.
wenȝe stswv. 280 a. 1.
wéninȝa adv. 318.
wennan, wenian swv. 400 a. 1, a.
wéobud, weocu, weodu, weoduwe s. wéofod, wucu, wudu, wuduwe.
wéofod stn. 43 a. 4. 84, 2. 222 a. 1.
weoȝas s. weȝ.
Wéoh-, Wíohstán npr. 84, 2.
Weoht(-), Wioht(-) s. Wiht(-).
weola s. wela.

weoloc stm. 105 a. 1.
weolocréad adj. 71 a. 1.
188 a. 2.
weoras s. wer.
weorc stn. 72. 164, 1
u. a. 1. 210, 4. 238
a. 1.
weorð stm. 100, 1, a.
weorðan stv. 72. 79, 1.
156, 2. 158, 1. 199, 2.
350. 358 a. 7. 359, 6
u. a. 7. 371 a. 2. 4. 6.
377 a. 378 a. 1. 388
u. a. 2. 4. 5.
weorðian swv. 72. 156, 2.
411 a. 4. 412 a. 4. 5.
6. 8. 10. 413 a. 6.
weorðiʒ s. worðiʒ.
weorðmynt stf. 255, 3.
forweoren part. 382 a. 3.
384 a. 3.
weorm, weorod, weorold
s. wyrm, werod, wo-
rold.
weorpan stv. 42, 1. 72.
79, 1. 100, 1, a. 156, 2.
158, 1. 189. 369. 371
a. 2. 4. 6. 377 a.
378 a. 1. 388 u. a. 2.
4. 5. 6.
weosan stv. 370 a. 8. 382
a. 3.
weosnian swv. 382 a. 3.
weotan, weotod s. witan,
witod.
weotuma swm. 104, 4.
wépan stv. 396, 2, b u.
a. 9.
wépen, wépnan s. wǽpen,
wǽpn(i)an.
wer stm. 104, 1. 156, 3.
160 a. 2. 171 a. 1. 172.
181, 1. 241 a. 1.
werc(hes), āwerda(n) s.
weorc, āwierdan.
forweren part. 382 a. 3.
āwerʒan s. āwierʒ(e)an.
wérʒian swv. 411 a. 4.
werian swv. 176. 227.
400 a. 1. 409 a. 1.
ʒewerian swv. 400 a. 1.
werod stn. 104 a. 2.
135, 2. 243, 2.
werod adj. 104 a. 2.
wesan stv. 49. 156, 2.
202. 350. 370 a. 7.
391 a. 1. 427, 3 u. a. 9.
10. praet. was, nas

49 a. 1. næs, nǽron
172 a. 427, 3.
west adv. 314. 321.
westan adv. 321.
āwéstan swv. 405 a. 11.
406 a. 3.
wésten stn. 231, 4. 246.
248, 2 u. a. 2. 3.
westerra comp., west-
mest sup. 314.
wetran, wexa(n) s. wǽ-
tran, weaxan.
wh- s. hw-.
wiada, Wiahtréd, wia-
rald, wíbed s. wudu,
Wihtréd, worold, wéo-
fod.
wican stv. 364 a. 1. 382
a. 1, a.
wicʒ stn. 247, b.
wicu s. wucu.
wid adj. 315.
wíde adv. 315.
wídla swm. 201, 3.
wídlian swv. 201, 3.
wid(n)we s. wuduwe.
ʒewielc stn. 267, a.
wieldan swv. 405 a. 11, a.
wīelincel stn. 248 a. 4.
wīelisc adj. 98, a.
wiell stm. 266.
wiella swm. 159, 3.
wielm stm. 98, a.
wieltan swv. 405 a. 11, b.
406 a. 7.
wielwan swv. 173, 2.
408, 1 u. a. 7.
āwierdan swv. 405 a.
11, a. 406 a. 7.
wierðe adj. 71 a. 2. 100,
1, a. 156, 4. 159 a. 3.
(ā)wierʒ(e)an swv. 159, 2.
162 a. 5. 213 a. 214
a. 11. 405 a. 2. 406
a. 1. 6.
wierʒen stf. 133, c. 258, 1.
wiernan swv. 405 a. 1.
wierpan swv. 405 a. 8.
wier(re)sta sup. 71 a. 2.
72 a. 156, 4. 312.
wiers adv. 323.
wiersa comp. 71 a. 2.
159 a. 3. 180. 312.
wiersian swv. 156, 4.
wietan s. witan.
ʒewif stn. 263 a. 3.
wíf stn. 59. 239, 1, b.
wífian swv. 412 a. 9.

wífmon m. 193, 2. 281
a. 1.
wifod s. wéofod.
wiʒa swm. 107 a. 3. 214
a. 5. 277.
wiʒbed s. wéofod.
wiʒend m. 24 a. 286.
wiht s. wuht.
Wiht npr. 84, 1. 284 a. 7.
Wihtʒár npr. 84, 1. 273
u. a. 2.
Wihtherinʒ npr. 215.
Wihthún npr. 84, 1.
Wihtréd npr. 150 a. 6.
wild(d)éor, wildor stn.
231, 3. 289.
wilde adj. 201, 2.
ʒewile, ʒewill stn. 263, 2
u. a. 3.
willa swm. 276 a. 3, b.
willan anv. 355 a. 4. 360
a. 3. 5. 428 u. anmm.
Vgl. nellan.
willes adv. 320.
wilnian swv. 411 a. 4.
wimman s. wífmon.
wín stn. 171 a. 2.
wincian swv. 411 a. 4.
windan stv. 366 a. 2. 386
a. 1.
wine stm. 133, a. 172.
262. 263 a. 2.
Winebald, Winelác npr.
263 a. 5.
win(e)ster adj. 186, 2, b.
win(ʒ)eard stm. 214, 7.
winnan stv. 359, 1. 386
a. 1.
winter stm. 44 a. 2. 139.
148. 273 u. a. 2. 3.
ʒewintred part. 414 a. 2.
wír stm. 58 a. 1.
wircan, wiri(ʒ)an, wisan,
wíscan s. wyrc(e)an,
wierʒ(e)an, weosan,
wýsc(e)an.
wise f. 276 a. 3, b. c. 278.
wísian swv. 230 a. 1.
411 a. 4. 412 a. 2.
wisnian swv. 382 a. 3.
ʒewis(s) adj. 226. 232, d.
wissian s. wísian.
wist stf. 267 a. 2. 269.
wit s. ic.
wita swm. 107, 3 u. a. 3.
276 a. 3, a. 277.
witan anv. 54, a. 62.
105 a. 1. 107, 3 u. a. 3.

wyrm stm. 72 a. 133, a. 265.

wyrms, wyrmsan s. worsm, wyrsman.

wyrp stm. 266.

wyrresta, wyrsa, wyrsian s. wierresta, wiersa, wiersian.

wyrsman swv. 185. 404, 1, c.

wyrst stf. 179, 1.

wyrt stf. 72 a. 269.

wyrta s. wyrhta.

Wyrtʒeorn npr. 100 a. 3.

wyrtruma swm. 231, 3.

wyrt(t)ún stm. 231, 3.

wýsc(e)an swv. 186, 1, b. 405, 4, a u. a. 8.

ýð stf. 96, b. 258, 2.

ýðian swv. 412 a. 2˙

ýðlæcan s. edlæc(e)an.

yfel stn. 243, 2.

yfel adj. 144, c. 194. 296 u. a. 1. 2. 312.

yferra comp., yfemest sup. 314.

yfes stf. 93, 1.

yfter, ylc, ym- s. æfter, ælc, ymb(e)-.

ymbhwyrft, -hweorft stm. 72 a.

ymb(e) praep. 95 a. 2. 133 a. 1. 154. 190 a.

ýmest sup. 222, 2. 314 u. a. 3.

ymmon stm. 141.

ynce (yndse, ynse, yntse) swf. 95. 205, a u. a. 1. 2.

yppan swv. 154. 359, 1 u. ş. 9. 405, 4, a. 406 a. 2.

ýst stf. 33, 1, b. 186, 1, b. 269.

āýtan swv. 6 a. 2.

ýterra comp., ýt(e)mest sup. 314 u. a. 1.

yuel s. yfel.

Berichtigungen.

S. 6, *z.* 7 *v. u. lies* 157, anm. 1. — 7, 2 *l.* 89, 4. — 7, 1 *v. u. l.* anm. 3. — 9, 3 *l.* anm. 5. — 9, 16 *tilge* daher. — 11, 3 *l.* 395, 2. — 16, 4 *l.* anm. 7; *z.* 8 *l.* a. 1, *z.* 9 *l.* 159, 5. — 17, 8 *v. u. l.* 347 (*statt* 317). — 22, 9 *v. u. l.* 368, anm. 2. — 23, 5 *l.* § 411. — 29, 6 *l.* 396, 2, c. — 30, 12 *l.* 337 (*statt* 333). — 30, 3 *v. u.* (*und* 33, 14. 74, 11) *l.* jammervoll. — 31, 3 *l.* Dagegen ist die bes. spätws. form *námon* für *nómon* als neubildung ... — 31, 17 *l. minte.* — 32, 9 *l.* bes. kent. merc. und R². — 32, 9 *v. u. l.* 143. — 33, 15 *l.* 338, anm. 6. — 34, 8 *l. ʒildan.* — 36, 16 *v. u. l.* 218, 1 und anm. 1. — 39, 5 *l.* 329, anm. 1. — 41, 7 *l.* anm. 2. — 44, 18 *v. u. l.* fern (*statt* frei). — 45, 1 *l.* anm. 6. — 45, 6 *l. ʒeðiode* sprache, *elðiode* fremdvolk. — 51, 5 *v. u. l.* § 334, *z.* 1 *v. u.* anm. 14. — 52, 13 *l.* anm. 2. — 53, 19 *v. u. l. -ʒet.* — 54, 21 *v. u. l.* 416, anm. 1 (*statt* 415). — 55, 4 *v. u. l.* anm. 2. — 56, 12 *v. u. l.* 427, anm. 2 f., *z.* 9 *v. u.* 395, 1. — 57, 14 *l.* 408, anm. 18. — 60, 8 *v. u. l.* 407, 1. — 61, 4 *v. u. l.* Anm. 1. — 62, 6 *l.* Anm. 2. — 63, 4 *v. u. l.* 426 ff. — 65, *überschr. l.* 136 (*statt* 176). — 65, 9 *l.* 174, 2. 3. — 68, 7 *l.* 404, a. 1. 406, a. 5. — 68, 16 *l.* anm. (*statt* anm. 2). — 69, 19 *v. u.* füge hinzu R¹ schwankt zwischen *é* und *œ.* — 71, 16 *tilge* § 159, 2 *und l.* 159, 3 (*statt* 162, 1). — 72, 9 *l.* 159, 4. — 73, 10 *l.* ws. L Rit. *und* kent. merc. R². — 73, 3 *v. u. l.* anm. 1. — 77, 1 *l. hleadan, z.* 5 *hlada,* 13 *v. u.* anm. 9, *z.* 12 *v. u.* 374, *z.* 5 *v. u.* Anm. 5. — 78, 13 *l.* 218, *z.* 19 *v. u. l.* L (neben 1 *ʒespreaca*), *z.* 11 *v. u.* anm. 4, *z.* 3 *v. u.* Anm. 4. — 79, 1 *l.* Anm. 5, *z.* 3 *l. wreoʒan.* — 80, 2 *l.* anm. 1 ff. — 84, 6 *l.* anm. 8. — 85, 8 *l.* Anm. 1. — 86, 7 *v. u. l.* 212, anm. 2. — 87, 5 *l. sellan, z.* 7 *v. u. biernan.* — 88, 13 *v. u. l.* 336, anm., *z.* 1 *v. u. hord*

hort. — 89, 13 *v. u. l. syllan.* — 90, 9 *v. u. trage nach cúð* kund. — 91, 16 *l.*
407, 1, *z.* 14 *v. u.* 337, anm. 2. — 92, 2 *l.* 1.—3. pl. opt. § 365, *z.* 4 *l.* anm. 5, *z.* 5
v. u. 204, 3. — 94, 8 *v. u. l. efne.* — 96, 12 *l.* anm. 15, b, *z.* 14 anm. 2, *z.* 17 *l.*
198, 4. 359, anm. 1. — 97, 16 *l.* 405, 4. — 98, 21 *l. ðwítan* hauen (*statt ðwingan*
zwingen), *z.* 5 *v. u.* 405, 2. — 99, 5 f. *v. u. l.* für **éaþmédþu .... *zesyndþu.*
— 100, 4 *l.* 405, 2, *z.* 10 *l.* 359, 8. — 101, 2 *l.* 405, 4. — 103, 19 *l.* anm. 9, *z.* 20
l. § 416. — 104, 8 *l.* anm. 2, *z.* 16 *sengean* (*ohne stern*). — 105, 9 *l.* 329, anm. 1,
z. 13 *v. u.* 359, 5, *z.* 7 *v. u.* anm. 4. — 106, 17 *l.* 408, anm. 3. — 107, 7 *l.* 284, anm. 4.
— 108, 13 *l.* 407, anm. 7 (*statt* 401). — 109, 4 *v. u. l. strenð.* — 111, 6 *v. u. l.*
anm. 4. — 112, 14 *v. u. l.* 392, 4. — 113, 7 *l.* 407, 2, *z.* 18 *v. u.* 313, anm., *z.* 14
v. u. 310. 313. — 117, 12 ff. *récean scheint überhaupt nicht vorzukommen;*
z. 1 *v. u. l. biernan.* — 118, 18 *v. u. l.* anm. 3. — 119, 1 *l. hladan, z.* 7 *l.* 405, 4
(*statt* 404, 4). — 122, 16 *v. u. l.* Anm. 3. — 127, 5 *v. u. tilge* (**blīwa-?*). —
128, 17 f. *l. oncælet* feuer, *liezet* blitz. — 129, 5 *füge hinzu* 300, anm. — 133, 11
l. 244. — 145, 20 *l.* Das letztere bild. — 154, 9 *l. helt* (neben *hilt,* § 267, a).
— 160, 21 *l. *blīja-,* § 247, anm. 3. — 169, 18 *l.* 344 (*statt* 394). — 177, 5 *l.*
Anm. 1. — 187, 1 *v. u. l.* 416. — 200, 19 *l.* 392. — 205, 12 *l.* 392 (*statt* 382).
— 207, 11 *l.* 421 ff. — 208, 1 *l.* anm. 4, *z.* 6 *l.* 397, anm., *z.* 5 *v. u.* 392, 2. —
209, 14 *v. u. l.* Anm. 1. — 213, 7 *l. hrindan.* — 216, 19 *v. u. die worte* North.
— 11, e *gehören an den schluss des folgenden absatzes.* — 227, 10 *v. u. tilge*
1 *nach* Anm. — 229, 20 *l.* Anm. 2. — 231, 18 *tilge zyrdan* gürten. — 233, 5
l. ymbzyrdeno. — 241, 10 *v. u. l.* anm. 4. — 248, 18 *v. u. tilge licxændum.* —
255, 11 *v. u. l.* Die übrigen alten *ē*-verba beider klassen sind meist ganz
u. s. w.

Lightning Source UK Ltd.
Milton Keynes UK
UKHW051314301118
333191UK00013B/858/P